西北大学考古学系列研究　第 10 号

华北地区细石叶组合演变研究

朱之勇　著

上海古籍出版社

图书在版编目(CIP)数据

华北地区细石叶组合演变研究 / 朱之勇著. -- 上海：上海古籍出版社，2025.1. -- ISBN 978-7-5732-1519-2

Ⅰ.K876.24

中国国家版本馆CIP数据核字第2025QY4208号

华北地区细石叶组合演变研究

朱之勇　著

上海古籍出版社出版发行

（上海市闵行区号景路159弄1-5号A座5F　邮政编码201101）

（1）网址：www.guji.com.cn

（2）E-mail：guji1@guji.com.cn

（3）易文网网址：www.ewen.co

上海盛通时代印刷有限公司印刷

开本 710×1000　1/16　印张 16　插页 6　字数 270,000

2025年1月第1版　2025年1月第1次印刷

ISBN 978-7-5732-1519-2

K·3813　定价：88.00元

如有质量问题，请与承印公司联系

本项研究为 2015 年国家社会科学基金西部项目：《华北地区旧、新石器时代过渡时期细石器遗存研究》（项目编号：15XKG001）研究成果

目　录

第一章　华北地区细石器遗存研究的意义 ……………………………… 1
　　第一节　旧—新石器时代过渡研究的新视角 ……………………… 1
　　第二节　关键概念的厘定——细石叶组合 ………………………… 5

第二章　华北地区细石叶组合的分期 …………………………………… 9
　　第一节　分期的基础 ………………………………………………… 9
　　第二节　分期的结论 ………………………………………………… 12

第三章　华北地区细石叶组合出现期（距今 30 000~23 000 年）……… 18
　　第一节　西施遗址 …………………………………………………… 19
　　第二节　东施遗址 …………………………………………………… 26
　　第三节　西沙河遗址 ………………………………………………… 30
　　第四节　龙王辿遗址 ………………………………………………… 33
　　第五节　下川小白桦圪梁地点 ……………………………………… 37
　　第六节　下川水井背地点 …………………………………………… 42
　　第七节　油房遗址 …………………………………………………… 43
　　第八节　柴寺遗址 …………………………………………………… 48

第四章　华北地区细石叶组合发展期（距今 23 000~17 100 年）……… 58
　　第一节　柿子滩 S29 地点 …………………………………………… 58
　　第二节　柿子滩 S5 地点 …………………………………………… 69
　　第三节　柿子滩 S14 地点 …………………………………………… 74

第四节　二道梁遗址 80
　　第五节　孟家泉遗址 82
　　第六节　淳泗涧遗址 88
　　第七节　东灰山遗址 91

第五章　华北地区细石叶组合碰撞期（距今 17 100～12 900 年） 95
　　第一节　虎头梁遗址群 95
　　第二节　籍箕滩遗址 103
　　第三节　马鞍山遗址 113
　　第四节　尉家小堡遗址 118
　　第五节　薛关遗址 122
　　第六节　下川流水腰地点 125
　　第七节　石峡口第 1 地点 127
　　第八节　凤凰岭遗址 128

第六章　华北地区细石叶组合融合期（距今 12 900～11 500 年） 129
　　第一节　柿子滩 S9 地点 129
　　第二节　柿子滩 S12G 地点 133
　　第三节　柿子滩 S1 地点 136
　　第四节　于家沟遗址 145
　　第五节　李家沟遗址 166
　　第六节　大岗遗址 178
　　第七节　灵井遗址 180

第七章　华北地区细石叶组合分化期（距今 11 500～10 000 年） 189
　　第一节　南庄头遗址 189
　　第二节　东胡林遗址 195
　　第三节　转年遗址 197
　　第四节　水洞沟第 12 地点 199

第八章 华北地区细石叶组合各阶段特点 ············ 207
第一节 出现期（距今 30 100～23 000 年）············ 207
第二节 发展期（距今 23 000～17 100 年）············ 211
第三节 碰撞期（距今 17 100～12 900 年）············ 214
第四节 融合期（距今 12 900～11 500 年）············ 219
第五节 分化期（距今 11 500～10 000 年）············ 222

第九章 华北地区细石叶组合演变的环境动因 ············ 232
第一节 晚更新世后期中国北方的环境特点 ············ 232
第二节 华北地区细石叶组合的环境适应 ············ 237

后记 ············ 244

插图目录

图 1	华北地区细石器遗址分布图	12
图 2	西施西区遗址石制品	24
图 3	东施遗址上文化层石核	28
图 4	东施遗址上文化层石制品	29
图 5	东施遗址下文化层石制品	29
图 6	西沙河遗址第 3a 层石制品	31
图 7	西沙河遗址第 3a 层石制品	32
图 8	龙王辿遗址细石核	34
图 9	龙王辿遗址细石器	35
图 10	龙王辿遗址细石叶	37
图 11	下川小白桦圪梁地点第 1 文化层石核	38
图 12	下川小白桦圪梁地点第 1 文化层工具	39
图 13	下川小白桦圪梁地点第 2 文化层石制品	40
图 14	下川小白桦圪梁第 3 文化层石制品	40
图 15	油房遗址细石核	45
图 16	油房遗址刮削器	46
图 17	油房遗址工具	47
图 18	柴寺遗址石核	50
图 19	柴寺遗址工具	51
图 20	柴寺遗址工具	52
图 21	柴寺遗址石制品	54
图 22	柴寺遗址细石器	55
图 23	柴寺遗址细石器	56

图 24	柴寺遗址骨器	57
图 25	柿子滩 S29 地点第 8 文化层石制品	60
图 26	柿子滩 S29 地点第 7 文化层石制品	62
图 27	柿子滩 S29 地点第 6、5、4 文化层石制品	63
图 28	柿子滩 S29 地点第 1 和第 3 文化层石制品	64
图 29	柿子滩 S5 地点第 1 文化层石制品	70
图 30	柿子滩 S5 地点第 2 文化层石制品	71
图 31	柿子滩 S5 地点第 3 文化层石制品	72
图 32	柿子滩 S5 地点第 4 文化层石制品	73
图 33	柿子滩 S14 地点第 2 文化层石制品	77
图 34	柿子滩 S14 地点第 3 文化层石制品	78
图 35	柿子滩 S14 地点第 4 文化层石制品	79
图 36	二道梁遗址船形细石核	80
图 37	二道梁遗址工具	81
图 38	二道梁遗址骨锥	82
图 39	孟家泉遗址锤击石核与石片	83
图 40	孟家泉遗址砸击石核与石片	83
图 41	孟家泉遗址细石核与细石叶	84
图 42	孟家泉遗址刮削器	85
图 43	孟家泉遗址工具	86
图 44	孟家泉遗址啄背石刀	86
图 45	孟家泉遗址锛状器	87
图 46	淳泗涧遗址石核	89
图 47	淳泗涧遗址石片	90
图 48	淳泗涧遗址工具	90
图 49	东灰山遗址石核	92
图 50	东灰山遗址石片	93
图 51	东灰山遗址细石核	93
图 52	东灰山遗址细石叶	94
图 53	东灰山遗址工具	94
图 54	虎头梁遗址楔形细石核	96

图 55	虎头梁遗址楔形细石核	97
图 56	虎头梁遗址工具	98
图 57	虎头梁遗址工具	99
图 58	虎头梁遗址三角形镞状器	100
图 59	虎头梁遗址梯形镞状器	101
图 60	虎头梁遗址长方形镞状器	102
图 61	籍箕滩遗址石制品	105
图 62	籍箕滩遗址楔形细石核	106
图 63	籍箕滩遗址楔形细石核	107
图 64	籍箕滩遗址细石叶和削片	108
图 65	籍箕滩遗址工具	109
图 66	籍箕滩遗址工具	110
图 67	籍箕滩遗址镞状器	111
图 68	籍箕滩遗址凹缺刮器	112
图 69	马鞍山遗址楔形细石核	114
图 70	马鞍山遗址砸击石核和细石核	115
图 71	马鞍山遗址工具	116
图 72	马鞍山遗址骨锥	117
图 73	马鞍山遗址火塘	117
图 74	尉家小堡遗址石核和细石核	119
图 75	蔚家小堡遗址细石核	120
图 76	蔚家小堡遗址工具	120
图 77	蔚家小堡遗址可拼合石制品组合	121
图 78	薛关遗址石制品	124
图 79	下川流水腰地点石制品	126
图 80	柿子滩 S9 地点出土遗物	131
图 81	柿子滩 S9 地点出土遗物	132
图 82	柿子滩 S12G 地点石核和细石核	134
图 83	柿子滩 S12G 地点工具	135
图 84	柿子滩 S12G 地点砂岩石板	136
图 85	柿子滩 S1 地点下文化层石制品	137

图 86　柿子滩 S1 地点上文化层石制品 ·················· 139
图 87　柿子滩 S1 地点上文化层石制品 ·················· 140
图 88　柿子滩 S1 地点上文化层刮削器 ·················· 141
图 89　柿子滩 S1 地点上文化层尖状器 ·················· 142
图 90　柿子滩 S1 地点上文化层工具 ····················· 143
图 91　柿子滩 S1 地点上文化层工具 ····················· 144
图 92　于家沟遗址第 2 文化层石核 ······················· 147
图 93　于家沟遗址第 2 文化层石片 ······················· 149
图 94　于家沟遗址第 2 文化层工具 ······················· 150
图 95　于家沟遗址第 2 文化层打制石器 ·················· 150
图 96　于家沟遗址第 2 文化层磨制类石器 ················ 151
图 97　于家沟遗址第 2 文化层磨制骨器 ·················· 151
图 98　于家沟遗址第 3a 文化层石核 ······················ 153
图 99　于家沟遗址第 3a 文化层楔形细石核 ··············· 154
图 100　于家沟遗址第 3a 文化层石片 ····················· 154
图 101　于家沟遗址第 3a 文化层工具 ····················· 155
图 102　于家沟遗址第 3a 文化层磨光石斧 ················ 156
图 103　于家沟遗址第 3a 文化层陶片 ····················· 156
图 104　于家沟遗址第 3b 文化层石核 ····················· 158
图 105　于家沟遗址第 3b 文化层楔形细石核 ·············· 159
图 106　于家沟遗址第 3b 文化层锤击石片 ················ 160
图 107　于家沟遗址第 3b 文化层石片 ····················· 160
图 108　于家沟遗址第 3b 文化层石片 ····················· 161
图 109　于家沟遗址第 3b 文化层工具 ····················· 162
图 110　于家沟遗址第 3b 文化层陶片 ····················· 163
图 111　于家沟遗址第 3b 文化层装饰品 ··················· 163
图 112　于家沟遗址第 3b 文化层磨制角器 ················ 164
图 113　于家沟遗址第 4 文化层出土遗物 ·················· 165
图 114　李家沟遗址细石器文化层石制品 ·················· 171
图 115　李家沟遗址细石器文化层石核 ···················· 172
图 116　李家沟遗址细石器文化层石叶、细石叶、石片 ····· 173

图 117	李家沟遗址细石器文化层工具	174
图 118	李家沟遗址细石器文化层工具	175
图 119	李家沟遗址细石器文化层小型两面器	175
图 120	李家沟遗址细石器文化层磨制石锛	176
图 121	大岗遗址石制品	179
图 122	大岗遗址工具	180
图 123	灵井遗址细石核	181
图 124	灵井遗址角锥形细石核	182
图 125	灵井遗址扁平形细石核	183
图 126	灵井遗址细石核	183
图 127	灵井遗址极小型细石核	184
图 128	灵井遗址细石核	185
图 129	灵井遗址细石核毛坯	186
图 130	灵井遗址石片	187
图 131	灵井遗址细石叶	188
图 132	南庄头遗址陶罐口沿	190
图 133	南庄头遗址骨器	191
图 134	南庄头遗址骨、角器	192
图 135	南庄头遗址石制品	193
图 136	南庄头遗址石制品	194
图 137	南庄头遗址出土遗物	194
图 138	东胡林遗址石制品	198
图 139	水洞沟 12 地点细石核	201
图 140	水洞沟 12 地点细石核	202
图 141	水洞沟 12 地点细石核	203
图 142	水洞沟 12 地点细石核	204
图 143	水洞沟 12 地点细石核	205
图 144	水洞沟 12 地点细石核	205
图 145	水洞沟 12 地点工具	206
图 146	华北地区出现期细石器遗址分布图	208
图 147	华北地区出现期细石叶组合	210

图 148　华北地区发展期细石器遗址分布图 ………………………………… 211
图 149　华北地区发展期细石叶组合 ……………………………………… 212
图 150　华北地区碰撞期细石器遗址分布图 ………………………………… 214
图 151　华北地区碰撞期细石叶组合 ……………………………………… 215
图 152　北海道细石叶剥坯技法示意图 …………………………………… 217
图 153　华北地区融合期细石器遗址分布图 ………………………………… 220
图 154　华北地区融合期细石叶组合 ……………………………………… 221
图 155　华北地区分化期细石器遗址分布图 ………………………………… 222
图 156　华北地区分化期细石叶组合 ……………………………………… 223
图 157　葫芦洞石笋的 $\delta^{18}O$ 记录与太阳辐射能量曲线的对比 …………… 235

插表目录

表1　华北地区各遗址（文化层）绝对测年一览表 …………………… 14
表2　西施西区遗址石制品一览表 …………………………………… 19
表3　西施西区遗址部分石叶石核统计数据 ………………………… 21
表4　西施西区遗址部分石叶石核各项测量数据的最大、最小及平均值 …… 22
表5　西施西区遗址细石叶石核统计数据 …………………………… 22
表6　西施东区第2b文化层出土石制品一览表 ……………………… 25
表7　西施东区第3文化层出土石制品一览表 ………………………… 26
表8　东施遗址上文化层石制品一览表 ………………………………… 27
表9　西沙河遗址第3a文化层石制品一览表 ………………………… 30
表10　下川小白桦圪梁地点第2文化层石制品一览表 ……………… 41
表11　油房遗址石制品一览表 ………………………………………… 43
表12　柴寺遗址石制品一览表 ………………………………………… 49
表13　柿子滩S29地点各文化层中遗迹、遗物统计表 ……………… 66
表14　柿子滩S29地点各文化层石制品统计表 ……………………… 66
表15　柿子滩S29地点各文化层石料统计表 ………………………… 67
表16　柿子滩S29地点各文化层细石核统计表 ……………………… 67
表17　柿子滩S29地点各文化层细石叶长、宽、厚平均值统计表 … 68
表18　柿子滩S29地点各文化层工具统计表 ………………………… 68
表19　柿子滩S5地点各文化层石制品统计表 ………………………… 68
表20　柿子滩S5地点各文化层工具统计表 …………………………… 74
表21　柿子滩S14地点各类文化遗存统计表 ………………………… 76
表22　柿子滩S14地点各文化层石制品统计表 ……………………… 76
表23　柿子滩S14地点各文化层细石核统计表 ……………………… 76

表 24	柿子滩 S14 地点各文化层工具统计表	76
表 25	淳泗涧遗址石制品一览表	88
表 26	东灰山遗址石制品一览表	91
表 27	籍箕滩遗址部分石制品分类统计表	104
表 28	马鞍山遗址部分石制品一览表	115
表 29	薛关遗址石制品一览表	123
表 30	柿子滩 12G 地点石制品一览表	133
表 31	柿子滩 S1 地点上文化层石制品一览表	138
表 32	于家沟遗址第 2 文化层石制品一览表	148
表 33	于家沟遗址第 3a 文化层石制品一览表	152
表 34	于家沟遗址第 3b 文化层石制品一览表	157
表 35	李家沟遗址李家沟文化层阶段文化遗存一览表	168
表 36	李家沟遗址细石器文化层阶段文化遗存一览表	170
表 37	大岗遗址第 4 层石制品一览表	178
表 38	东胡林遗址石制品一览表	196
表 39	融合期各遗址中不同类型细石核分布状况	220
表 40	李家沟遗址可鉴定动物骨骼统计	225
表 41	于家沟遗址哺乳动物最小个体数（MNI）统计表	225
表 42	分化期各遗址中各类文化遗存的数量	226
表 43	华北地区各阶段典型遗址年代及文化特征	227
表 44	华北地区各遗址中典型文化遗物出土情况	229
表 45	晚更新世后期气候事件、特征及与华北地区细石叶组合发展阶段的对应	236

第一章
华北地区细石器遗存研究的意义

第一节 旧—新石器时代过渡研究的新视角

一、华北地区地理地貌与环境

新中国成立初期，为了便于协调经济发展工作，曾在国家统一领导下设立过东北、华北、华中、华南、西南和西北等经济协作区。其中华北经济协作区主要协调河北省、山西省、北京市、天津市和内蒙古自治区的经济发展事宜。后来就习惯地把上述二省、二市、一区称作华北地区。[1]从地貌学的角度来看，"华北地区"指的是相对于海河、滦河流域的自然地理区域和河北省的非海河、滦河流域地区，包括河北省、北京市、天津市全部，山西省东部和北部，河南省、山东省黄河以北部分，以及辽宁省、内蒙古自治区属于海河、滦河流域部分，面积约43万平方公里。[2]在此基础上，本书中的"华北地区"，还包括了陕西省全部和宁夏回族自治区及甘肃省东部的一部分。

华北地区内高原、山地、盆地、平原均有分布。高原分布在华北的最北部，是内蒙古高原的组成部分，河北省称之为坝上，海拔1 300～1 400米。山地分布在华北的北部、西北部和西部。北部山地呈东西走向，是阴山山脉的组成部分。西北部山地主要呈北东—南西走向。其中河北省西北部、山西省东北部的山地，由于被怀安—宣化盆地、大同—阳原盆地分割，形成了三列东西向的山地，自北而南分别是大马群山、黄阳山—熊耳山、六棱山，海拔1 200～1 500米。山西西北部是南北走向的管涔山，海拔1 300～1 500米。西部山地，即河北省西部、山西省东部的山地，多为北东—南西走向，自西北而

---

[1] 吴忱：《华北地貌环境及其形成演化》，科学出版社，2008年，第2页。
[2] 吴忱、许清海、刘劲松：《华北地貌新论》，科学出版社，2007年，第1页。

东南分别是恒山—云中山，五台山—系舟山—太岳山及太行山脉。华北西北部山地中有大型盆地穿插。自东北而西南分别为延庆—涿鹿盆地、怀安—宣化盆地、大同—阳原盆地、蔚县盆地、原平—忻州盆地、榆社—长治盆地等。另外还有一些小型盆地，如西北部的将军庙盆地、灵丘盆地、涞源盆地，北部燕山山地中的滦平—承德盆地和柳江盆地，中部太行山地中的井陉盆地、武安盆地，南部太行山地中的林州盆地等。太行山以东、燕山以南是平原，即狭义的华北平原。海河水系和滦河水系是华北地区的主要河流。华北地区的坝上高原和华北平原均有湖泊分布。坝上高原较大的湖泊有安固里淖、察汗淖、黄盖淖，其次是一些较小的湖泊。华北平原较大的湖泊有白洋淀、衡水湖，其次是七里海、团泊洼等一些较小的湖泊。

现代华北地区属于温带半干旱、半湿润季风气候区。具体划分为：永定河以北山地属中温带半干旱气候区，永定河以南山地属于南温带半干旱气候区，平原地区属南温带亚湿润气候区。渤海海域或及其沿岸属暖温带湿润—半湿润季风气候区。[1]全区内多年平均气温，南部为14℃左右，北部为0℃。同纬度西部比东部低2~5℃。多年平均降水量547.8毫米。总体来讲，华北地区气候四季分明，具有明显的冬、夏季较长，春、秋偏短；冬季寒冷、干燥、少雪，夏季高温、多雨；干、冷同期，雨、热同季的特点。降水量年际变化显著，季节分配不均，全年降水量主要集中于夏季，7~8月份的降水量占全年的一半以上，气候复杂多样，平原区地势低缓平坦，气流畅通无阻。山区地势高差变化较大，气候各异。海拔3 000米左右的五台山气温低，风速大，常出现气象要素极值。北部坝上高原地势较高，气温低，风速大，无霜期短。植被分布可以分为三个区，即内蒙古高原温带草原区、华北山地暖温带阔叶落叶林区及海滦河平原暖温带落叶阔叶林栽培作物区。[2]

距今40 000~25 000年间，华北平原的气候温暖且湿润。随着海平面的抬高，海岸线也上升。湖泊、沼泽占据了华北平原的绝大部分地区。植被主要为针阔叶混交林草原，湖泊沼泽中有大量的水生、沼生植被。该期的后期，水量减少，干、湿交替明显。在距今25 000~11 000年，华北地区气候变得寒冷

---

[1] 李凤林、岳军、李建芬等：《渤海沿岸现代海蚀研究》，天津科学技术出版社，1996年，第54~117页。

[2] 吴忱：《华北地貌环境及其形成演化》，科学出版社，2008年，第1~120页。

干燥。植被为森林草原和干草原。海岸线已下降到现在海平面以下。平原上有猛犸象—披毛犀等耐寒哺乳动物栖息，河水里生长着大量对丽蚌等软体动物和介形虫。后期气候更加干燥，风力堆积占主导地位。距今 11 000～7 500 年，华北地区气候温和稍湿，植被为以松为主的森林草原，海岸线仍在现海平面以下。河水中生长着丽蚌，河水和洼地湖水中生长着大量介形虫。[①]

二、旧—新石器时代过渡研究的新视角

在我国华北地区，细石器遗存最先出现于旧石器时代晚期的较晚阶段，一直延续到新石器时代，贯穿于旧石器时代至新石器时代的整个过渡时期。在此期间，这类遗存在类型特征、工艺特点及与其他文化遗存组合方面都发生了诸多变化。这一系列的变化，在华北地区旧石器时代向新石器时代过渡进程中扮演着极为特殊的角色，是将两个时代连接起来的重要纽带。因此，将华北地区细石器遗存组合、演变脉络情况研究清楚是了解该地区旧石器时代如何向新石器时代过渡的有效途径。

旧、新石器时代过渡阶段一般指的是从更新世末冰期结束到农业经济出现的这段时间，亦即冰后期生态巨变以及人类对新的生态环境进行调节和适应的时期。在这一时期中，狩猎采集经济以比旧石器时代快得多的速度趋于复杂化，食物资源趋于特化和多样化，食品加工技术趋于复杂而有效，永久性居址出现，经济和生活方式日趋复杂。[②]在我国一般以陶器的出现为标志，将距今 15 000 年至 9 000 年前后，作为从旧石器时代向新石器时代过渡的时期。[③]但从细石器遗存的角度来考察旧、新石器时代过渡，本书将这个时段扩张至距今 25 000～9 000 年左右，即从细石叶技术出现始直至全新世。这个跨度可能有些大，但能充分体现细石器遗存的发展脉络，体现出它在旧、新石器过渡阶段的演变过程。

关于华北地区旧、新石器时代过渡问题，目前学术界主要从陶器、磨制石器及农作物的起源等方面展开研究。以细石器遗存组合、演变为视角，透过石

[①] 吴忱：《华北平原四万年来自然环境演变》，中国科学技术出版社，1992 年，第 128～133 页。
[②] 陈淳：《石器时代分野问题》，《考古》1994 年第 3 期。
[③] 朱乃诚：《中国陶器的起源》，《考古》2004 年第 6 期。

器工业的变化来探讨这一问题的则不多见。从已发表的成果来看，只有少数学者从这一角度做过尝试性研究。这些研究从宏观的角度对华北地区旧、新石器时代过渡特征进行了有益的推测，在今天看来还非常具有指导意义。[①]但囿于当时学科发展的程度及材料积累的不足，还很难做到对华北地区旧、新石器时代过渡进程的细节问题有所阐述。

随着学科的发展，目前华北地区已是我国细石器遗址发掘最多、细石器遗存材料积累最为丰富的地区。特别是近十几年来，诸多典型遗址的发现、发掘，为我们通过考察细石器遗存发展演变，探索该地区旧、新石器时代过渡问题提供了可能。这些典型遗址（群）数量现已非常可观，包括河南登封西施、东施遗址，舞阳大岗遗址、许昌灵井遗址、新密李家沟遗址；陕西宜川龙王辿遗址；山西沁水下川遗址、蒲县薛关遗址、吉县柿子滩遗址群；河北阳原虎头梁遗址群、籍箕滩遗址、油房遗址、于家沟遗址，徐水南庄头遗址；以及北京市门头沟东胡林遗址、怀柔转年遗址等。其中如河南新密李家沟、河北阳原于家沟、山西吉县柿子滩遗址等地点都经过缜密的发掘，比较清楚地揭露出从旧石器时代晚期至新石器时代早期的地层关系，文化遗存所处时代清晰，为研究华北地区旧、新石器时代过渡阶段石器工业特征的演变提供了可靠资料。

细石器的出现和发展是华北地区旧、新石器时代过渡阶段的一个重要环节。近年来该地区细石器遗址的发掘，使我们进一步认识到细石器遗存是联系这一区域旧、新石器时代过渡最佳的，也是最完整的信息链，它贯穿于旧石器时代向新石器时代过渡的整个阶段。在此期间，它自身经历了由盛转衰、由复杂多样到简单趋同的变化；它见证了陶器、磨制石器甚至农作物和家畜在这一地区的出现及发展，亦见证了一个新的时代即新石器时代的到来。因此在探讨华北地区旧石器时代如何向新石器时代过渡这一问题时，以细石器遗存的发展演变为研究主线，以时代为标尺，从横向、纵向两个方面去考察此类遗存的演变特征，以及在不同时期细石器遗存与陶器、磨制石器等其他遗存的关系，是我们能够深入了解过渡阶段具体过程的有效途径。

[①] 谢飞：《环渤海地域新旧石器文化过渡问题研究纲要》，《中国考古学跨世纪的回顾与前瞻》，科学出版社，2000年，第181~189页。刘景芝：《华北旧石器时代向新石器时代过渡时期文化初探》，《北方文物》1994年第4期。

第二节　关键概念的厘定——细石叶组合

晚更新世后期，中国旧石器时代文化已进入一个新的阶段，其主要特征是石制品在小型化基础上，又出现精致化、规范化特征，像这些形体既小制作又精的石制品，通常称之为细石器。细石器（Microlith）的定义最早始于19世纪后半叶的法国，"microlith"直译是"小的石头"，是根据形态特征进行的命名。在20世纪30年代，东亚考古学界开始正式引入这个概念。在我国，"Microlith"最初被译为"幺石器"，这是梁思永在研究嫩江流域昂昂溪遗址和热河地区的林西遗址时采用的称呼。"microlith"最早在日本考古界被译为"细石器"。江上波夫、水野清一在出版"满蒙学术调查"资料时最先使用此概念。后来，"细石器"一词被我国学者广泛接受，逐渐成为我国史前考古学中的一个重要概念。[①]

细石器在中国的发现、研究已有一百多年的历史。[②]无数的研究者对此类遗存进行了研究，在相关方面也取得了不俗的成绩。但对其内涵问题，虽有诸多学者讨论，目前为止仍没有达成共识。一百年来，这一名词的含义和所指的对象在中国学术界发生了一定的变化。截至目前，有关细石器内涵的代表性观点大致有以下三种：

第一种观点认为细石器是指所有那些形体既小、加工又精的石制品，它既包括细石叶技术产品如细石核、细石叶及其制品，又包括一些非细石叶技术产品，如那些加工精致的刮削器、尖状器、石镞、雕刻器、琢背小刀等。其代表学者有梁思永、[③]贾兰坡[④]等。两者的区别在于，贾兰坡认识到细石器中所包含的细石叶技术产品，特别是细石核的特殊性。在此观点的影响下，有学者将中国的细石器分为雏形细石器、典型细石器和发达细石器等几个阶段。[⑤]

[①] 李有骞：《细石器的概念与研究方法》，《北方文物》2016年第1期。
[②] 安志敏：《中国细石器发现一百年》，《考古》2000年第5期。
[③] 梁思永：《昂昂溪史前遗址》，《梁思永考古论文集》，科学出版社，1959年。此文中梁思永将细石器称为"幺石器"，但其后学术界很少沿用此概念。
[④] 贾兰坡：《中国细石器的特征和它的传统、起源与分布》，《古脊椎动物与古人类》1978年第2期。
[⑤] 葛治功、林一璞：《大贤庄的中石器时代细石器——兼论我国细石器的分期与分布》，《东南文化》1985年第1期。

第二种观点认为细石器仅包括细石核、细石叶及其制品，除此之外都不能称为细石器。代表学者有裴文中、[①]安志敏[②]等。在此基础上，有学者认为细石器的内涵应扩展到一切与细石叶技术相关的石制品，包括预制石核的修片、调整台面的削片及更新工作面的石片等。[③]

第三种观点认为细石器应当由两部分内容组成，一部分是细石叶技术及其产品，另一部分就是以石片为坯打制的端刮器、石镞、背刀、雕刻器、小尖状器等石器类型。前者（细石叶技术产品）是构成细石器的充分必要条件，确定一个遗址中的文化遗物是不是细石器遗存，首先要看它有没有细石核和细石叶，只要有细石核或细石叶就一定是细石器遗存。但是仅有细石核、细石叶，旧石器时代晚期的人类是无法生存下去的，还必须有以石片为坯打制的端刮器、石镞、雕刻器、小尖状器等与之相关的石器类型。如果没有压制修理技术，即便加工得再精致，也不一定能确定它就是细石器遗存，还必须看它有没有细石核和细石叶。此观点为王益人提出。[④]该观点与前述第一种观点颇为相似，所不同之处在于，那些与细石叶技术关联不强的石制品，必须在与细石叶技术产品特别是细石核或细石叶相伴生的情况下，才能被归入细石器遗存之中，否则的话则不能称为细石器。

细石器内涵之所以会产生如此多的分歧，笔者认为原因在于细石器特征的特殊性。正如前文所述，细石器指的是晚更新世后期，特别是在旧、新石器时代过渡阶段，石制品在小型化基础上，又出现精致化、规范化特征，这与以往

[①] 裴文中:《中国细石器文化略说》,《中国史前时期之研究》, 商务印书馆, 1948 年。有学者认为，是安志敏在其《海拉尔的中石器遗存——兼论细石器的起源和传统》(《考古学报》1978 年第 3 期) 一文中，首次阐明"细石器"的定义应仅限于细石核、细石叶以及用细石叶制作的工具（见陈淳:《从细石核谈华北与东北亚及北美的史前文化联系》,《山西旧石器时代考古文集》, 山西经济出版社, 1993 年, 第 510~521 页)。其实早在 1948 年的《中国细石器文化略说》一文中，裴文中讲道："在我国东北、内蒙古及新疆诸区域中，自旧石器时代之末起，经中石器时代及新石器时代，迄于铜器时代止，皆有人类继续栖止，其文化亦在此区域中，继续演变和移动。若专以此种人类之石质遗物而论，所用之石核，约皆微小，形如尖锥，或形状为扁平者；由此种小石核打下之石片，约皆为长方形者，或小方形者；制成之石器，约皆形体狭小，工作精细。此种石器，名之为'细石器'，具有此种石器之文化，谓之为细石器文化。"由此看出，最早提出细石器内涵是指细石核、细石叶及其制品的是裴文中，而非安志敏。

[②] 安志敏:《海拉尔的中石器遗存——兼论细石器的起源和传统》,《考古学报》1978 年第 3 期。据笔者考察，"细石核""细石叶"等名词是安志敏在该文中首次提出的。

[③] 沈辰:《细石器工艺、细石器传统及山东细石器研究的初步认识》,《桃李成蹊集——庆祝安志敏先生八十寿辰》, 香港中文大学中国考古艺术研究中心, 2004 年。

[④] 王益人:《关于下川文化的几个问题》,《中国史前考古学研究——祝贺石兴邦先生考古半世纪暨八秩华诞文集》, 三秦出版社, 2003 年。

的小石器相比产生了富有视觉冲击力的区别,故学界将它们单独区分出来,称为"细石器"。①细石器是一个概括性的概念,从这一点出发第一种观点把握得还是比较准确的。但它的问题是缺乏精确性,具体何种石制品是细石器,何种不是;同一种石制品在何种条件下是细石器,何种条件下又不是细石器等问题都很难进行区分。所以采用第一种观点最大的问题是不利于,甚至无法展开具体的、深入的对比研究。第二种观点则相比于第一种观点则更加具体化,便于展开对比研究,因此也得到诸多学者的拥护,受众面非常广。②但它的问题在于,采用此观点则不能完全把握旧、新石器时代过渡时期石制品精致化的整体特征。细石叶技术固然是晚更新世末期中国北方富有特色的技术形态,但在伴随石器精致细小化的过程中,细石叶技术产品并不是单独存在的,与之相伴的工具也同样富有特色。有些工具类型不但有可能具有地域、时代的指示意义,如琢背刀等,而且在技术上与细石叶技术也存在关联性,比如虎头梁遗址中出土的利用两面器为毛坯的尖状器,还有雕刻器技术与细石核的台面生成技术(削片技术)等。如果将这类石制品排除在细石器之外的话,势必还要取一个相应的名称将它们与那些并不规范、精致、特殊的石制品相区别,这又会造成不必要的麻烦。另外,如果我们将与细石叶技术相关的产品称为细石器,那么与之同样具有特殊地位的石叶技术、勒瓦娄瓦技术产生的相关产品,是不是也应该冠之为"某某石器"呢?这些问题都是采用第二种观点时所必须要面对的。第三种观点给人的感觉是对第一和第二种观点的调和,看似将细石器特征的全面性与特殊性进行了统一,但它最大的问题是,将那些不与细石叶技术产品相伴生的小型、精致、规范的工具排除在细石器之外,这有些难以让人理解与接受。细石器是一个整体,它是由许多技术因素组合而成的,细石叶技术只是其中的一种,不能代表其全部。不同的技术因素其发生、发展、消失的过程是不同的,有些技术的存在时间要远远晚于细石叶技术,比如利用两面器技术产生的石镞甚至在辽代还有出现。③

---

① 笔者看来,将"microlithic"翻译为"细石器"非常之精妙,因为"细"字在汉语语境中有"精致""精细"的意思。

② 李有骞:《细石器的概念与研究方法》,《北方文物》2016年第1期。杜水生:《楔型石核的类型划分与细石器起源》,《人类学学报》2004年(增刊)。朱之勇:《中国细石器起源之我见》,《北方文物》2008年第4期。仪明洁:《细石器研究中几个关键概念的厘定》,《考古与文物》2014年第5期。

③ 贾兰坡:《中国细石器的特征和它的传统、起源与分布》,《古脊椎动物与古人类》1978年第2期。

细石器存在于不同的生业文化之中，无论采用上述哪种观点，都无法涵盖整个遗址的文化特征。制作细石叶的人类群体并不仅仅利用这一类产品，它们还会使用其他类型的工具，比如骨、角、竹、木等有机工具以及其他石制品，它们共同构成一个工具组合，因此有学者提出了细石叶组合的概念。[1] 这一概念是从遗存的组合特征来讲的，指的是含有细石叶技术产品在内的所有文化遗存，不仅包括打制石器，还包括磨制石器、骨器、陶器等，这一概念甚至也可以将窑址、墓葬、居址等遗迹现象也包含进去，基本体现了与细石叶技术产品相伴生的所有遗物、遗迹现象，可以揭示不同时代、不同地域中细石器遗址的文化特点。[2] 有鉴于此，笔者在本书中采用此概念来分析华北地区细石器传统的发展与演变。

---

[1] 陈胜前：《细石叶工艺的起源——一个理论与生态的视角》，《考古学研究（七）》，科学出版社，2008年。

[2] 陈胜前、叶灿阳：《细石叶工艺起源研究的理论反思》，《人类学学报》2019年第4期。

第二章
华北地区细石叶组合的分期

第一节 分期的基础

华北地区广泛分布的细石器遗存，早在百年前就引起学者们的关注。[1] 从20世纪40年代开始，裴文中先生曾讨论细石器的发现及相关问题。[2] 自20世纪60~70年代河北阳原泥河湾盆地虎头梁村附近发现细石器遗存以来，截至目前，华北地区已成为我国细石器遗址发掘数量最多的区域，为探讨细石器的源流、技术特点以及晚更新世晚期人群互动等问题提供了较为丰富的材料。特别是那些地层关系清楚、特色鲜明的细石器遗存，为华北地区细石器文化深入研究奠定了基础。

从发掘理念的角度出发，华北地区细石器遗址的发掘与研究可以1995~1997年于家沟遗址的发掘为分界线，分为前后2个阶段。前一阶段发掘的遗址有虎头梁遗址群[3]、下川遗址[4]、柴寺遗址[5]、薛关遗址[6]、柿子滩S1地点[7]、油房遗址[8]、东灰山遗址[9]、籍箕滩遗址[10]、大岗遗址[11]、孟家泉遗址[12]、淳泗涧遗

---

[1] 安志敏：《中国细石器发现一百年》，《考古》2000年第5期。
[2] 裴文中：《中国史前时期之研究》，商务印书馆，1948年。
[3] 盖培、卫奇：《虎头梁旧石器时代晚期遗址的发现》，《古脊椎动物与古人类》1977年第4期。
[4] 中国社会科学院考古研究所、山西省考古研究所：《下川——中国旧石器时代晚期文化遗址发掘报告》，科学出版社，2016年。
[5] 王益人：《丁村旧石器时代遗址群——丁村遗址群1976~1980年发掘报告》，科学出版社，2014年，第264~313页。
[6] 王向前、丁建平、陶富海：《山西蒲县薛关细石器》，《人类学学报》1983年第2期。
[7] 山西省临汾行署文化局：《山西吉县柿子滩中石器文化遗址》，《考古学报》1989年第3期。
[8] 谢飞、成胜泉：《河北阳原油房细石器发掘报告》，《人类学学报》1989年第1期。
[9] 河北省文物研究所：《燕山南麓发现细石器遗址》，《考古》1989年第11期。
[10] 河北省文物研究所：《籍箕滩旧石器时代晚期细石器遗址》，《文物春秋》1993年第2期。
[11] 张居中、李占扬：《河南舞阳大岗细石器地点发掘报告》，《人类学学报》1996年第2期。
[12] 河北省文物研究所、唐山市文物管理所、玉田县文保所：《河北玉田孟家泉旧石器遗址发掘简报》，《文物春秋》1991年第1期。

址[①]、转年遗址[②]和尉家小堡遗址[③]等。通过这一系列的发掘，不仅积累了丰富的资料，学界对华北地区细石器遗存的基本面貌也有了较为深入的认识。在此阶段学界展开了对细石器的定义，中国细石器的传统、起源与分布等问题的探讨；[④]对细石核类型的划分提供了基本框架；[⑤]同时还引入了动态类型学研究方法。[⑥]随着材料逐渐丰富，细石器遗存分布的时空特点也引起学界注意。[⑦]总之，这一阶段是一个积累材料的阶段，注重量的积累，但搜集材料的方法较为粗犷，致使有些问题无法进行深入探讨。

1995～1997年于家沟遗址的发掘采取了严格分层的方法搜集文化遗存，在厚达7米的文化层中，揭示出了细石器遗存的发展演变脉络。[⑧]于家沟遗址的发掘应该是一场理念的革命，它为能够深入研究细石器遗存奠定了科学的基础，开启了细石器研究的新篇章。这一阶段从于家沟遗址的发掘直到现在，除于家沟遗址外，发掘的遗址还有柿子滩S14地点[⑨]、东胡林遗址[⑩]、柿子滩S9地点[⑪]、柿子滩12G地点[⑫]、龙王辿遗址[⑬]、李家沟遗址[⑭]、石峡口第1地点[⑮]、柿子滩S29地点[⑯]、

[①] 河北省文物研究所、秦皇岛市文物管理处、昌黎县文物保管所：《河北昌黎淳泗涧细石器地点》，《文物春秋》1992年增刊。
[②] 郁金城、李建华、李超荣：《北京转年新石器时代早期遗址的发现》，《北京文博》1998年第3期。
[③] 宋艳花、石金鸣：《尉家小堡遗址石制品的初步研究》，《人类学学报》2008年第3期。
[④] 贾兰坡：《中国细石器的特征和它的传统、起源与分布》，《古脊椎动物与古人类》1978年第2期。
[⑤] 陈淳：《中国细石核类型和工艺初探——兼谈与东北亚、西北美的文化联系》，《人类学学报》1983年第4期。
[⑥] 盖培：《阳原石核的动态类型学研究及其工艺思想分析》，《人类学学报》1984年第3期。
[⑦] 陈淳、王向前：《从细石核谈华北与东北亚及北美的史前文化联系》，《山西旧石器时代考古文集》，山西经济出版社，1993年，第510～521页。
[⑧] 梅惠杰：《泥河湾盆地旧、新石器时代的过渡——阳原于家沟遗址的发现与研究》，北京大学考古文博学院博士学位论文，2007年。
[⑨] 柿子滩考古队：《山西吉县柿子滩旧石器时代遗址S14地点》，《考古》2002年第4期。
[⑩] 北京大学考古文博学院、北京大学考古学研究中心、北京市文物研究所：《北京市门头沟区东胡林史前遗址》，《考古》2006年第7期。
[⑪] 柿子滩考古队：《山西吉县柿子滩遗址第九地点发掘简报》，《考古》2010年第10期。
[⑫] 柿子滩考古队：《山西吉县柿子滩遗址S12G地点发掘简报》，《考古与文物》2013年第3期。
[⑬] 尹申平、王小庆：《陕西宜川县龙王辿旧石器时代遗址》，《考古》2007年第7期。
[⑭] 北京大学考古文博学院、郑州市文物考古研究院：《河南新密市李家沟遗址发掘简报》，《考古》2011年第4期。
[⑮] 任进成、周静、李锋等：《甘肃石峡口旧石器遗址第1地点发掘报告》，《人类学学报》2017年第1期。
[⑯] 山西大学历史文化学院、山西省考古研究所：《山西吉县柿子滩遗址S29地点发掘简报》，《考古》2017年第2期。

西施遗址①、柿子滩 S5 地点②、东施遗址③、凤凰岭遗址④、西沙河遗址⑤、下川小白桦圪梁地点⑥、下川水井背地点⑦、下川流水腰地点⑧等（图 1）。这一阶段在搜集材料方面基本都采用了严格的分层，并辅以一定数量的测年数据，为探讨华北地区细石器遗存的演变奠定了基础。基于丰富、翔实的材料，有学者提出了华北地区细石器遗存马蹄形分布带的论述，将细石器遗存分布的时空特点推向具体化。⑨还有学者不局限于简单的年代对比，而是对影响细石器起源与发展机制的问题展开了讨论。⑩细石器遗存内部的差异性也被学界所注意，有研究者提出下川与虎头梁两类不同的细石核技术可能有不同的来源。⑪另外亦有学者从末次冰期极盛期所带来的环境变化与适应性的视角出发，为细石器起源的华北学说提供理论支持。⑫这一时期也是中国细石器遗存研究走向国际化的时期，越来越多的国外学者开始关注中国北方的细石器遗存，将中国的细石器遗存纳入一个更加广阔的领域去考察，他们的理念与方法、多学科的交叉研究为中国细石器遗存研究注入了新的活力。⑬

---

① 王幼平、汪松枝：《MIS3 阶段嵩山东麓旧石器发现与问题》，《人类学学报》2014 年第 3 期。
② 柿子滩考古队：《山西吉县柿子滩旧石器时代遗址第五地点发掘简报》，《考古》2016 年第 4 期。
③ 郑州市文物考古研究院、北京大学考古文博学院：《2013 年河南登封东施旧石器晚期遗址发掘简报》，《中原文物》2018 年第 6 期。
④ 孙启锐、陈福友、张子晓等：《山东临沂凤凰岭发现距今 1.9 至 1.3 万年的细石器遗存》，中国文物信息网 2018 年 6 月 19 日。
⑤ Ying Guan et al. Microblade remains from the Xishahe site, North China and their implications for the origin of microblade technology in Northeast Asia. *Quaternary International*, 2020.535.
⑥ 北京师范大学、山西省文物考古研究所：《山西沁水下川遗址小白桦圪梁地点 2015 年发掘报告》，《考古学报》2019 年第 3 期。
⑦ 杜水生：《连续与断裂：重新认识下川遗址在中国旧石器文化研究上的意义》，《第四纪研究》2021 年第 1 期。
⑧ 申艳茹、王益人、杜水生：《山西下川遗址流水腰地点的细石叶工业》，《第四纪研究》2020 年第 1 期。
⑨ 谢飞：《河北旧石器时代晚期细石器遗存的分布及在华北马蹄形分布带中的位置》，《文物春秋》2002 年第 2 期。
⑩ 王幼平：《关于中国旧石器的工艺类型》，《人类学学报》2004 年（增刊）。
⑪ 杜水生：《楔型石核的类型划分与细石器起源》，《人类学学报》2004 年（增刊）。
⑫ 陈胜前：《细石叶工艺的起源——一个理论与生态的视角》，《考古学研究（七）》，科学出版社，2008 年。
⑬ Elston R, Dong G, Zhang D. Late pleistocene intensification technologies in Northern China. *Quaternary International*, 2011.242. 加藤真二：《试论华北细石器工业的出现》，《华夏考古》2015 年第 2 期。

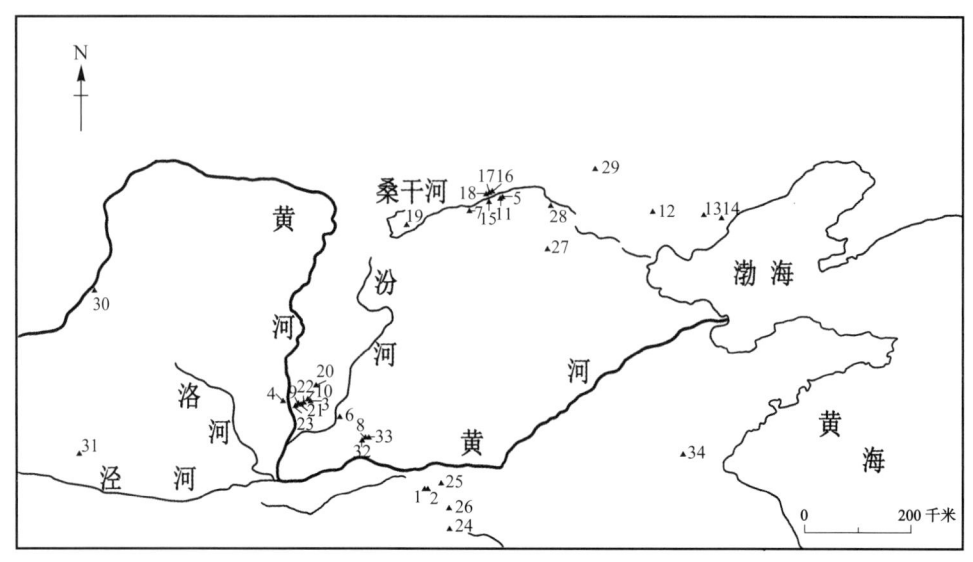

图 1　华北地区细石器遗址分布图

1. 西施遗址　2. 东施遗址　3. 柿子滩 S29 地点　4. 龙王辿遗址　5. 油房遗址　6. 柴寺遗址　7. 西沙河遗址　8. 下川小白桦圪梁地点　9. 柿子滩 S14 地点　10. 柿子滩 S5 地点　11. 二道梁遗址　12. 孟家泉遗址　13. 东灰山遗址　14. 淳泗涧遗址　15. 籍箕滩遗址　16. 虎头梁遗址　17. 于家沟遗址　18. 马鞍山遗址　19. 尉家小堡遗址　20. 薛关遗址　21. 柿子滩 S9 地点　22. 柿子滩 S12G 地点　23. 柿子滩 S1 地点　24. 大岗遗址　25. 李家沟遗址　26. 灵井遗址　27. 南庄头遗址　28. 东胡林遗址　29. 转年遗址　30. 水洞沟第 12 地点　31. 石峡口第 1 地点　32. 下川流水腰地点　33. 下川水井背地点　34. 凤凰岭遗址

第二节　分期的结论

华北地区细石器遗址绝大多数都有绝对测年，特别是后一阶段发掘的遗址，多采用不同的测年样本，并且有多个测年数据，这在一定程度上保证了测年的客观性。只是上一阶段的遗址中有些测年存在一定争议，但结合石制品特点及与其他遗址中文化组合的横向比较也可以将它们的年代确定在一个比较客观的层面。如油房遗址早期测定的绝对年代为距今 16 000～14 000 年。[1] 之后采用光释光（OSL）方法测定该遗址的时代为距今 29 000～26 000 年。[2] 两者

---

[1]　长友恒人、下冈顺直、波冈久惠等：《泥河湾盆地几处旧石器时代文化遗址光释光测年》，《人类学学报》2009 年第 3 期。

[2]　Xiaomei Nian, Xing Gao, Fei Xie, Huijie Mei, Liping Zhou. Chronology of the Youfang site and its implications for the emergence of microblade technonlogy in North China, *Quaternary International*, 2014.347.

差距较大，但从石制品风格来看，前一个数据明显偏晚。柴寺遗址根据碳十四年代测定，采自文化层的炭样结果大于 4 万年，而用同层位原生蚌壳所测的年代为距今 26 400±800 年，文化层中含有细石器遗存，因此后一个数据更可靠一些。[①] 下川遗址因小白桦圪梁地点的发掘证明，这是一个含有不同时代遗存的遗址群，故不将早期发掘的石制品列入比较范围。虎头梁遗址群中的石制品虽然来自不同地点，但风格一致，故将其列入考察范围。柿子滩 S1 地点虽将厚达 9 米的石制品归入同一文化层中，但所含细石器遗存风格基本一致，仅是细石核数量及类型比例上有些异常，整体来讲仍是旧石器时代晚期晚段的风格，故也将其列入比较范围。

综合考量细石叶组合特点、绝对年代测定（表 1）与全球气候事件，华北地区细石叶组合可分为出现期、发展期、碰撞期、融合期和分化期等 5 个阶段。

出现期距今 29 000 至 23 000 年，相当于深海氧同位素第 3 阶段（MIS3）晚期至第 2 阶段（MIS2）早期，[②] 包括西施遗址、东施遗址、柿子滩 S29 地点第 7 文化层、西沙河遗址第 3a 文化层、龙王辿遗址、下川小白桦圪梁地点、下川水井背地点上文化层、柴寺遗址、油房遗址等。根据细石叶组合风格，该时期又可分为早、中、晚 3 个不同的阶段。早期阶段包括东施和西施遗址，中期阶段包括柿子滩 S29 地点第 7 文化层和西沙河遗址第 3a 文化层，晚期阶段包括龙王辿遗址、下川小白桦圪梁地点第 2 文化层、下川水井背地点上文化层、柴寺遗址和油房遗址。

发展期距今 23 000～17 100 年，相当于末次冰期极盛期（Last Glacial Maximum，简称 LGM），属于这一时期的遗址（文化层）有山西吉县的柿子滩 S29 地点第 2～6 文化层、柿子滩 S5 地点第 2～4 文化层、柿子滩 S14 地点第 2～4 文化层及河北境内的二道梁遗址、孟家泉遗址、淳泗涧遗址和东灰山遗址。

碰撞期距今 17 100～12 900 年，相当于末次冰期极盛期之后（POST-LGM）至博令—阿勒罗得气候转暖事件（Bølling-Allerod，简称 BA），属于该

---

① 王建、陶富海、王益人：《丁村旧石器时代遗址群调查发掘简报》，《文物季刊》1994 年第 3 期。
② 深海氧同位素阶段是指根据深海沉积物中底栖有孔虫的 ^{18}O 含量变化来推断不同时期的温度和全球冰量的变化，进而反映冰期与间冰期的交替。深海氧同位素阶段（MIS）曲线的奇数阶段对应间冰期或暖期，偶数阶段对应冰期或冷期。见张威、刘蓓蓓、崔之久等：《中国第四纪冰川作用与深海氧同位素阶段的对比和厘定》，《地理研究》2013 年第 4 期。

表 1　华北地区各遗址（文化层）绝对测年一览表

	遗址（文化层）	距今年	测年样品	测年方法	文　献　出　处
出现期	东施遗址	28 510~27 154	木炭	AMS^{14}C	Archaeological and Anthropological Sciences, 2021.13
	西施遗址	26 490~26 045	木炭	AMS^{14}C	Archaeological and Anthropological Sciences, 2021.13
	柿子滩 S29 地点第 7 文化层	26 000~23 000	骨头、炭*	AMS^{14}C	《考古》2017.2
	西沙河遗址第 3a 文化层	27 505~26 669	炭、骨头、鸵鸟蛋皮	AMS^{14}C	Quaternary International, 2020.535
	龙王辿遗址	26 000~21 000	炭、石英	AMS^{14}C\TL	《南方文物》2016.4
	下川小白桦圪梁地点第 2 文化层	27 000~25 000	木炭	AMS^{14}C	《考古学报》2019.3
	下川水井背地点上文化层	26 000~25 000	?	?	《第四纪研究》2021.1
	柴寺遗址	26 400±800（未校正）	蚌壳	^{14}C	《文物季刊》1994.3
	油房遗址	29 000~26 000	石英	OSL	Quaternary International, 2014.347
发展期	柿子滩 S29 地点第 2~6 文化层	25 066~17 623	骨头、炭	AMS^{14}C	《考古》2017.2
	柿子滩 S5 地点第 2~4 文化层	21 651~19 262	木炭、化石	AMS^{14}C	《考古》2016.2
	柿子滩 S14 地点第 2~4 文化层	23 021~17 901	烧骨	AMS^{14}C	《考古》2002.4
	二道梁梁遗址	22 419~21 963	骨头	^{14}C	《人类学学报》2016.4

续表

遗址（文化层）	距今年	测年样品	测年方法	文 献 出 处
发展期	孟家泉遗址	21 865～20 575	?	?	PaleoAmerica, 2020.2
	淳沟洞遗址	同上	?	?	PaleoAmerica, 2020.2
	东灰山遗址	同上	?	?	《考古》1989.11
	虎头梁遗址	17 000～16 000	?	?	Quaternary International, 2016.400
	籍箕滩遗址	16 000	炭、骨头	OSL\$^{14}$C	《人类学学报》2021.1
	蔚家小堡遗址	同上	?	?	《人类学学报》2008.3
碰撞期	于家沟遗址第4~3b文化层	16 023～13 400	骨头、长石、石英	TL\OSL AMS\$^{14}$C	Archaeological and Anthropological Sciences, 2019.11
	凤凰岭遗址	19 000～13 000	?	?	中国文物信息网2018年6月19日
	马鞍山遗址	16 000～14 000	?	?	梅惠杰，北京大学博士学位论文，2007
	石峡口第1地点	18 500～17 200	木炭	AMS\$^{14}$C	《人类学学报》2017.1
	下川流水腰地点上文化层	17 495～16 414	木炭	AMS\$^{14}$C	《第四纪研究》2020.1
	薛关遗址	16 223～15 320	?	\$^{14}$C	《人类学学报》1983.2
融合期	柿子滩S29地点第1文化层	13 332～12 852	骨头	AMS\$^{14}$C	《考古》2017.2
	柿子滩S9地点	13 800～8 500	木炭	AMS\$^{14}$C	Journal of Archaeological Science, 2011.38
	柿子滩S12G地点	同上			《考古与文物》2013.3

续 表

遗址（文化层）	距今年	测年样品	测年方法	文 献 出 处
柿子滩 S1 地点	14 720~10 490（未校正）	骨头	AMS^{14}C	《考古》1998.6
于家沟遗址第 3a 文化层	13 400~9 800	骨头、长石、石英	TL\OSL AMS^{14}C	Archaeological and Anthropological Sciences, 2019.11
李家沟遗址细石器文化层（南区第 6 层）	10 500~10 300	木炭	AMS^{14}C	《人类学学报》2013.4
大岗遗址第 4 文化层	13 000~10 500			《人类学学报》2018.4（据王幼平推测）
灵井遗址第 5 文化层	13 854~9 522	炭	AMS^{14}C	《人类学学报》2014.3
柿子滩 S5 地点第 1 文化层	10 514~10 248	化石	AMS^{14}C	《考古》2016.2
李家沟遗址南区第 5 文化层	10 000~9 000	木炭	AMS^{14}C	《人类学学报》2013.4
于家沟遗址南区第 2 文化层	9 800~8 406	骨头、长石、石英	TL\OSL AMS^{14}C	Archaeological and Anthropological Sciences, 2019.11
南庄头遗址第 5 文化层	10 000	?	^{14}C	《考古》1992.11
东胡林遗址	11 000~9 000	木炭、人骨、兽骨、陶片	^{14}C	《考古》2006.7
水洞沟第 12 地点	11 000	?	^{14}C	《水洞沟 2003~2007 年度考古发掘与研究报告》，2013 年，第 35~36 页
转年遗址第 4 文化层	10 000	?	^{14}C	《北京文物考古（五）》2002

* 何种物质炭样不明

阶段的遗址包括虎头梁遗址群、籍箕滩遗址[①]、马鞍山遗址、尉家小堡遗址、于家沟遗址第3b文化层、薛关遗址、下川流水腰地点上文化层、凤凰岭遗址和石峡口第1地点。

融合期距今12 900～11 500年，相当于新仙女木事件冷期（Younger Dryas，简称YD），属于该阶段的遗址包括柿子滩S29地点第1文化层、柿子滩S9地点、柿子滩S12G地点、柿子滩S1地点、于家沟遗址第3a文化层、李家沟遗址细石器文化层（南区第6层）和大岗遗址第4文化层。

分化期距今11 500～10 000年左右，相当于全新世大暖期（Holocene Megathermal，简称HM），属于该阶段的遗址包括柿子滩S5地点第1文化层、李家沟遗址李家沟文化层（南区第5层、北区第5～6层）、于家沟遗址第2文化层、南庄头遗址第5文化层、东胡林遗址、转年遗址第4文化层。

[①] 关莹、周振宇、王晓敏等：《河北阳原泥河湾盆地籍箕滩遗址发现的新材料》，《人类学学报》2021年第1期。

第三章
华北地区细石叶组合出现期
（距今 30 000～23 000 年）

　　华北地区细石器起源一直是学术界所关注的热点问题。20 世纪 70 年代，贾兰坡先生通过对峙峪遗址的研究，认为该遗址中的细石器代表了华北地区的最早阶段，并据此提出了细石器华北起源说。[1] 通过对该遗址中典型标本的重新观察，峙峪遗址的细石器已被学界所质疑。[2] 虽然后来有学者在塔水河、小南海等遗址中追寻出细石器起源的线索，但因与真正的细石叶技术存在一定距离，亦未被学术界所接受。[3] 近年来，通过科学系统的发掘，辅以严谨的绝对测年数据，一些代表华北地区早期细石器遗存面貌的遗址被揭露出来，它们是河南登封的西施、东施遗址，山西吉县的柿子滩 S29 地点，山西沁水的下川遗址小白桦圪梁地点和水井背地点，陕西宜川的龙王辿遗址以及河北蔚县的西沙河遗址。从这些遗址中所表现出的细石叶组合风格来看，早期发掘的薛关遗址、柴寺遗址也可归入这一阶段中。在本阶段，我们将详细介绍除柿子滩 S29 地点之外的其他各遗址，因为柿子滩 S29 地点是一处横跨早、晚各阶段，但以第二阶段为主的遗址，从保证遗址介绍的完整性出发，将其放入下一阶段详细介绍。

---

[1] 贾兰坡、盖培、尤玉桂：《山西峙峪旧石器时代遗址发掘报告》，《考古学报》1972 年第 1 期。
[2] 陈淳、张萌：《细石叶工业研究的回顾与再思考》，《人类学学报》2018 年第 4 期。
[3] 卫奇：《塔水河遗址发现原始细石器》，《"元谋人"发现三十周年纪念暨古人类国际学术研讨会文集》，云南科技出版社，1998 年。陈哲英：《陵川塔水河的旧石器》，《文物季刊》1989 年第 2 期。陈哲英：《中国细石器起源于华北的新证据——塔水河石制品再认识》，《中国史前考古学研究——祝贺石兴邦先生考古半世纪暨八秩华诞文集》，三秦出版社，2003 年。杜水生：《山西陵川塔水河遗址石制品研究》，《考古与文物》2007 年第 4 期。安志敏：《河南安阳小南海旧石器时代洞穴堆积的试掘》，《考古学报》1965 年第 1 期。陈淳、安家瑗、陈虹：《小南海遗址 1978 年发掘石制品研究》，《考古学研究（七）》，科学出版社，2008 年。

第一节 西施遗址

西施遗址位于河南省登封市大冶镇西施村村南，系嵩山东麓的低山丘陵区，地理坐标：E113°13′20.16″，N34°26′38.82″。该遗址于2004年发现，2010年和2017年进行了2次发掘。2010年发掘点（西施西区遗址）共揭露面积近50平方米，出土各类石制品8 000余件。该遗址地层清楚、文化遗物典型丰富，史前人类生产石叶各环节的遗存均有发现，完整保留了旧石器时代居民在此地处理燧石原料、预制石核、剥片，直至废弃等打制石叶的操作链，综合判断这是一处生产石叶的加工场所。①

西施西区遗址的文化遗存绝大多数发现于厚度在80～120厘米之间的灰黄色粉砂质黏土层中，该层之下未发现文化遗存。该遗址的文化遗存主要由各类石制品及人类搬运的石料构成，主要分布在发掘区的东北部，集中在南北长约6米，东西宽近4米的范围内，大部分标本集中分布在上下20厘米左右的文化层内。共出土石制品8 558件，种类包括普通石核、石叶石核、细石核、普通石片、石叶、细石叶、各类工具以及人工搬运的燧石原料等。数量更多的则是石制品加工生产的副产品，如断—裂片、断块、残片与碎屑等，总计有7 203件，占石制品总量的83.8%（表2）。石制品大小混杂，且以生产石器的副产品占主导地位。石制品中大者如石料，为长度近100毫米的燧石石块；小者则是仅有数毫米长短的剥片碎屑。

表2 西施西区遗址石制品一览表

种 类			数 量		百分比（%）	
石核	普通石核		10		13.3	
	石叶石核		62	75	82.7	
	细石核	不规则	1			0.9
		锥状	1	3	4	
		柱状	1			

---

① 王幼平、汪松枝：《MIS3阶段嵩山东麓旧石器发现与问题》，《人类学学报》2014年第3期。

续 表

种类				数量			百分比（%）	
石片	普通石片	完整		795	904	1 244	72.7	14.5
		不完整		109				
	再生台面石片			31			2.5	
	石叶	完整		152	227		18.2	
		断片	近端	27				
			中段	13	75			
			远端	35				
	细石叶	完整		39	82		6.6	
		断片	近端	7				
			中段	11	43			
			远端	25				
工具	边刮器			18		40	45	0.5
	端刮器			14			35	
	尖状器			1			2.5	
	雕刻器			2			5	
	凹缺器			3			7.5	
	石锤			2			5	
原料					26		0.3	
碎片—碎块					7 203		83.8	
合计					8 558		100	

  遗址中共出土了 75 件石核类标本，其中普通石核有 10 件，占石核总量的 13.3%。石叶石核及石叶石核的断块占石核类的绝大部分，共 62 件，占石核总量的 82.7%。除 2 件石叶石核是利用较大个体石片的裂片为毛坯外，其他石叶石核均以燧石的结核或断块为毛坯。岩性以燧石为主，仅有 1 件是质地比较好的石英。类型包括柱状、漏斗状、板状、楔状或不规则等类型，总体来讲，属

于棱柱状石叶石核范畴。石核台面多经过修理,最重者157.9克,最轻者7.7克,平均重量为42.3克。核身上具有一定数量的石叶疤。通过对部分石叶石核的统计,主石叶疤的长、宽平均值分别为28.23毫米和12.78毫米,石叶石核自身的长、宽、厚及重量的平均值分别为36.45毫米、29.3毫米、28.3毫米及28克(表3~4)。西施西区遗址还出土了3件细石核,占全部石核总量的4%。这3件细石核均以石块为毛坯,整体来看形状都不甚规则,有两件可勉强归入柱状或锥状类中。细石核长、宽、厚、重量和台面角的平均值分别为24.2毫米、20.2毫米、20.5毫米、11.5克和80.3度(表5)。核身基本都保留自然状态,几乎没有预制修理;台面均经过修理,工作面上保留有4~6片细石叶疤,主剥片疤的长度和宽度的平均值为22.5毫米和4.7毫米。有一件柱状细石核与一件再生台面石片可以拼合在一起,两者在埋藏深度上有10厘米的距离。总体来讲,西施西区遗址的细石核整体不作预制修理,利用毛坯的自然形态,随形就势,从毛坯预制的角度来看,此类细石核与遗址中出土的石叶石核风格较为一致,仅是大小尺寸不同而已。从细石叶技术发展角度来看,此时的细石叶技术还比较初级,古人类此时虽然已掌握了剥离细石叶的原理,但还没有达到自由控制毛坯形状,进而提高剥片效率以及剥离大量长、宽度一致的细石叶的程度。

表3 西施西区遗址部分石叶石核统计数据

标 本	原料	形状	台面	长 mm	宽 mm	厚 mm	重 g	台面角°	主片疤长 mm	主片疤宽 mm
10DX:1818	燧石	漏斗状	修理	26.9	35.6	43.9	32.4	74	26.2	16.3
10DX:1103	燧石	柱状	修理	39.1	32.5	20.5	29.9	88	29.9	9
10DX:1593	燧石	柱状	修理	40.7	27.3	20	20.2	85	18.6	9.6
10DX:1150	燧石	板状	节理面	52.2	34.5	17.4	49.5	76	32.5	12.5
10DX:0555	燧石	漏斗状	修理	28.6	26.7	33.8	15.5	80	17.8	19
10DX:0233	燧石	板状	节理面	37.4	30.8	46.4	31.2	65	32.6	16.4
10DX:1417	燧石	船底形	片疤	27.5	22.7	48.6	41.9	71	29	12.8
10DX:1394	燧石	板状	修理	47.2	18.9	40.1	41.9	79	49.2	11.1

续 表

标 本	原料	形状	台面	长 mm	宽 mm	厚 mm	重 g	台面角°	主片疤长 mm	主片疤宽 mm
10DX：0557	燧石	漏斗状	自然	38.2	28.6	18.3	13.8	83	26.7	13.4
10DX：1081	燧石	漏斗状	修理	34.3	33.6	15.8	15.5	75	32.4	16.3
10DX：1173	燧石	柱状	片疤	48.3	18.1	26.8	23.8	86	31.7	8.3
10DX：1561	燧石	漏斗状	修理	32.6	27.7	19.2	20.3	88	19.6	8.4
10DX：1355	石英	板状	修理	25.9	30.9	14.9	15.5	88	17.6	8.5
10DX：1888	燧石	漏斗状	修理	31.4	42.4	31.3	41	89	31.4	17.3

表4　西施西区遗址部分石叶石核各项测量数据的最大、最小及平均值

	长 mm	宽 mm	厚 mm	重量 g	台面角°	主片疤长 mm	主片疤宽 mm
最大值	52.2	42.4	48.6	49.5	89	49.2	19
最小值	25.9	18.1	14.9	13.8	65	17.6	8.3
平均值	36.45	29.3	28.3	28	80.5	28.23	12.78

表5　西施西区遗址细石叶石核统计数据

标 本	原料	形状	台面性质	长 mm	宽 mm	厚 mm	重 g	台面角°	主片疤长	主片疤宽
10DX：1325	燧石	不规则	修理	22.4	19.1	28.1	13.3	80	22.9	5
10DX：1600	燧石	柱状	修理	23.5	19.1	18.2	11.7	86	18.6	4.7
10DX：0997	燧石	锥状	修理	26.7	22.3	15.2	9.4	75	26	4.4
平均值				24.2	20.2	20.5	11.5	80.3	22.5	4.7

西施西区遗址出土各类石片总计1244件，占石制品总量的14.5%，其中包括普通石片904件，占石片总量的72.7%；石叶227件，占石片总量的18.2%。这些保留在遗址中的石叶多属小或中型。其形态多不甚规整，或系带有厚背脊、曲度较大者，多不宜再进一步用作加工工具的毛坯或复合工具。细石叶82件，占石片总量的6.6%，除2件原料为玛瑙外，其余均为燧石质。除此之外，还出

土了再生台面石片 31 件，占石片总量的 2.5%。此类石片是石核剥片到一定程度后，石核的台面角会变得比较大，此时继续以原台面剥片就很困难。为了产生新的便于剥片的台面，便从石核的侧部打击石核，剥离掉一片具有一定厚度的石片，新的台面遂产生，那片被打掉的石片即称为"再生台面石片"。此类石片是细石核生命史中的重要环节，某种程度上反映出古人驾驭石核的能力。

西施西区遗址出土的成品工具数量很少，共 40 件，占石制品总量的 0.5%，这可能与遗址是一处石器加工场的功能有关。工具类型包括石锤、端刮器、边刮器、雕刻器、尖状器等，以边刮器和端刮器为主。刮削器多以石片、石叶或残片为毛坯，修理方式以正向加工为主，多数标本修疤呈单层分布。雕刻器以石片或石块为毛坯，仅是打出雕刻器小面，器身边缘并不作修理。尖状器也是以石块为毛坯，加工比较简单，仅是修出尖部，器身基本不作修理（图 2）。

西施西区遗址出土的 8 558 件石制品中，有 7 203 件碎片和碎块，占石制品总量的 83.8%。在出土的石制品中存在可拼合的组合，据此可判定这是一处原地埋藏的石器加工场所。该遗址中出土的石叶、石叶石核的数量要远远大于细石叶、细石核的数量，表明这是一处以出产石叶为主、细石叶为辅的石器加工地点。从遗址中发现的石叶与细石叶大小尺寸测量统计数据来看，两者的分布呈渐变的过渡状态。石叶石核与细石核相比，仅是大小的区别，两者处于同一制作流程的不同阶段，即从预制成宽楔状的石叶石核开始剥取石叶，随着剥片的进行，石叶石核的体积逐渐缩减变小，继续剥取的产品的尺寸也即落入细石叶范围。这种现象在油房等同期遗址中也可以见到，构成了华北细石器出现阶段的显著特点。[1] 西施西区遗址中的工具类型较为单调，但已具备了端刮器这一类细石器遗址中常见的类型，且在工具总数中占有较高的比例，但工具总体的加工水平还是比较低的。

关于遗址的年代，采自文化层中的 3 个炭样的加速器质谱碳 14 测年数据均分布在距今 22 000 年左右。经过校正后西施西区遗址的绝对年代应为距今 25 000 年左右，同层的光释光测年数据也与此相近。[2]

2017 年在西施西区遗址东约 150 米处，又进行了一次发掘，该发掘地点被称为西施东区遗址。此次发掘共揭露面积约 40 平方米，发现 2 处含文化遗

---

[1] 王幼平：《华北细石器技术的出现与发展》，《人类学学报》2018 年第 4 期。
[2] 高霄旭：《西施旧石器遗址石制品研究》，北京大学考古文博学院硕士学位论文，2011 年。

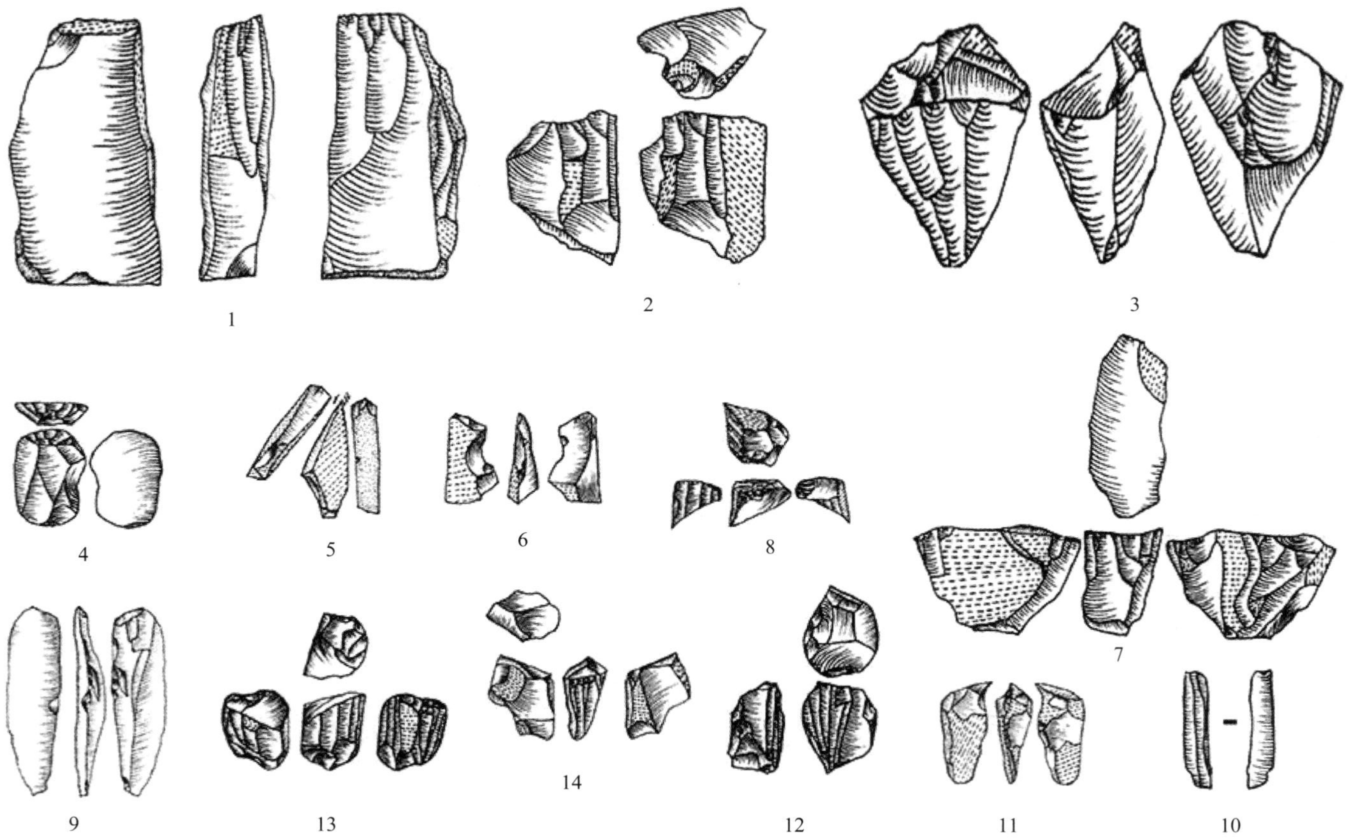

图 2　西施西区遗址石制品①

1. 板状石叶石核　2. 柱状石叶石核　3. 漏斗状石叶石核　4. 端刮器　5. 雕刻器　6. 凹缺刮器　7. 楔状石叶石核　8. 再生台面石片　9. 石叶　10. 细石叶　11. 尖状器　12. 锥状细石核　13. 柱状细石核　14. 不规则细石核

---

① 高霄旭:《西施旧石器遗址石制品研究》,北京大学考古文博学院硕士学位论文,2011年。

存的文化层（第 2b 文化层和第 3 文化层），出土各类石制品 244 件，还发现蚌壳 1 件。此次发掘最大的意义是，在石叶—细石叶工业为特色的文化层（第 2b 文化层）下部发现了不见石叶、细石叶的石片工业文化层（第 3 文化层）。石叶—细石叶工业文化层为黄色粉砂质黏土层，该层与西施西区遗址主文化层（第 2c 文化层）同属一个层位，共出土石制品 145 件，包括 2 件石叶石核、1 件细石核及 3 件石叶，石制品整体风格及各类所占比例来看与西施西区石制品基本一致（表 6）。该层下部的石片工业文化层中出土石制品 99 件，均为石片工业产品，不见石叶、细石叶技术产品（表 7）。另外从原料利用来看，西施东区遗址石片工业文化层中石制品多采用石英、砂岩等非燧石类材料，燧石原料利用率仅占石制品总量的 9.1%，出土的几件工具极少利用燧石为原料。而至石叶—细石叶工业文化层时，燧石原料的利用率则上升至 20.3%，石叶石核、细石核及工具类基本都采用燧石为原料。

表 6　西施东区第 2b 文化层出土石制品一览表

种　类			数　量		百分比（%）	
石料			9		6.2	
石核	普通石核		15	18	83.3	12.4
	石叶石核		2		11.1	
	细石核		1		5.6	
石片	普通石片	完整	25	33	75.8	86.8	26.2
		断片	7		21.2		
		裂片	1		3		
	石叶技术石片		2		5.3		
	石叶		3		7.9		
工具	刮削器		9	10	90	6.9
	端刮器		1		10	
碎片—碎块			68		46.9	
未鉴定			2		1.4	
合计			145		100	

表 7　西施东区第 3 文化层出土石制品一览表

种类		数量		百分比（%）	
石料		12		12.1	
普通石核		21		21.2	
普通石片	完整	9	19	47.3	19.2
	断片	4		21	
	裂片	6		31.6	
工具	刮削器	4	6	66.6	6
	凹缺刮器	1		16.7	
	雕刻器	1		16.7	
碎片—碎块		41		41.5	
合计		99		100	

西施东区遗址在发掘过程中没有发现火塘、居住面等带有中心营地性质的遗迹现象，也未发现有大量石制品生产过程中的副产品的存在。初步推断，西施东区遗址应该为一处人类临时性活动的场所。[①]

第二节　东施遗址

东施遗址位于河南省郑州市登封大冶镇东施村西沟洧水河北岸的二级阶地之上，地理坐标：E113°13.636′，N34°26.725′，距西施遗址 500 米左右。该遗址 2005 年发现，2013 年进行发掘，发掘面积 25 平方米，文化遗存较为单一，基本都是石制品，共有 2 588 件。[②]

东施遗址包含了上、下两个文化层，上文化层与西施西区遗址主文化层

[①] 北京大学考古文博学院、郑州市文物考古研究院：《2017 年河南登封西施东区旧石器晚期遗址发掘简报》，《中原文物》2018 年第 6 期。

[②] 郑州市文物考古研究院、北京大学考古文博学院：《2013 年河南登封东施旧石器晚期遗址发掘简报》，《中原文物》2018 年第 6 期。

相当，共出土石制品 2 568 件，以燧石原料为主，类型包括普通石核、石叶石核、细石核、普通石片、石叶、细石叶、工具及碎片—碎块等，其中以石片和碎片—碎块类最多，占石制品总量的 95% 以上。石叶技术与细石叶技术产品均利用优质燧石为原料。共出土石叶石核 21 件，细石核 11 件，石叶石核的数量是细石核数量的近 2 倍。细石叶仅发现 34 件，石叶数量远远大于细石叶数量，有 215 件（表 8）。石叶石核基本属于棱柱状石叶石核范畴，细石核包括柱状、半锥状、楔状、漏斗状等类型，但从其毛坯均利用石块，核身基本不做预制修理等情况来看，亦都可归入原始锥、柱状细石核范畴。有些石叶石核从大小尺寸来看，可以被看作石叶石核与细石核之间的过渡状态。某些石叶石核的利用率高，经过多次转换台面剥片，至最后阶段在核身上已体现出细石叶疤痕。[①] 东施遗址的细石叶预制技术较为"权宜"，石核形制多变，细石叶尺寸变异较大，显示出技术初始阶段的特征。从技术及形态上来看，东施遗址中的细石核似石叶石核的缩小版，两者之间似有传承关系。出土工具甚少，仅 5 件，

表 8 东施遗址上文化层石制品一览表

种	类	数	量	百分比（%）	
石核	普通石核	7	46	15.2	1.8
	石叶石核	21		45.7	
	细石核	11		23.9	
	改制石核	7		15.2	
石片	普通石片	1 302	1 545	83.9	60.3
	石叶	215		13.9	
	细石叶	34		2.2	
工具	刮削器	1	5	20	0.2
	端刮器	4		80	
碎片—碎块		966		37.7	
合计		2 568		100	

① 赵潮：《登封东施遗址石制品研究》，北京大学考古文博学院硕士学位论文，2015 年。

占石制品总量的0.2%，包括1件刮削器和4件端刮器，均采用石片为毛坯，刃缘经单侧正向修理而成（图3、4）。下文化层为浅棕黄色粉砂质黏土层，共发现石制品20件，原料皆为石英。类型包括石片、断块、碎屑等（图5），下文化层中最上部的石制品与上文化层最下部的石制品之间垂直相距约50～60厘米，两者之间的堆积中未发现任何文化遗存。

东施遗址上文化层含典型石叶技术与早期发展阶段的细石叶技术产品，石制品类型多样，但以生产阶段的副产品占主导，推测其性质为一处石器加工场所，其时代与西施遗址相当。下文化层出土石制品数量较少，原料种类单一，没发现石核及工具，石器面貌为石片石器工业类型，推测此处为一处古人类的临时活动场所。

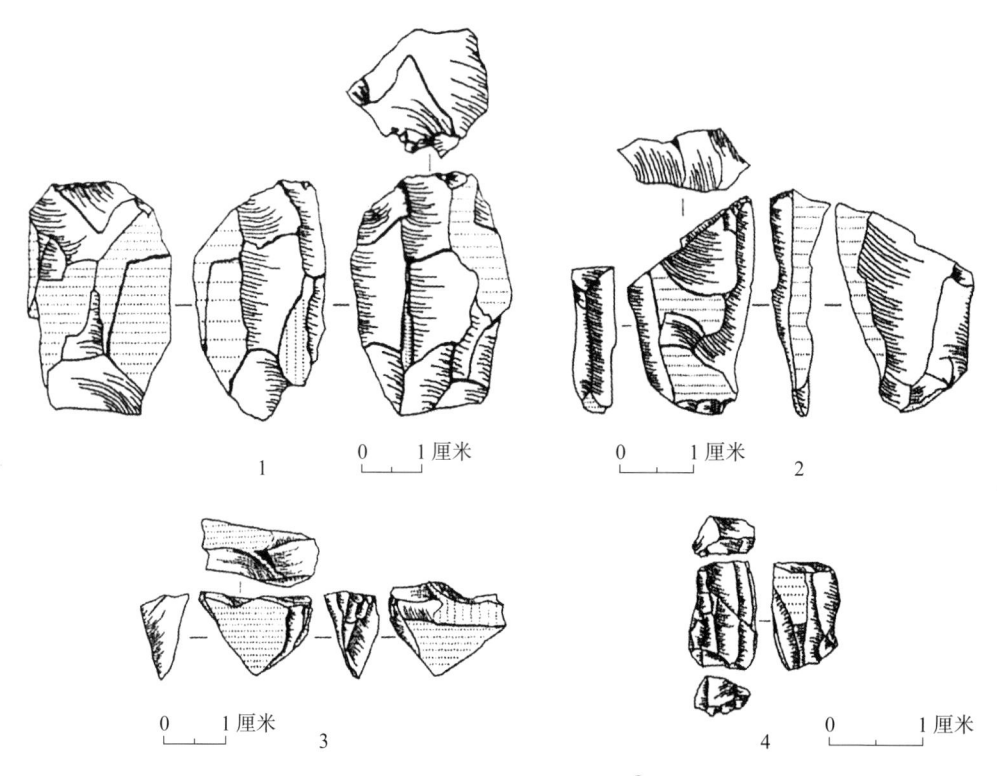

图3　东施遗址上文化层石核[①]
1、2. 石叶石核　3、4. 细石核

[①] 郑州市文物考古研究院、北京大学考古文博学院：《2013年河南登封东施旧石器晚期遗址发掘简报》，《中原文物》，2018年第6期。

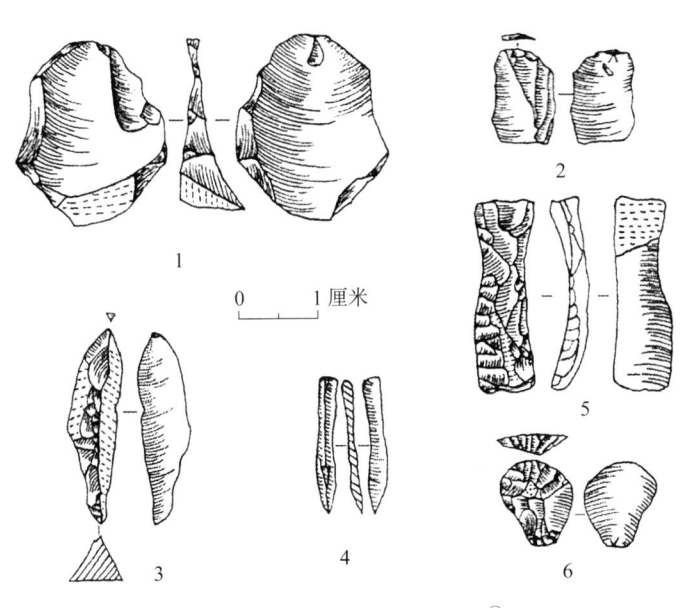

第三章 华北地区细石叶组合出现期（距今 30 000～23 000 年） 29

图 4 东施遗址上文化层石制品①
1. 再生台面石片 2. 更新剥坯工作面石片 3. 鸡冠状石叶 4. 细石叶 5. 边刮器 6. 端刮器

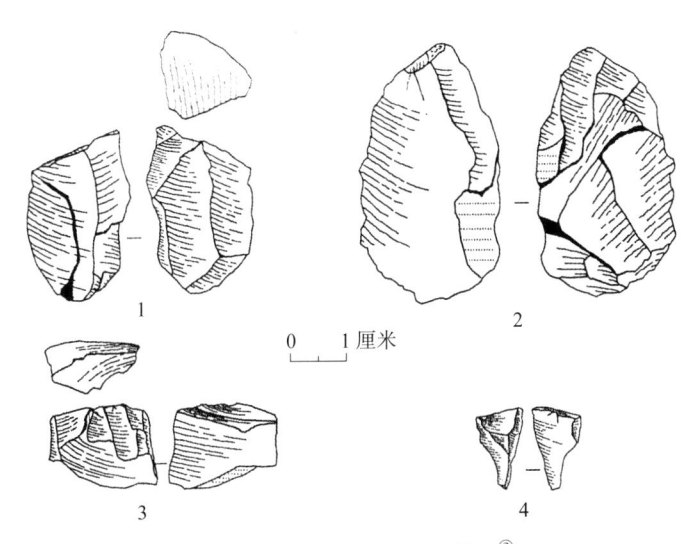

图 5 东施遗址下文化层石制品②
1、2、4. 石片 3. 石核（断块）

---

① 郑州市文物考古研究所、北京大学考古文博学院：《2013 年河南登封东施旧石器晚期遗址发掘简报》，《中原文物》，2018 年第 6 期。
② 郑州市文物考古研究所、北京大学考古文博学院：《2013 年河南登封东施旧石器晚期遗址发掘简报》，《中原文物》，2018 年第 6 期。

第三节 西沙河遗址

西沙河遗址位于河北省蔚县泥河湾盆地内的壶流河河畔，地理坐标：E114°4.7′6.2″，N39°55′15.8″，海拔916.92米。该遗址于2013年发掘，发掘面积30平方米，共包括4个文化层。文化遗物包括石制品、穿孔的鸵鸟蛋皮及散碎的动物骨骼，主要出自第3a和3b文化层中。第3a文化层为细石器文化层，第3b文化层为石核—石片工业文化层，两者之间叠压连续。通过炭、骨头及鸵鸟蛋皮的加速器质谱碳14（AMS14）测定，第3a文化层的绝对年代为距今27 505～26 669年，第3b文化层的绝对年代为距今29 080～27 941年。

两文化层中共出土石制品1 002件，其中第3a文化层879件，第3b文化层123件。原料主要以火山岩为主（76.35%），其次为燧石（12.08%），除此之外还有石灰岩、石英砂岩、石英、白云岩及少量的玛瑙。第3a文化层石制品类型包括石核、石片、细石核、细石叶及边刮器、端刮器、尖状器、石锥、雕刻器等工具（表9）。从线图和描述来看，第3a文化层存在石叶技术产

表9 西沙河遗址第3a文化层石制品一览表

种类		数量		百分比（%）	
石核	普通石核	6	24	25	2.7
	细石核	18		75	
石片	普通石片	273	380	71.8	43.3
	细石叶	107		28.2	
工具	边刮器	11	30	36.7	3.4
	端刮器	12		40	
	尖状器	2		6.65	
	石锥	2		6.65	
	雕刻器	1		3.35	
	石锤	2		6.65	
碎片—碎块		445		50.6	
合计		879		100	

品，但数量有限，远不及细石叶技术产品。共出土细石核 18 件，以石块为毛坯，核身基本不做预制修理，形态不稳定，基本可归类于原始锥、柱状细石核范畴。细石叶标准化程度较低，宽度变异较大。工具类型简单，以端刮器为最多，体现出了细石器工具组合的一般特征。工具基本以石片为毛坯，仅刃缘部位经单向加工而成，有些工具似采用了石叶为毛坯（图 6、7）。第 3b 文化层为石核—石片工业文化层，没有发现石叶技术和细石叶技术产品。[①]

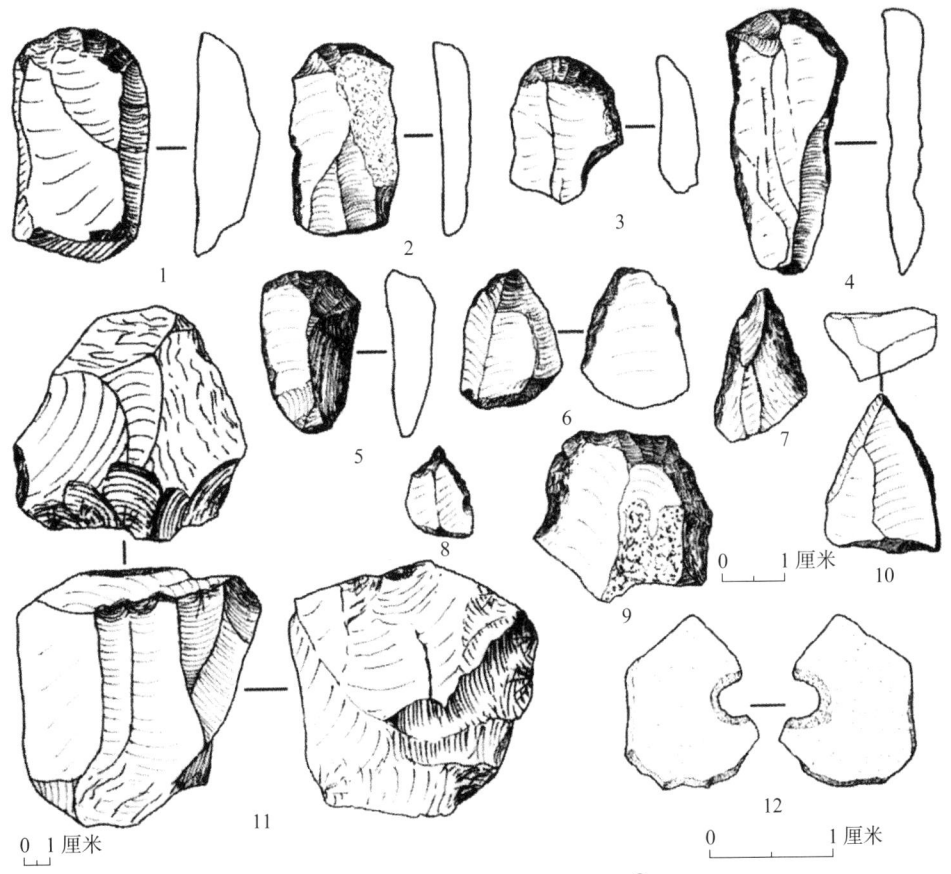

图 6　西沙河遗址第 3a 层石制品[②]
1~5. 端刮器　6~7. 尖状器　8. 石锥　9. 刮削器　10. 雕刻器　11. 石核　12. 穿孔鸵鸟蛋壳

---

① Ying Guan et al. Microblade remains from the Xishahe site, North China and their implications for the origin of microblade technology in Northeast Asia. *Quaternary International*, 2020(535): 38~47.

② Ying Guan et al. Microblade remains from the Xishahe site, North China and their implications for the origin of microblade technology in Northeast Asia. *Quaternary International*, 2020.535.

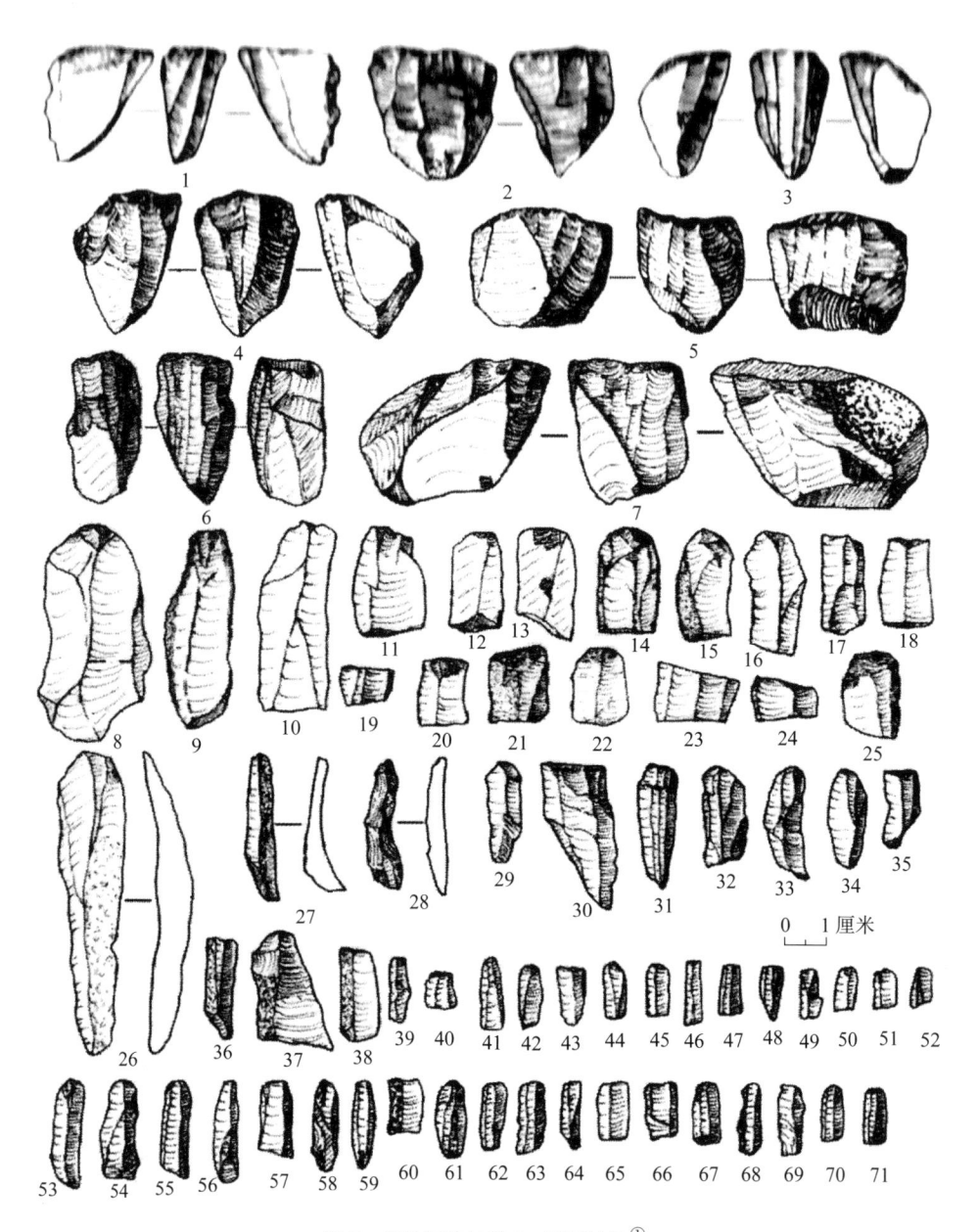

图 7　西沙河遗址第 3a 层石制品[①]
1～7. 细石核　8～25. 似石叶　26～28. 鸡冠状石片　29～35. 更新剥片面石片　36～71. 细石叶

[①] Ying Guan et al. Microblade remains from the Xishahe site, North China and their implications for the origin of microblade technology in Northeast Asia. *Quaternary International*, 2020.535.

第四节 龙王辿遗址

龙王辿遗址位于陕西省延安市宜川县壶口镇龙王辿村北约580米处，地理坐标：E110°26′312″，N36°09′74″，西南距宜川县城的直线距离约30公里。该遗址地处黄河西岸的二级阶地，坐落于源自壶口镇高柏乡的惠落沟河与黄河交汇处三角地带的黄土台地上，遗址地表高出现代的黄河河床34米，海拔高度为483米。[①]2005～2009年，中国社会科学院考古研究所与陕西省考古研究院联合组队，对陕西省宜川县龙王辿遗址进行了7次发掘，文化遗存发现于第4～6文化层的浅黄色、黄褐色土层中，包括石制品、蚌饰品、一些动物骨骼和多处与人类生活加工相关的遗迹现象。[②]

龙王辿遗址出土的30 000余件石制品中除部分普通打制石器、磨制石器（1件刃部有磨制加工痕迹的铲形石器及石磨盘）、细石器之外，大量存在的是石块、断块、废片和碎屑。所用石料多为河滩砾石，以各色质地较差的燧石和石英岩为主。普通打制石器有砍砸器、刮削器、尖状器等，多以脉石英或硬质砂岩为原料，加工较为简单，稍加打制即成。细石器原料以燧石为主，其数量仅占石制品总量的5%。细石核包括锥形、半锥形、楔形、柱形和船形等类型，其中以锥形细石核数量最多（图8）。细石核以石块或厚石片为毛坯，形体均较小，核体预制不高，常利用毛坯自身条件剥片，剥片效率应不是很高。楔形细石核预制风格单调，宽厚比接近于1，正面看更似锥状或半锥状石核，可能因有楔状后缘的存在而将其归入楔形细石核类中，楔状缘均为单向修理而成。船形细石核发现很少，以厚石片或石块为毛坯，利用石片劈裂面或石块节理面为台面，台面多不作修理。核身由台面向底部修理，由台面较宽一端或两端剥片，底部为一小平面或钝棱。细石器中工具类型主要有刮削器、端刮器、尖状器和雕刻器及石钻、石锯等（图9）。短身端刃刮削器是细石器工具类型的主体，它们都以石片为毛坯，将其远端或一边正向加工成刃，个别器身的一侧边或两侧边也经过二次加工。多数标本器身较厚，刃部正向加工去薄，背部形成隆凸。长身端刃刮削器在工具中也较为普遍，它们多由薄石片（根据线图判断

[①] 尹申平、王小庆：《陕西宜川县龙王辿旧石器时代遗址》，《考古》2007年第7期。
[②] 王小庆：《陕西宜川龙王辿遗址第一地点细石器的观察与研究》，《考古与文物》2014年第6期。

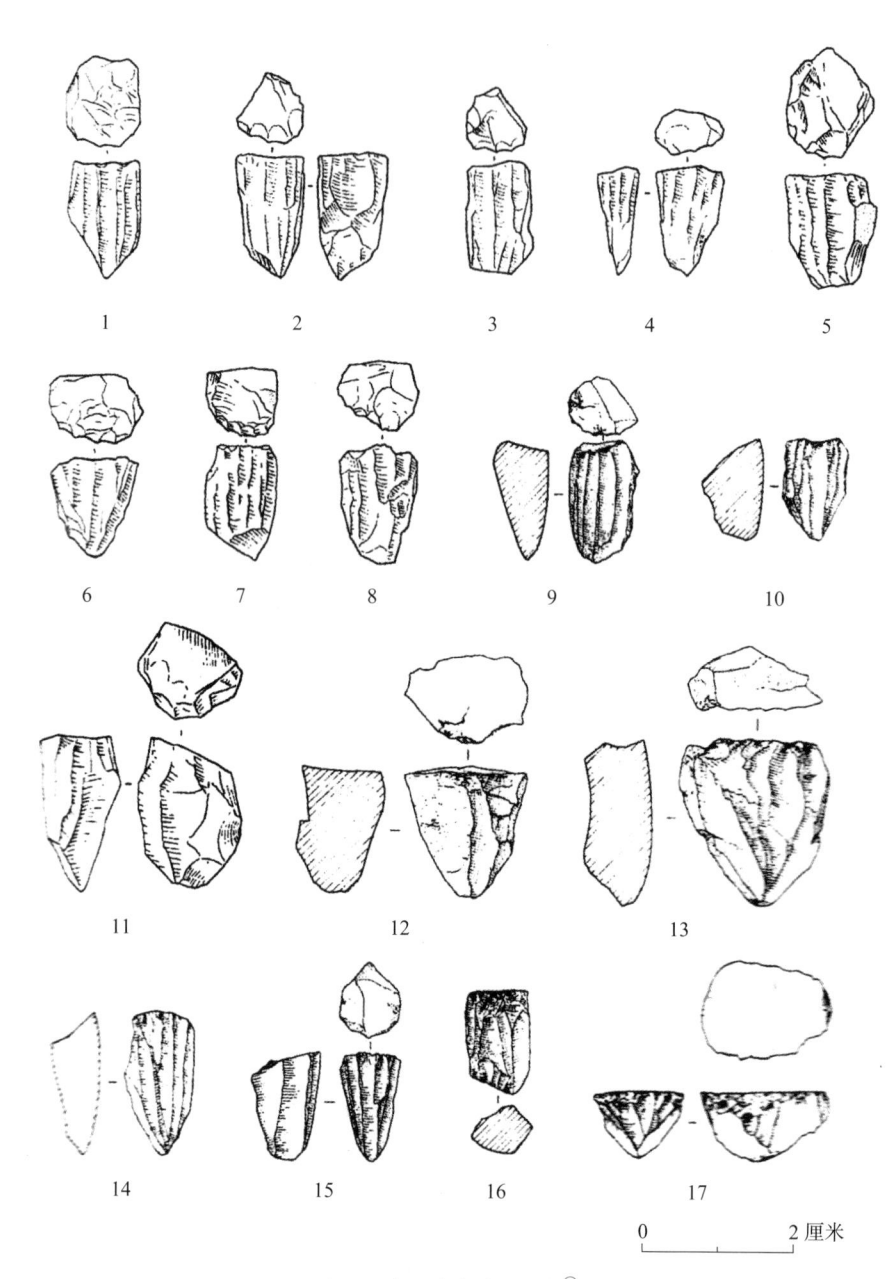

图 8　龙王辿遗址细石核[①]
1、4、6、12、15. 锥形细石核　2、7～9、13、14. 半锥形细石核　5、10、11. 楔形细石核　3、16. 柱形细石核　17. 船形细石核

[①] 王小庆：《陕西宜川龙王辿遗址第一地点细石器的观察与研究》，《考古与文物》，2014 年第 6 期。

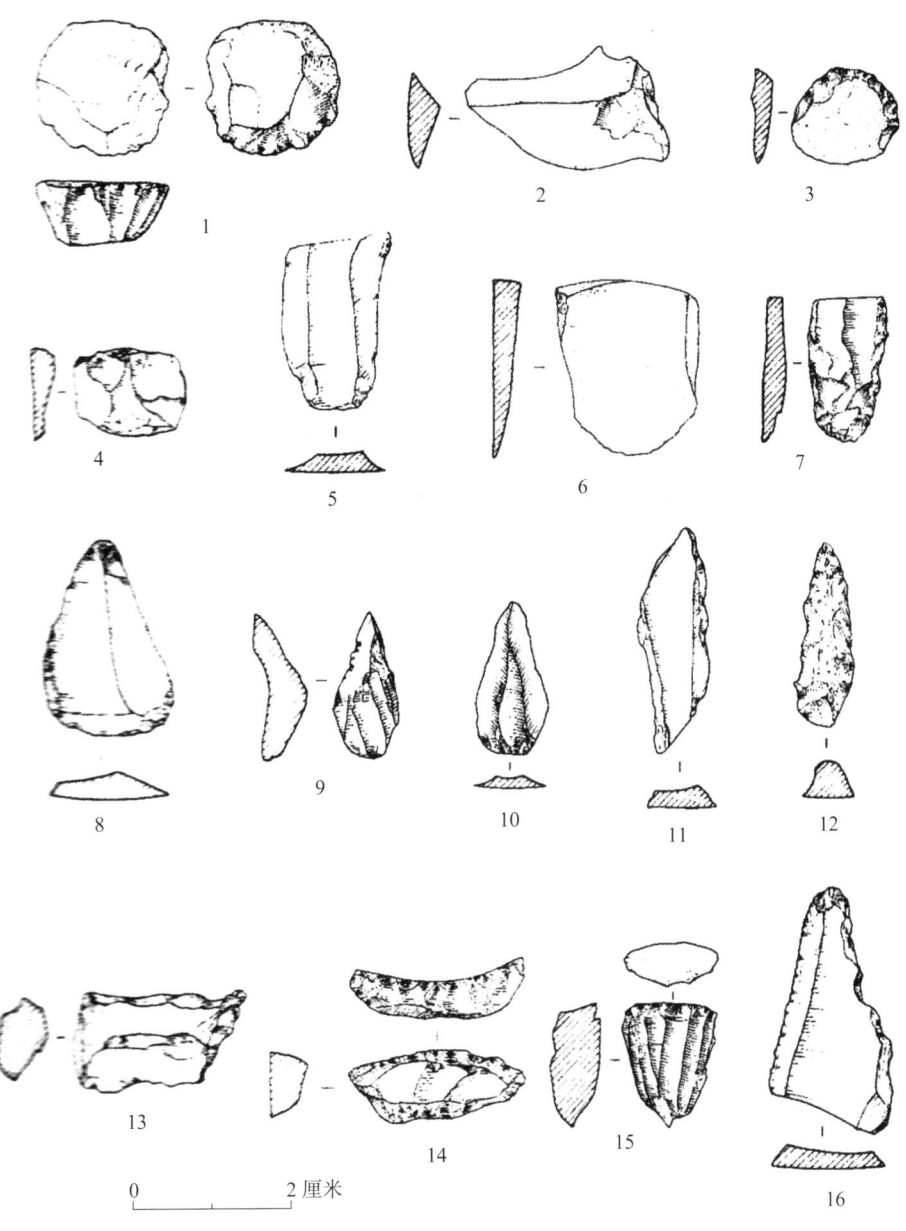

第三章　华北地区细石叶组合出现期（距今 30 000～23 000 年）　　35

图 9　龙王辿遗址细石器①
1～4. 刮削器　5～7. 端刮器　8～12. 尖状器　13、14. 雕刻器　15. 石钻　16. 石锯

---

① 王小庆：《陕西宜川龙王辿遗址第一地点细石器的观察与研究》，《考古与文物》2014 年第 6 期。

应属石叶）单向加工而成，两侧修整平直，远端单向修理成刃。石片形状较为规整者仅在两侧和远端略加修整即可成型，对于略为厚重的石片则加工去薄，使之形态规整成形。尖状器均以石片为毛坯，破裂面相对扁平，背部隆凸，有些凸起成脊，横截面呈三角形或 D 形；边缘正向加工，有些标本背面通体单面加工，底部比较薄，形状多为平底或圆底，有一定数量的底部修整修薄现象。雕刻器以石片为毛坯，沿石片边缘单向修理成形，然后在一端打制出一个类似凿子形的刃口。石钻多以厚石片为毛坯，沿两侧边缘单向加工形成扁尖，与尖相对的一端呈扁宽状。石锯的制作较为简单，一般是以一长方形石片为毛坯，在其较为平直的一边正向修整，敲击出锯齿。

龙王辿遗址出土细石核种类较多，但总体来讲细石核制作是根据毛坯的形制，随形就势，充分利用了毛坯的自然形态，细石核自身的预制程度并不是很高，具体表现为细石核形态多样，并没有固定的形态和标准，原研究者认为此现象应与石材获取的不确定性有密切关系。工具种类丰富，基本都是以石片为毛坯，整体来讲稳定性和标准化程度不高，刃缘基本采用单向加工方法修理而成，多数工具器身保留有石片背面的剥片疤，但也有个别标本，如有的尖状器利用了单面器修理技术，石片背面布满修理疤痕。个别尖状器在成器过程中还采用了去薄技术。细石器中还存在一定数量的以细石叶为毛坯加工而成的工具，包括尖状器、刮削器、雕刻器等类型。龙王辿遗址石片技术与细石叶技术都较发达，石片石器与细石叶工具并存，均表现了较为成熟的二次加工与修理技术（图 10）。

从出土石制品的组成比例来看，龙王辿遗址是一处石料采集和石器加工生产的场所，根据加速器质谱碳十四测年和光释光测年的结果，龙王辿遗址的时代为距今 26 000～21 000 年。[1] 不过有学者指出，由于流水侵蚀及炭样品自身的原因，龙王辿遗址的测年可能被高估了。[2]

---

[1] Zhang J, Wang X, Qiu W, et al. The paleolithic site of Longwangchan in the Middle Yellow River, China: chronology, paleoenvironment and implications. *Journal of Archaeolojical Science*, 2011.38(7). 王小庆、张家富：《龙王辿遗址第一地点细石器加工技术与年代——兼论华北地区细石器的起源》，《南方文物》2016 年第 4 期。

[2] Song, Y., D. J. Cohen, J. Shi, X. Wu, E. Kvavadze, P. Goldberg, S, Zhang, Y. Zhang, and O. Bar-Yosef. Environmental reconstruction and dating of Shizitan 29, Shanxi Province: an early microblade site in North China. *Journal of Archaeological Science*, 2017.79.

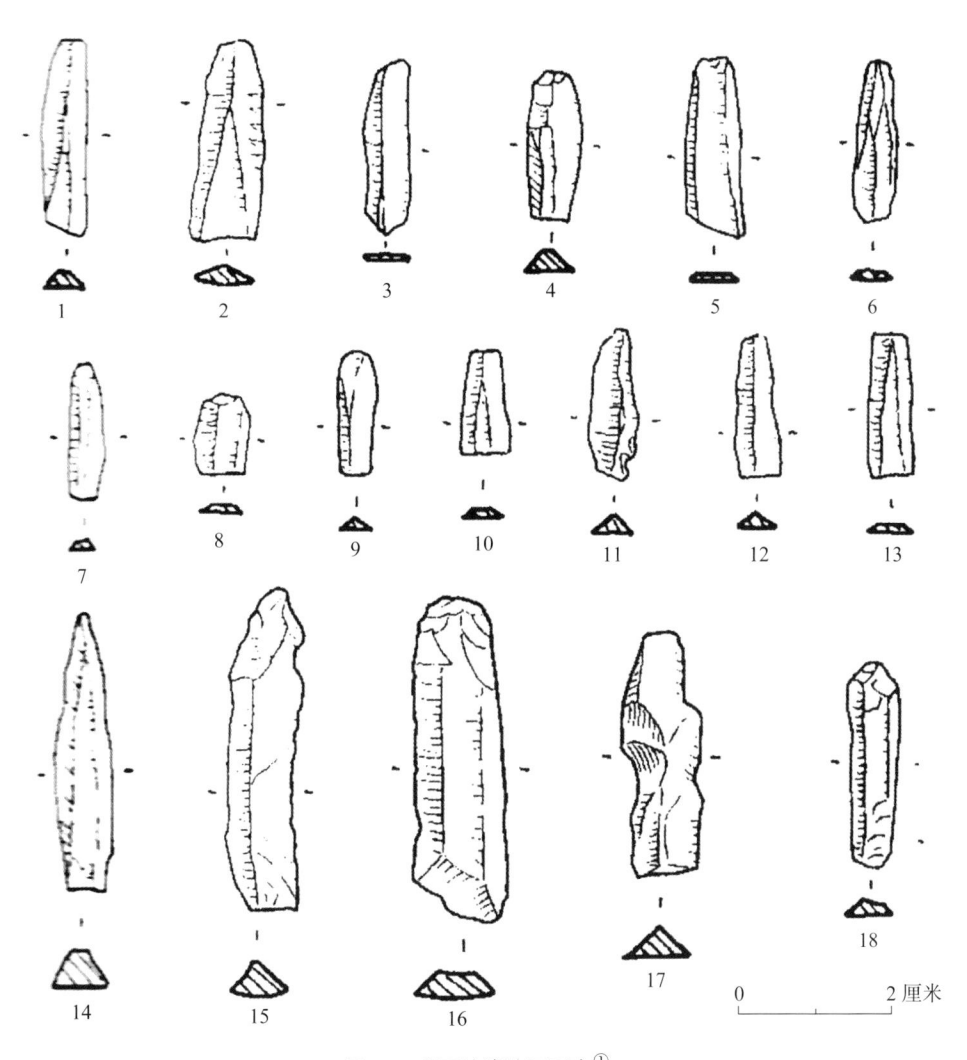

图 10　龙王辿遗址细石叶[①]

第五节　下川小白桦圪梁地点

下川遗址发现于山西省沁水县下川镇附近，是华北地区发现比较早且文化面貌富有特色的细石器遗址，自 20 世纪 70 年代被发现以来，即备受国内外学

[①] 王小庆：《陕西宜川龙王辿遗址第一地点细石器的观察与研究》，《考古与文物》，2014 年第 6 期。

术界所关注。①该遗址包括水井背、棠梨树圪梁、小白桦圪梁、富益河圪梁、牛路圪梁和黑龙池等地点。1976～1979年，中国社会科学院考古研究所和山西省文物工作委员会联合组队对其中的一些地点进行了连续发掘，资料现已公布。②但公布的材料中采集与发掘的遗物存在混合问题，故在研究中无法对它的文化内涵做出精确判断。

2014年，北京师范大学和山西省考古研究所联合组队对下川遗址中小白桦圪梁地点进行了发掘，发掘面积90平方米。③此次发掘规范科学，文化遗存归类严谨。发掘共揭露地层5层，可归入4个文化层中。第1文化层为表土层，出土石制品数量最多，类型也最丰富。但该层已经被农业活动扰动，其年代很难界定，值得注意的是该层中出土的细石核有41件，其中船形石核数量有26件，占细石核总量的63.4%，船形石核数量已占据优势（图11、12）。第2文

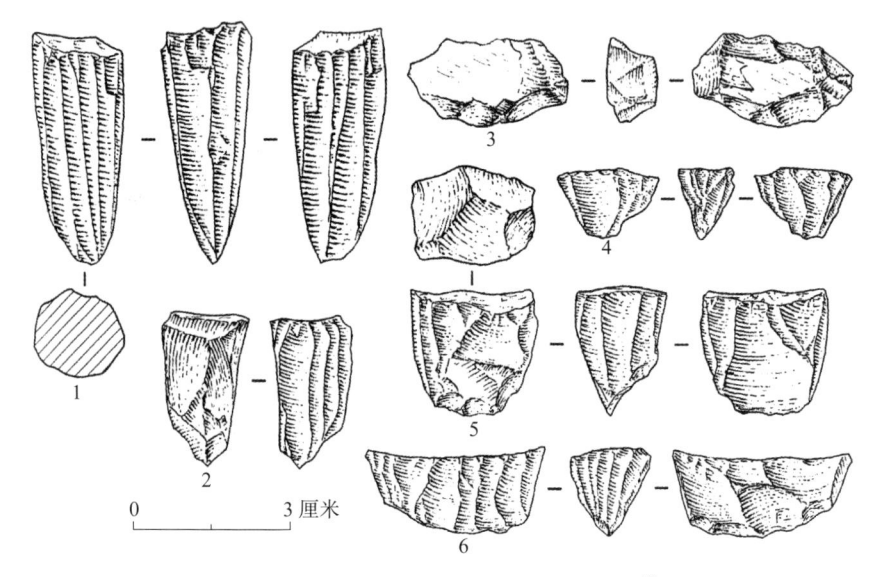

图11 下川小白桦圪梁地点第1文化层石核④
1.锥形细石核 2.半锥形细石核 3、4、6.船形细石核 5.楔形细石核

---

① 王建、王向前、陈哲英：《下川文化——山西下川遗址调查报告》，《考古学报》1978年第3期。
② 中国社会科学院考古研究所、山西省考古研究所：《下川——中国旧石器时代晚期文化遗址发掘报告》，科学出版社，2016年。
③ 北京师范大学历史学院、山西省考古研究所：《山西沁水下川遗址小白桦圪梁地点2015年发掘报告》，《考古学报》2019年第3期。
④ 北京师范大学历史学院、山西省考古研究所：《山西沁水下川遗址小白桦圪梁地点2015年发掘报告》，《考古学报》2019年第3期。

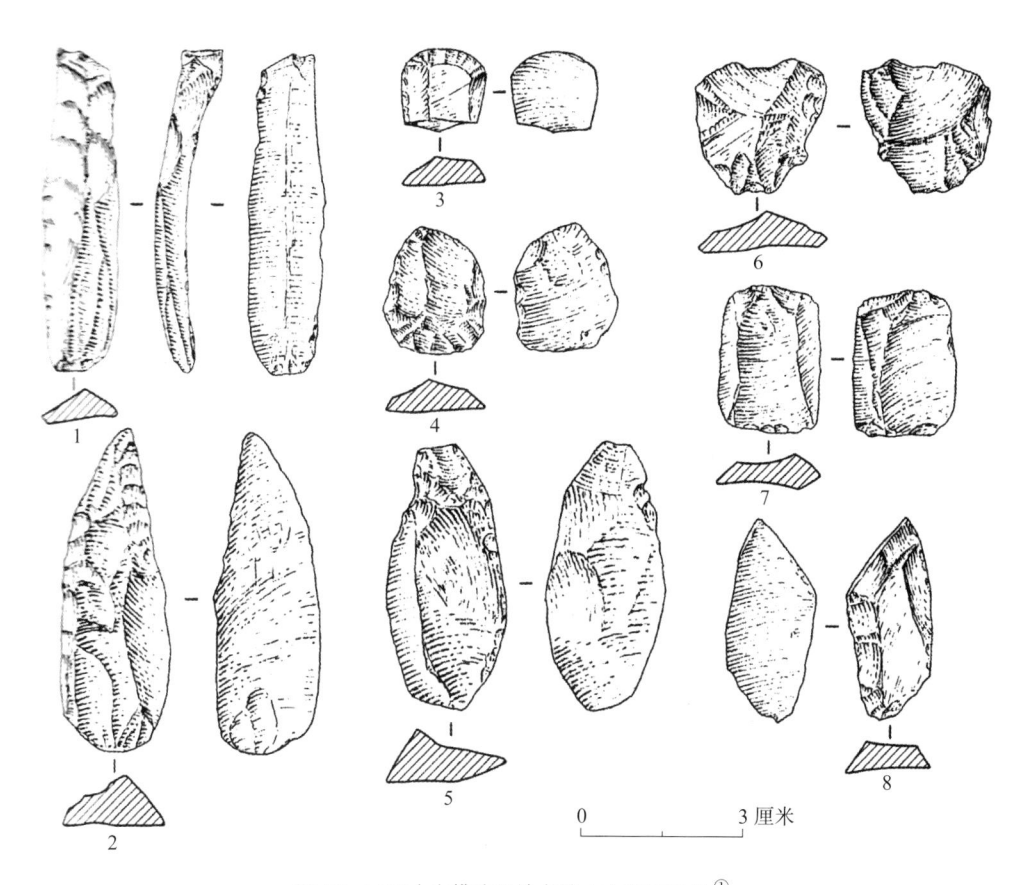

图 12　下川小白桦圪梁地点第 1 文化层工具[1]
1、5. 边刮器　2、8. 雕刻器　3、4. 刮削器　6. 齿状器　7. 楔形析器

化层包括第 2 层和 3a 层，校正后的碳十四年代在距今 27 000～25 000 年之间。该层文化遗物丰富，是发掘的核心层位。石制品主要以黑色燧石为原料，偶尔使用玛瑙、黑色和紫色燧石等。类型包括 2 件石叶石核和数量较多的石叶及其制品。细石核出土 30 件，包括锥、柱状类和船形类，其中船形细石核有 14 件，接近细石核总量的一半。工具类型较为简单，以刮削器类为主，存在专门性工具——楔形析器（图 13）。除此之外，还出土了 1 件圆盘状磨制石器（似磨盘）（表 10）。第 3 文化层属石核—石片技术传统，石制品数量少，类型简单。该层校正后的碳十四年代为距今 30 000 年（图 14）。

[1] 北京师范大学历史学院、山西省考古研究所：《山西沁水下川遗址小白桦圪梁地点 2015 年发掘报告》，《考古学报》2019 年第 3 期。

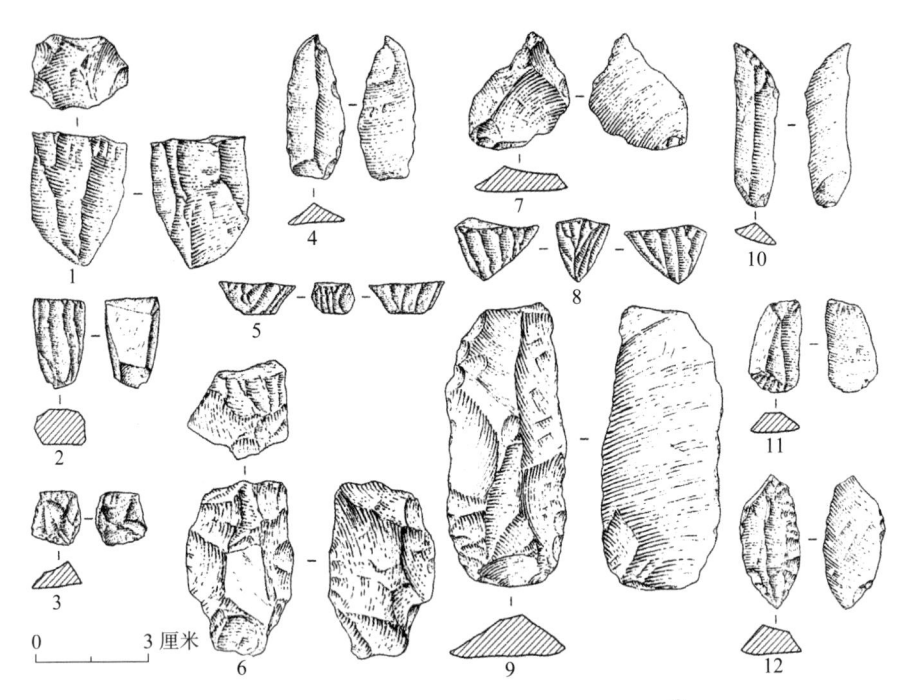

图 13　下川小白桦圪梁地点第 2 文化层石制品[①]
1、6. 锥形细石核　2. 半锥状细石核　3. 楔形析器　4、12. 雕刻器　5、8. 船形细石核　7. 尖状器
9、10. 边刮器　11. 圆头刮削器

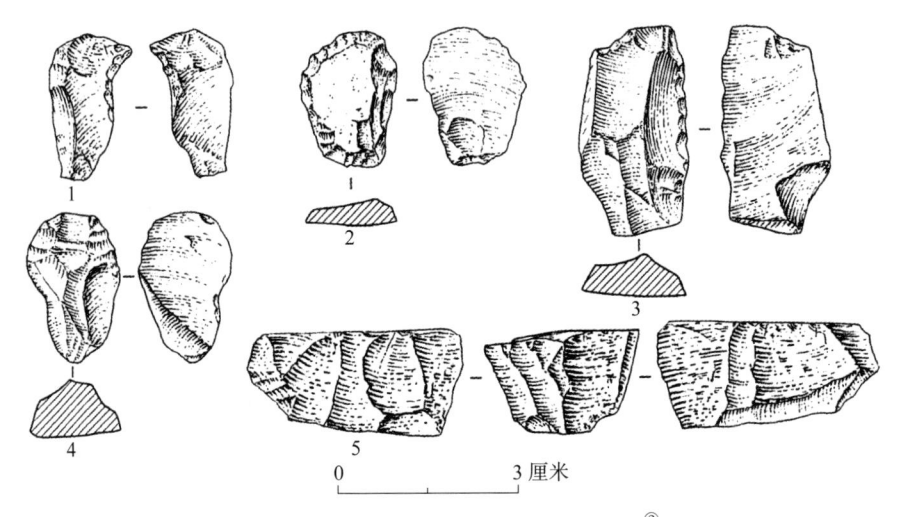

图 14　下川小白桦圪梁第 3 文化层石制品[②]
1. 鸟喙状器　2. 圆头刮削器　3. 边刮器　4. 石核　5. 圆头刮削器—雕刻器

---

① 北京师范大学历史学院、山西省考古研究所：《山西沁水下川遗址小白桦圪梁地点 2015 年发掘报告》，《考古学报》2019 年第 3 期。
② 北京师范大学历史学院、山西省考古研究所：《山西沁水下川遗址小白桦圪梁地点 2015 年发掘报告》，《考古学报》2019 年第 3 期。

表 10　下川小白桦圪梁地点第 2 文化层石制品一览表

种类			数量		百分比（%）	
石核	普通石核		18		36	
	石叶石核		2	50	4	4.5
	细石核	楔形	6		20	
		船形	14	30	46.7	60
		锥形、半锥形	7		23.3	
		细石核（残件）	3		10	
石片	普通石片		100		40	
	石叶		65	250	26	22.4
	细石叶		85		34	
工具	端刮器		36		41.3	
	边刮器		29		33.3	
	雕刻器		5		5.7	
	楔形析器		8	87	9.2	7.8
	尖状器		1		1.2	
	凹缺刮器		5		5.7	
	石锤		2		2.4	
	磨制工具		1		1.2	
碎片—碎块			729		65.3	
合计			1 116		100	

小白桦圪梁地点的发掘让学界对下川遗址的文化内涵有了全新的认识，下川遗址不是单纯的细石器遗址，它至少存在简单的石核—石片和石叶细石叶两个发展阶段。还有从这次发掘也能感受到，早期发掘的下川遗址各地点在时代上应有早晚关系，那些工具精致、细石叶技术更加成熟的细石器遗存应该出自晚于小白桦圪梁地点的遗址之中。

第六节　下川水井背地点

水井背地点位于下川村东侧腰掌村村东北约200米，地理坐标：E112°01′26″，N35°26′49″。2015年发掘的2015T5探方面积为3米×7米。该地点的地层总厚度为95厘米，可以划分为4层：1. 表土层，厚度15厘米，包含1①层至1③层共3个水平层；2. 浅褐色亚黏土层，厚度20厘米，包含2①至2③层共3个水平层；3. 深灰黑色亚黏土层，厚度60厘米，包含12个水平层；4. 红色亚黏土层，4①层以下无文化遗物，未见底。除表土层外，石制品依照文化内涵可以分上下两部分，上部包括2①～3③这6个水平层，年代为距今26 000～25 000年；下部包括3④～4①这10个水平层，年代为距今44 000～33 000年。

下部为简单石核—石片文化，共获得石制品772件，包括石核22件、石片32件、石片石叶（flake blade）7件、工具52件、断块与断片652件、削片4件、原料3件。工具中包括刮削器22件、端刮器5件、楔形析器15件、齿状器4件、雕刻器1件、琢背小刀4件、台形器1件、尖状器1件。制作石制品的原料60%～70%为黑色燧石、20%左右为脉石英、10%左右为玛瑙，另有少量的石英砂岩、铁矿石、水晶和硅质灰岩。这一点和小白桦圪梁相似而和富益河圪梁不同。

上部为石叶细石叶文化层，共获得石制品503件，包括石核4件（单台面和多台面石核各2件）、石叶石核1件、细石核9件（窄形楔状石核4件、船形石核5件）、细石叶3件、石叶6件、石片22件、工具37件、削片1件、断块与断片420件。工具中包括刮削器19件、端刮器15件、楔形析器2件。制作石制品的原料中黑色燧石比例比下文化层更高一些，达到75%，脉石英比例下降到7.5%，其他石料比例变化不大。[1]

---

[1] 杜水生：《连续与断裂：重新认识下川遗址在中国旧石器文化研究上的意义》，《第四纪研究》2021年第1期。

第七节 油 房 遗 址

油房遗址位于河北省西北部阳原县城东五十余公里的大田洼乡油房村南500米处，地理坐标：E114°41′，N40°14′，处于高出桑干河170余米的大田洼台地北部边缘区。该遗址于1986年进行发掘，文化遗物埋藏于黄土层中，共出土石制品3 372件以及少量的哺乳动物化石。[1]

石制品原料大多是已经变质的棕红、红褐、灰白、灰黑等各种硅质火山角砾岩或燧石，另有极少量的硅质灰岩和石英岩。这些石料是就地取材，在附近的冲沟或山坡上即可获得。但石制品中如端刮器、石核式刮削器等却均选用质地细腻的较大块青灰色燧石为原料，与附近基岩出产者不同，故学者认为其可能存在远途搜寻和输送石料的可能。[2]

石制品中包括2 675件碎块和碎片，其余697件石制品可分为石核、石片、细石核、细石叶和工具等类型，工具中包括砍砸器、尖状器、刮削器、尖状器、雕刻器、琢背小刀、石钻和石锤等（图15、16、17）。详情见表11：

表11 油房遗址石制品一览表

种类		数量		百分比（%）	
普通石核	单台面	40	72	55.5	2.2
	多台面	27		37.5	
	盘状	5		7	
细石核	楔形	8	13	62	0.4
	船形	2		15	
	柱形	3		23	
石片	宽型石片	188	567	33.2	16.8
	长型石片	287		50.6	
	细石叶	92		16.2	

---

[1] 谢飞、成胜泉：《河北阳原油房细石器发掘报告》，《人类学学报》1989年第1期。
[2] 杜水生：《泥河湾盆地旧石器中晚期石制品原料初步分析》，《人类学学报》2003年第2期。

续表

种类			数量		百分比（%）	
工具	刮削器	长身端刃	5	20	44.6	1.3
		短身端刃	2			
		两端端刃	1			
		两侧刃	2			
		单侧刃	8			
		石核式	2			
	尖状器		9	20		
	雕刻器		3	6.6		
	琢背小刀		2	4.4		
	石钻		1	2.2		
	石锤		6	13.3		
	砍砸器		4	8.9		
	合计		45	100		
碎片—碎块			2 675		79.3	
合计			3 372		100	

普通石核有72件，占石制品总量的2.2%。其中有些石核上保留有规整的长石片疤，这些石核似可归入石叶石核类中。简报中特别提到，有9件呈锥状或扁锥状的石核，台面宽大，经过修整，核身上留有窄而长的小石片疤，石片疤的宽度为8～15毫米，长度约为40～60毫米，这9件石核无疑可归入石叶石核之中。石片的构成种类也证实了这一点。567件石片中包括287件长型石片，此类石片长度超过宽度一倍，台面一般较小，石片两侧多近平行，也有由石片中上部向下徐徐收缩而呈三角形的，这类石片无疑有一部分可归属于石叶类中。从公布的线图来看，有1件长身圆头刮削器（图16，6）无疑是利用石叶毛坯制成的。种种迹象表明，油房遗址存在石叶技术制品，但数量可能不是很多。除此之外，石片中还包括92件细石叶，它们的宽度均在10毫米以下，

长宽之比在 3∶1～6∶1 之间。

细石核有 13 件，占石制品总量的 0.4%，包括楔形石核 8 件、船形石核 2 件和柱形石核 3 件。楔形细石核利用石块为毛坯，台面较宽且多作修理，核身不做全面修理，与较晚阶段在同一区域内发现的虎头梁类型楔形细石核所采用的片状毛坯与预制过程明显不同。船形细石核以石块为毛坯，利用石块的平坦面为台面，台面不作修理，在宽侧边缘进行剥片，此类细石核剥离下的细石叶较细小。柱形细石核亦以石块为毛坯，台面呈圆形或近似圆形，均经过修理。器身遗有细石叶疤，偶见从底端剥片的现象（图 15）。

工具有 45 件，占石制品总量的 1.3%（图 16、17）。在工具组合中，除 4 件砍砸器和 6 件石锤外均属小型石器，毛坯基本为石片，刃缘采用单向修理，刃缘匀称，修疤平整，造型小巧精致，是典型细石器遗存中所常见的。刮削

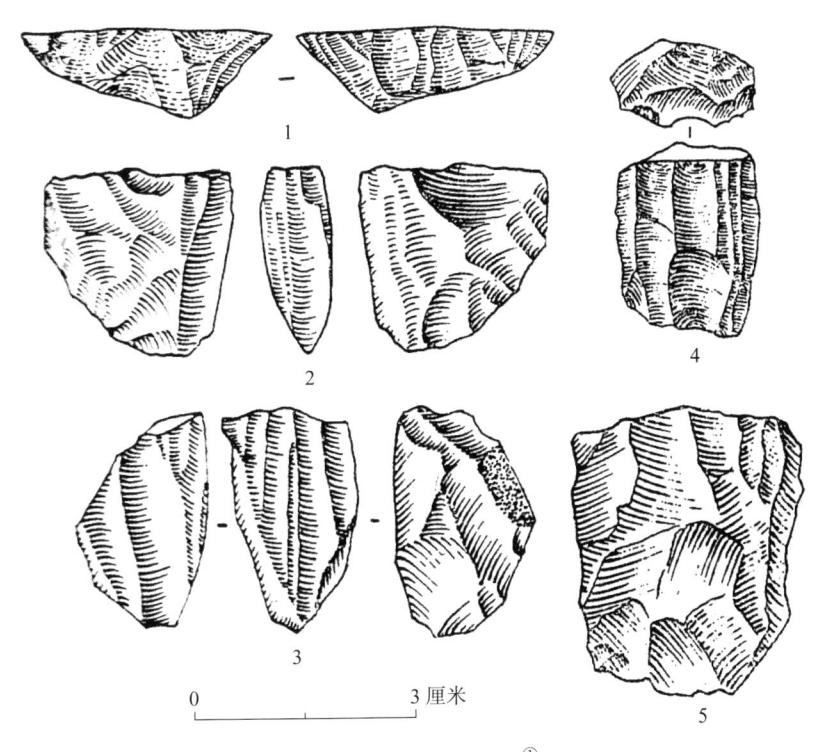

图 15　油房遗址细石核[①]
1.船形细石核　2.宽体楔形细石核　3.窄体楔形细石核　4、5.柱形细石核

---

① 谢飞、成胜泉：《河北阳原油房细石器发掘报告》，《人类学学报》1989 年第 1 期。

器是工具组合中最多的一类，有 20 件。包括长身端刃刮削器、短身端刃刮削器、两端端刃刮削器、单侧刃刮削器和石核式刮削器等类型。绝大多数刮削器以石片为毛坯，个体较小，刃缘多采用单向加工，少数标本采用了复向加工，加工精细，多数标本刃缘系采用压制法修理而成。尖状器共 9 件，均由石叶加工而成，器身修长，小巧精致，尖刃部横断面多呈不规则的三角形，刃缘多由单向加工而成，器身保留有砾石面或石片疤面。有 2 件底部被修理成刃状，原报告将其称为尖状器—端刃刮削器。雕刻器共 3 件，均以石片为毛坯，两侧缘经单向修理成刃，修疤浅平、规整，在石片远端向一侧打出雕刻器小面，整体呈椭圆形。琢背小刀 2 件，均以石片为毛坯，石片一侧缘钝厚，另一侧缘薄而锋利。沿较厚的一侧布满精细修琢的痕迹。除此之外，小型工具中还有 1 件石钻。砍砸器和石锤则多由较大的石片或砾石制成。

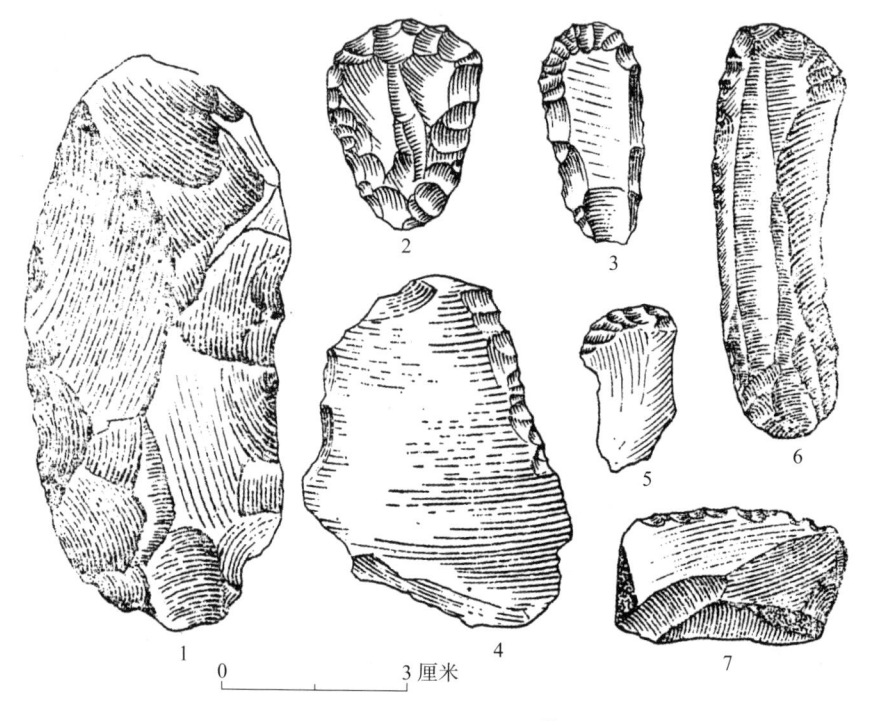

图 16 油房遗址刮削器[1]
1. 两侧刃刮削器 2、3、5. 端刃刮削器 4. 直刃刮削器 6. 两端端刃刮削器 7. 凸刃刮削器

---

[1] 谢飞、成胜泉：《河北阳原油房细石器发掘报告》，《人类学学报》1989 年第 1 期。

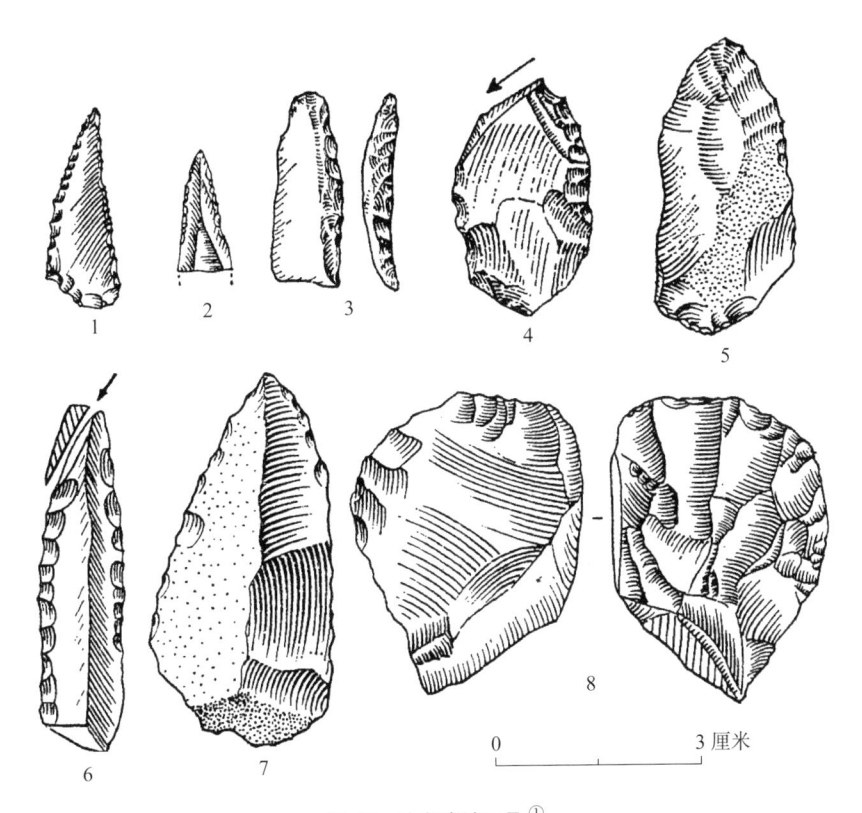

第三章 华北地区细石叶组合出现期（距今 30 000～23 000 年） 47

图 17 油房遗址工具[1]
1、2、7. 正尖尖状器 3. 啄背小石刀 4、6. 雕刻器 5. 尖状器—端刃刮削器 8. 石核式刮削器

综观油房遗址石制品特征，这是一处典型的细石器遗址。细石核在石制品中虽然数量不多，但具备了细石器遗存组合中的一些常见类型，但与后期同类型细石核相比又显得有些原始。例如油房遗址中的楔形细石核与后期的籍箕滩和虎头梁相比，无论在预制品的加工、台面的调整与更新，还是剥片技术等方面都不够完善，未见一次纵击去掉剥片达到生成或更新台面的例子，似乎仍保留一定的原始形状。[2] 遗址中存在一定数量的细石叶，但也应存在一定数量的石叶以及石叶石核。工具类型丰富，既有细石器遗存中通常具有的长身、短身端刃刮削器，亦有像啄背小刀、石核式刮削器这一类细石器遗存中特有的工

---

[1] 谢飞、成胜泉：《河北阳原油房细石器发掘报告》，《人类学学报》1989 年第 1 期。
[2] 谢飞：《河北旧石器时代晚期细石器遗存的分布及在华北马蹄形分布带中的位置》，《文物春秋》2000 年第 2 期。

具。绝大多数工具利用石片为毛坯，刃缘基本由单向修理而成，修疤浅平，加工精良。工具器身上普遍保留有毛坯的砾石面或原有的片疤面，基本不见单面器或两面器修理技术的痕迹。由此看出，油房遗址是一处具有自身特点的细石器文化遗址，原研究者也指出它与下川、虎头梁等细石器遗址中石制品的风格有所不同。

油房遗址的时代，最初根据黄土堆积及石制品风格推断，它的地质时代不会超越晚更新世晚期，其文化时代应晚于峙峪，早于虎头梁，与下川的时代大体相当或稍有先后，似应属于旧石器时代晚期偏晚阶段。该遗址采用红外释光（IRSL）和蓝外释光（BLSL）方法测定的绝对年代为距今 16 000～14 000 年。[①] 最近采用光释光（OSL）方法测定该遗址的时代为距今 29 000～26 000 年。[②] 两者差距较大，从石制品风格来看，前一个数据明显偏晚。

第八节　柴 寺 遗 址

柴寺遗址即丁村遗址群中的 77∶01 地点，位于山西省襄汾县城南 5 公里汾河西岸柴寺村丁家沟口，汾河二级阶地底部的砾石层中，地理坐标：E111°25′，N35°51′。该遗址发掘于 1978 年，共发现石制品 2 736 件和 2 件骨锥。[③]

部分石制品是以角页岩、石英岩、石灰岩、砂岩等为原料打制的具有丁村文化特征的粗大石器，共有 2 526 件，占石制品总量的 92.3%。这类石制品属于简单的石核—石片工业产品，类型包括石核、石片及砍砸器、三棱大尖状器、凹缺刮器、锯齿刃器等工具（表 12）。工具仅 80 件，占粗大石器总量的 3%。石核、石片形状不规整，工具体型较大，形态多不固定，基本都是经过简单加工而成（图 18～20）。

---

① 长友恒人、下冈顺直、波冈久惠等：《泥河湾盆地几处旧石器时代文化遗址光释光测年》，《人类学学报》2009 年第 3 期。

② Xiaomei Nian, Xing Gao, Fei Xie, Huijie Mei, Liping Zhou. Chronology of the Youfang site and its implications for the emergence of microblade technonlogy in North China. Quaternary International, 2014(347): 113～121.

③ 王建、陶富海、王益人：《丁村旧石器时代遗址群调查发掘简报》，《文物季刊》1994 年第 3 期。

表 12 柴寺遗址石制品一览表

种类			数量		百分比（%）	
石核	普通石核		52	62	83.8	2.5
	石叶石核		2		3.2	
	细石核	船形	3	8	16	
		锥状	1			
		楔形	2			
		不完整	2			
石片	普通石片		1 348	1 434	94	52.4
	石叶		33		2.3	
	细石叶		53		3.7	
工具	刮削器	普通	43	76	41.3	7
		端刃	22			
		石核式	11			
	尖状器		4		2	
	石镞		2		1	
	石钻		2		1	
	琢背	小刀	5	11	5.6	
		石叶	2			
		细石叶	4			
	楔形析器		12	194	6	
	雕刻器		7		3.6	
	凹缺器		1		0.5	
	锯齿刃器		3		1.5	
	砍砸器		6		3	
	石锤		3		1.5	
	石球		10		5	
	权宜性工具		57		29	
碎片—碎块			1 046		38.1	
合计			2 736		100	

破裂阳面

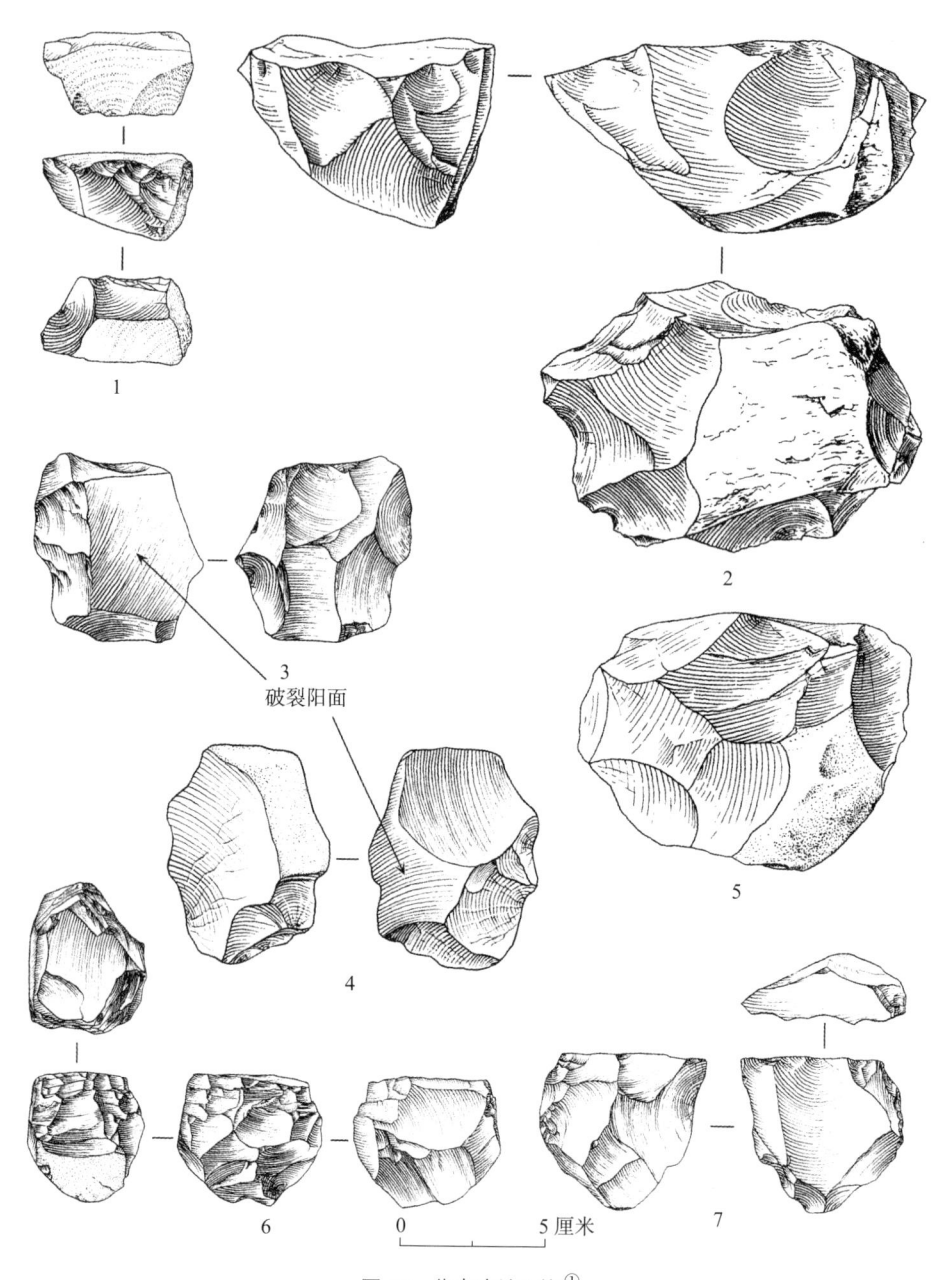

图 18 柴寺遗址石核[1]

1、2. 单台面石核 3、5. 盘状石核 4. 双阳面石核 6. 多台面石核 7. 盘状（似勒瓦娄瓦石核）

---

[1] 王益人：《丁村旧石器时代遗址群——丁村遗址群1976～1980年发掘报告》，科学出版社，2014年，第264～339页。

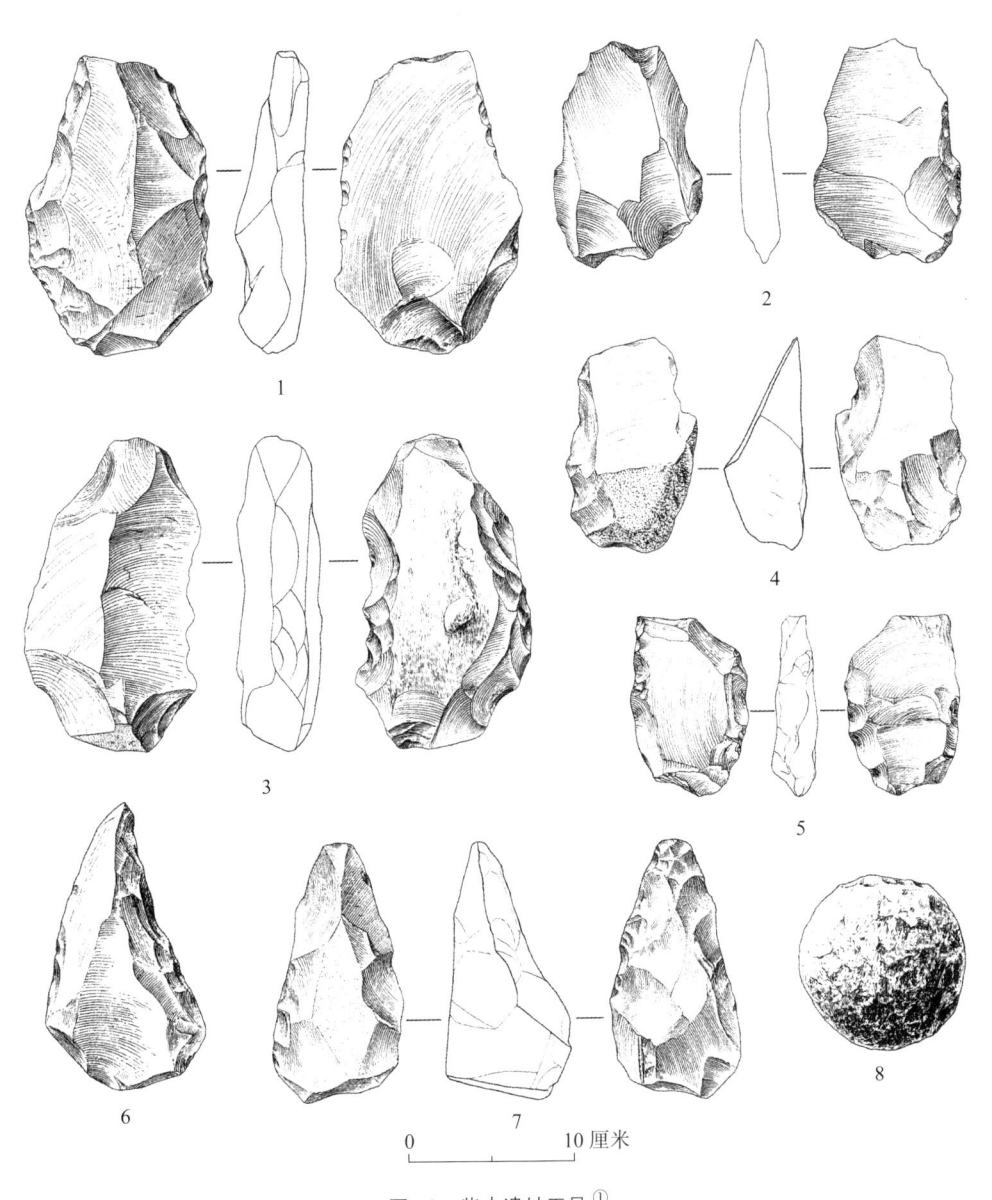

第三章 华北地区细石叶组合出现期（距今 30 000～23 000 年） 51

图 19 柴寺遗址工具[①]
1. 重型刮削器 2. 锯齿刃刮削器 3. 砍砸器 4、5. 斧状器 6、7. 三棱大尖状器 8. 石球

① 王益人：《丁村旧石器时代遗址群——丁村遗址群 1976～1980 年发掘报告》，科学出版社，2014 年，第 264～339 页。

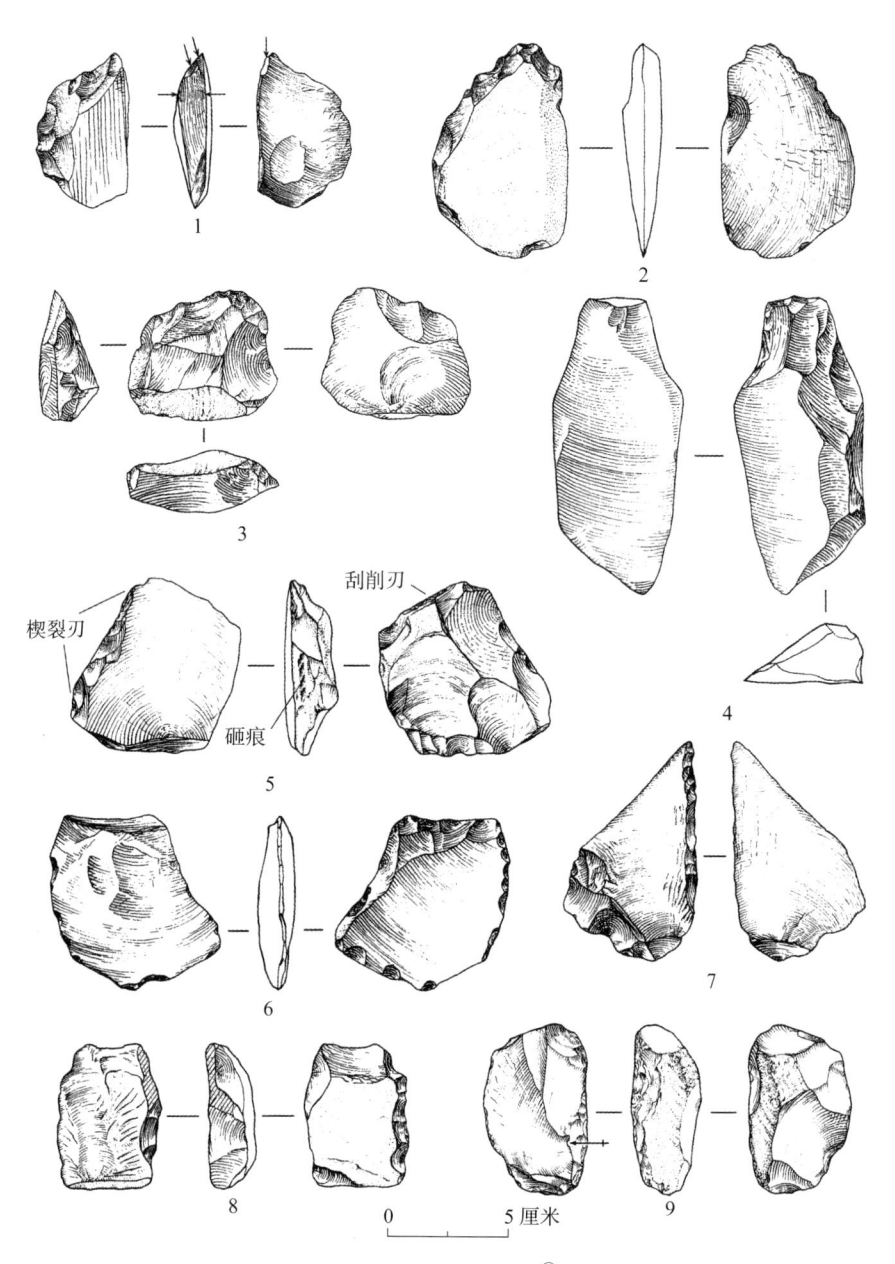

图20 柴寺遗址工具①
1. 单凸刃刮削器 2. 锯齿刃刮削器 3. 多刃刮削器 4. 修背石刀 5. 双刃刮削器/楔裂器 6. 多刃刮削器 7. 刮削器/凹缺刮器 8. 锯齿刃刮削器 9. 小石锤/刮削器

---

① 王益人:《丁村旧石器时代遗址群——丁村遗址群1976～1980年发掘报告》,科学出版社,2014年,第264～339页。

另一部分是以燧石、玛瑙、石英、硅质灰岩等为原料制作的典型细石器遗存，共有175件，占石制品总量的6.4%，其中细石核8件（含2件石核断块）、细石叶53件及各类工具100余件。工具包括琢背小刀、石核式石器、端刮器、雕刻器、凹缺器、锥钻、石镞等。细石核包括锥状、楔状和船形等类型，均以石块或厚石片为毛坯，台面多为毛坯的节理面或劈裂面，较宽且很少进行修理，核身几乎都不经预制修理，基本利用毛坯的自然形态，随形就势、因势利导进行剥片。绝大多数细石叶都是利用燧石等优质石料，有些存在加工和使用的痕迹。工具中绝大多数端刮器为单向修理而成；雕刻器器身周边大多经过单向修理，之后在一端打出雕刻器小面；石镞形制规整，两侧刃缘经过两面加工，修理疤痕很深，几乎在中轴处相交。琢背工具中除了琢背小刀外，还有经过琢背的石叶和细石叶。石核刮器中有1件两面刃石核刮器，这在同类器物中很不多见（图21~24）。从工具的规范程度及修理技术来看，其精致程度超过了同期其他遗址中的水平，与华北地区较晚阶段细石器组合中的工具风格接近。

还有一部分属于石叶技术产品，共35件，占石制品总量的1.3%。其中石叶石核2件，均为燧石质，石核核身不作预制，台面很少进行修理。石叶33件，其中角页岩者18件，燧石及其他岩性者15件。一般都较完整，也有缺头断尾者，有些石叶存在加工和使用痕迹，石叶最大宽度有达15毫米的。

柴寺遗址根据采自文化层的炭样，碳十四年代测定结果大于4万年，用同层位原生蚌壳所测的年代为距今26 400±800年，根据文化特征判断后一个数据更可靠一些。

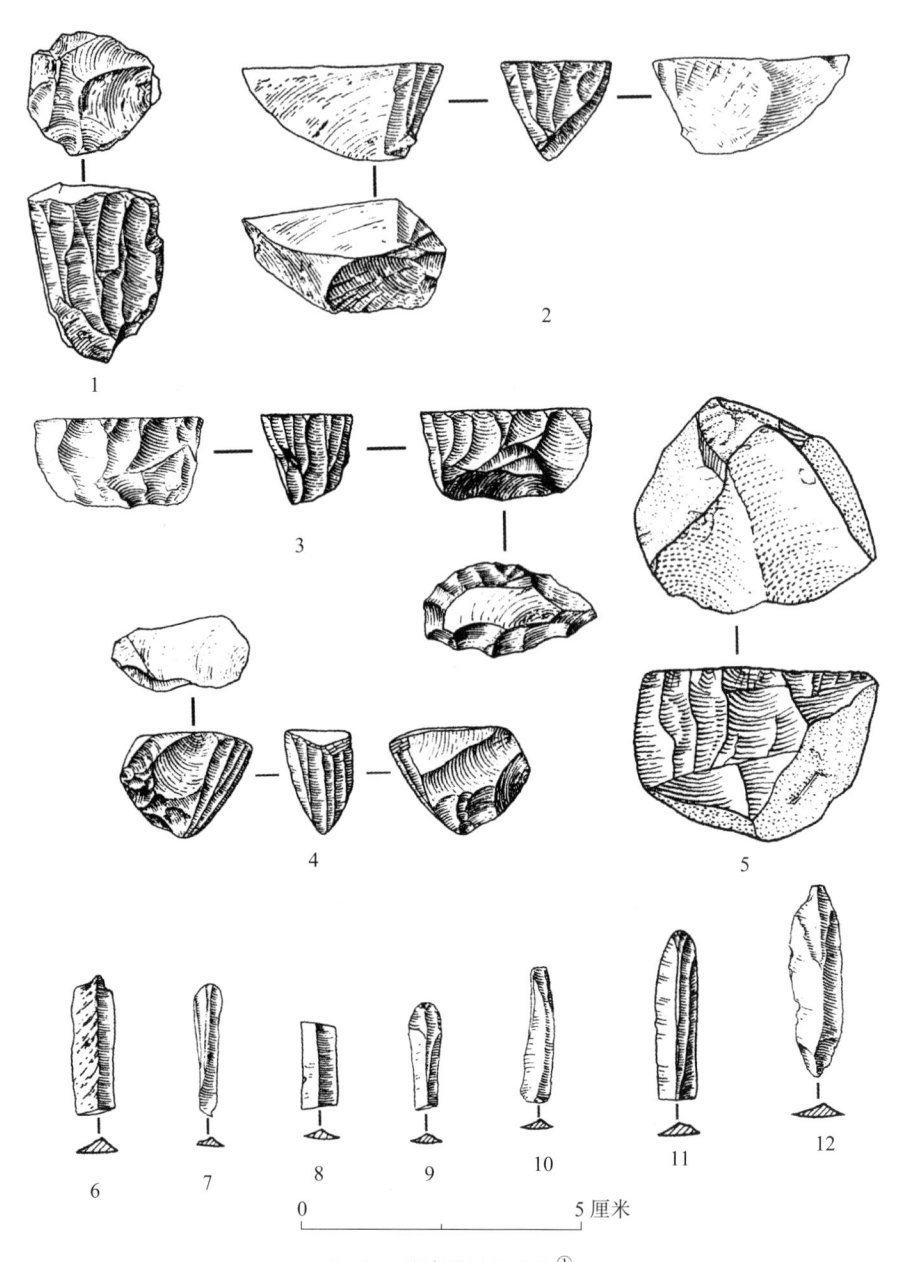

图 21 柴寺遗址石制品[①]
1. 锥状细石核 2、4. 宽型楔状细石核 3. 船形细石核 5. 单台面石叶石核 6、7. 细石叶 8～11. 权宜型细石叶工具 12. 权宜型石叶工具

---

① 王益人:《丁村旧石器时代遗址群——丁村遗址群 1976～1980 年发掘报告》,科学出版社,2014 年,第 264～339 页。

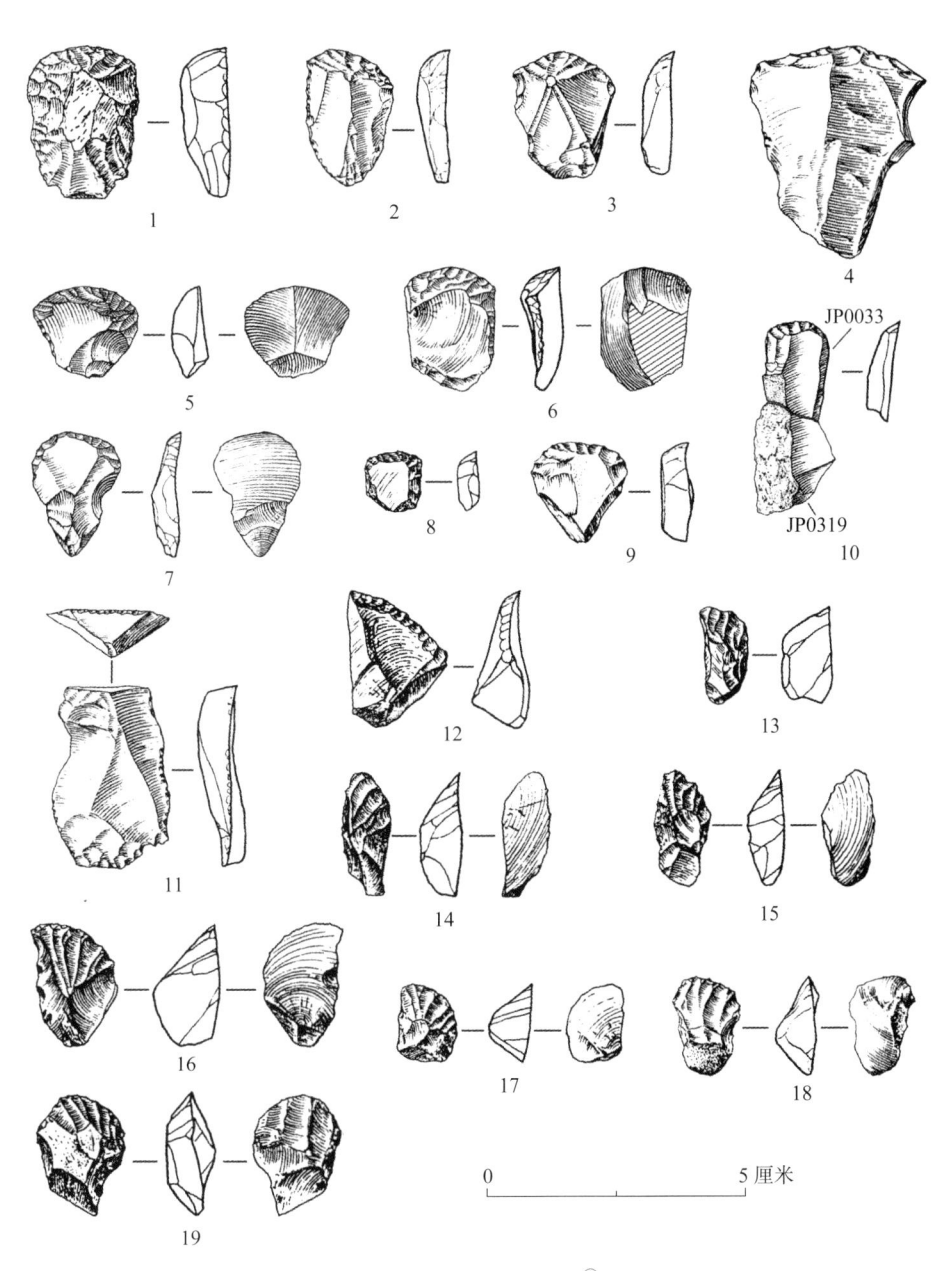

第三章　华北地区细石叶组合出现期（距今 30 000～23 000 年）　55

图 22　柴寺遗址细石器[①]

1～9. 圆头刮削器　10. 圆头刮—拼合材料　11. 权宜型工具（平头刮削器）　12. 单边刮削器　13～18. 单面刃石核式小刀　19. 双面石核式小刀

[①] 王益人:《丁村旧石器时代遗址群——丁村遗址群 1976～1980 年发掘报告》，科学出版社，2014 年，第 264～339 页。

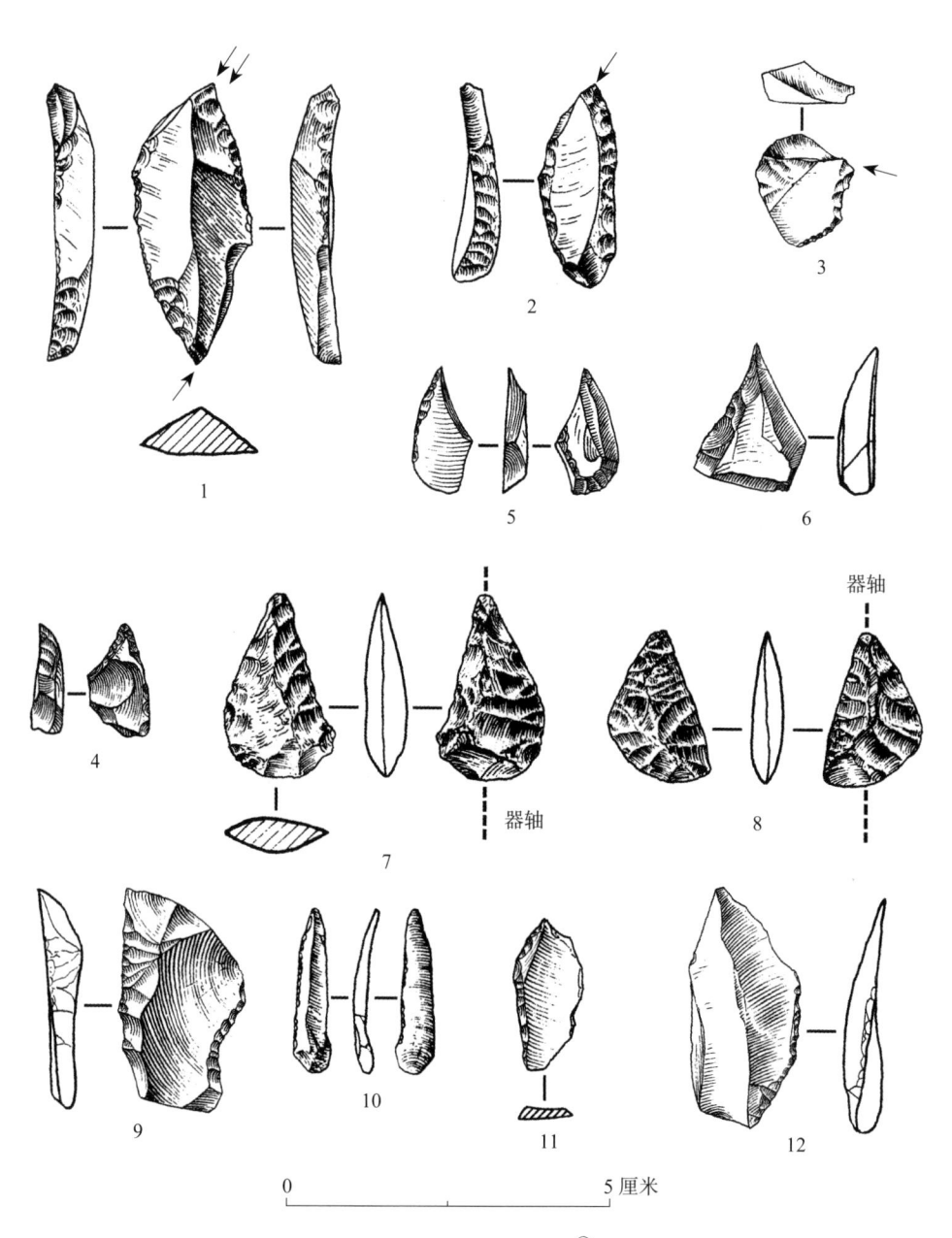

图 23　柴寺遗址细石器[①]
1. 两端修边斜刃雕刻器　2. 修边斜刃雕刻器　3. 横刃雕刻器　4. 锥钻　5、6. 微型尖状器　7、8. 歪底石镞
9. 双刃刮削器　10. 啄背细石叶　11、12. 啄背小刀

---

① 王益人：《丁村旧石器时代遗址群——丁村遗址群 1976~1980 年发掘报告》，科学出版社，2014 年，第 264~339 页。

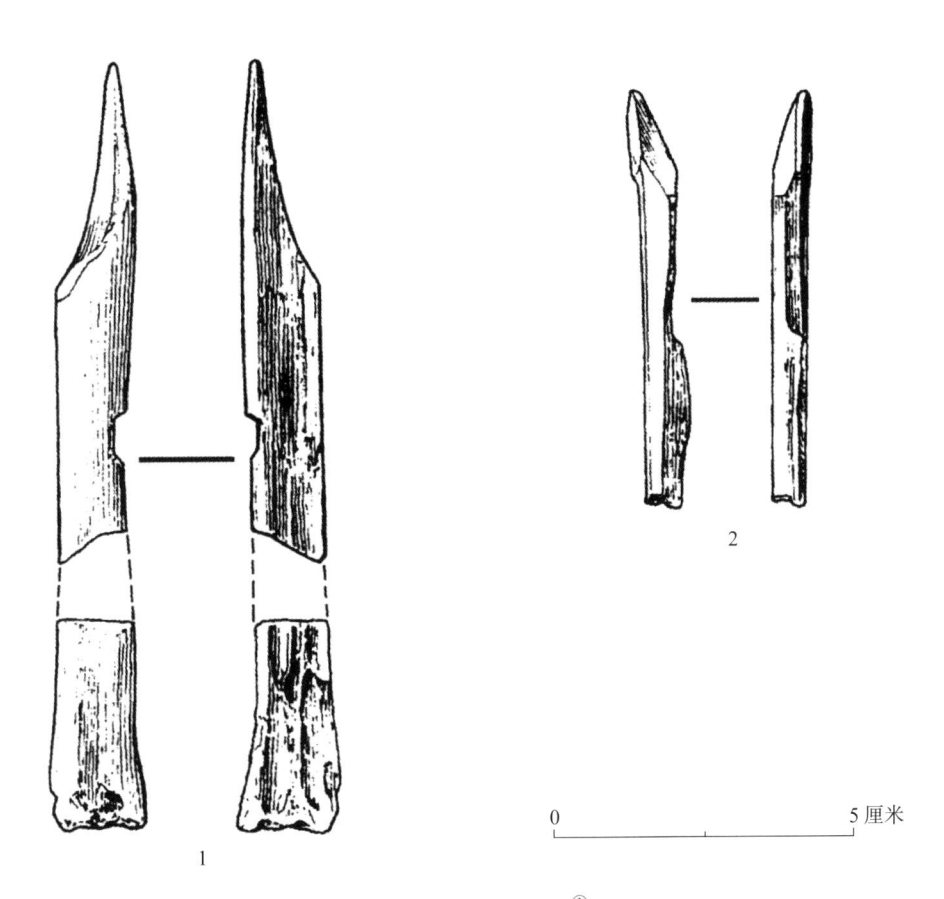

第三章 华北地区细石叶组合出现期（距今 30 000～23 000 年） 57

图 24 柴寺遗址骨器[1]

---

[1] 王益人：《丁村旧石器时代遗址群——丁村遗址群 1976～1980 年发掘报告》，科学出版社，2014 年，第 264～339 页。

第四章
华北地区细石叶组合发展期
（距今 23 000～17 100 年）

第一节　柿子滩 S29 地点

柿子滩 S29 地点是目前华北地区为数不多的经过系统发掘，遗物搜集严谨、测年数据丰富的细石器遗址，是一处难得的可以作为华北地区细石器遗存研究参照标准的遗址。该遗址的绝对年代为距今 28 000～13 000 年，之所以将它放入此阶段，是从便于介绍的角度出发，因为该遗址的大部分时间段都在发展期范围内。

柿子滩 S29 地点位于山西省吉县柏山寺乡狮子河村东约 500 米，与柿子滩 S5 地点隔河相望，地理坐标：E110°35′22″，N36°02′54″，海拔 723 米。S29 地点的田野发掘工作从 2009 年 3 月一直持续到 2010 年 10 月，发掘区域总面积约 1 200 平方米，清理剖面深度 15 米。地层堆积自上而下可分为四层，依次为：1. 现代耕土层；2. 河流相沉积，主体呈灰黄色粉砂土和细砂层交互堆积；3. 黄土堆积层；4. 砂砾石层。发掘者将包含文化遗物的地层分为 8 个文化层，其中第 1～6 文化层为河相沉积，各文化层厚 0.3～1.8 米不等；第 7～8 文化层为黄土沉积，厚均为 2 米。此次发掘共清理旷野类型用火遗迹 285 处，出土文化遗物 8 万多件。[①]

用火遗迹集中分布于第 1～7 文化层中，每层分布 3～94 处，分布状况因层而异，在有些文化层内，分布无规律；在有些文化层中则表现出相似的埋藏和保存状况。用火遗迹多为一次性使用形成，遗迹面的面积一般不超过 1 平方米，但也有 4 平方米左右的用火遗迹。研究者将这些用火遗迹分为四类：1. 平

[①] 山西大学历史文化学院、山西省考古研究所：《山西吉县柿子滩遗址 S29 地点发掘简报》，《考古》2017 年第 2 期。

地用火遗迹，共265处（占总量的92.98%），是柿子滩遗址中最常见的遗迹类型。2.也为平地用火遗迹，但遗迹的单边或周边简单地围以砂岩石块，共13处（占总量的4.46%）。3.圆坑状用火遗迹，共5处（占总量的1.76%）。4.底面铺石的用火遗迹，共2处（占总量的0.7%）。

S29地点共出土遗物80 527件，其中石制品74 735件、动物骨骼化石5 749件、蚌制品23件、鸵鸟蛋壳质穿孔装饰品20件（表13）。遗物在第8和第7文化层中普遍分布，见于每一个工作层，但在其余文化层中，遗物均以用火遗迹为单元，并以遗迹为中心相对集中分布，遗迹和遗物之间表现出较好的所属关系。

柿子滩S29地点共出土石制品74 735件，从石制品风格来看，柿子滩S29地点的石器工业共经历了两大发展阶段：第一阶段为石核—石片工业，属于该工业类型的为第8文化层。该层中共出土石制品166件，石料以燧石为主，占石制品总量的55.4%。石制品类型较为简单，工具仅包括刮削器和研磨石两类，除此之外为普通石核、石片及碎屑、断块。刮削器有11件，均为权宜性加工工具，刃缘经过正向、反向加工，加工深度浅，加工方向无规律，刃缘不整齐。2件研磨石均为青灰色砂岩质，顶面平坦，有明显的磨蚀痕迹（图25）。该文化层的测年结果为距今28 000～26 000年。

第二阶段为细石核—细石叶工业，第1～7文化层均属于该工业类型，时代从距今26 000～13 000年，细石核由早到晚有由半锥状细石核向船形细石核发展的迹象。从细石核类型、工具组合特征、加工特点及测年结果等方面来看，此阶段又可分为早、中、晚3个时期。早期对应的是第7文化层，中期对应的是第2～6文化层，晚期对应的是第1文化层。

早期——第7文化层，属于黄土沉积，厚度约2米。出土石制品42 928件，石料以燧石为主，占石制品总量的88%。类型包括石锤、石核兼石锤、石核、细石核、石片、石叶、细石叶、断块、碎屑和工具。工具类型以刮削器和端刮器为主，有少量雕刻器、琢背刀、钻、研磨石和磨盘。石核中有100件普通石核和23件细石核。细石核均为燧石质，包括半锥状、半柱状和柱状3类，完整细石核平均长13.34毫米，宽15.03毫米，厚21.65毫米，剥片面平均长20.92毫米，宽14.71毫米。该文化层的下部出土了一定数量的石叶，上部出土了大量的细石叶。细石叶采用压制法制成，长度有近25毫米者，宽度在2～8毫米之间。细石核在预制之前很可能经过热处理（heat treatment）。从

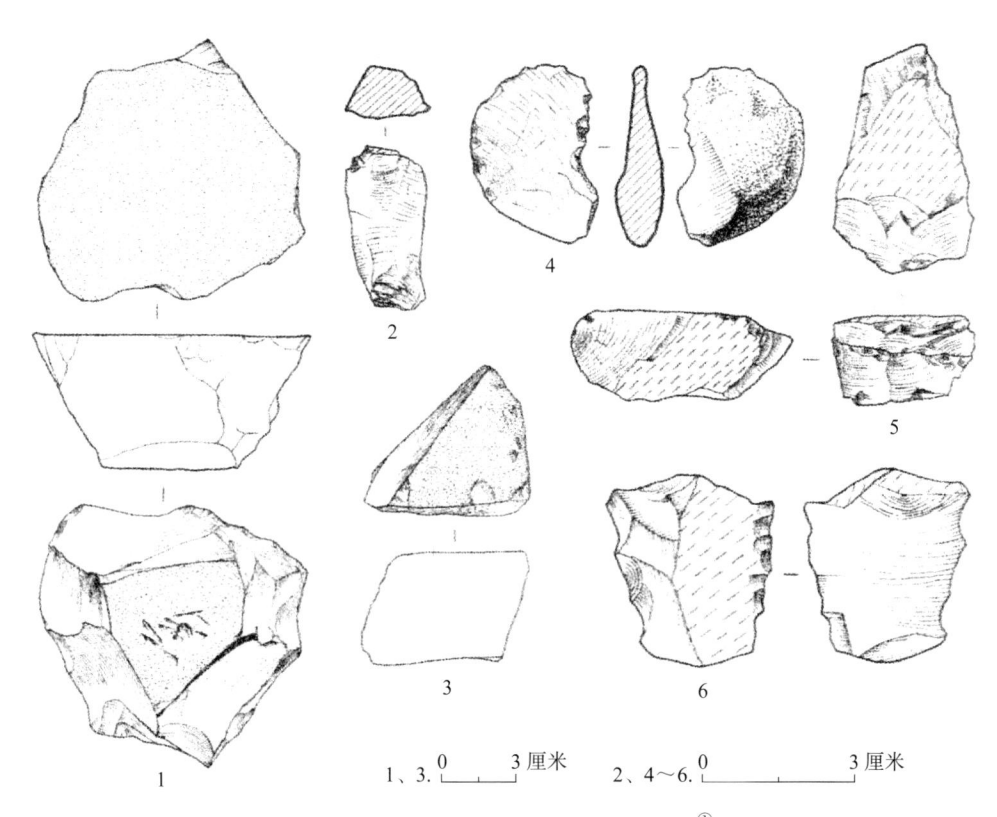

图 25 柿子滩 S29 地点第 8 文化层石制品[①]
1、3. 研磨石 2、5. 石核 4、6. 刮削器

生成机制和原料利用来看，细石叶技术与第 8 层的石核—石片技术没有传承关系。相较于以往，它是一种外来技术，与石叶技术之间应具有一定的继承关系。[②] 工具中刮削器类有 171 件，其中 71 件为端刮器，包括端刮器—凹缺、端刮器—尖状器和端刮器—雕刻器等类型。端刮器全部为燧石质，利用石片为毛坯，刃缘多为正向加工而成，刃角 35～90 度，平均长 21.36 毫米，宽 15.7 毫米，厚 5.82 毫米。雕刻器 4 件，以石片或石叶为毛坯，均为燧石质，平均

---

① 山西大学历史文化学院、山西省考古研究所：《山西吉县柿子滩遗址 S29 地点发掘简报》，《考古》2017 年第 2 期。

② Yanhua Song, Stefano Grimaldi, Fabio Santaniello, David J. Cohen, Jinming Shi, Ofer Bar-Yosef. Rethinking the evolution of microblade technology in East Asia: Techno-functional understanding of the lithic assemblage from Shizitan 29 (Shanxi, China). PLOS ONE\https://doi.org/10.1371/journal.pone.0212643 February 25, 2019.

长 28.28 毫米，宽 2.7 毫米，厚 5.9 毫米，有的器身边缘进行了正向修理。钻 1 件，燧石质，以大型节理石片为毛坯，在较尖的一端两边同向加工而成。琢背刀 2 件，均为燧石质，以石片为毛坯，左边对向修整，横截面呈三角形。除此之外还有 3 件研磨石和 5 件磨盘，磨盘均以砂岩石板为原料，相对平坦的一面为顶面，周边单向修整而成，加工简单，厚薄不等，形制不规整。有的磨盘研磨面上布满略呈弧形的擦痕，共同指向磨盘的中心（图 26）。第二阶段早期的绝对年代为距今 26 000～23 000 年。

中期——第 6～2 文化层，属河相沉积，共发现石制品 32 158 件，石料以燧石为主，共有 18 687 件，占石制品总量的 58.1%。类型包括石料、石核、细石核、石叶、细石叶、断块—碎屑和工具，工具包括刮削器、端刮器、尖状器、雕刻器、钻、磨盘等类型（图 27）。共发现细石核 356 件，均为燧石质，其中船形细石核有 342 件，占细石核总量的 96%；半锥状细石核 14 件，占细石核总量的 4%，且仅出现在第 6 文化层。船形细石核以石块或厚石片为毛坯，以石块的节理面或石片的劈裂面为台面，核身基本不做预制修理，充分利用毛坯的自然形态，随形就势进行剥片。工具共有 512 件，以刮削器类占绝对优势，共有 454 件，占工具总量的 88.7%，其中端刮器有 170 件，绝大多数都是以石片为毛坯，以石叶为毛坯者极少，且都集中出现在第 6 文化层中，刃缘以单侧正向加工为主。尖状器有 43 件，此类工具多以石片为毛坯，两边正向加工而成，截面多呈三角形，值得注意的是自第 5 层始，出现了单面加工的尖状器，其中有一件还可以与 7 件石片进行拼合，展现了单面加工尖状器的过程。自第 3 文化层开始出现了两面通体加工的尖状器，有此特征的尖状器一直延续至第 1 文化层中。此阶段还有一个值得注意的现象是，自第 6 文化层始至第 3 文化层，没有发现完整的磨盘，直到第 2 文化层才发现完整的磨盘（表 18）。但通过拼合研究，在第 4 和第 3 文化层中有将磨盘加工成石片或石块的现象，这是否预示着该遗址人类在植物利用方面存在反复的情况，即存在利用—放弃—利用的过程，值得思考。第二阶段中期的绝对年代为距今 25 000～17 000 年。

晚期——第 1 文化层，属河相沉积，此时期石制品的总体风格是中期的延续，但从绝对年代测定来看，此时期与中期有 4 000 至 5 000 年的时间中断，故将它单独划分出来。第 1 文化层共出土石制品 3 410 件，以燧石为石料的有 3 168 件，占石制品总量的 92.9%。石制品类型包括石核、石片、细石核、细

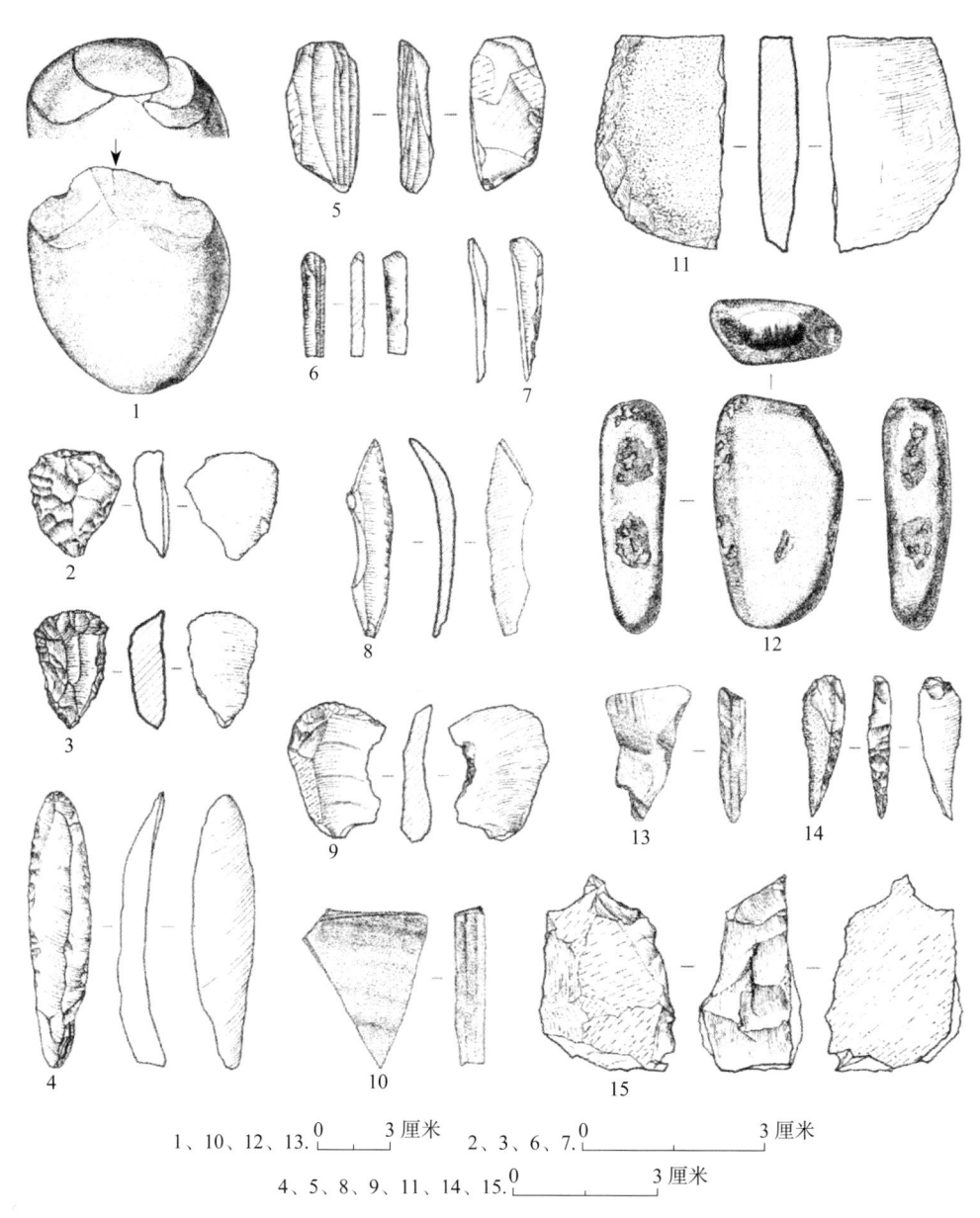

1、10、12、13. 0——3厘米　　2、3、6、7. 0——3厘米
4、5、8、9、11、14、15. 0——3厘米

图 26　柿子滩 S29 地点第 7 文化层石制品①
1. 石核—石锤　2. 端刮器—尖状器　3. 端刮器—雕刻器　4. 石叶石器　5. 细石核　6、7. 细石叶　8. 雕刻器　9. 端刮器—凹缺刮器　10. 磨盘　11. 刮削器　12、13. 磨石　14. 琢背小刀　15. 钻

---

① 山西大学历史文化学院、山西省考古研究所：《山西吉县柿子滩遗址 S29 地点发掘简报》，《考古》2017 年第 2 期。

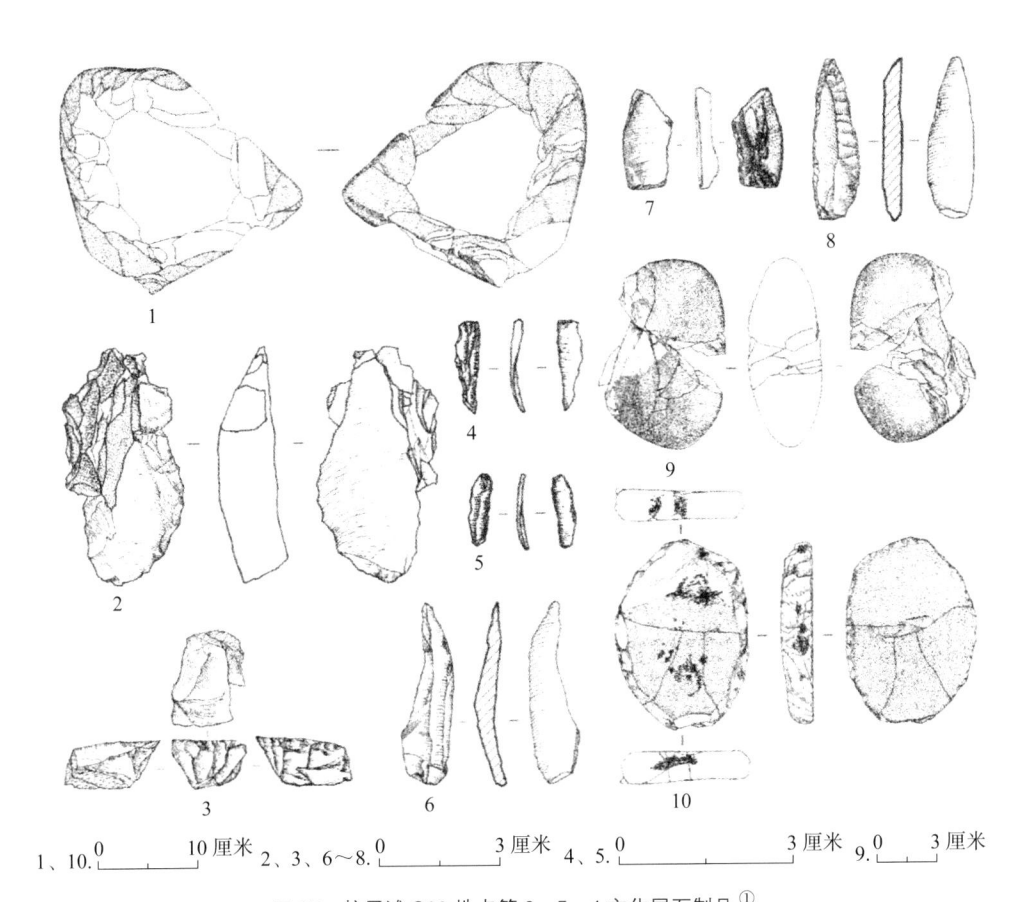

第四章　华北地区细石叶组合发展期（距今 23 000～17 100 年）　63

图 27　柿子滩 S29 地点第 6、5、4 文化层石制品①
1. 砂岩石片（拼合）　2. 尖状器（拼合）　3. 细石核　4、5. 细石叶　6. 石叶　7. 雕刻器　8. 刮削器　9. 石核（拼合）　10. 磨盘（拼合）（1、10. 第 4 文化层；2、4、5、7、9. 第 5 文化层；3、6、8. 第 6 文化层）

石叶、断块、碎屑和工具，工具类型包括刮削器、尖状器和端刮器等。细石核 7 件，均为燧石质船形细石核，全部以节理断块为毛坯，节理面为台面，底缘呈刃状，个别经单向修整。刮削器、端刮器均以石片为毛坯，刃缘经单向加工而成。尖状器共 11 件，单面加工者 4 件，两面加工者 7 件，两面加工的尖状器均为燧石质，横截面和纵截面皆呈梭形（图 28）。第二阶段晚期的绝对年代为距今 13 000 年左右。

---

① 山西大学历史文化学院、山西省考古研究所：《山西吉县柿子滩遗址 S29 地点发掘简报》，《考古》2017 年第 2 期。

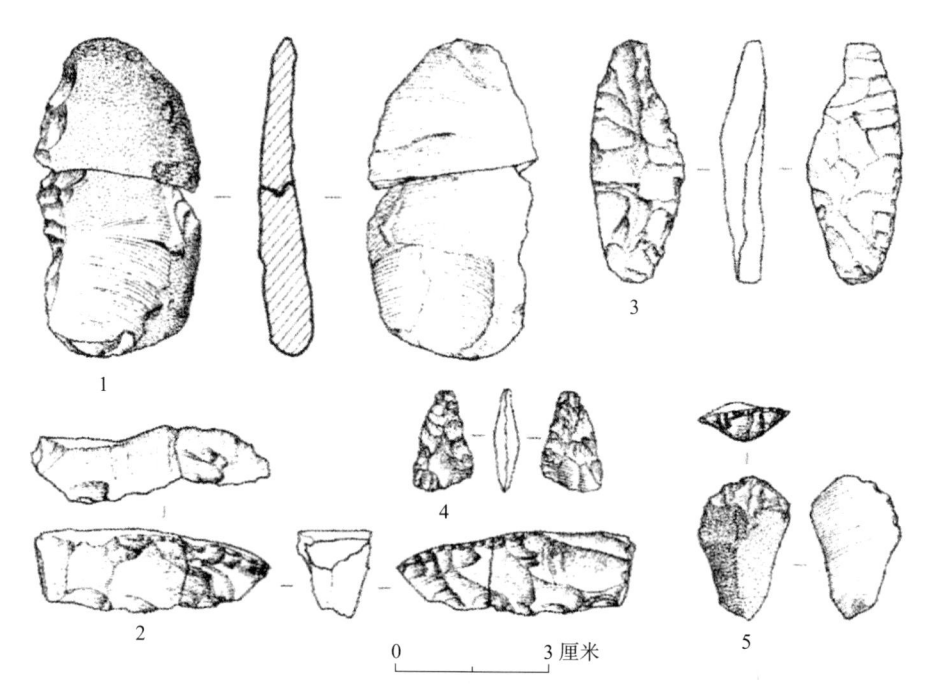

图 28　柿子滩 S29 地点第 1 和第 3 文化层石制品①
1. 刮削器　2. 细石核　3、4. 尖状器　5. 端刮器（4. 第 1 文化层；1、2、3、5. 第 3 文化层）

柿子滩 S29 地点石制品原料以燧石为主，石英岩、石英和砂岩次之，以燧石为原料的标本占石制品总量的 56.5%（表 15）。打片技术主要为锤击法，砸击法也占一定比例。细石核自第 7 文化层开始至第 1 文化层都有出现，共有 379 件（表 16）。第 7 文化层中的细石核包括半锥状、半柱状和柱状等多种类型，但这些类型都不是有意预制而成，而是根据石核毛坯的自身特点随形就势进行剥片，其形态特征并不十分明确固定，细石叶技术还处于初级状态。自第 6 文化层至第 1 文化层，细石核以利用石片或特定形态的石块为毛坯制成的船形细石核占绝对优势。这些细石核普遍是利用石片的劈裂面或石块平坦的节理面为台面，向台面相对的方向剥片。这类细石核核身两侧都经过一定程度的预制、修理，形态比较固定，剥片思路明确，相对第 7 文化层中的细石核而言，代表了一种比较高级的细石叶剥离技术水平。这一点在细石叶的测量值上也有所体现，即中期细石叶的平均厚度要远远低于早期的，晚期细石叶的平

---

① 山西大学历史文化学院、山西省考古研究所：《山西吉县柿子滩遗址 S29 地点发掘简报》，《考古》2017 年第 2 期。

均厚度虽然有所增加,但平均长度已达到柱状、锥状细石核的剥片水平(表17)。S29地点中共有工具751件,工具类型以刮削器和端刮器为大宗。自第5层始,出现了单面加工的尖状器,两面加工的尖状器从第3文化层开始直至第1文化层都有出现,数量不多,但较为典型,而且有逐渐变小的趋势。除此之外,还有雕刻器、石钻、琢背刀、磨石、磨盘等类型,但都比较少。从工具加工技术的角度来看,S29地点的工具加工技术经历了从仅在刃缘部位进行简单的正、反向单侧修理到在第5文化层出现单面修理直至第3文化层出现两面修理的发展过程。

S29地点出土有大量的哺乳动物骨骼,经计数的仅是每个用火遗迹表层出露时按坐标提取的5 749件。还有相当数量的骨骼因呈细小的碎屑状,而没有计数。可鉴定的动物骨骼有761件,分属于七种食草类动物:普通马、蒙古野驴、原始牛、普氏原羚、麝牛、河套大角鹿和一种中型鹿类。动物组合显示柿子滩遗址当时处于山地和平原交错、草原与森林共存的生态环境中,属北温带半湿润—半干旱的大陆性季风气候。蚌制品共23件,包括饰材和饰品两类。饰材为不同种属的没有任何人工加工痕迹的蚌壳残片,共22件;剩下的则是1件穿孔的蚌饰品。鸵鸟蛋壳制品共20件,均为中心穿孔的成品饰品。

S29地点文化层深厚,所含遗迹、遗物丰富,尤其是集中分布的285处用火遗迹,均为一次性使用形成,表明该地点属于一处原地埋藏的临时性营地遗址。S29地点共测得41个加速器质谱碳十四数据,测年样品分别来自每一个文化层的木炭、骨头及牙齿(表19),测年结果显示其文化堆积介于约距今29 000～13 000年,在第2至第1文化层之间有一个4 000～5 000年的时间间断。结合动物骨骼、土壤微形态(Soil micromorphology)、花粉光谱(pollen spectrum)及非孢粉类分析(Non-pollen palynomorphs)等方面的研究,S29地点是一处被古人类多次重复利用的遗址,在其经历的1万余年时间内,环境曾发生了不同程度的波动。第8文化层处于末次冰期极盛期之前,气候温暖、湿润。第7至第2文化层正处于末次冰期极盛期,第6至第4文化层时期,干燥、寒冷的气候达到高峰。至第1文化层时期,气候开始转暖,此时已进入冰后期阶段。[①]

[①] Song, Y., D. J. Cohen, J. Shi, X. Wu, E. Kvavadze, P. Goldberg, S, Zhang, Y. Zhang, and O. Bar-Yosef. Environmental reconstruction and dating of Shizitan 29, Shanxi Province: an early microblade site in North China. *Journal of Archaeological Science*, 2017(79): 19～35.

表 13　柿子滩 S29 地点各文化层中遗迹、遗物统计表

文化层	文化层厚度（米）	用火遗迹	石制品	动物骨骼	蚌制品	鸵鸟蛋壳制品	总计
8	2（13～15）	0	166	58	0	0	224
7	2（11～13）	3	42 928	1 308	5	18	44 259
6	1.1（9.615～10.76）	38	5 655	1 128	0	0	6 783
5	0.8（7.47～8.28）	54	7 153	568	1	0	7 722
4	1.8（4.65～6.4）	94	10 691	1 162	7	0	11 860
3	0.5（2.79～3.36）	17	2 120	369	9	0	2 498
2	1.2（1.62～2.82）	75	2 612	680	1	2	3 295
1	0.3（0.35～0.65）	4	3 410	476	0	0	3 886
总计	9.7	285	74 735	5 749	23	20	80 527

表 14　柿子滩 S29 地点各文化层石制品统计表

	石料	石核	石片	断块—碎屑	细石核	细石叶	石叶	工具	总计
8	0	6	94	53	0	0	0	13	166
7	0	100	2 379	37 702	23	2 489	31	204	42 928
6	1	6	922	3 818	54	802	1	51	5 655
5	0	24	1 657	4 616	85	607	0	164	7 153
4	0	37	2 456	7 115	129	723	0	231	10 691
3	0	3	800	1 095	24	187	0	11	2 120
2	0	11	930	1 194	64	358	0	55	2 612
1	0	3	264	3 005	7	109	0	22	3 410
总计	1	190	9 502	58 598	386	5 275	32	751	74 735

表 15　柿子滩 S29 地点各文化层石料统计表

地层	燧石 数量	%	石英岩	石英	变质岩	颜料块	砂岩	泥岩	总计
S29 第8层	92	55.4	29	5	5	1	34	0	166
S29 第7层	37 777	88	2 369	1 614	118	203	847	0	42 928
S29 第6层	3 913	69.2	1 427	68	27	4	208	8	5 655
S29 第5层	3 655	51	1 130	596	376	103	1 293	0	7 153
S29 第4层	7 070	66.1	1 635	1 417	116	8	418	27	10 691
S29 第3层	1 719	81	153	0	96	0	152	0	2 120
S29 第2层	2 330	89.2	127	1	23	10	81	40	2 612
S29 第1层	3 168	92.9	22	202	0	10	8	0	3 410
总计	59 724	56.5	6 892	3 903	761	339	3 041	75	74 735

表 16　柿子滩 S29 地点各文化层细石核统计表

文化层 \ 类型	8	7	6	5	4	3	2	1	合计
半锥状	0	√	14	0	0	0	0	0	14
半柱状	0	√	0	0	0	0	0	0	√
柱状	0	√	0	0	0	0	0	0	√
船形	0	0	40	85	129	24	64	7	349
合计	0	23	54	85	129	24	64	7	379

表 17　柿子滩 S29 地点各文化层细石叶长、宽、厚平均值统计表

文化层 平均值 mm	7	6	5	4	3	2	1
长	15.68	6.33	10.84	9.91	9.76	9.45	14.61
宽	5.67	2.93	3.92	3.82	3.56	3.52	5.55
厚	1.8	1.13	1.12	1.08	0.92	0.96	1.48

表 18　柿子滩 S29 地点各文化层工具统计表

文化层	石锤	刮削器	端刮器	尖状器	雕刻器	钻	琢背刀	磨盘	研磨石	加工石叶	残石器	总计
8	0	11	0	0	0	0	0	0	2	0	0	13
7	5	100	71	0	4	2	2	5	3	11	1	204
6	0	30	13	4	4	0	0	0	0	0	0	51
5	0	96	64	3	1	0	0	0	0	0	0	164
4	1	137	67	20	3	3	0	0	0	0	0	231
3	0	3	1	7	0	0	0	0	0	0	0	11
2	0	18	25	9	0	1	0	2	0	0	0	55
1	0	6	5	11	0	0	0	0	0	0	0	22
合计	6	401	246	54	12	6	2	7	5	11	1	751

表 19　柿子滩 S5 地点各文化层石制品统计表

	石料	石核	石片	断块—碎屑	细石核	细石叶	石叶	工具	总计
4	0	5	83	274	3	5	0	7	377
3	0	0	113	157	0	0	0	8	278
2	0	2	169	538	6	36	0	6	757
1	0	1	11	178	1	1	0	2	194
总计	0	8	376	1 147	10	42	0	23	1 606

第二节　柿子滩 S5 地点

柿子滩 S5 地点位于山西省吉县东城乡狮子河村东约 300 米的清水河左岸，地理坐标：E110°35′17″，N36°02′50″，海拔 719 米。S5 地点于 2009 年调查时发现，2010 年 4~5 月进行了正式发掘，发掘面积约 800 平方米，发掘深度 4 米。地层堆积自上而下可分为五层，依次为：1. 现代耕土层；2. 河流相沉积，呈灰黄色粉砂土和细砂层交互堆积；3. 河流相沉积，呈灰黄色粉砂土和砂砾层交互堆积；4. 砾石层；5. 基岩。发掘者将包含文化遗物的地层分为 4 个文化层，第 1 文化层埋藏于第 2 层，其余文化层均埋藏于第 3 层。文化层均较薄，厚约 10 厘米，遗物均以用火遗迹为中心集中分布。此次发掘共清理出人类用火遗迹 3 处，出土石制品和化石等遗物 1 813 件，其中包括人类牙齿化石 1 枚。[①]

3 处用火遗迹分别埋藏于第 2 文化层和第 3 文化层中，结构简单，出露时平面均大致呈圆形，直径 0.5~0.8 米，但不见清晰的边缘轮廓。烧土呈黑褐色，集中分布，剖面中心厚、边缘薄，底部均不见红烧土。烧土内含有较丰富的木炭屑和直径约 1 厘米的木炭块。用火遗迹的周边均分布有较为丰富的文化遗物。

石制品共 1 606 件，石料以燧石为主，占所有石制品的 83.13%，其余为石英岩和石英。类型以石片、断片（块）和碎屑为主，占石制品总量的 94.83%，其余类型包括石核、细石核、细石叶和工具等。打片技术以锤击法为主，偶用砸击法。工具类型简单，仅砍砸器、刮削器、端刮器和雕刻器等 4 种。工具多以石片为毛坯，单向或双向加工而成，加工技术娴熟，压剥技术为主要加工手段。

根据石制品风格及测年结果，S5 地点石制品可分为早、晚两期，早期对应于第 4~2 文化层，晚期对应于第 1 文化层。早期—第 4~2 文化层，共出土石制品 1 412 件，包括普通石核 7 件、石片 365 件、细石核 9 件、细石叶 41 件及工具 21 件（表 19）。工具中有砍砸器 2 件、刮削器 12 件、端刮器 6 件及雕刻器 1 件（表 20）。此阶段中出土的细石核均为船形细石核，以较厚的石片

[①] 柿子滩考古队：《山西吉县柿子滩旧石器时代遗址第五地点发掘简报》，《考古》2016 年第 4 期。

为毛坯，以破裂面为台面，台面也基本不进行预制修理，直接利用平坦的劈裂面在石片远端为剥片面进行细石叶剥制。绝大多数细石核核身都不经过修理，不同程度保留有砾石面或节理面。工具数量不多，类型较为简单。工具加工基本上是在刃缘部位采用单侧正向加工技术，无单面或两面加工技术应用（图29~31）。晚期—第1文化层，共出土石制品194件，包括石核1件、石片11件、细石核和细石叶各1件、工具2件以及断块—碎屑178件。晚期与早期相比，最大的变化是没有发现船形细石核，而是出土了1件漏斗状细石核，该细石核以黑色燧石石块为毛坯，台面与底面均为节理面，台面不见修理痕迹，剥片较为充分，核体上至少保留有11片细石叶疤。工具数量不多，仅1件刮削器和1件端刮器，风格与早期同类器物相同（图32）。从遗迹、遗物特征及石器拼合情况来看，S5地点属于一处原地埋藏的临时性营地。通过对文化层

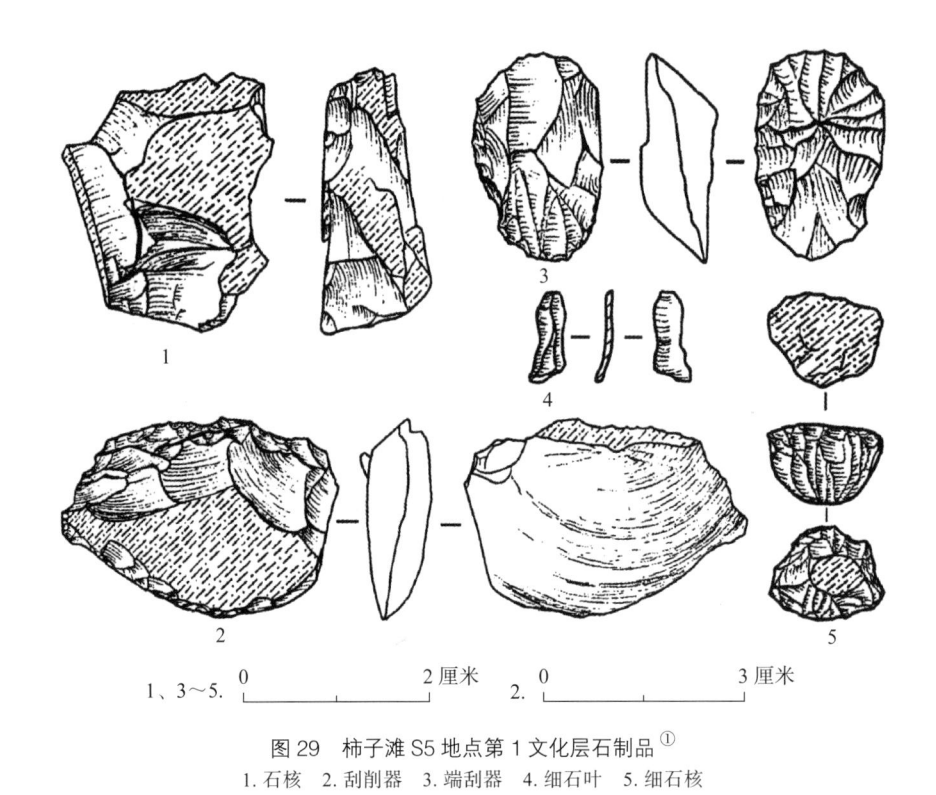

图29　柿子滩S5地点第1文化层石制品[①]
1. 石核　2. 刮削器　3. 端刮器　4. 细石叶　5. 细石核

---

① 柿子滩考古队：《山西吉县柿子滩旧石器时代遗址第五地点发掘简报》，《考古》2016年第4期。

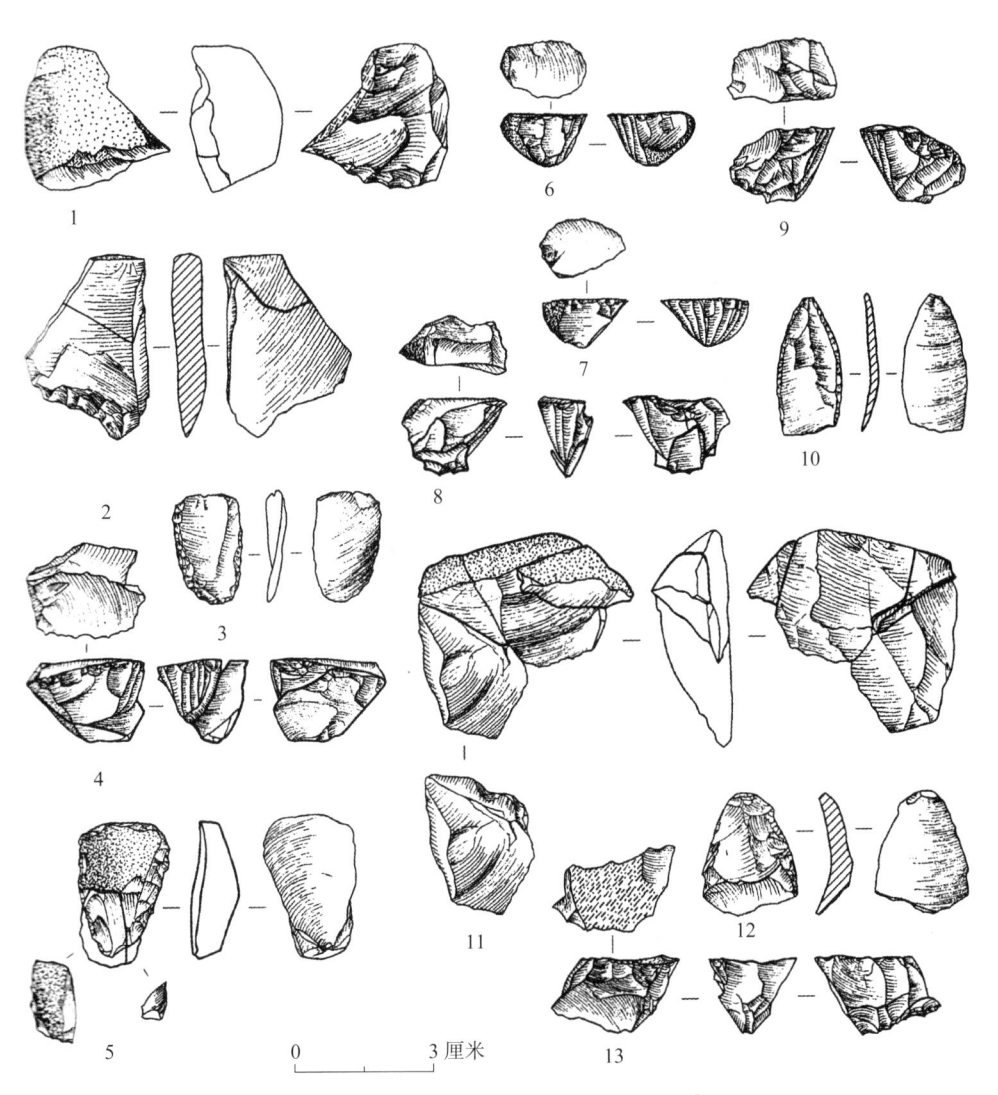

第四章　华北地区细石叶组合发展期（距今 23 000～17 100 年）　71

图 30　柿子滩 S5 地点第 2 文化层石制品[①]
1. 石核　2、3、10～12. 刮削器　4、6～9、13. 细石核　5. 端刮器

[①]　柿子滩考古队：《山西吉县柿子滩旧石器时代遗址第五地点发掘简报》，《考古》2016 年第 4 期。

中出土化石和木炭的加速器质谱碳十四年代测定，第1文化层的年代为距今10 430～10 288年，其年代大致介于S9地点的第3和第4文化层之间；而第2到第4文化层的年代距今约20 000年，与柿子滩遗址S14地点和S12地点的年代相当。石制品风格，早期与晚期相比较而言，整体风格大致相同，只是早期出土的细石核全部为船形细石核，晚期则出现了漏斗状细石核，体现了S5地点细石叶技术的变化。

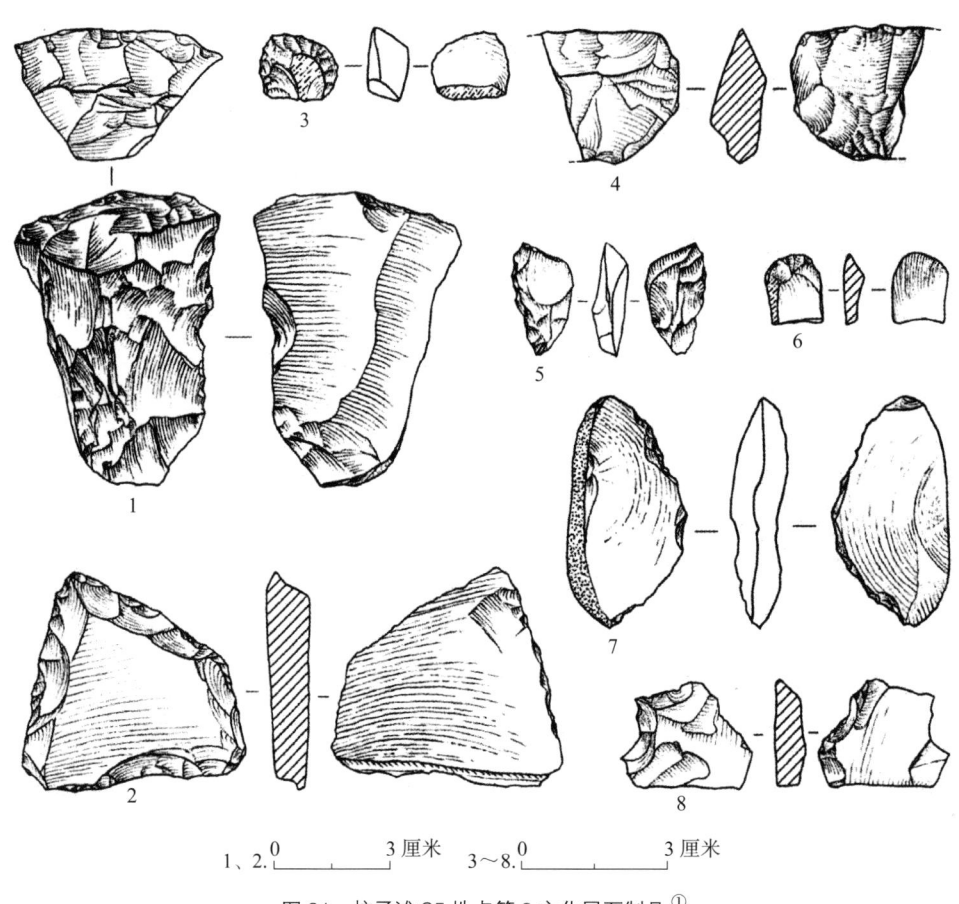

图31　柿子滩S5地点第3文化层石制品①
1～2.砍砸器　3、6.端刮器　4、7、8.刮削器　5.雕刻器

---

① 柿子滩考古队:《山西吉县柿子滩旧石器时代遗址第五地点发掘简报》,《考古》2016年第4期。

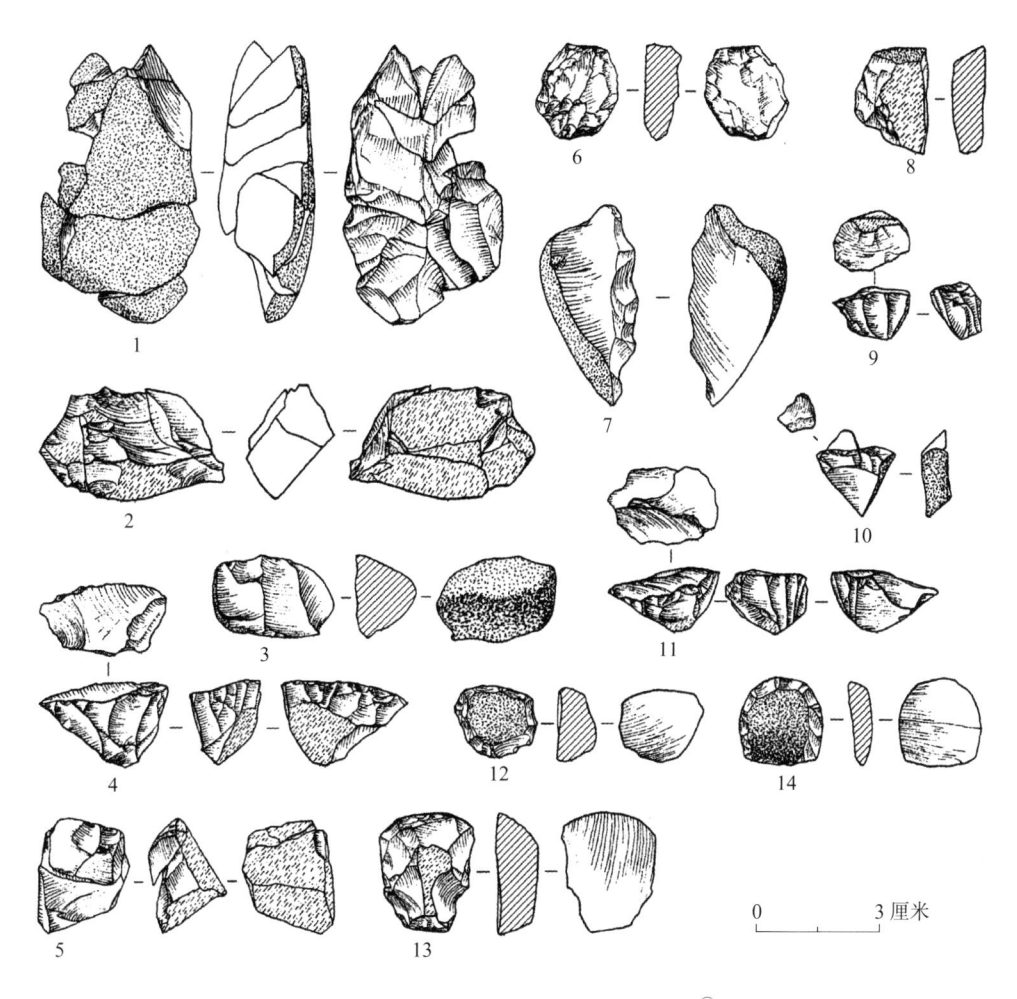

图 32　柿子滩 S5 地点第 4 文化层石制品①
1～3、5.石核　4、9、11.细石核　6～8、10.刮削器　12～14.端刮器

S5 地点每个文化层中均有动物化石出土。多数化石已破碎，风化严重，保存不好，能鉴定种属的化石有奇蹄类马科和偶蹄类鹿科动物。S5 地点还是目前柿子滩遗址群中唯一一处出土人类化石的地点。这枚人类门齿是柿子滩遗址首次发现的人类化石，也是目前中国距今 2 万年左右的露天遗址中少见的人类化石，它的特征表明"柿子滩人"处于晚期智人进化的较晚阶段。

---

① 柿子滩考古队：《山西吉县柿子滩旧石器时代遗址第五地点发掘简报》，《考古》2016 年第 4 期。

表 20　柿子滩 S5 地点各文化层工具统计表

文化层	石锤	砍砸器	刮削器	端刮器	尖状器	雕刻器	钻	琢背刀	磨盘	研磨石	总计
4	0	0	4	3	0	0	0	0	0	0	7
3	0	2	3	2	0	1	0	0	0	0	8
2	0	0	5	1	0	0	0	0	0	0	6
1	0	0	1	1	0	0	0	0	0	0	2
合计	0	2	13	7	0	1	0	0	0	0	23

第三节　柿子滩 S14 地点

柿子滩 S14 地点位于山西省吉县东城乡西角头村南 1 公里，黄河的支流清水河北岸，地理坐标：E110°32′40″，N36°02′11″，海拔 655 米，东北距吉县县城约 25 公里。2000 年，山西省考古研究所、山西大学考古专业和吉县文管所组成的柿子滩考古队在此处进行了试掘。试掘采用阶梯式探沟发掘方法，发掘面积 32 平方米，清理出面积约 2.5 平方米的用火遗迹。文化遗存均出自该遗迹内，包括石制品和"骨制品"两大类。因是一次小规模的试掘，发现的石制品类型非常简单，亦缺乏多样化的工具组合和具有时代、地域风格的典型石器。"骨制品"保存状况不好，多数标本小而易碎。标本中没有工具、没有牙齿、没有关节端材料，甚至连一件残存的局部管状肢骨都没有，但有三分之一左右的标本上有烧烤过的痕迹。[①]

为进一步探明遗址和用火遗迹的规模以及古人类的生存方式，柿子滩考古队分别于 2002 年、2003 年和 2005 年继续对 S14 地点进行了三次正式发掘。发掘一直清理到基岩，总计发掘深度约 10 米，发掘面积为 25 平方米。S14 地点经过前后四次发掘，共清理出古人类用火遗迹 17 处，共出土文化遗物 4 421 件（含 2000 年试掘所获遗存），其中石制品有 1 643 件，占所有出土遗物的 37.16%；动物化石 2 776 件，占所有出土遗物的 62.79%；另外还有残蚌片 2

---

① 柿子滩考古队：《山西吉县柿子滩旧石器时代遗址 S14 地点》，《考古》2002 年第 4 期。

件（表21）。S14地点的文化层全部发现于砂砾层之间的灰黄色粉砂土层中，属原地埋藏。绝大多数文化遗物发现于第2～4文化层，这3个文化层连续且密集分布。在第4文化层之下的砂砾层中还发现有河流搬运沉积的遗物。出土的动物化石多破碎且风化严重，可鉴定种属的有：偶蹄类牛科羊属、偶蹄类鹿科、偶蹄类牛科、奇蹄类马科及啮齿类等。

石制品主要出自第2～4文化层中，共有1 635件。第1文化层仅出土了4件石制品（1件普通石核、1件普通石片及2件断块—碎屑），第4文化层下部也仅出土4件石制品（2件细石叶和2件刮削器）（表22）。从整体上来看，第2～4文化层中出土的石制品风格基本一致。石料以燧石为主，其次为石英岩和脉石英，还有少量蛋白石、玛瑙和砂岩。石器打片技术以锤击法为主，偶用砸击法，第二步加工主要使用压剥技术。石制品类型包括石核、石片、细石核、细石叶、断块（片）、碎屑和工具。细石核共出土27件，全部为船形细石核（表23）。这些细石核基本都是以石片或石块为毛坯，利用石片的劈裂面或石块的节理面为台面，台面很少进行修理。细石核核身也很少进行预制修理，有的还保留有大部分砾石面。此类细石核基本是利用毛坯自身具备的船形特点，随形就势进行剥片，所表现出的细石叶工艺水平较为初级。工具类型包括刮削器、尖状器、端刮器、琢背刀、磨盘等（表24），以刮削器、端刮器为主，主要以石片为毛坯，刃缘通常为正向修理而成，端刮器整体形状较为稳定，多呈拇指盖状。尖状器多为将毛坯两侧刃缘单向修理成尖部，无单面加工或两面加工的尖状器。第2～4文化层中都出土有磨盘，共4件，形制不固定，有的磨盘上存在肉眼可见的平行划痕和颜料痕迹（图33～35）。

根据北京大学对3个文化层中出土烧骨样品的加速器质谱碳14测试结果，并经树轮校正，S14地点第2文化层的年代为距今18 611～17 901年；第3文化层的年代为距今21 150～19 550年；第4文化层的年代为距今23 021～22 353年。3个连续沉积的文化层的年代数据表明，S14地点古人类的活动时间当在距今23 000～18 000年之间。[①]

[①] 柿子滩考古队：《山西吉县柿子滩旧石器时代遗址S14地点2002～2005年发掘简报》，《考古》2013年第2期。

表 21　柿子滩 S14 地点各类文化遗存统计表

种类＼项目	石制品	动物化石	残蚌片	合　计
数　量	1 643	2 776	2	4 421
百分比	37.16	62.79	0.05	100

表 22　柿子滩 S14 地点各文化层石制品统计表

文化层	石料	石核	石片	断块—碎屑	细石核	细石叶	石叶	工具	总计
4 下	0	0	0	0	0	2	0	2	4
4	0	0	100	256	3	25	0	6	390
3	0	1	114	171	4	25	0	11	326
2	0	1	217	590	20	59	0	32	919
1	0	1	1	2	0	0	0	0	4
总计	0	3	432	1 019	27	111	0	51	1 643

表 23　柿子滩 S14 地点各文化层细石核统计表

文化层＼类型	4 下	4	3	2	1	合计
半锥状	0	0	0	0	0	0
半柱状	0	0	0	0	0	0
柱状	0	0	0	0	0	0
船形	0	3	4	20	0	27
合计	0	3	4	20	0	27

表 24　柿子滩 S14 地点各文化层工具统计表

文化层	石锤	砍砸器	刮削器	端刮器	尖状器	雕刻器	钻	琢背刀	磨盘	研磨石	总计
4 下	0	0	2	0	0	0	0	0	0	0	2
4	0	0	2	1	1	0	0	0	2	0	6

第四章　华北地区细石叶组合发展期（距今 23 000～17 100 年）　77

续　表

文化层	石锤	砍砸器	刮削器	端刮器	尖状器	雕刻器	钻	琢背刀	磨盘	研磨石	总计
3	0	0	6	0	2	0	0	2	1	0	11
2	0	0	19	7	4	0	0	1	1	0	32
1	0	0	0	0	0	0	0	0	0	0	0
合计	0	0	29	8	7	0	0	3	4	0	51

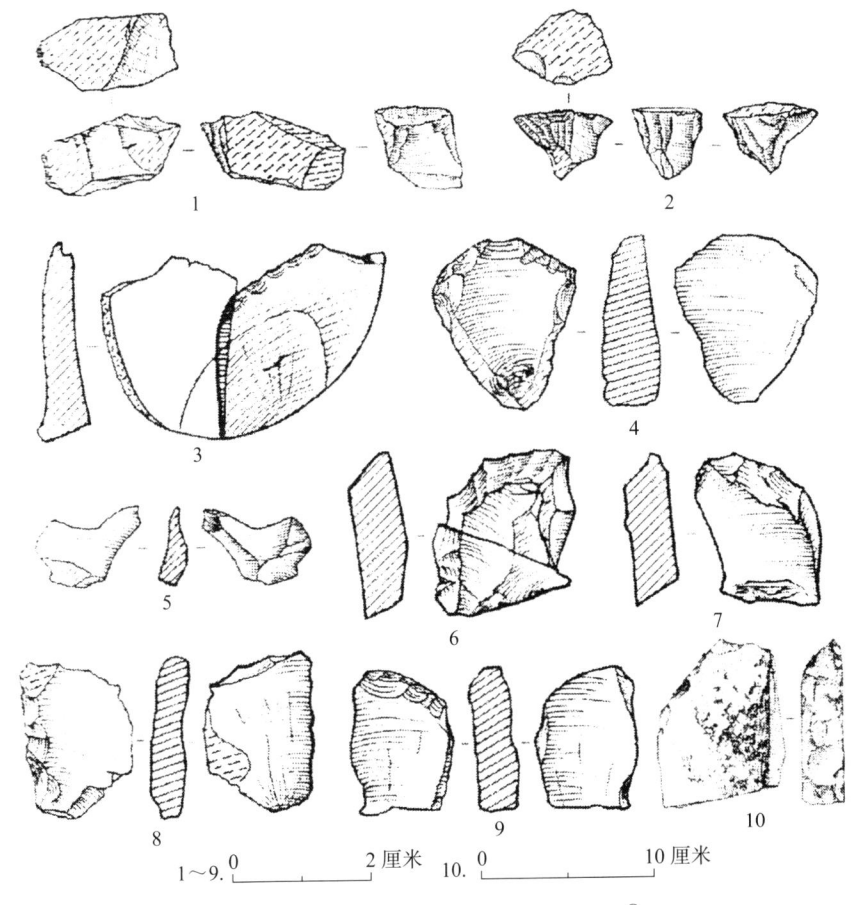

图 33　柿子滩 S14 地点第 2 文化层石制品[①]
1～2. 细石核　3、8. 刮削器　4、9. 端刮器　5～6. 尖状器　7. 琢背小刀　10. 磨盘

① 柿子滩考古队：《山西吉县柿子滩旧石器时代遗址 S14 地点 2002～2005 年发掘简报》，《考古》2013 年第 2 期。

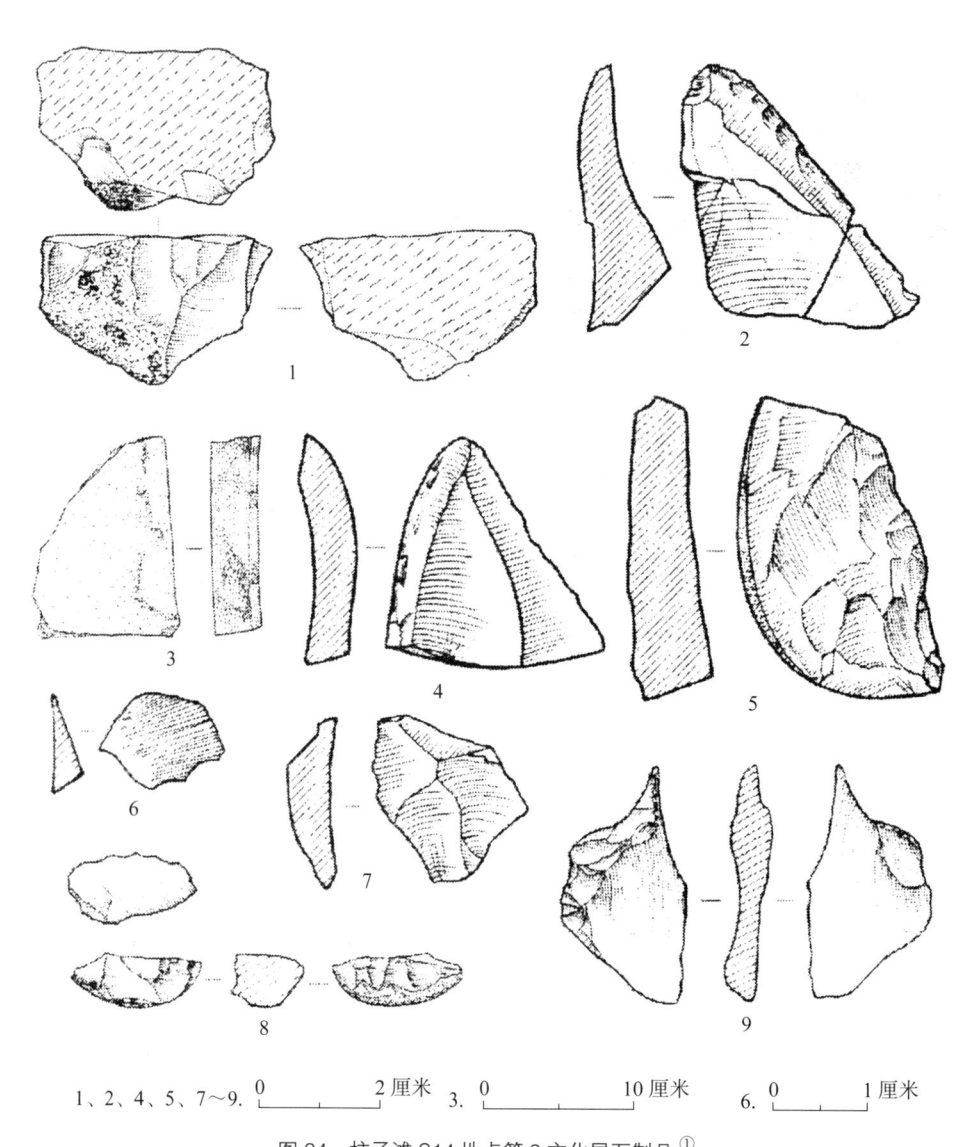

1、2、4、5、7～9. 0_____2厘米 3. 0_____10厘米 6. 0___1厘米

图 34　柿子滩 S14 地点第 3 文化层石制品[①]
1. 石核　2、4～5. 刮削器　3. 磨盘　6. 琢背小刀　7、9. 尖状器　8. 细石核

---

① 柿子滩考古队：《山西吉县柿子滩旧石器时代遗址 S14 地点 2002～2005 年发掘简报》，《考古》2013 年第 2 期。

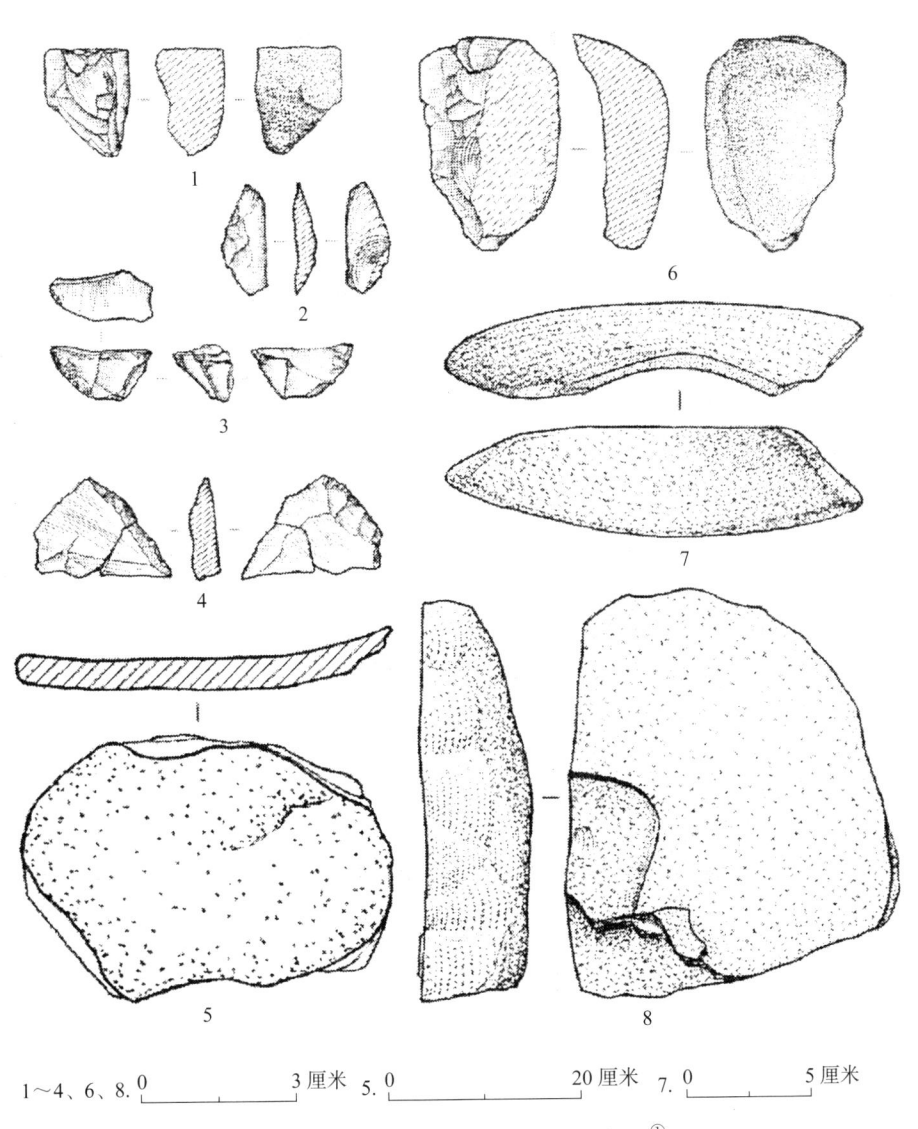

第四章　华北地区细石叶组合发展期（距今 23 000～17 100 年）　79

1～4、6、8.　0　　　3厘米　5.　0　　　20厘米　7.　0　　　5厘米

图 35　柿子滩 S14 地点第 4 文化层石制品[①]
1、3. 细石核　2. 端刮器　4. 尖状器　5、8. 磨盘　6. 刮削器　7. 砂岩石片

[①] 柿子滩考古队：《山西吉县柿子滩旧石器时代遗址 S14 地点 2002～2005 年发掘简报》，《考古》2013 年第 2 期。

第四节 二道梁遗址

二道梁遗址位于河北省阳原县大田洼乡岑家湾村西南约 1 900 米处，地理坐标：E114°39′09″、N40°13′28″，海拔 832 米。该遗址于 2002 年发现并发掘，揭露面积 31 平方米，出土石制品 1 915 件、骨锥 1 件以及哺乳动物化石 100 件。遗址埋藏于桑干河右岸第三级基座阶地上部，上覆黄土状堆积，文化层位于厚约 15～20 厘米的浅黄色粉砂层中，属水动力较弱的河流堆积。

石制品包括石核、石片、细石核、细石叶、工具及碎片—碎块等，原料多为采自附近阶地的砾石层或桑干河及洞沟河漫滩上的燧石。打片技术分为直接和间接两种，石核和石片全部使用锤击法，间接打片技术主要表现在船形细石核的制备和细石叶剥取上。遗址中发现的细石核全部为船形细石核，均为燧石质，共有 15 件，占石制品总量的 0.78%，其中有 6 件为拼合而成，为进一步认识船形细石核的工艺流程提供了重要证据。细石核以有节理的断块为毛坯，利用平坦节理面为台面，在较宽一侧进行剥片，台面基本不作修理。采用台面向两侧直接剥片的方式来预制核体，预制程序简单，核身大部分不作修理，利用毛坯符合船形细石核特点的自然形态，随形就势进行作业；也有少数标本对大部分核身进行修理，使片疤汇于底端而形成锐棱或小平面，进而达到船形细石核特征要求（图36）。与细石核共同出土的还有 125 件细石叶，完整与不完

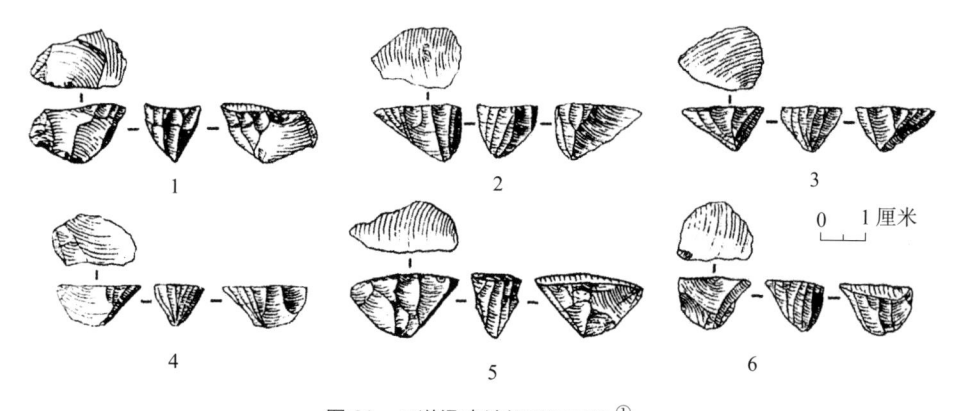

图36 二道梁遗址船形细石核[1]

---

[1] 李罡、任雪岩、李珺：《泥河湾盆地二道梁旧石器时代晚期遗址发掘简报》，《人类学学报》2016 年第 4 期。

第四章　华北地区细石叶组合发展期（距今 23 000～17 100 年）　　81

整者基本各占 50%。工具仅发现 13 件，占石制品总量的 0.67%，类型包括石锤、雕刻器、刮削器和琢背刀，以小型者为主。小型工具中以修边斜刃雕刻器为特色，且数量最多，共有 7 件，此类工具与其不远的油房遗址，特别是山西下川遗址中的大量同类标本极其相似，显示出某种亲缘关系。其次为刮削器 3 件以及 1 件琢背刀。所有这些小型类工具均以石片为毛坯，刃缘经过单侧正向加工而成（图 37）。

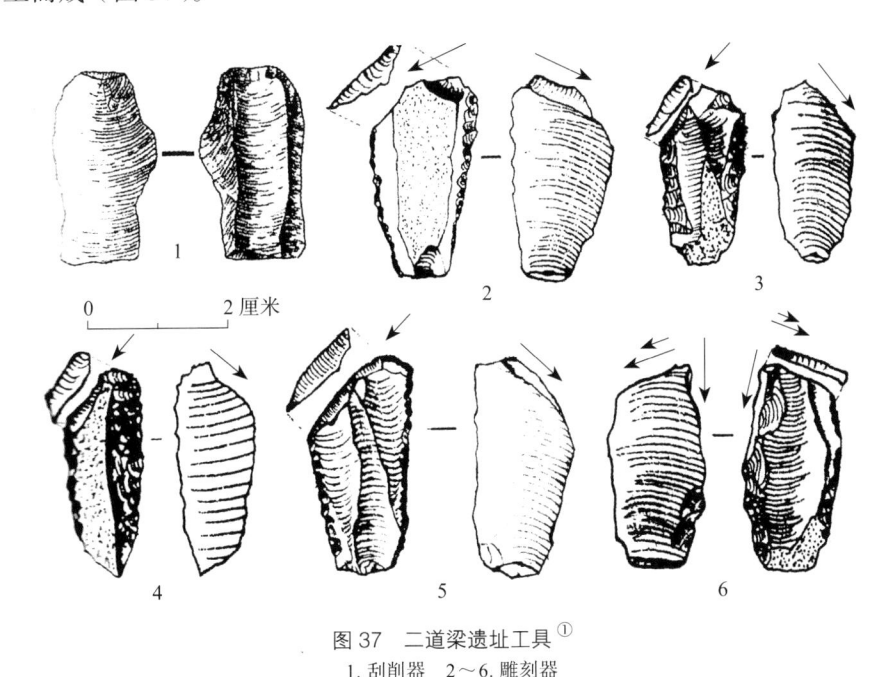

图 37　二道梁遗址工具[①]
1. 刮削器　2～6. 雕刻器

二道梁遗址出土了 1 件利用大型动物肋骨加工而成的骨锥。尖端磨损，凸起面有光泽，线状擦痕明显，布满纵向刮削条纹。从其形态及保留的痕迹分析，应经过劈料、刮削和磨制三道工序（图 38）。与骨锥共同出土的还有 100 件动物骨骼，甚为破碎，少数保存砍砸或刻划痕迹，可鉴定出来的种类有黄羊、鹿科和鸟类等。经对遗址内出土的动物骨骼进行碳十四年代测定，其绝对年代为距今 18 085±235 年，校正后的年代为距今 22 419～21 963 年。[②]

---

① 李罡、任雪岩、李珺：《泥河湾盆地二道梁旧石器时代晚期遗址发掘简报》，《人类学学报》2016 年第 4 期。
② 李罡、任雪岩、李珺：《泥河湾盆地二道梁旧石器时代晚期遗址发掘简报》，《人类学学报》2016 年第 4 期。

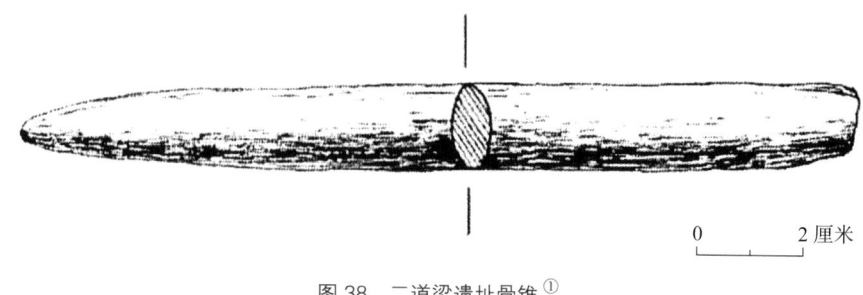

图38　二道梁遗址骨锥[1]

第五节　孟家泉遗址

孟家泉遗址位于河北省玉田县县城东约 3 公里的石庄村北 200 米处，西依荣辉河，地理坐标：E117°47′，N39°52′。该遗址于 1990 年正式发掘，发掘面积 151 平方米，出土石制品 2 万余件，除此之外还有骨制品、脊椎动物化石及 2 件晚期智人化石，文化遗物主要发现于灰绿色和棕红色砂土层中。[2]

孟家泉遗址出土的文化遗物主要是石制品，总计 2 万 3 千余件，包括石核、石片、细石核、细石叶、碎片—碎块及工具。它们各自所占的比例是，碎片—碎块为 64.7%，石片与细石叶占 17.8%，普通石核与细石核占 6.6%，工具占 10.9%。孟家泉的细石核和细石叶极少，仅见 1 件船形细石核，余者或不规整，或不能明确分类。船形细石核台面宽平，两侧各有少许修理疤，石核底端呈钝尖状，一侧保留着自然面，工作面位于石核两端，两个工作面各遗留 4～5 个细石叶疤。细石叶有长短两种，但未发现与较长的细石叶相对应的细石核。工具类型包括砍砸器、刮削器、端刮器、凹缺刮器、尖状器、琢背刀、石锥及锛状器等，石器以小型者为主，多以石片为毛坯，刃缘多单侧正向加工而成。尖状器亦是如此，未见以单面器或两面器类为毛坯者。工具中出现了锛状器，虽然数量不多，但在同期遗址中却不多见。这些锛状器都较为典型，器形呈梯形或三角形，三边加工，底端宽，顶端窄，腹面平坦，背部高耸，具有纵脊，有些标本的腹面经过磨光（图 39～45）。

---

[1] 李罡、任雪岩、李珺：《泥河湾盆地二道梁旧石器时代晚期遗址发掘简报》，《人类学学报》2016 年第 4 期。

[2] 河北省文物研究所、唐山市文物管理所、玉田县文保所：《河北玉田孟家泉旧石器遗址发掘简报》，《文物春秋》1991 年第 1 期。

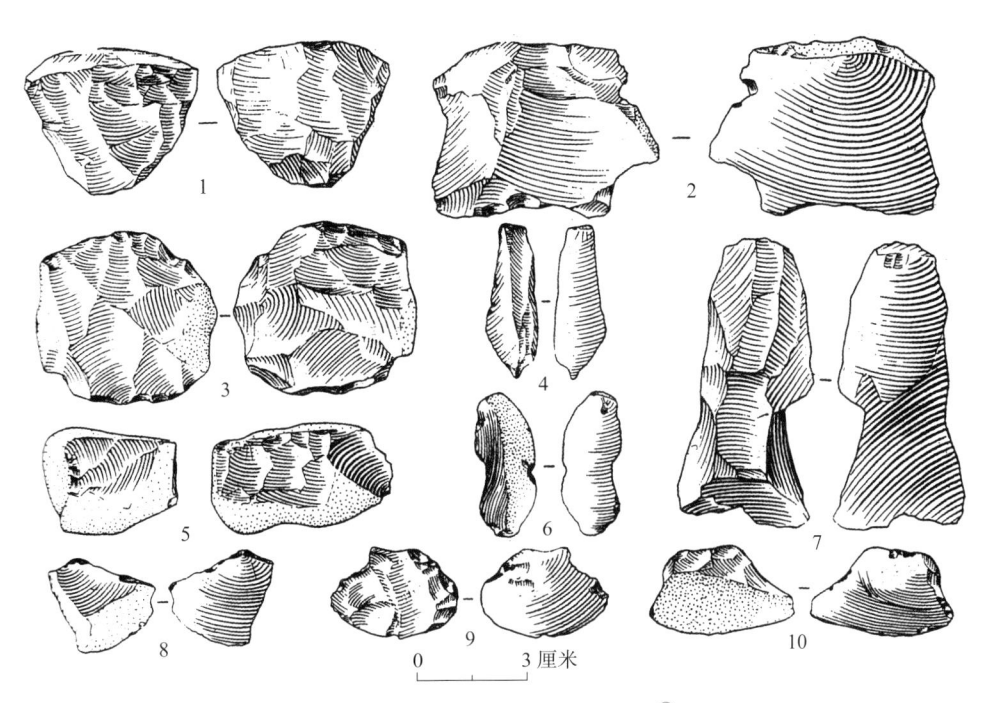

第四章　华北地区细石叶组合发展期（距今 23 000～17 100 年）　83

图 39　孟家泉遗址锤击石核与石片①
1、3、5. 石核　2、7～10. 石片　4、6. 石叶

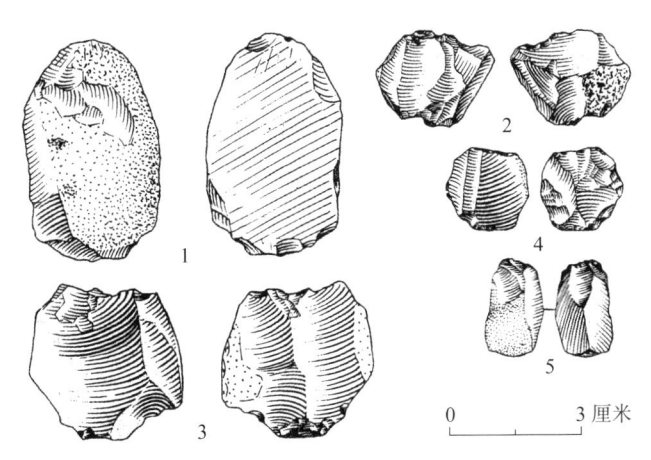

图 40　孟家泉遗址砸击石核与石片②
1～3. 砸击石核　4～5. 砸击石片

---

① 河北省文物研究所、唐山市文物管理所、玉田县文保所：《河北玉田孟家泉旧石器遗址发掘简报》，《文物春秋》1991 年第 1 期。
② 河北省文物研究所、唐山市文物管理所、玉田县文保所：《河北玉田孟家泉旧石器遗址发掘简报》，《文物春秋》1991 年第 1 期。

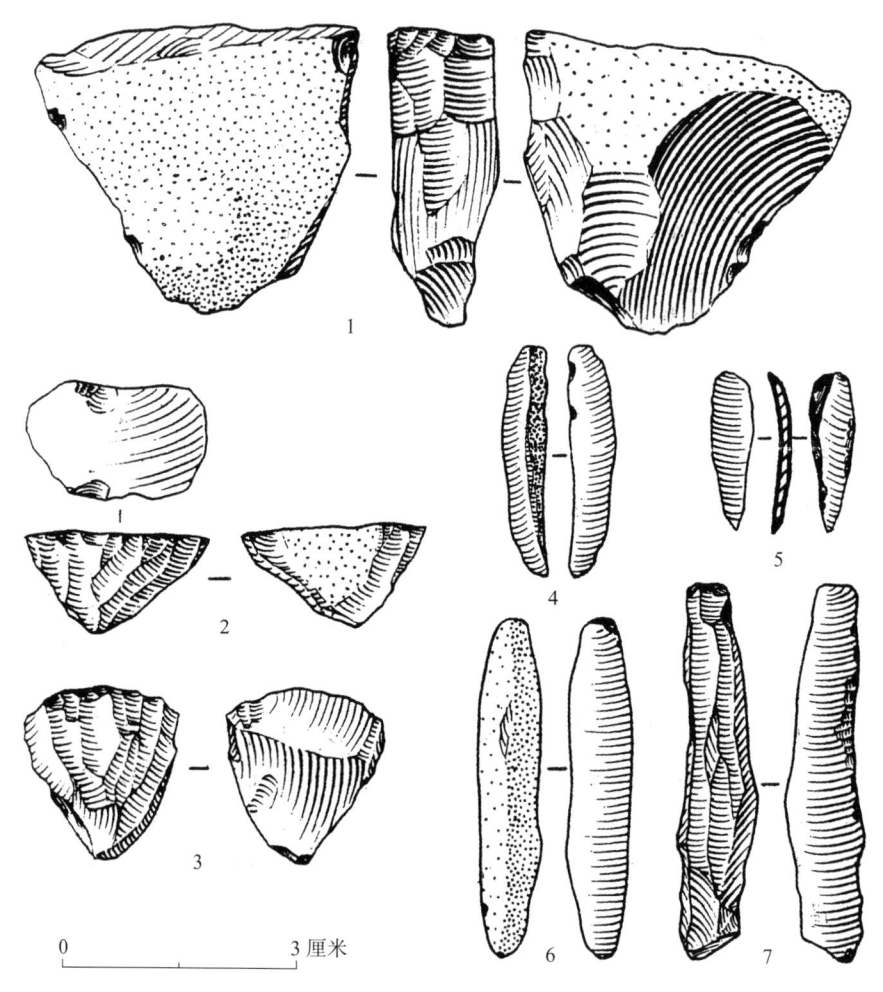

图 41　孟家泉遗址细石核与细石叶[①]
1～3. 细石核　4～7. 细石叶

---

① 河北省文物研究所、唐山市文物管理所、玉田县文保所:《河北玉田孟家泉旧石器遗址发掘简报》,《文物春秋》1991 年第 1 期。

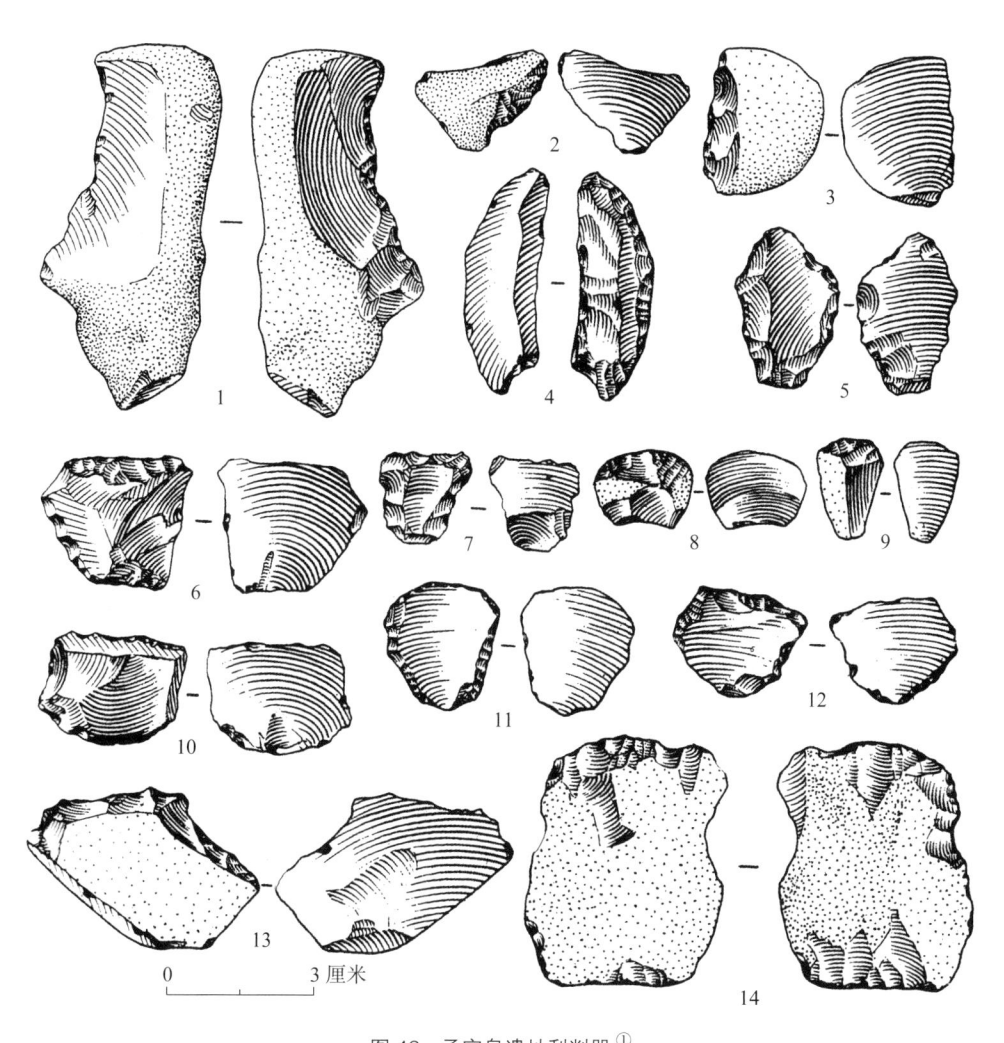

第四章　华北地区细石叶组合发展期（距今 23 000～17 100 年）　　85

图 42　孟家泉遗址刮削器[①]

---

① 河北省文物研究所、唐山市文物管理所、玉田县文保所：《河北玉田孟家泉旧石器遗址发掘简报》，《文物春秋》1991 年第 1 期。

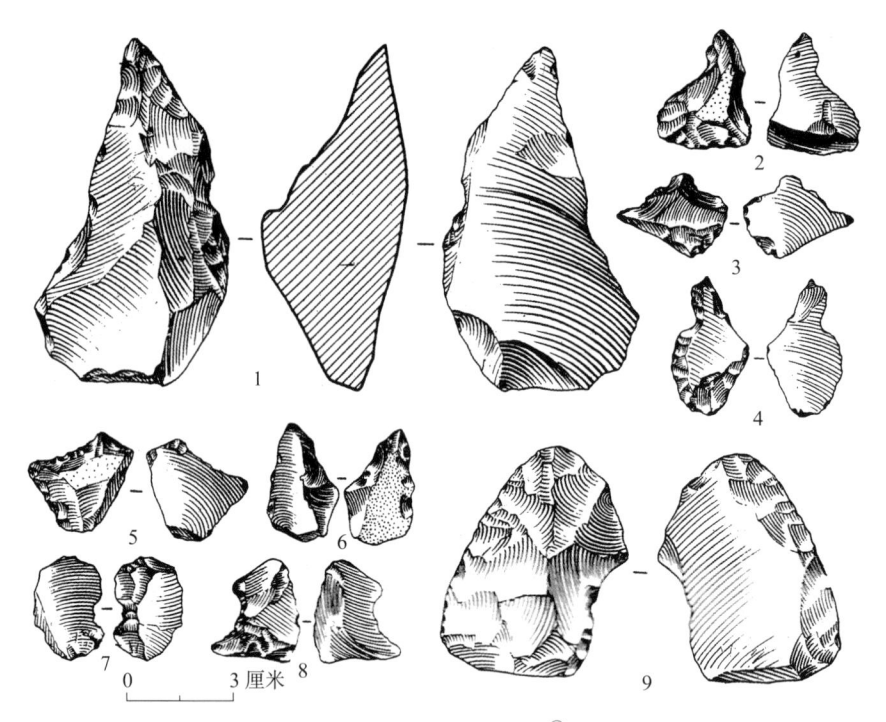

图43 孟家泉遗址工具[1]
1、5~6、9.尖状器 2.尖状器—刮削器 3~4.石锥 7~8.凹缺刮器

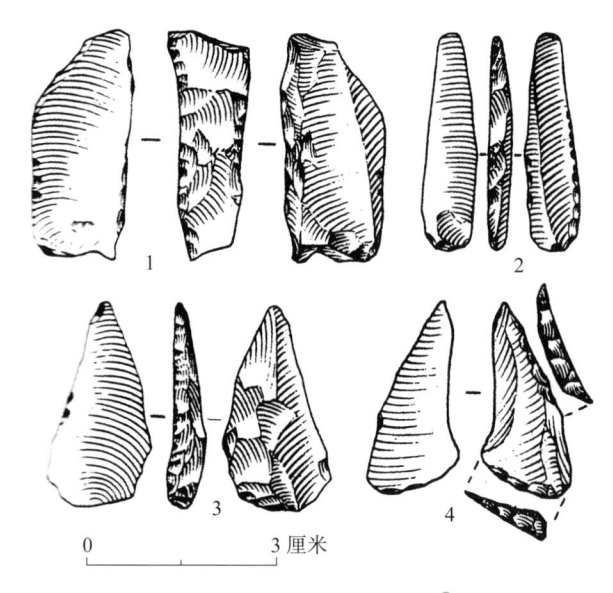

图44 孟家泉遗址啄背石刀[2]

---

[1] 河北省文物研究所、唐山市文物管理所、玉田县文保所:《河北玉田孟家泉旧石器遗址发掘简报》,《文物春秋》1991年第1期。
[2] 河北省文物研究所、唐山市文物管理所、玉田县文保所:《河北玉田孟家泉旧石器遗址发掘简报》,《文物春秋》1991年第1期。

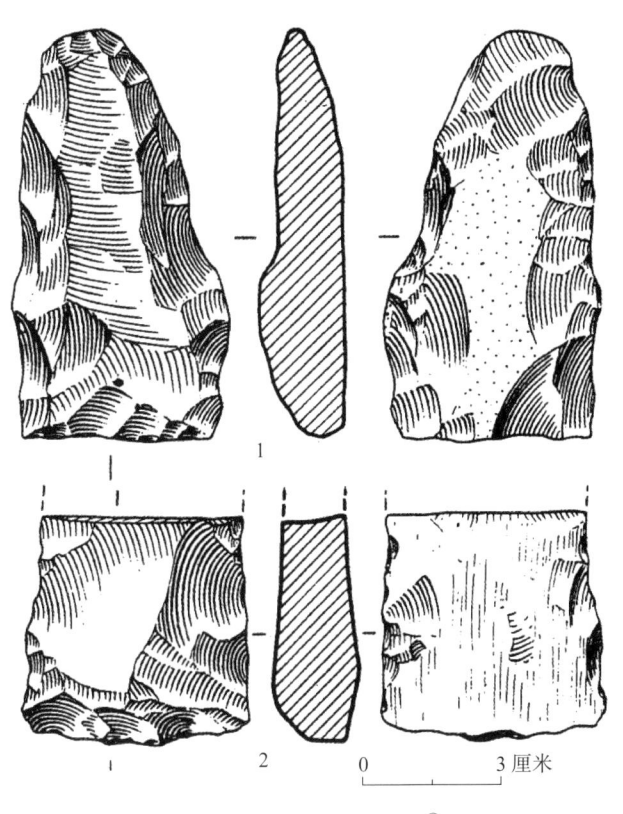

图 45　孟家泉遗址锛状器①

孟家泉遗址石制品最为鲜明的特征是，众多的小型打制石器与较少的细石器制品共存，小型打制石器品类齐全，而细石器制品比重小。经测定，孟家泉遗址的绝对年代为距今 21 865～20 575 年。②但也有学者指出，孟家泉遗址的石制品产自泉水周围的砂砾层，2 万余件石制品多被泉水冲磨、扰动，因此，难免有晚期遗物混入。③

---

① 河北省文物研究所、唐山市文物管理所、玉田县文保所：《河北玉田孟家泉旧石器遗址发掘简报》，《文物春秋》1991 年第 1 期。
② Yue Feng. Microblades in MIS2 Central China: cultural change and adaptive strategies. *PaleoAmerica*, 2020.
③ 谢飞：《河北旧石器时代晚期细石器遗存的分布及在华北马蹄形分布带中的位置》，《文物春秋》2000 年第 2 期。

第六节　淳泗涧遗址

淳泗涧遗址位于河北省昌黎县东北 2 公里处，距其东南的淳泗涧村约 0.5 公里，地理坐标：E119°10′，N39°44′，海拔 65 米。该遗址于 1991 年发掘，发掘面积 25 平方米，共发现 461 件石制品，没有发现动物化石。[①]461 件石制品均出土于棕黄色黏土层中，包括石核、细石核、石片、细石叶、工具和碎屑—断块等，以碎屑—断块最多，占石制品总量的 53.5%；工具数量比较少，仅 17 件，占石制品总量的 3.7%，包括刮削器、尖状器、琢背刀、凹缺刮器及雕刻器等类型（表 25）。遗址中共出土了 11 件细石核，均为船形，几乎都是燧石质。这些船形细石核核身小而低矮，底缘多选择锐棱而不加修整。多数台面由剥片面相对端纵向一击而成，沿较宽的一端剥离细石叶。台面预制好后，再

表 25　淳泗涧遗址石制品一览表

种　　类		数　　量		百分比（%）	
石核	普通石核	1		0.2	
^	细石核	11		2.4	
石片		110		23.9	
细石叶		75		16.3	
工具	刮削器	6	17	35.25	3.7
^	尖状器	1	^	5.9	^
^	琢背刀	2	^	11.8	^
^	凹缺刮器	6	^	35.25	^
^	雕刻器	2	^	11.8	^
碎片—碎块		247		53.5	
合计		461		100	

---

① 河北省文物研究所、秦皇岛市文物管理处、昌黎县文物保管所：《河北昌黎淳泗涧细石器地点》，《文物春秋》1992 年增刊。

沿台面两侧向底缘修理核身。与细石核共出的还有75件细石叶，完整者有31件，几乎占了细石叶总量的一半；在10件细石叶上发现有使用痕迹（图25）。工具全部为小型者，以刮削器、凹缺刮器数量最多，共12件，占工具总量的70.5%。工具基本以石片为毛坯，没有利用单面器或两面器为毛坯的，刃缘大都通过单向修理而成。整体来看，渟泗涧遗址中的工具，类型不多，加工方式也略显初级（图46~48）。

关于该遗址的年代，目前没有绝对年代数据，但多数学者倾向于认为该遗址与孟家泉遗址的时代相当。[①]

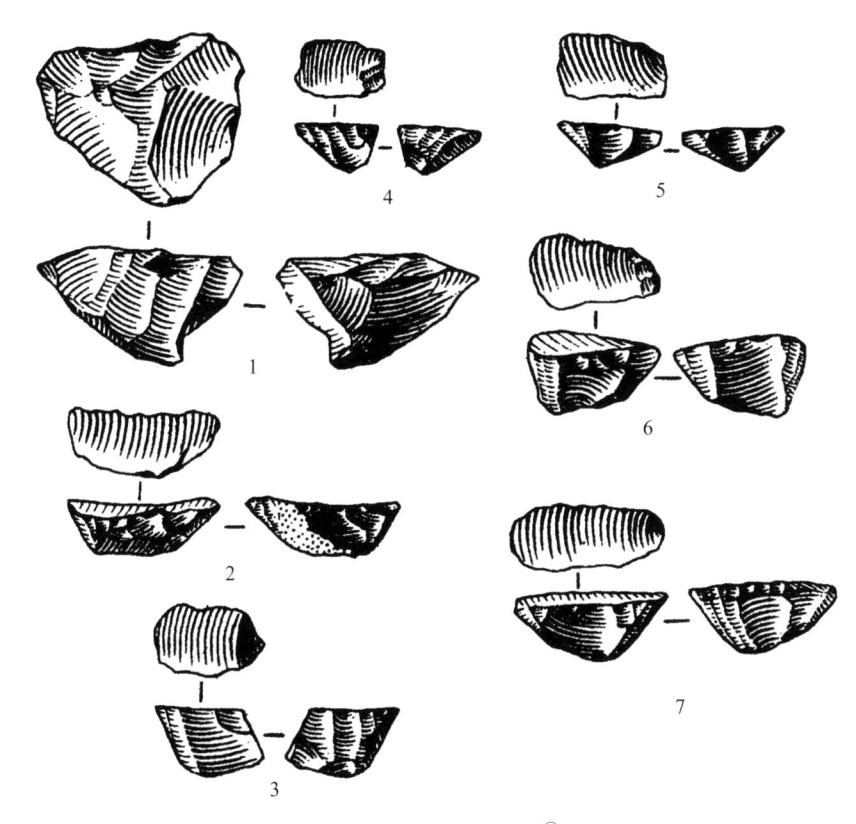

图46 渟泗涧遗址石核[②]
1. 双台面石核　2~7. 船形细石核

[①] Yue Feng. Microblades in MIS2 Central China: cultural change and adaptive strategies. *PaleoAmerica*, 2020.
[②] 河北省文物研究所、秦皇岛市文物管理处、昌黎县文物保管所：《河北昌黎渟泗涧细石器地点》，《文物春秋》1992年增刊。

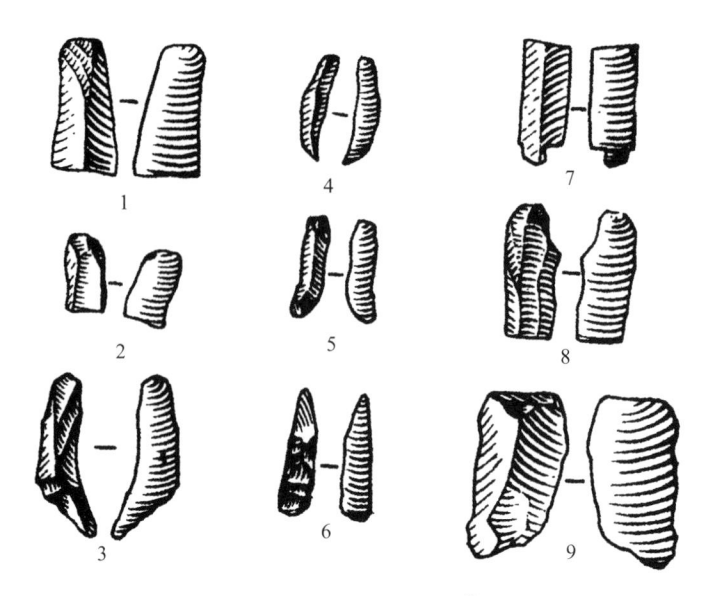

图 47 淳泗涧遗址石片[1]
1～8. 细石叶　9. 长型石片

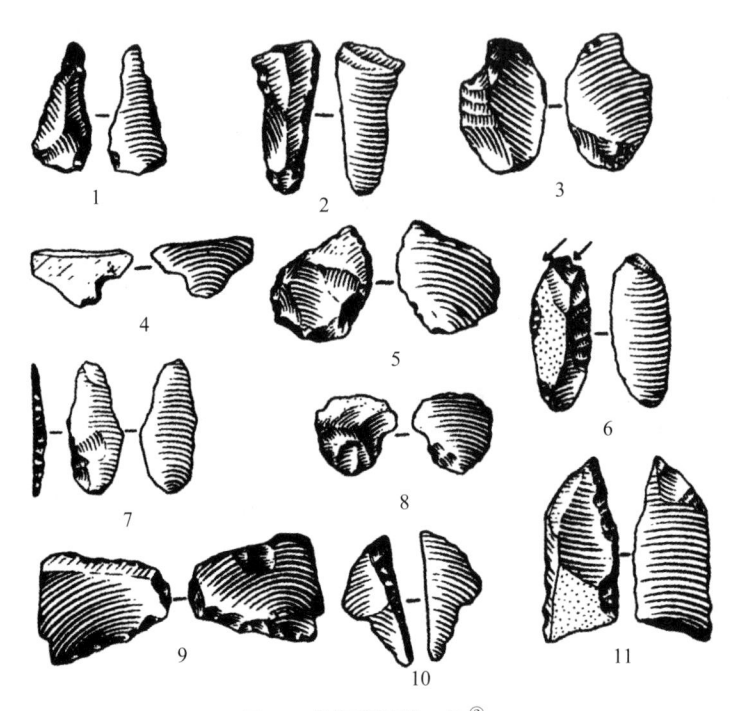

图 48 淳泗涧遗址工具[2]
1～2. 双边刃刮削器　3～4、8. 凹缺刮削器　5. 尖状器　6. 雕刻器　7. 啄背小刀　9. 双端刃刮削器　10～11. 单边刃刮削器

---

[1] 河北省文物研究所、秦皇岛市文物管理处、昌黎县文物保管所:《河北昌黎淳泗涧细石器地点》,《文物春秋》1992年增刊。
[2] 河北省文物研究所、秦皇岛市文物管理处、昌黎县文物保管所:《河北昌黎淳泗涧细石器地点》,《文物春秋》1992年增刊。

第七节 东灰山遗址

东灰山遗址位于河北省唐山市滦州东北 9 公里的泡石淀乡东灰山村，南距滦河约 500 米，地理坐标：E118°49′，N39°48′。该遗址于 1986 年进行试掘，文化遗物主要出自滦河二级阶地的灰白色砂层堆积中，有石制品和哺乳动物及软体动物化石。[①]

东灰山遗址共发现石制品 182 件（表 26），原料以各种颜色的燧石为主，石灰岩次之，还有少量的石英岩和火山岩。普通石核中有 2 件呈柱状者，均为单一台面，台面不做修理，剥片面上遗留有比较修齐窄长的石片疤，与石叶石核非常相似（图 49）。石片类中的有些长型石片可归入石叶类中（图 50）。该遗址共发现 3 件细石核，均为燧石质船形细石核。这些细石核整体低矮、细

表 26 东灰山遗址石制品一览表

种 类		数 量		百分比（%）	
石核	普通石核	11		6	
	细石核	3		1.7	
石片（含石叶）		67		36.8	
细石叶		10		5.5	
工具	刮削器	4	10	40	5.5
	端刮器	4		40	
	尖状器	1		10	
	雕刻器	1		10	
碎片—碎块		81		44.5	
合计		182		100	

[①] 河北省文物研究所：《燕山南麓发现细石器遗址》，《考古》1989 年第 11 期。

小，横断面呈三角形，以石片或石块为毛坯，利用石片的劈裂面或石块平坦的节理面为台面，台面基本不做修理，核身有少量从台面向底缘的修理痕迹（图51）。与细石核共同出土的还有10件细石叶，均为燧石质（图52）。工具数量不多，仅10件，均为小型类工具，都以石片为毛坯，刃缘多经正向单侧修理而成，无采用单面器或两面器为毛坯的工具（图53）。

从以上石制品的整体风格来看，东灰山遗址的时代应与孟家泉遗址、淳泗涧遗址相近。

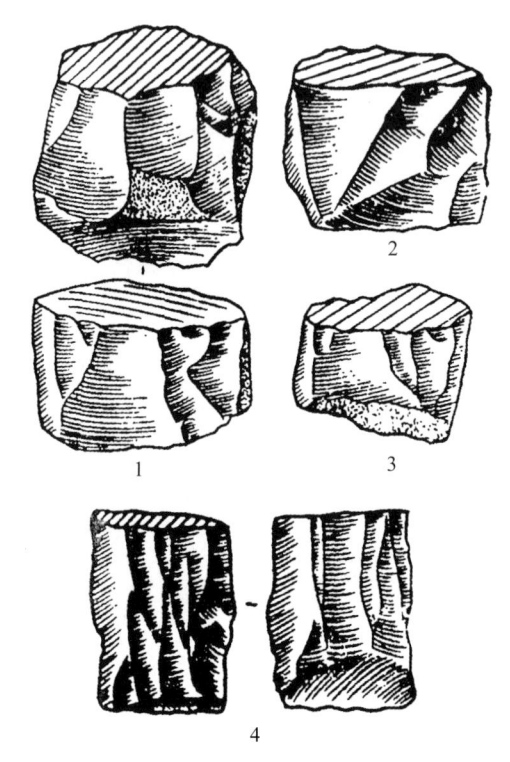

图49　东灰山遗址石核[①]
1. 多台面石核　2~3. 单台面石核　4. 柱状石核

---

① 河北省文物研究所：《燕山南麓发现细石器遗址》，《考古》1989年第11期。

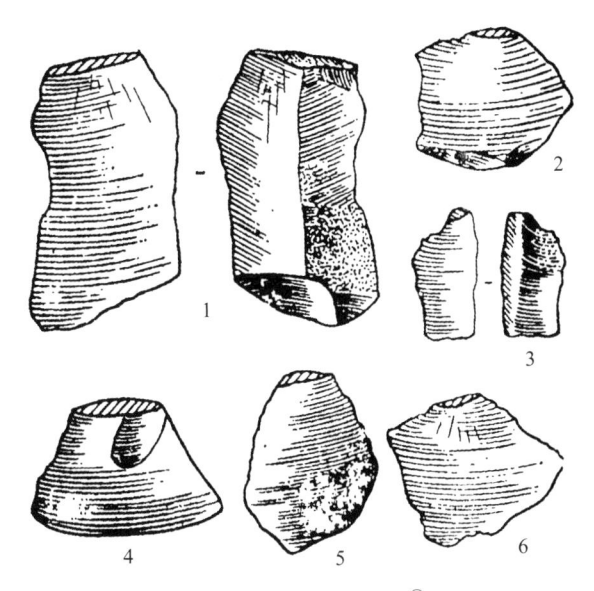

第四章　华北地区细石叶组合发展期（距今 23 000～17 100 年）　93

图 50　东灰山遗址石片[1]
1、3、5. 长石片　2、4、6. 宽石片

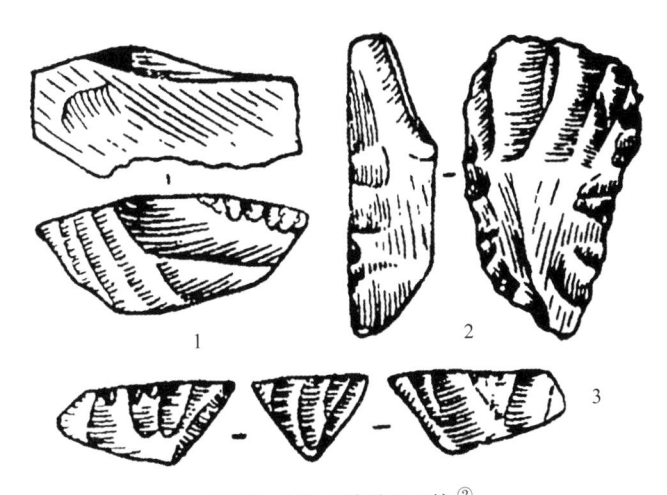

图 51　东灰山遗址细石核[2]

---

[1] 河北省文物研究所：《燕山南麓发现细石器遗址》，《考古》1989 年第 11 期。
[2] 河北省文物研究所：《燕山南麓发现细石器遗址》，《考古》1989 年第 11 期。

94　华北地区细石叶组合演变研究

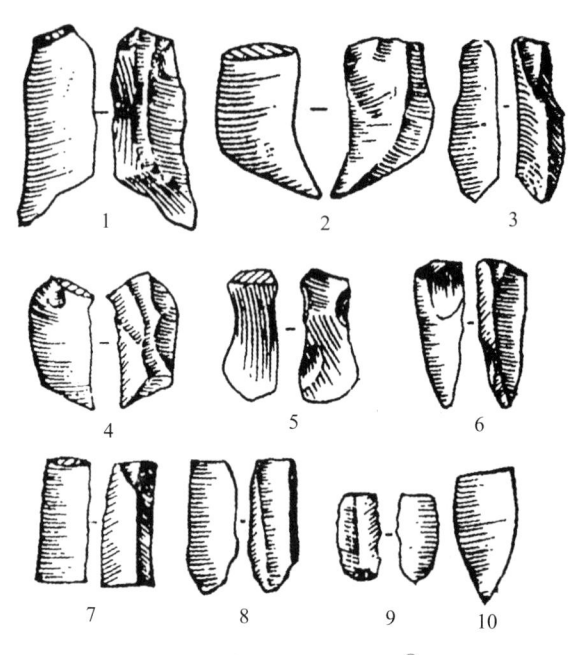

图 52　东灰山遗址细石叶[①]

图 53　东灰山遗址工具[②]
1.凹刃刮削器　2～3.凸刃刮削器　4～5.圆刃刮削器　6.尖状器　7.雕刻器　8.凹刃刮削器

[①] 河北省文物研究所：《燕山南麓发现细石器遗址》，《考古》1989 年第 11 期。
[②] 河北省文物研究所：《燕山南麓发现细石器遗址》，《考古》1989 年第 11 期。

第五章
华北地区细石叶组合碰撞期
（距今 17 100～12 900 年）

第一节　虎头梁遗址群

虎头梁遗址群最初是指 1972～1974 年间，中国科学院古脊椎动物与古人类研究所在河北省张家口地区阳原县虎头梁村附近发掘的 9 个遗址。这些遗址以虎头梁村为中心，均位于桑干河的左岸，距北京市直线距离约 80 公里。[①]

在这 9 个遗址中出土了大量石制品以及十几件装饰品（包括穿孔的贝壳、鸵鸟蛋皮和鸟的管状骨制成的扁珠以及钻孔石珠等）等文化遗存。除此之外，还发现了一处未经扰动的生活面遗迹，其中包括三个较大的炉灶坑。文化遗存中最引人注目的是富有特色的石制品，因为其中包括了大量的细石核，这些细石核几乎全部为楔形，包含了各种亚类型以及细石核预制、剥片、废弃等各个阶段的标本，完美呈现了楔形细石核演变的过程。[②] 楔形细石核中有一类以单面器或两面器为毛坯，台面修理成刃状的最富有特色，此类石核兼具细石核与工具的双重功能，在剥片效率上似乎也高于其他类楔形细石核（图 54、55）。[③]工具中除细石器遗址中经常出现的端刮器等典型器物外，还存在一定数量的利用单面器或两面器制成的工具。这些工具有尖状器、半月形刮削器、石镞等，有的还呈手斧形状（图 56、57）。除此之外，还存在一定数量的锛状器，这些器物酷似新石器时代的石锛，仅是尺寸有些稍小，打制而成，局部进行了修理（图 58～60）。[④]

[①] 盖培、卫奇：《虎头梁旧石器时代晚期遗址的发现》，《古脊椎动物与古人类》1977 年第 4 期。
[②] 朱之勇、高星：《虎头梁遗址楔型细石核研究》，《人类学学报》2006 年第 2 期。
[③] 朱之勇、高星：《虎头梁遗址中的细石器技术》，《人类学学报》2007 年第 4 期。
[④] 朱之勇：《虎头梁遗址中的锛状器》，《北方文物》2008 年第 2 期。

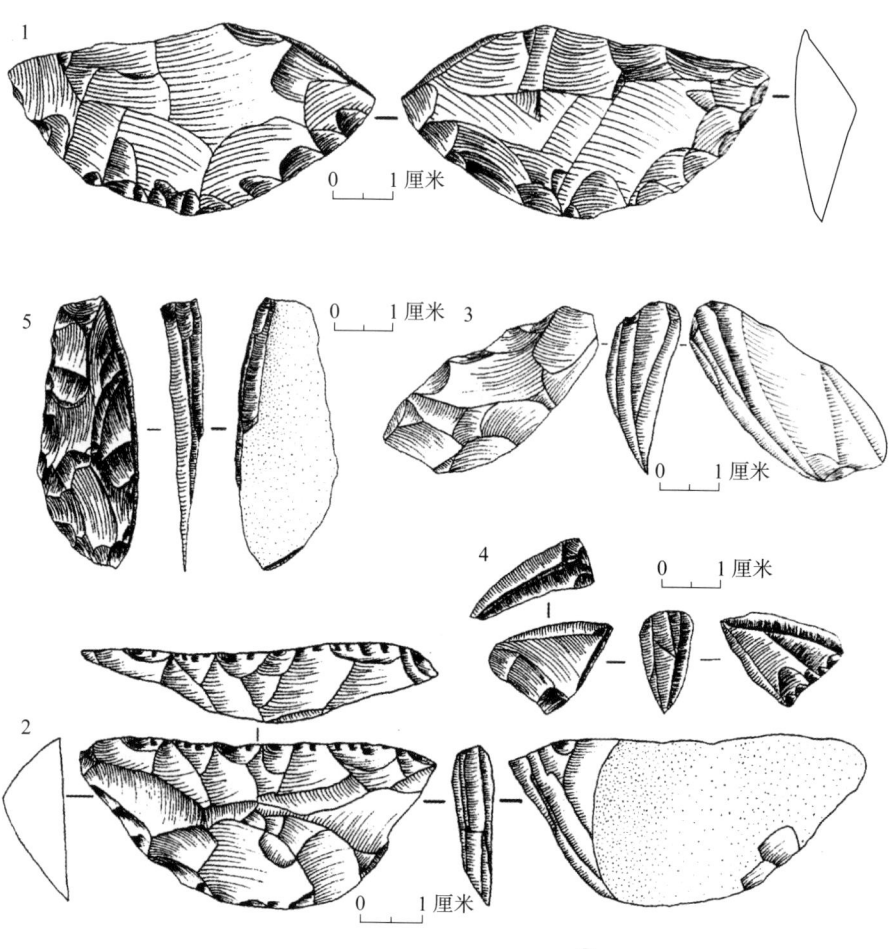

图 54　虎头梁遗址楔形细石核[①]

---

① 朱之勇、高星:《虎头梁遗址楔型细石核研究》,《人类学学报》2006 年第 2 期。

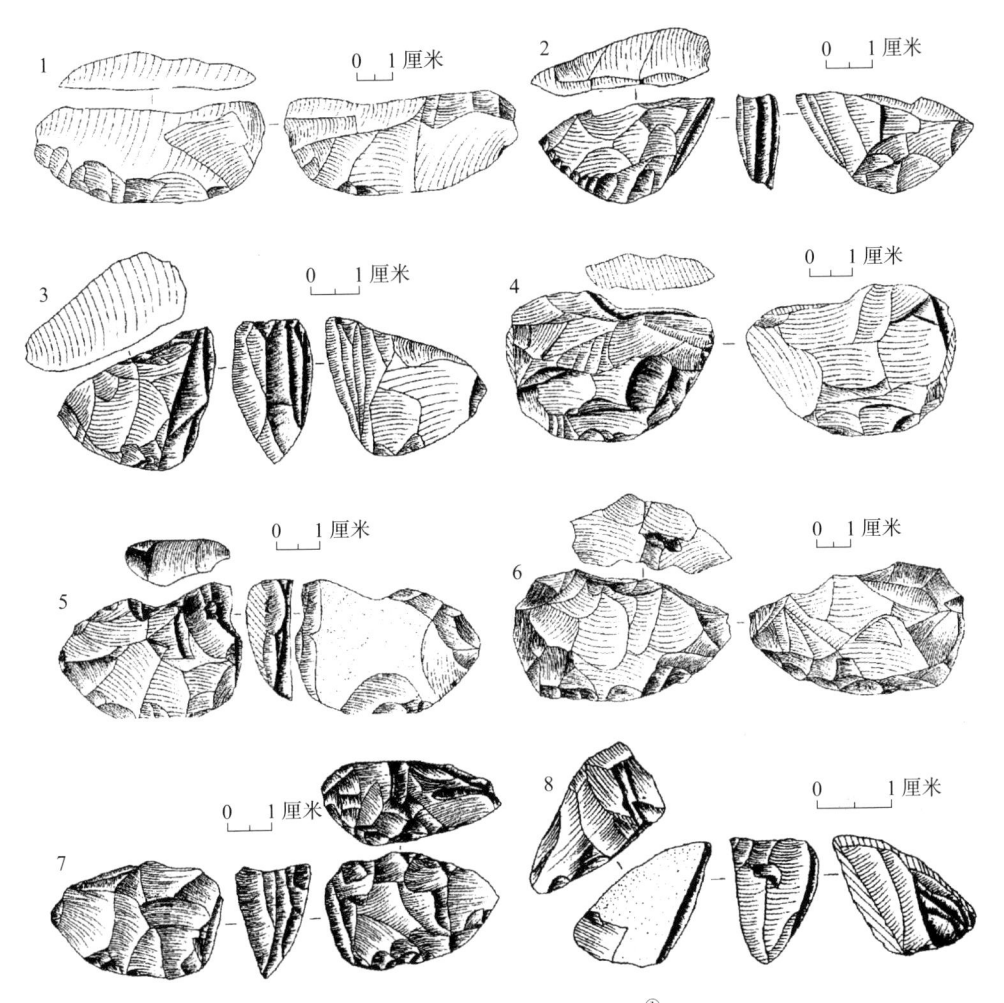

第五章　华北地区细石叶组合碰撞期（距今 17 100～12 900 年）　97

图 55　虎头梁遗址楔形细石核[①]

---

① 朱之勇、高星:《虎头梁遗址楔型细石核研究》,《人类学学报》2006 年第 2 期。

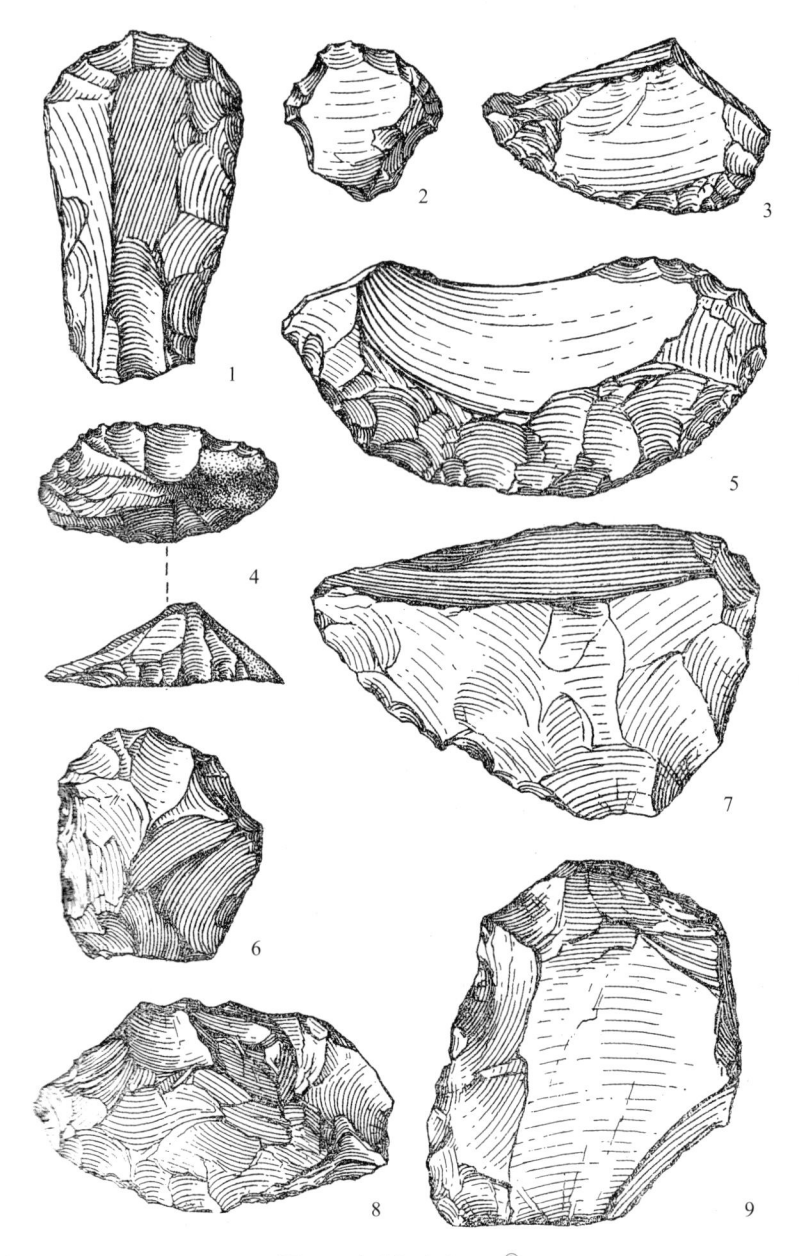

图 56 虎头梁遗址工具[①]
1. 长型圆头刮削器 2、6. 短型圆头刮削器 3、5、7. 半月形刮削器 8. 小型砍砸器 9. 大型砍砸器

[①] 盖培、卫奇：《虎头梁旧石器时代晚期遗址的发现》，《古脊椎动物与古人类》1977 年第 4 期。

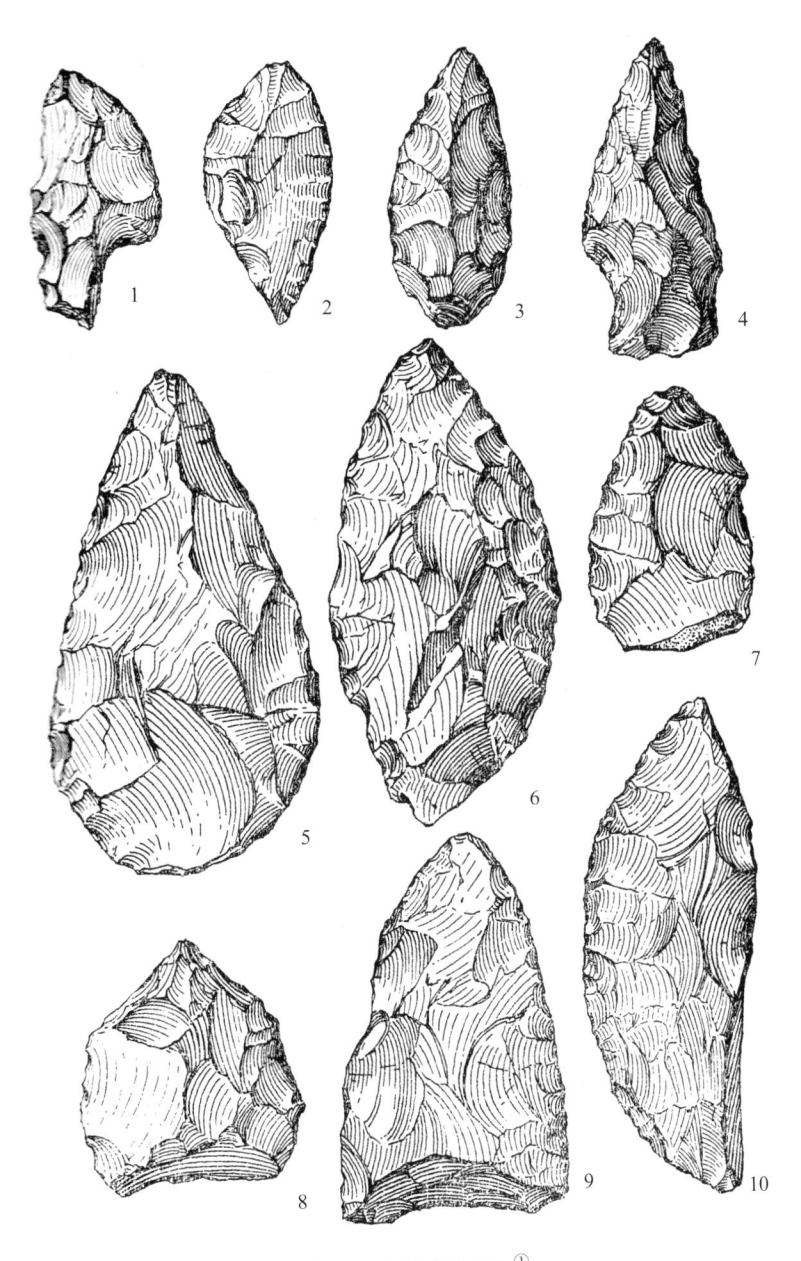

第五章　华北地区细石叶组合碰撞期（距今 17 100～12 900 年）　99

图 57　虎头梁遗址工具①

1、4. 单肩头尖状器　2. 尖状器，底端采用横截打法　3、5、7. 尖状器，底端圆钝　6、10. 尖状器，底端尖
8. 尖状器，底端平　9. 尖状器，底端凹入

① 盖培、卫奇：《虎头梁旧石器时代晚期遗址的发现》，《古脊椎动物与古人类》1977 年第 4 期。

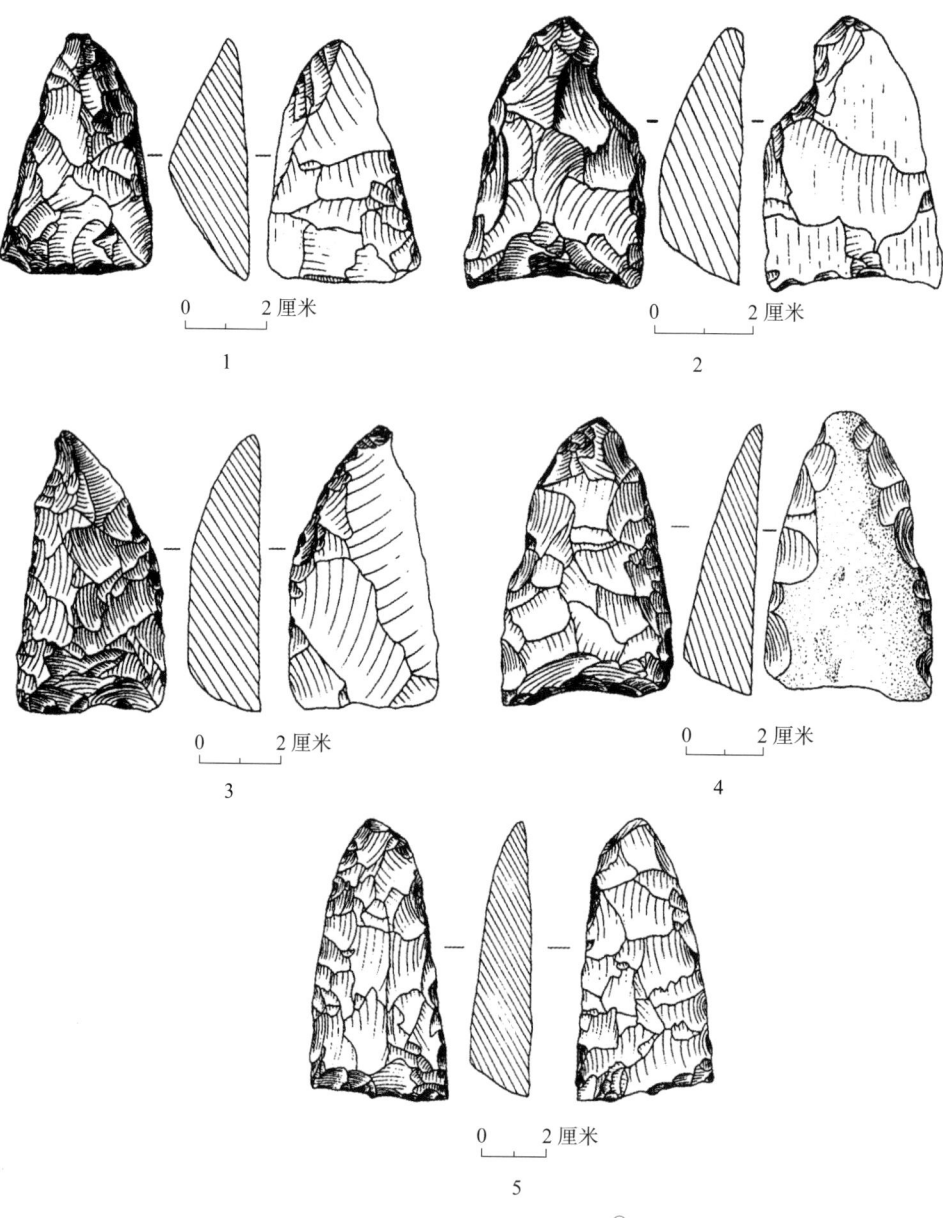

图 58　虎头梁遗址三角形锛状器[1]

---

① 朱之勇:《虎头梁遗址中的锛状器》,《北方文物》2008 年第 2 期。

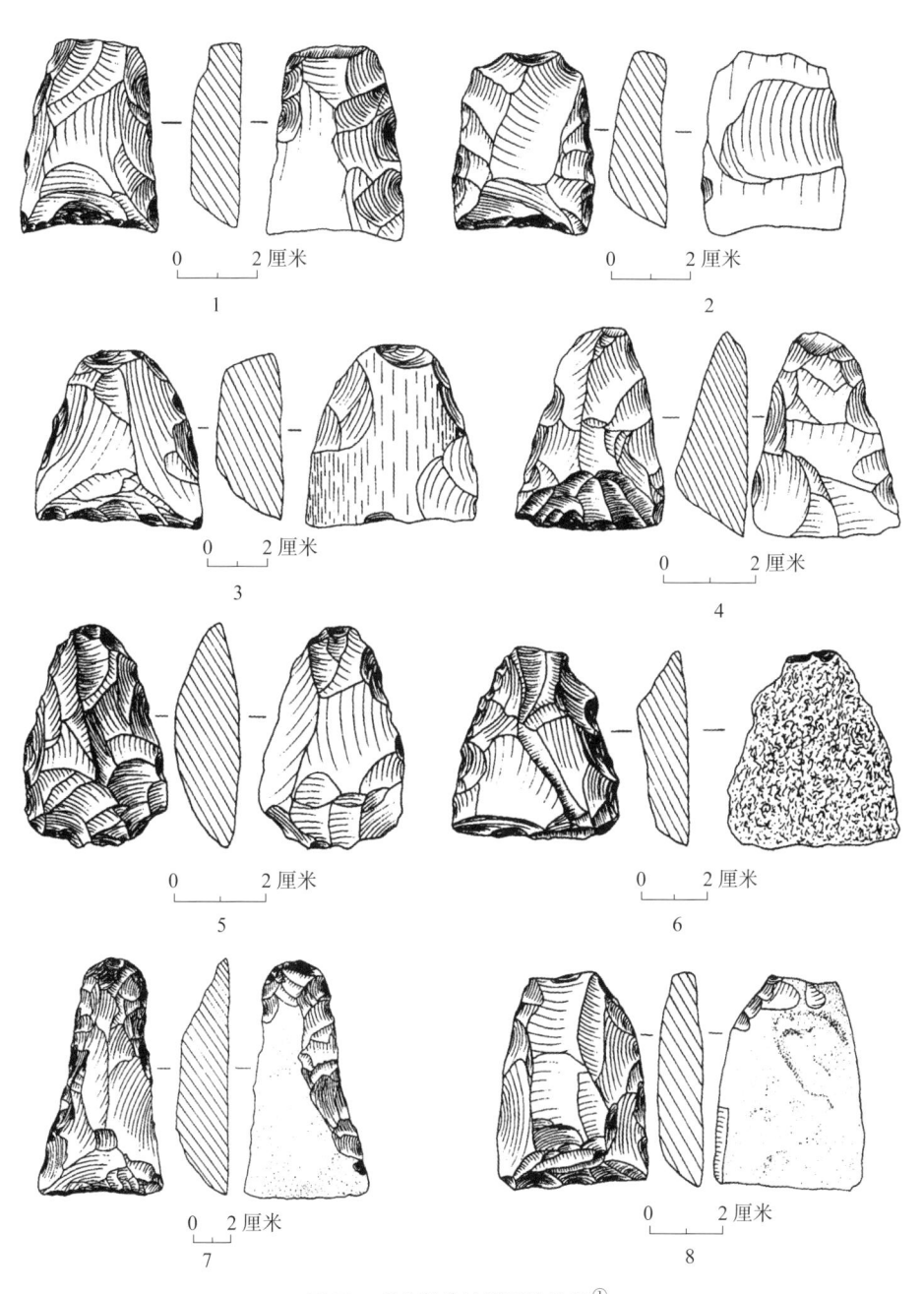

第五章　华北地区细石叶组合碰撞期（距今 17 100～12 900 年）

图 59　虎头梁遗址梯形锛状器[1]

---

[1] 朱之勇：《虎头梁遗址中的锛状器》，《北方文物》2008 年第 2 期。

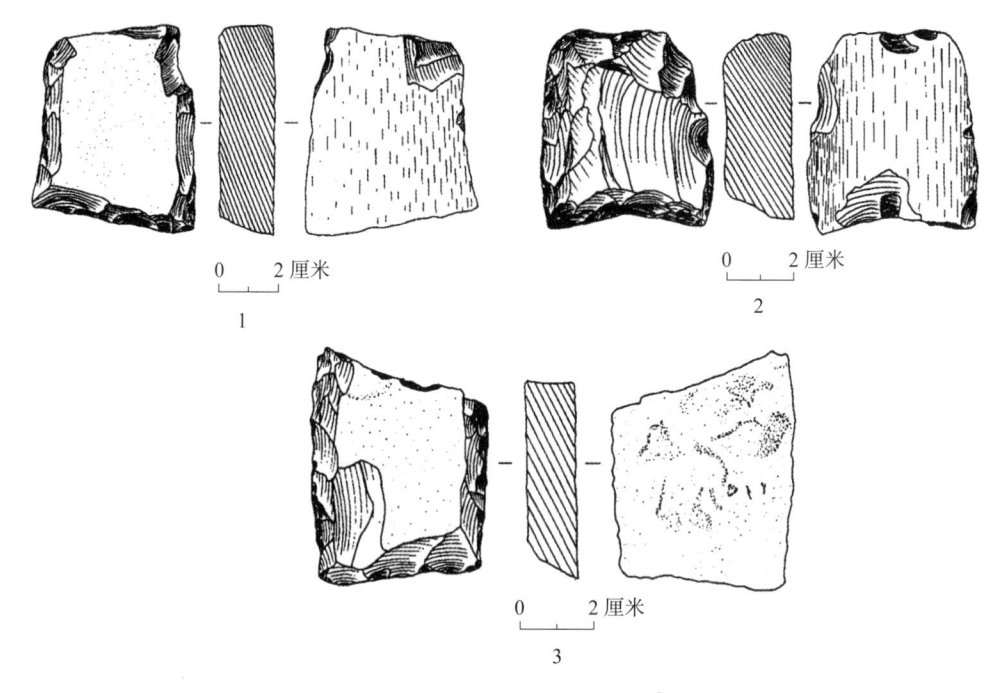

图60　虎头梁遗址长方形锛状器①

虎头梁遗址群最早公布的来自9个遗址的材料，虽然出自不同的遗址和文化层位，所公布的材料不代表某一个遗址或某个层位的文化内涵。但这一区域内以复杂多变、富有特色的楔形细石核工艺技术为代表，以单面器或两面器为毛坯制造工具，具有初期磨制特征的锛状器等内涵的文化，一经公布，即引起了学术界的关注。这是一处与以往发现不同的细石器遗存，它的时代正处于旧、新石器时代的过渡时期。从目前的测年结果来看，它的时代在距今17 000～14 000年。②类似的遗址在泥河湾盆地中部分布地域较广，西起井儿沟乡八马坊村，东北至东城镇和东六马坊一带，南部包括马圈堡乡籍箕滩遗址群和浮图讲乡槽村、平顶村一带，甚至在更南部山区的新庙庄附近也发现有其文化因素。其集中范围以西水地村为中心，以桑干河为轴线，东西约10公里，南北近8公里，但它的实际影响范围更要远大于此。③

---

① 朱之勇：《虎头梁遗址中的锛状器》，《北方文物》2008年第2期。
② 王晓敏：《泥河湾盆地晚更新世末至全新世初古人类的生存策略：于家沟遗址的动物考古学研究》，中国科学院大学博士论文，2017年。
③ 谢飞：《泥河湾盆地旧石器文化研究新进展》，《人类学学报》1991年第4期。

为进一步探明虎头梁文化的诸多细节，学术界长期、持续地进行了一系列调查、发掘工作，其中以籍箕滩遗址、马鞍山遗址及于家沟遗址的工作最为显著。通过对这些遗址的发掘，大致清楚了虎头梁文化的具体内涵和发展脉络，其中籍箕滩遗址、马鞍山遗址中发现的文化遗存与20世纪70年代公布的材料基本相同，时代也在距今17 000～14 000年。于家沟遗址中含虎头梁文化特征的文化层中发现有陶片、磨制石器、骨器等，其时代已从距今14 000年延续至距今9 000左右。在此阶段，着重介绍籍箕滩和马鞍山两处遗址，于家沟遗址放入下一阶段中重点介绍。

第二节　籍箕滩遗址

籍箕滩遗址位于河北省阳原县马圈堡乡籍箕滩村北约100米处，地处泥河湾盆地中部，桑干河南岸。遗址西距阳原县城约23公里，东北距虎头梁村约7.5公里，地理坐标：E114°26′，N40°06′，海拔860～870米。该遗址发现于1986年，1987～1989年河北省文物研究所分三期对该遗址进行发掘。共发现3个文化层，文化遗物几乎全部为石制品，没有发现打制或磨制的骨器，仅有一件羚羊角的一侧被磨平，平面上磨痕清晰，应是人工所为，但其用途无法判定。文化层中出土的石制品风格基本一致，只是下层石料的角岩成分明显增多，锛状器仅见于该层。除此之外还有一定数量的动物骨骼出土，均较破碎，有的被火烧过，伴随出土的还有大量木炭。动物骨骼上常见人工砍砸、刻划或动物啃咬的痕迹，应与人类活动有关。籍箕滩遗址出土了上万件石制品，以断块和碎片占绝大部分。石制品原料以色彩斑斓、质地优良的石英岩为主体，黑色角岩次之，还有极少量的燧石和玛瑙。发掘者拣选了其中2 304件典型标本进行了简要报道（表27）。[1]

遗址中共出土了121件细石核，除4件不规则形外，其余皆为楔形细石核，共有117件。这些细石核充分体现了虎头梁遗址群中细石核的风格，即细石核类型较为单纯，基本都是楔形细石核。这些楔形细石核中，石核预制品占一定比例，从保存下的处于剥片过程中各阶段以及被废弃的石核观察，基本可

---

[1] 河北省文物研究所：《籍箕滩旧石器时代晚期细石器遗址》，《文物春秋》1993年第2期。

表 27 籍箕滩遗址部分石制品分类统计表

类型\文化层	石核 锤击石核	石核 砸击石核	石核 细石核	石片 锤击石片 宽型	石片 锤击石片 长型	石片 细石叶	石片 削片	石片 残片	工具 砍砸器	工具 刮削器	工具 端刮器	工具 尖状器	工具 雕刻器	工具 石锥	工具 石镞	工具 石矛	工具 锛状器	工具 凹缺刮器	合计
上层	11	0	16	45	74	129	28	108	0	16	0	2	0	0	0	0	1	0	65	495
中层	15	0	21	47	90	195	6	118	0	26	1	0	0	1	0	0	0	65	585
下层	77	6	84	187	264	128	17	242	1	61	13	9	7	1	2	1	7	21	98	1 224
合计	103	6	121	279	428	452	51	468	1	103	14	11	7	2	1	8	21	228	2 304

以复原石核剥片的整个过程。根据台面性质可分为甲、乙两大类，甲类有 13 件，占全部楔形细石核的 11%，其最大特点是将基础台面修理成刃状。乙类有 104 件，占全部楔形细石核总量的 89%，其特点是基础台面为平面，此平坦的台面有多种生成方式，根据不同的生成方式又可将乙类楔形细石核分成宽型、窄型和矮型等若干个亚类型；在甲、乙两类中都存在一定比例的利用单面器或两面器为毛坯的类型，这些特征与虎头梁遗址群中的楔形细石核完全一致。[①]籍箕滩遗址中的石片可分为长型和宽型两类，以长型者占多数。石片中存在少量窄而长，且较规整的石叶。工具组合中以凹缺刮器、刮削器类数量最多，占工具总量的 87.1%。除此之外，还包括砍砸器、尖状器、雕刻器、石矛头、石锥和石镞等。工具组合及特征与 20 世纪 70 年代虎头梁遗址群中的发现极其相似，刮削器中的典型代表——端刮器，多是以石片为毛坯，刃缘多正向加工而成，形制规整，酷似拇指盖形状。石矛头主要以剖面呈 D 形的单面器为毛坯加工而成。此类工具器形规整，轮廓呈梭形或叶形，由平坦的腹面向背面修出中脊，修理细致，背面布满细长条形疤痕，其底端多经有目的地加工去薄，刃缘锋利，体现了石质工具较高的加工水平。在工具组合中还包括 21 件锛状器，其形制、大小及加工方法与虎头梁遗址群中发现的同类标本基本一致，有些标本上似存在磨制痕迹（图 61～68）。

[①] 朱之勇、高星：《虎头梁遗址楔型细石核研究》，《人类学学报》2006 年第 2 期。

从细石核特点、工具的组合及特色等内容来看，籍箕滩遗址中石制品的风格面貌与虎头梁遗址群完全一致，因此原研究者认为，两者应是同一时期分布在桑干河两岸的姊妹文化。2017年，中国科学院古脊椎动物与古人类研究所、中国社会科学院考古所、河北省文物研究所及阳原县文管所组成联合工作队对籍箕滩遗址地区进行了系统调查，对现存的两处有文化遗物出露的地点进行了剖面清理，并采集了土壤堆积物、哺乳动物化石和炭屑作为年代检测样品。光释光和碳十四测年结果表明，籍箕滩遗址形成年代为距今16 000年至全新世初期，与河对岸虎头梁遗址群中的马鞍山、于家沟遗址年代相当。[1]

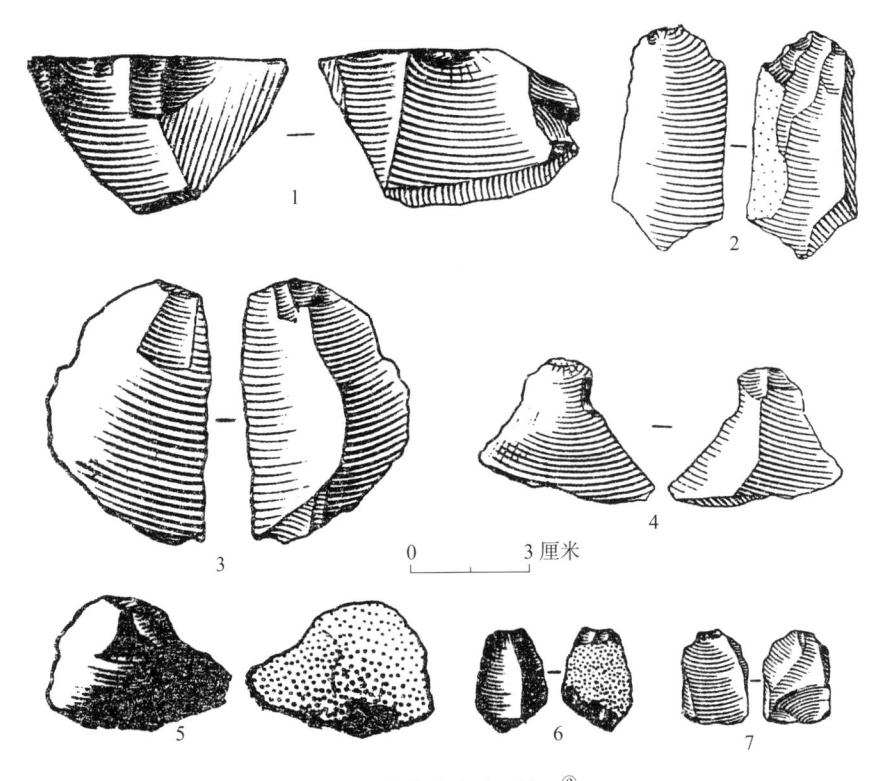

图61 籍箕滩遗址石制品[2]
1.锤击石核　2～5.锤击石片　6～7.砸击石核

---

[1] 关莹、周振宇、王晓敏等：《河北阳原泥河湾盆地籍箕滩遗址发现的新材料》，《人类学学报》2021年第1期。

[2] 河北省文物研究所：《籍箕滩旧石器时代晚期细石器遗址》，《文物春秋》1993年第2期。

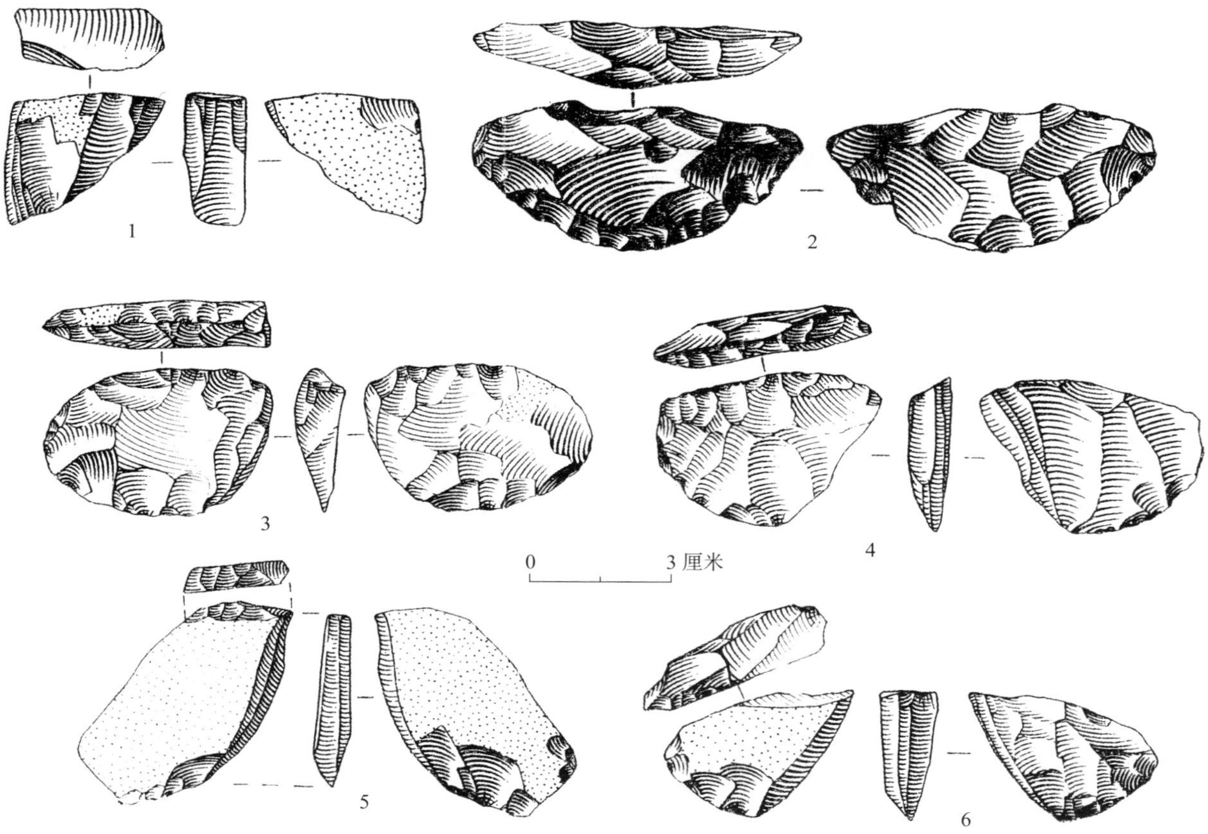

图 62 籍箕滩遗址楔形细石核[1]

---

[1] 河北省文物研究所:《籍箕滩旧石器时代晚期细石器遗址》,《文物春秋》1993 年第 2 期。

第五章 华北地区细石叶组合碰撞期（距今 17 100～12 900 年） 107

图 63 籍箕滩遗址楔形细石核[1]

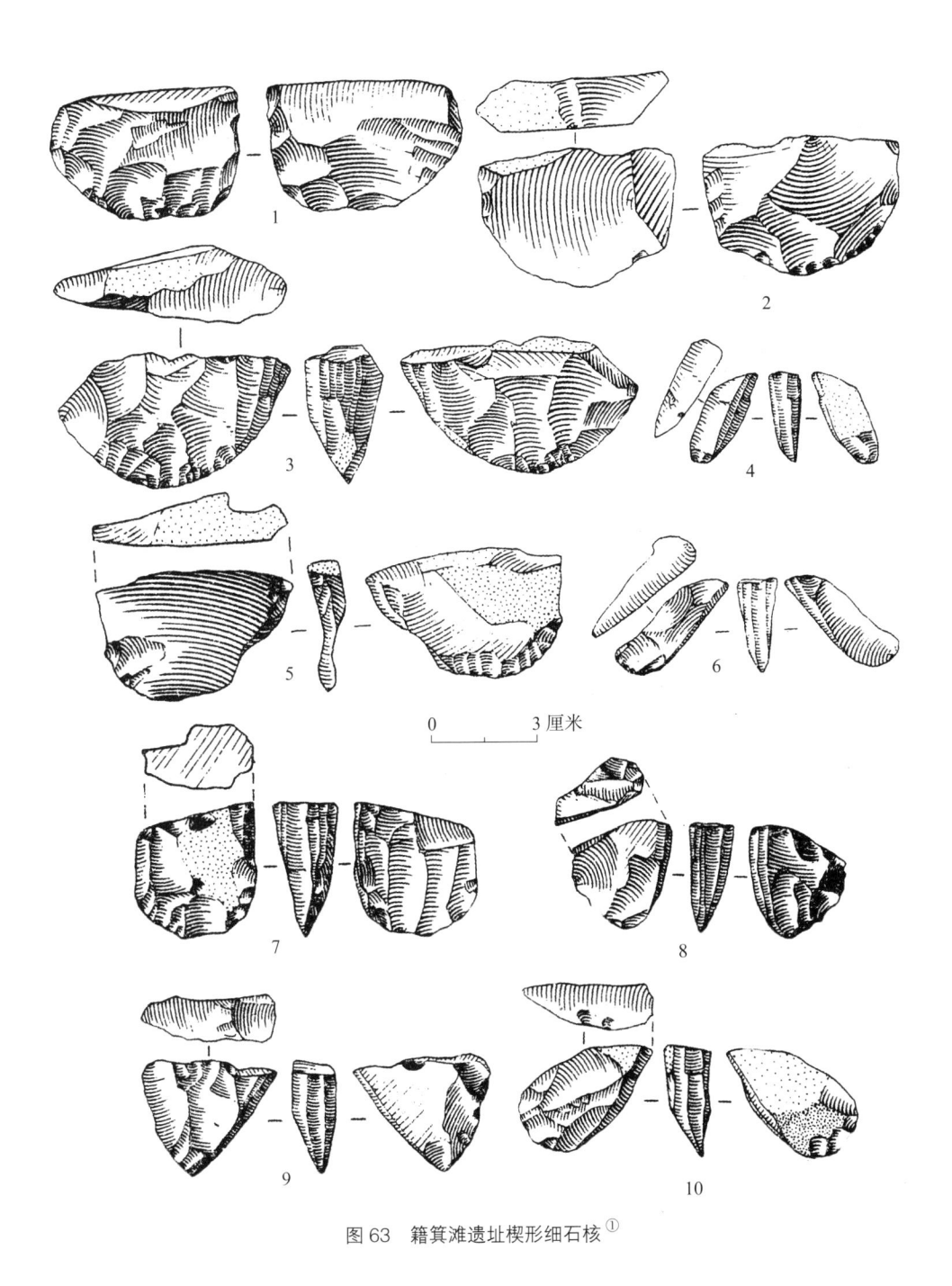

[1] 河北省文物研究所：《籍箕滩旧石器时代晚期细石器遗址》，《文物春秋》1993 年第 2 期。

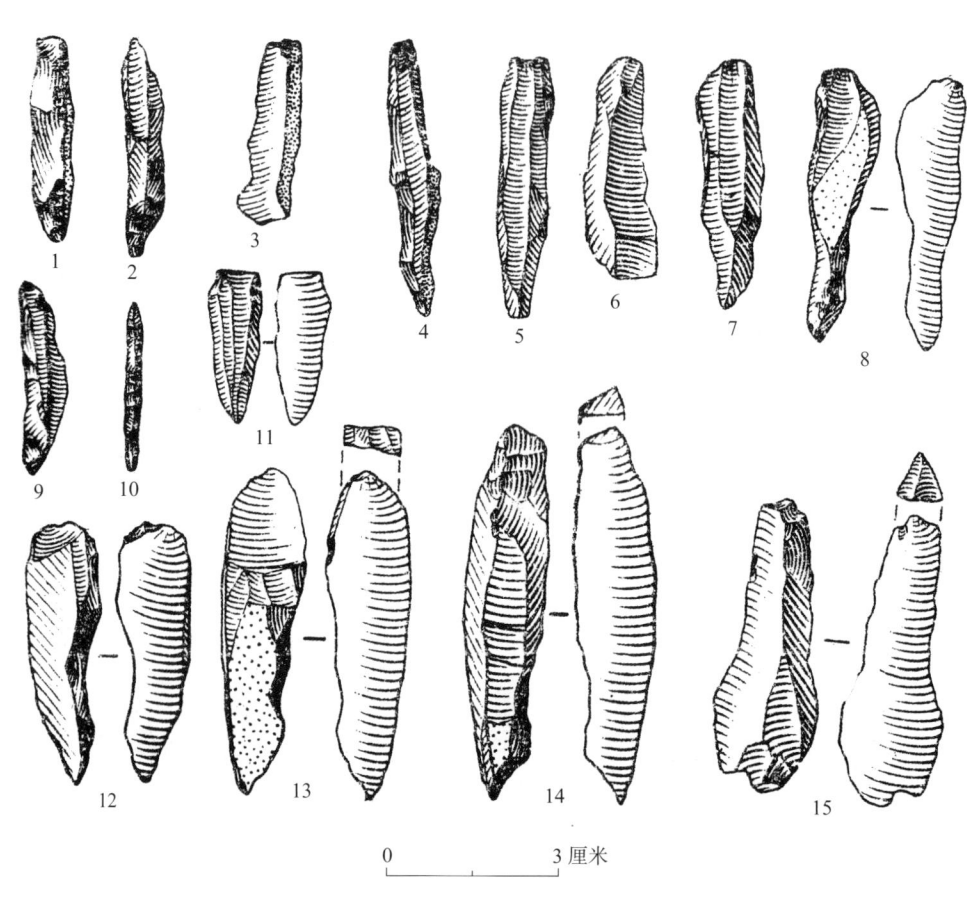

108　华北地区细石叶组合演变研究

图 64　籍箕滩遗址细石叶和削片[1]
1～7、9～10. 细石叶　8、12～15. 削片

---

[1] 河北省文物研究所：《籍箕滩旧石器时代晚期细石器遗址》，《文物春秋》1993年第2期。

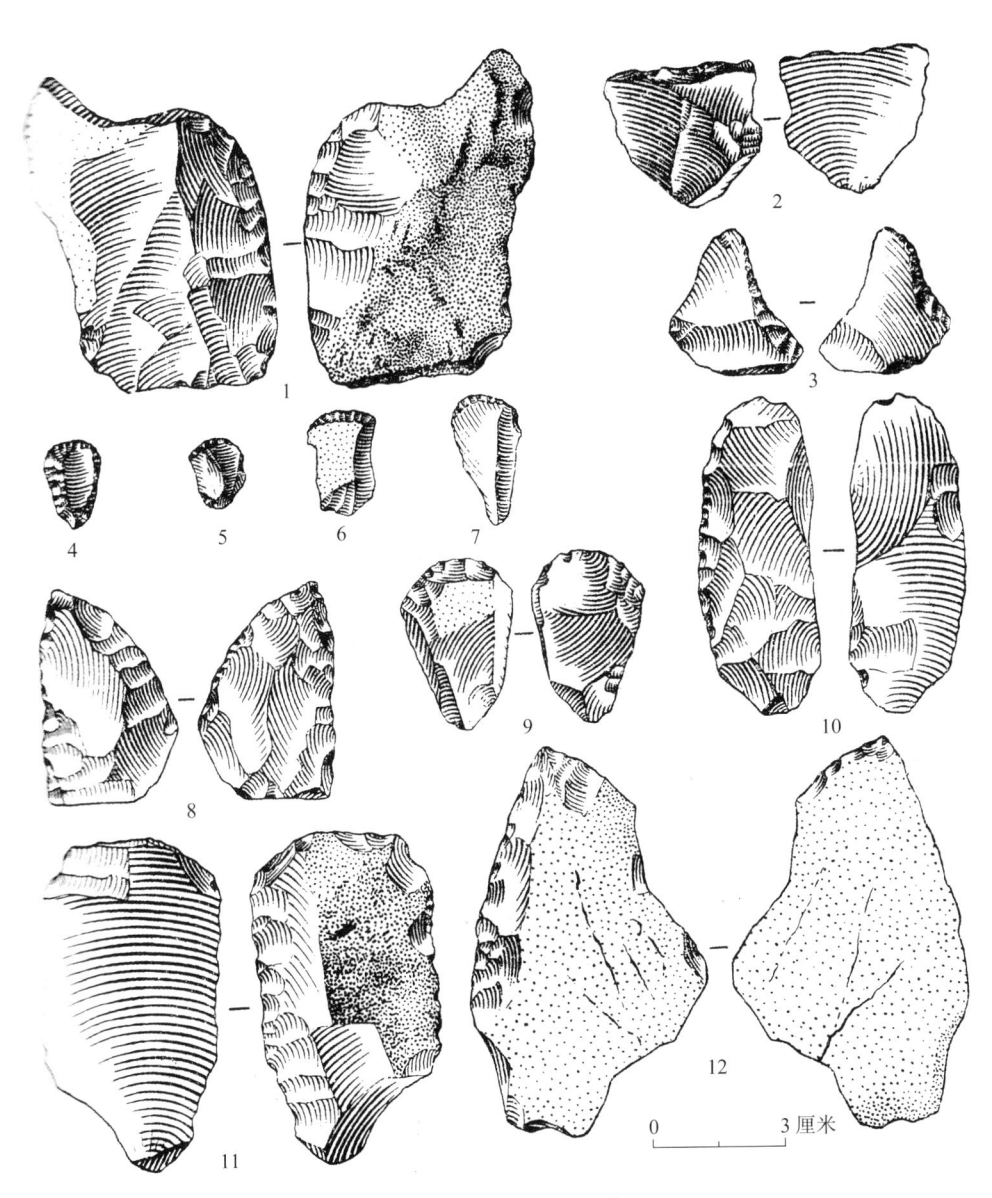

第五章 华北地区细石叶组合碰撞期（距今 17 100～12 900 年） 109

图 65 籍箕滩遗址工具[①]
1、3、10～11. 刮削器　2、4～7、9. 端刮器　8、12. 尖状器

---

① 河北省文物研究所：《籍箕滩旧石器时代晚期细石器遗址》，《文物春秋》1993 年第 2 期。

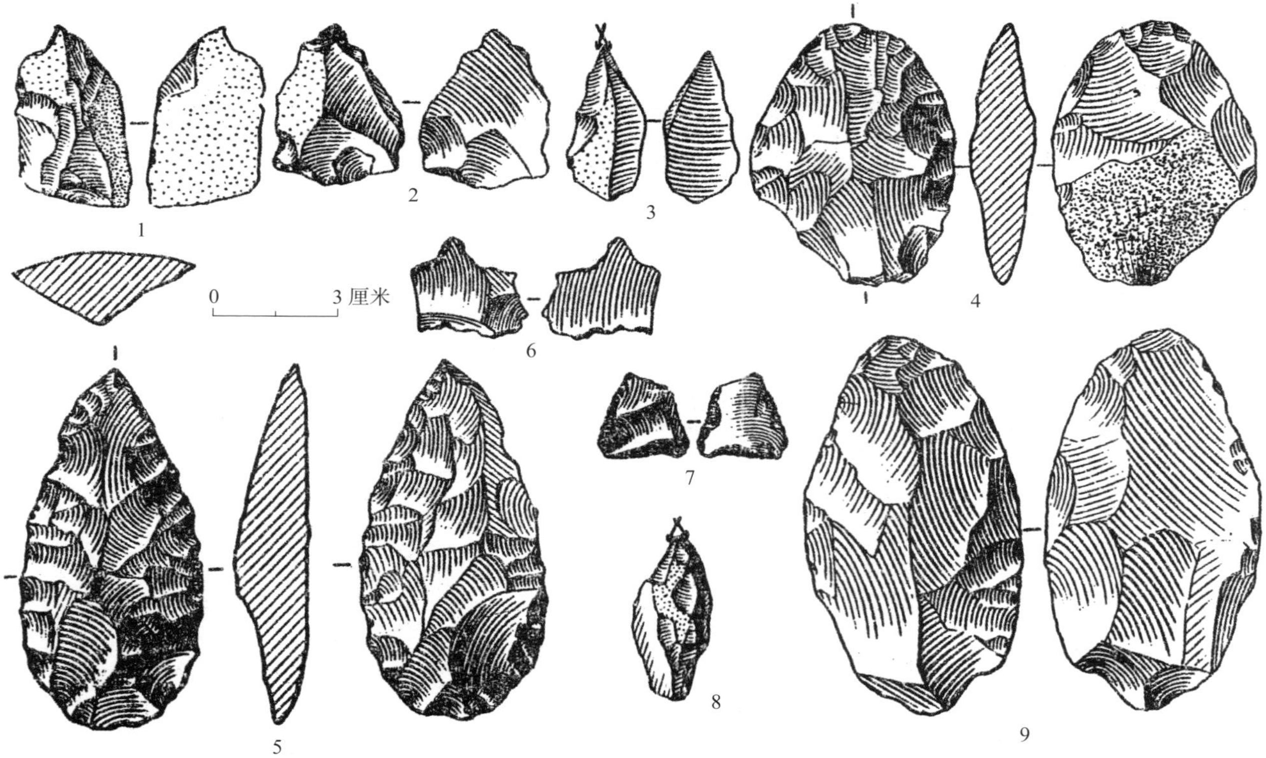

图 66 籍箕滩遗址工具[①]
1、3、8. 雕刻器　2、6. 石锥　4~5、9. 石矛头　7. 石镞

[①] 河北省文物研究所：《籍箕滩旧石器时代晚期细石器遗址》，《文物春秋》1993 年第 2 期。

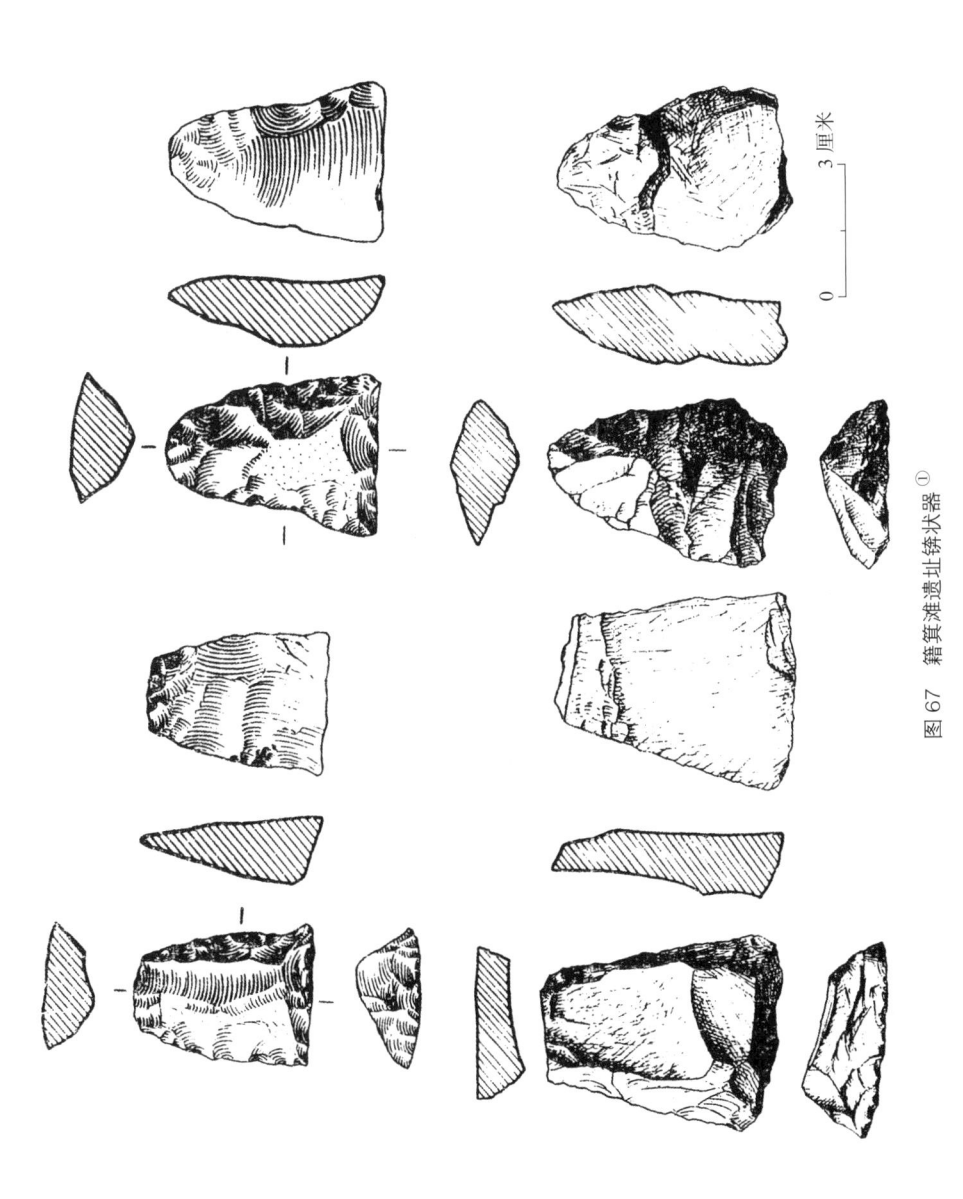

第五章　华北地区细石叶组合碰撞期（距今 17 100～12 900 年）　111

图 67　籍箕滩遗址锛状器①

① 河北省文物研究所：《籍箕滩旧石器时代晚期细石器遗址》，《文物春秋》1993 年第 2 期。

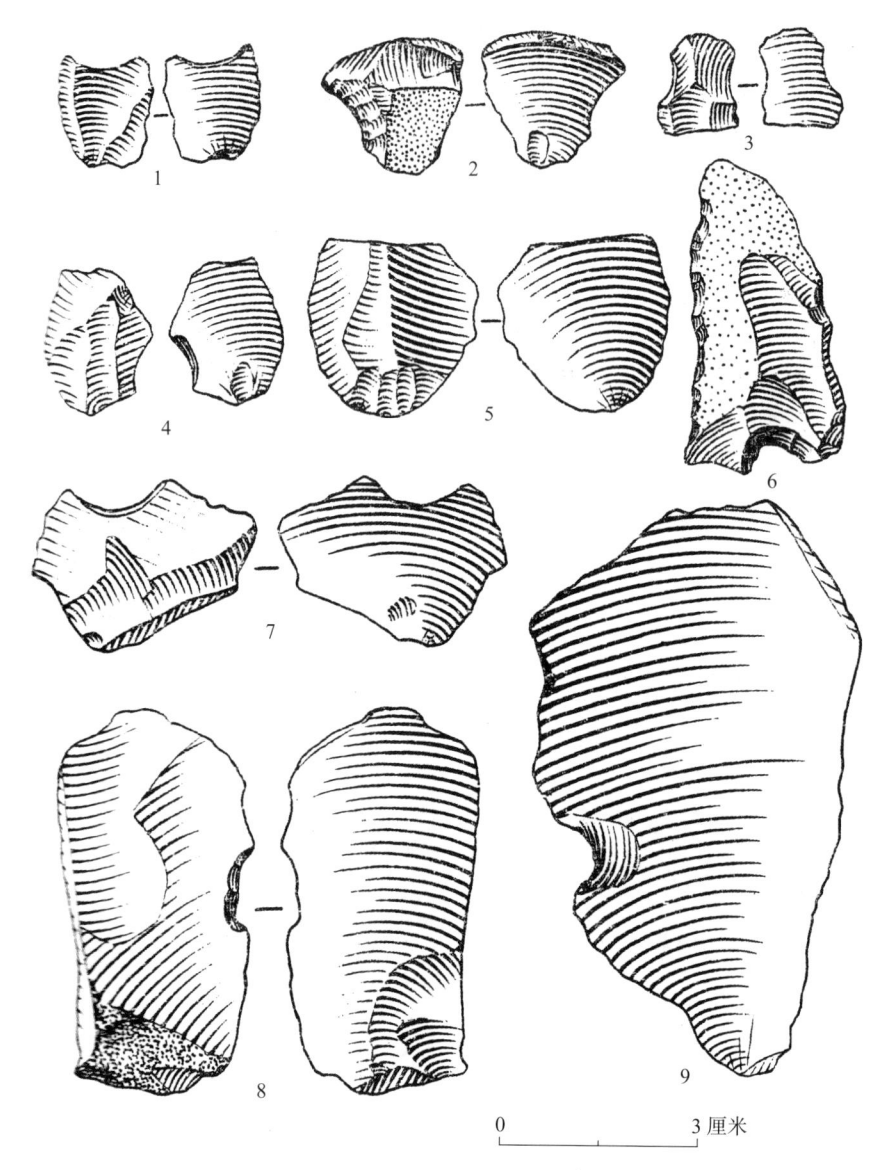

图 68 籍箕滩遗址凹缺刮器[1]

---

① 河北省文物研究所：《籍箕滩旧石器时代晚期细石器遗址》,《文物春秋》1993 年第 2 期。

第三节 马鞍山遗址

马鞍山遗址位于河北省阳原县东城镇西水地村西南约 700 米的桑干河北岸二级阶地中，距主河床 600 米，地理坐标：E114°27′39″，N40°09′35″，海拔约 840 米。1997～1998 年北京大学联合河北省文物考古研究所对其进行了首次发掘，发掘面积 45 平方米。

该遗址共发现 4 个文化层，第 3 文化层为旧石器时代晚期文化层，该层为灰黄色黄土质粉砂层，文化堆积较厚，近 3 米。该层内部土质土色及包含物略有差异，上部为浅灰黄色粉砂，有零星砾石，文化遗物很少；中部为灰黄色粉砂与灰绿色亚黏土互层，含若干小透镜体。石制品较多，但楔形细石核与成器者较少。出露用火遗迹一处；下部为黄褐色粉砂，色微红，局部含小砾石，地层南倾，未见底。细石器工艺制品数量大增，埋藏极为丰富，同时还出土较多动物化石和烧骨、赤铁矿团块、砾石等以及多处用火遗址。

在旧石器时代文化层中共出土文化遗物 46 557 件，包括石制品 37 428 件，骨锥 1 件（图 69）、装饰品 19 件，除此之外，还有一定数量的烧骨、化石等文化遗存，没有发现磨制石器和陶片。马鞍山遗址共出土了 338 件细石核，其中 328 件为楔形细石核，剩下的 10 件为"非楔形细石核"（其中锥形细石核 3 件、柱形细石核 2 件、扁柱状细石核 2 件及船—楔形细石核 3 件），但据线图及描述来看，这 10 件"非楔形细石核"都存在刃状的楔状缘，因此也可归入楔形细石核类型中。楔形细石核基本可以分为刃状台面和平台面两种类型，两者在数量上相差不多，所占比例基本相等（图 70、71）。遗址中共出土工具 223 件，以刮削器类最多，占比达 50% 以上，除此之外还包括凹缺刮器、尖状器、矛头、雕刻器、锛状器及锥钻等。刮削器基本以石片为毛坯，刃缘经正向加工而成，其中的端刮器器形规整，形似拇指盖状。尖状器、石矛头及半月形刮削器有利用两面器为毛坯加工而成者，另外遗址中出土的锛状器与虎头梁遗址、籍箕滩遗址中发现的同类标本在形制和技术上也基本一致（表 28，图 72）。除文化遗物外，该遗址中还发现了多层人类活动面、多处石器制造场所及用火遗迹，后者包括灶、火塘和火堆（图 73）等，据此判断马鞍山遗址属于虎头梁遗址群中的居址类型，与早期报道的 73101 地点的情况十分类似。

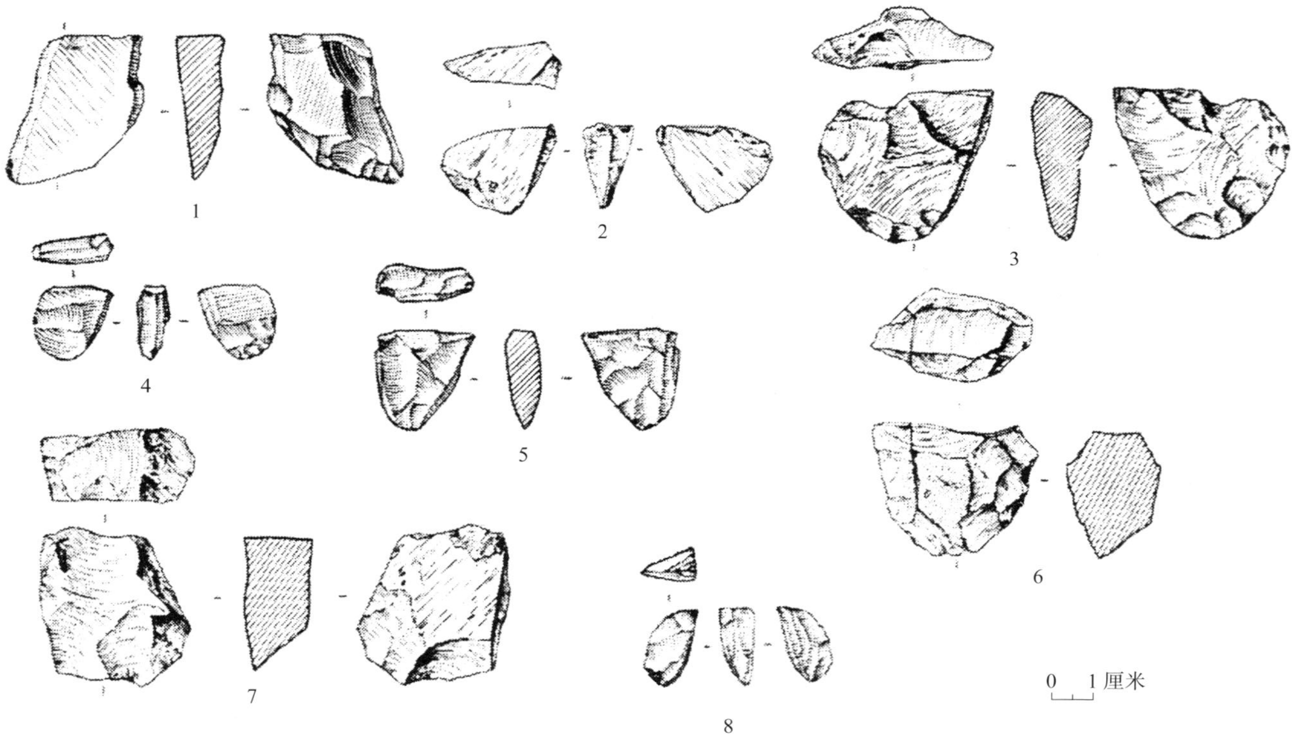

图 69　马鞍山遗址楔形细石核 [1]

① 梅惠杰：《泥河湾盆地旧、新石器时代的过渡——阳原于家沟遗址的发现与研究》，北京大学博士学位论文，2007 年。

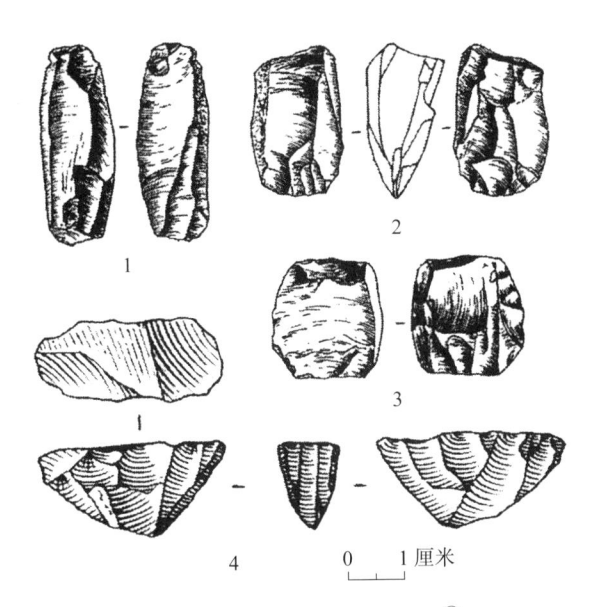

第五章　华北地区细石叶组合碰撞期（距今 17 100～12 900 年）　　115

图 70　马鞍山遗址砸击石核和细石核[①]
1. 砸击石核　2. 柱形石核　3. 扁柱形石核　4. 船—楔形细石核

表 28　马鞍山遗址部分石制品一览表

类型	锤击石核	砸击石核	楔形细石核	锥形细石核	柱形细石核	船楔形细石核	边刮器	端刮器	凹缺刮器	尖状器矛头	雕刻器	半月形刮削器	锛状器	锥钻	合计
数量	1	4	328	3	4	3	85	40	29	26	18	11	10	4	566

　　加速器质谱碳十四测年显示，马鞍山遗址的年代为距今 13 080 ± 120 年，原研究者倾向于马鞍山遗址的下限为距今 14 000 年。[②]

　　2014 年中国科学院古脊椎动物与古人类研究所对该遗址又进行了发掘，新发掘区位于原发掘区东南约 100 米处，揭露面积约 30 平方米，在第

---

　① 梅惠杰：《泥河湾盆地旧、新石器时代的过渡——阳原于家沟遗址的发现与研究》，北京大学博士学位论文，2007 年。
　② 梅惠杰：《泥河湾盆地旧、新石器时代的过渡——阳原于家沟遗址的发现与研究》，北京大学博士学位论文，2007 年。

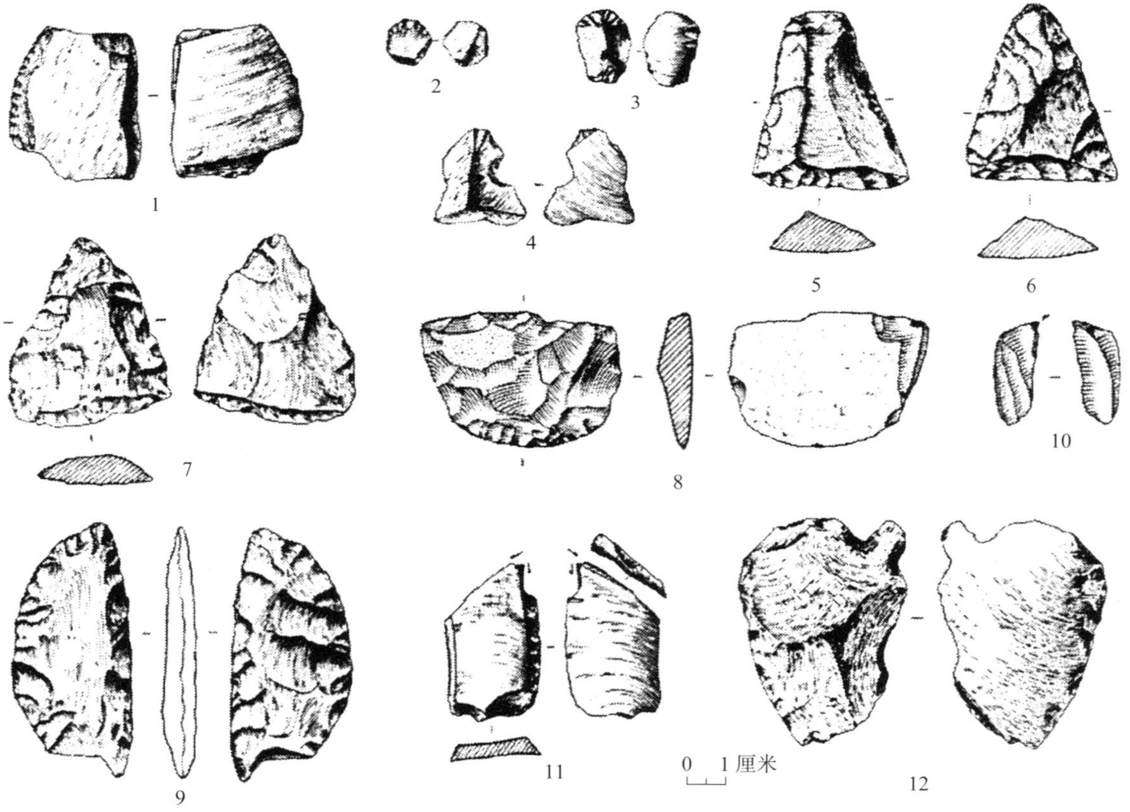

图 71　马鞍山遗址工具

1. 边刮器　2~3. 端刮器　4. 凹缺刮器　5~6. 锛状器　7. 矛头　8~9. 半月形刮削器　10~11. 雕刻器　12. 钻

① 梅惠杰:《泥河湾盆地旧、新石器时代的过渡——阳原于家沟遗址的发现与研究》,北京大学博士学位论文,2007 年。

第五章　华北地区细石叶组合碰撞期（距今 17 100～12 900 年）　　117

0　　1厘米

图 72　马鞍山遗址骨锥[1]

325°

砾石　　烧土范围　　0　　10厘米

① 青灰色烧土　　② 黄色粉砂质土　　③ 烧土与灰烬层

图 73　马鞍山遗址火塘[2]

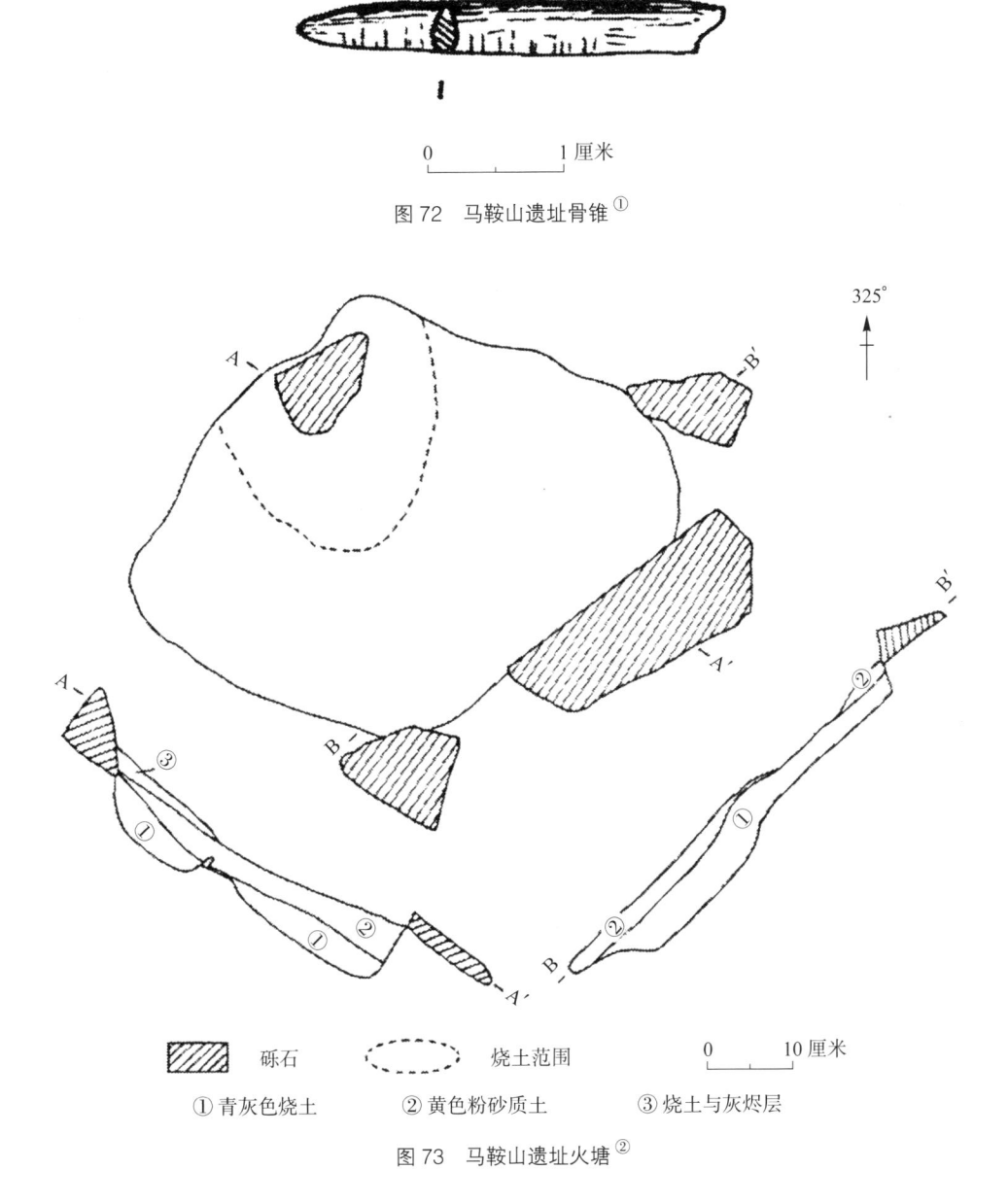

[1] 梅惠杰：《泥河湾盆地旧、新石器时代的过渡——阳原于家沟遗址的发现与研究》，北京大学博士学位论文，2007 年。
[2] 梅惠杰：《泥河湾盆地旧、新石器时代的过渡——阳原于家沟遗址的发现与研究》，北京大学博士学位论文，2007 年。

3、第 4 文化层出土石制品 2 844 件。放射性碳十四测年结果显示，该遗址第 3 文化层的年代范围为距今 5 905～5 730 年；第 4 文化层的年代范围为距今 16 480～15 920 年。第 3 及第 4 文化层中石制品的原料组成与比例、类型与加工技术基本一致。石料都是以流纹岩（也称石英岩 H 或火山角砾岩）占主体，第三层占比为 78.4%，第四层为 85.7%。第 3 层和第 4 文化层分别出土了 5 件和 4 件细石核，均为楔形细石核，除 1 件为刃状台面外，其余均为平台面。工具在第 3 文化层中出土了 15 件，在第 4 文化层中出土了 11 件，均以刮削器类占绝大多数，多以石片为毛坯，刃缘经正向修理而成，所含的端刮器器形规整。为数不多的区别是在第 3 文化层出土了一件加工精致的两面器，而第 4 文化层中则不见此类器物。[①]

综观马鞍山遗址的前、后两次发掘，其文化内涵基本一致，都属于虎头梁文化风格。综合两次发掘的测年结果，该遗址被主要利用的时代当在距今 16 000～14 000 年。

第四节　尉家小堡遗址

尉家小堡遗址位于山西省大同市阳高县东小村镇尉家小堡村西北 1 000 米的桑干河支流神泉沟左岸。1996 年进行发掘，发掘面积 2 平方米左右，文化遗物发现于 15 厘米厚的黄土堆积中。文化遗物丰富，其中包括 572 件石制品和 1 件精致的骨质穿孔装饰品（表 32）。石制品原料以硅质岩和角砾岩为主，占比近 90%。据调查，这些石料并非遗址附近所产，其产地距遗址 10 公里左右。本地所产的燧石在石制品中占比仅 4%。石制品中出土有 12 件细石核，均为楔形，其中 10 件细石核是以单面器或两面器为毛坯，台面为刃状，采用桑干技法加工而成。细石核中仅 1 件采用了本地的燧石原料，其余均利用外来的硅质岩石料。出土的 17 件细石叶中，有 15 件为外来的硅质岩或角砾岩石料。工具仅出土 12 件，类型简单，均为利用石片简单加工而成的刮削器。石制品中占

---

① 高磊：《河北阳原马鞍山遗址Ⅱ区第 3、4 层石制品分析》，西北大学文化遗产学院硕士学位论文，2016 年。

绝大部分的是预制石核或加工石器时产生的薄石片、碎屑或碎块。石制品中不乏可拼合者，拼合率达 5.6%（图 74～77）。[1]

综合以上特征来看，尉家小堡遗址是一处原地埋藏的，利用时间不长的石器加工场所。古人类主要利用外来原料在这里生产细石叶产品，但也采用本地原料进行了一定的尝试。从细石核风格来看，该遗址也应属于虎头梁文化系统。但工具中缺少利用单面器或两面器为毛坯的类型。从传播的角度来看，这里应该是虎头梁文化分布的外围区域，其时代应该相当或略晚于籍箕滩遗址或马鞍山遗址。

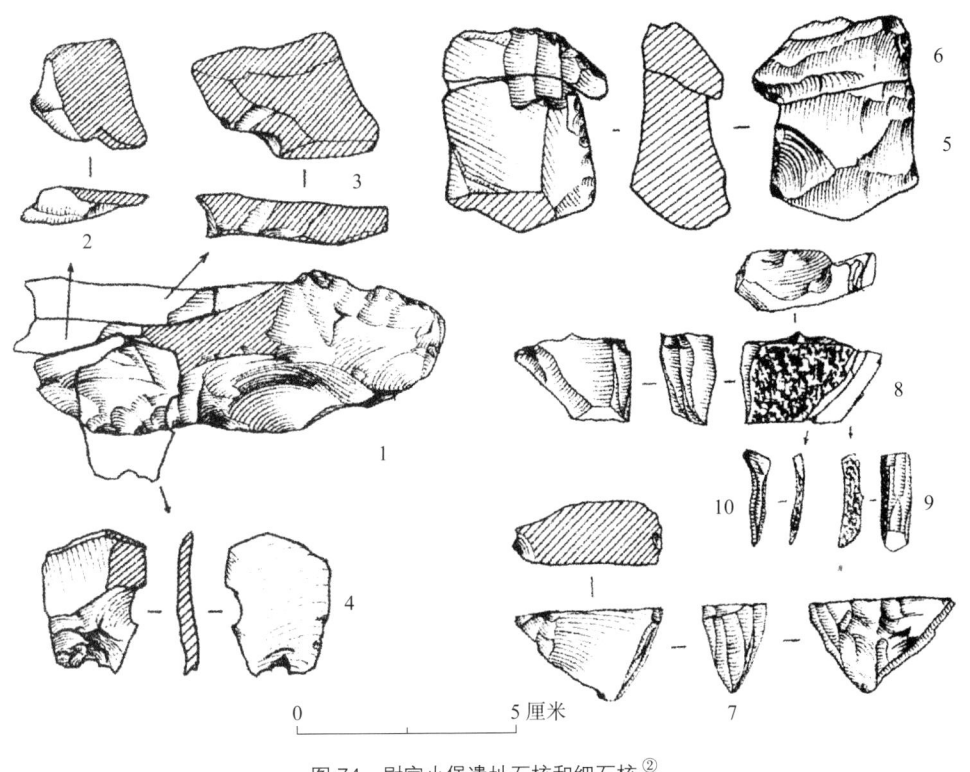

图 74 尉家小堡遗址石核和细石核[2]

---

[1] 宋艳花、石金鸣:《尉家小堡遗址石制品的初步研究》,《人类学学报》2008 年第 3 期。
[2] 宋艳花、石金鸣:《尉家小堡遗址石制品的初步研究》,《人类学学报》2008 年第 3 期。

图 75　蔚家小堡遗址细石核①

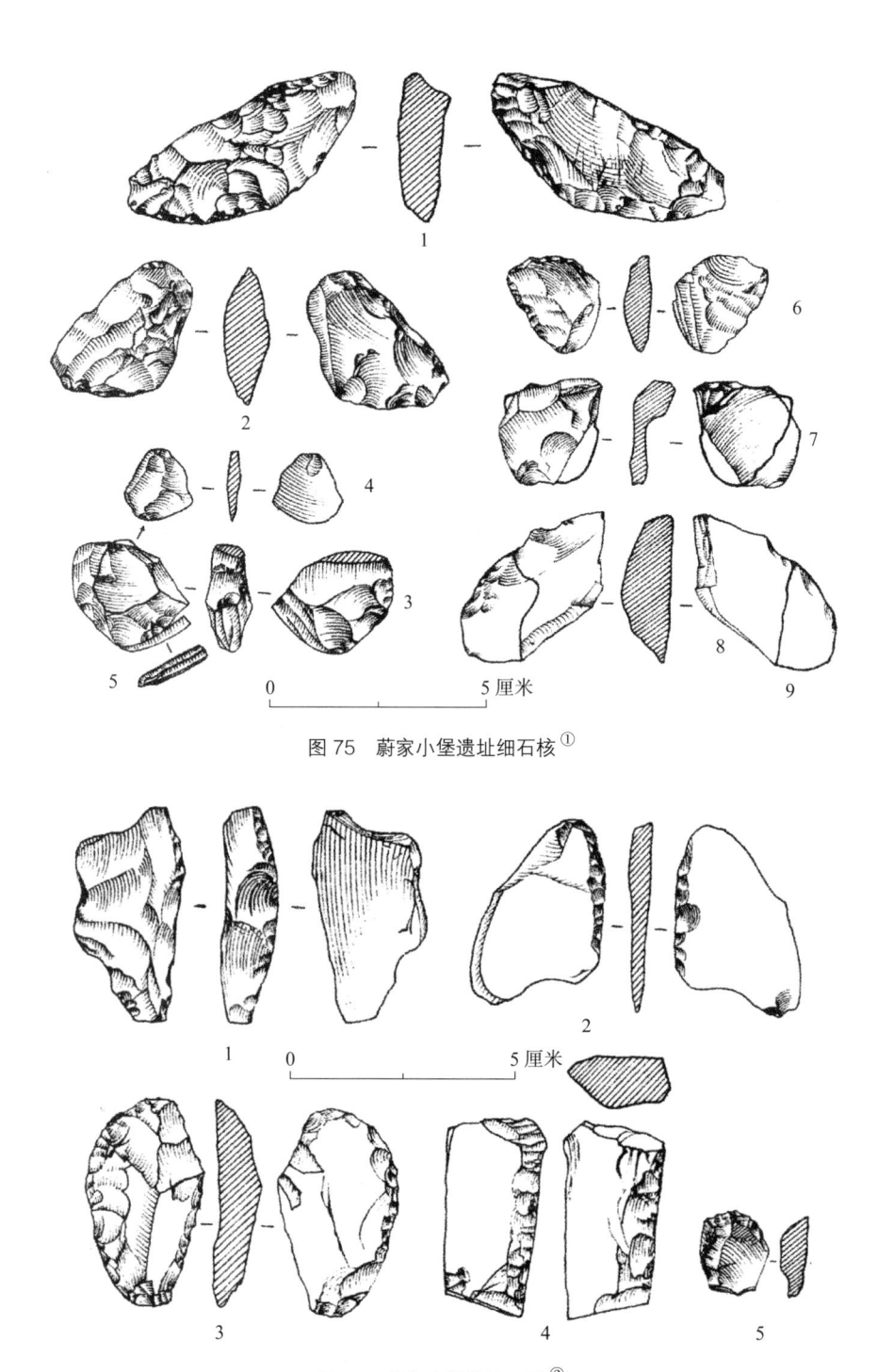

图 76　蔚家小堡遗址工具②

---

① 宋艳花、石金鸣：《蔚家小堡遗址石制品的初步研究》，《人类学学报》2008 年第 3 期。
② 宋艳花、石金鸣：《蔚家小堡遗址石制品的初步研究》，《人类学学报》2008 年第 3 期。

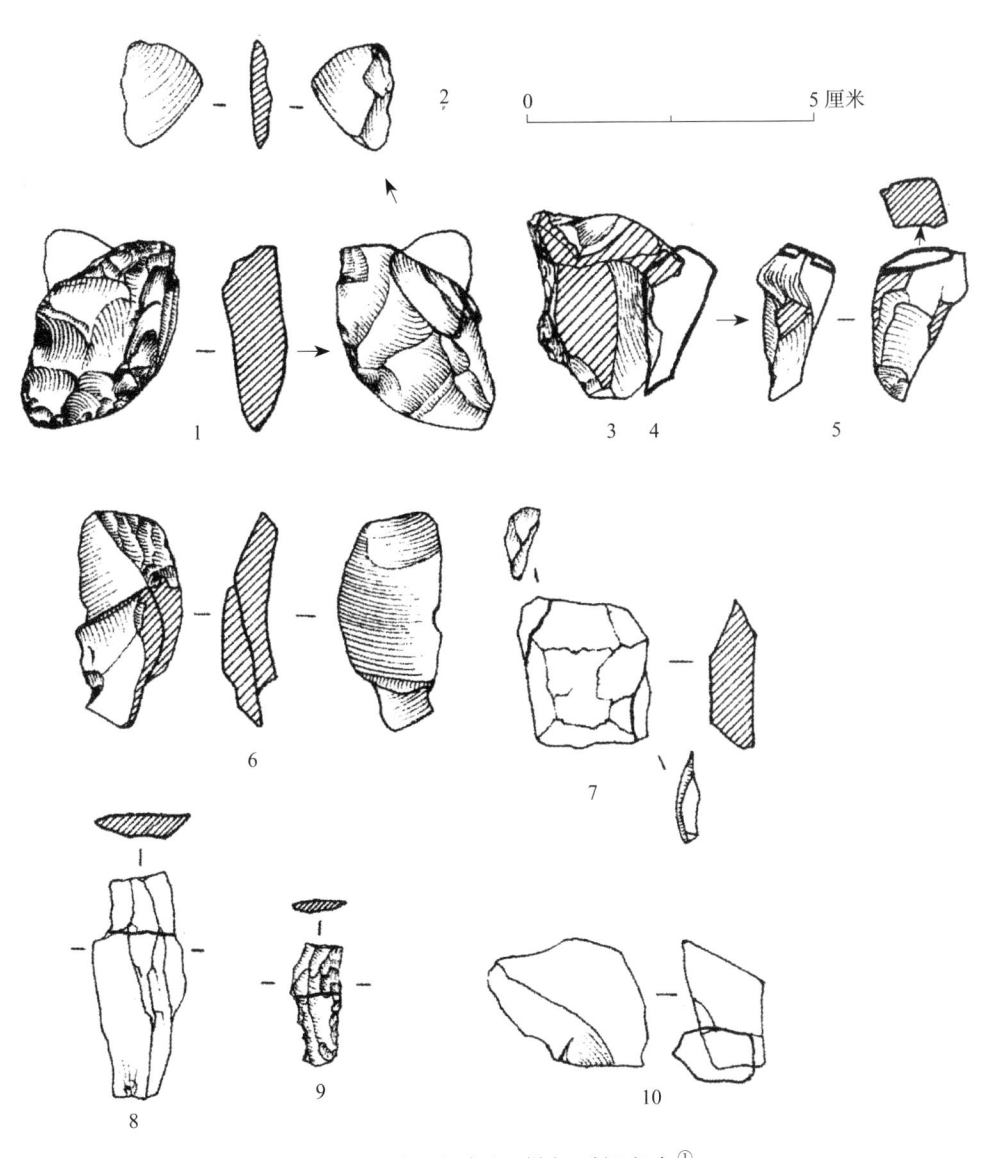

第五章　华北地区细石叶组合碰撞期（距今 17 100～12 900 年）

图 77　蔚家小堡遗址可拼合石制品组合[1]

---

[1] 宋艳花、石金鸣：《蔚家小堡遗址石制品的初步研究》，《人类学学报》2008 年第 3 期。

第五节 薛关遗址

位于山西省蒲县薛关村西约1公里的昕水河左岸，地理坐标：E111°，N36°27′。该遗址于1980年正式发掘，共出土石制品4777件以及一部分哺乳动物化石。文化遗物主要发现于昕水河左岸黄土丘中的灰黄色粉砂土层中，哺乳动物化石包括马、野驴、羚羊、牛、鹿和骆驼等，石制品数量众多，类型丰富（表29）。

石料以燧石为主，占90%以上，此外还包括石英岩、脉石英、辉绿岩等。石核全部为细石核，共有240件，绝大多数为燧石质，其中不规则形细石核最多，共149件，占石核总量的62.3%，利用自然面或石片疤作台面进行打片；之后依次为船形53件，占比为22%；楔形19件，占比为8%；半锥状10件，占比为4%；似锥状5件，占比为2%；漏斗状4件，占比为1.7%。

石片有4310件，占石制品总量的90%。其中细石叶110件，全部为燧石质，占石片总量的2.6%；普通石片570件，占石片总量的13.2%；碎片3630件，占石片总量的84.2%。工具227件，占全部石制品总量的4.8%，原料主要为燧石，整体上尺寸都比较小，长度大于7厘米者不超过15件。类型包括刮削器、尖状器、雕刻器、琢背小刀、似石斧和石锤等。其中以刮削器数量最多，共189件，占工具总量的83.3%。刮削器类型丰富，除常见的单刃、多刃刮削器外，主要以长、宽在20、15毫米内的拇指盖形刮削器占大宗，共134件，占刮削器总量的70.8%，这些小型工具全部为燧石质。有些刮削器似由两面器截断而成。尖状器共29件，分为正尖、侧尖、两端、扁尖和微型尖状器等类型。都以石片为毛坯，沿石片长轴两侧由劈裂面向背面修理，背部隆起，有的呈龟背状，毛坯背部两侧布满鳞片状修理疤痕，器形规整，加工精细。从总体风格上来看，多数标本采用了单面修理技术，属于遗址中的代表性器物（图78，3）。雕刻器共4件，与尖状器加工方法类似，先沿石片两侧边向背面修理并前聚成尖，然后由尖部左侧向右侧斜击去一条或两条小石叶，形成雕刻器面（图78，7）。琢背小刀共2件，均为燧石质，具体做法是将石片的一端或两端掰断，使其平齐，然后沿一侧边轻敲细击钝化成平直的"刀背"，另一侧边保持原石片利缘，作为"刀刃"。从石片两端被截断的情况看，可能是为了作镶嵌之用（图78，5）。似石斧1件，由灰绿岩石片制成。器身扁平，

表29　薛关遗址石制品一览表

种类			数量		百分比（%）	
细石核	楔形		19	240	8	5
	船形		53		22	
	似锥状		5		2	
	半锥状		10		4	
	漏斗状		4		1.7	
	不规则状		149		62.3	
石片	细石叶		110	680	16	14
	普通石片		570		84	
工具	刮削器	直刃	16	189	8.5	83.5
		凸刃	18		9.5	
		多刃	9		4.8	
		长身端刃	9		4.8	
		拇指盖形	134		70.8	
		龟背状	3		1.6	
	尖状器	正尖	13	29	45	12.8
		侧尖	3		10.3	
		两端	7		24.1	
		扁尖	5		17.2	
		微型	1		3.4	
	雕刻器		4	227	1.7	4.7
	琢背小刀		2		0.8	
	似石斧		1		0.4	
	石锤		2		0.8	
碎片			3 630		76.3	
合计			4 777		100	

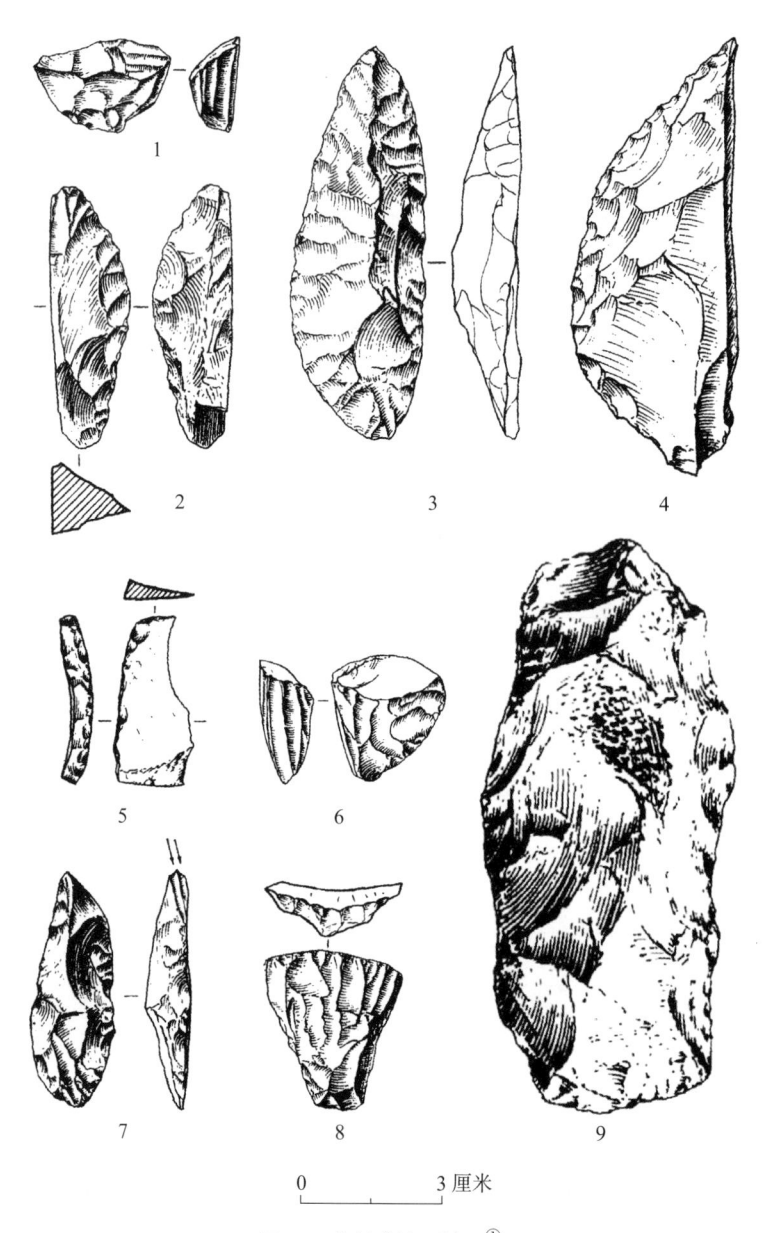

图78 薛关遗址石制品[①]
1、6. 楔形细石核 2. 凸刃刮削器 3. 双尖尖状器 4. 半月形刮削器 5. 琢背小刀 7. 雕刻器 8. 半锥状石核 9. 似石斧

---

① 王向前、丁建平、陶富海：《山西蒲县薛关细石器》，《人类学学报》1983年第2期。

轮廓呈长方形。沿周边向背面修琢，石片疤宽短叠压，一短边加工细致，修出一个薄锐刃口，器身长 118 毫米，宽 50 毫米，重 180 克。从器形和加工方面看，此标本与新石器时代的打制石斧、石锛非常相似（图 78，9）。

薛关遗址的石制品以小型者居多，细石核中以不规则形细石核占据绝对多数，成型细石核中以船形细石核最多，楔形细石核技术也已比较成熟。石器几乎全部以石片为毛坯，单向加工而成。工具组合中以刮削器为主，小型的拇指盖形刮削器占据绝对比例。尖状器普遍采用单面器技术修理而成，器形规整，加工精致。

关于薛关遗址的时代，根据石制品风格，原研究者认为处于旧石器时代晚期之末，经校正后的碳 14 测定数据为距今 16 223～15 320 年。[①]

第六节 下川流水腰地点

下川流水腰地点位于山西省垣曲县历山镇文堂村，历山主峰舜王坪南 8 公里，海拔 1 554.9 米，地理坐标：E111°56′46″，N35°23′13″。2016 年 7～8 月，北京师范大学历史学院和山西省考古研究所联合组队对该地点进行了发掘，发掘面积 12 平方米。

该地点地层总厚度 81 厘米，可划分为 5 层：1. 黑色土壤层，现代耕土层，厚约 1～10 厘米；2. 黄土层，包括 2①～2④共 4 个水平层，厚约 1～8 厘米；3. 深黄色亚黏土层，3①～3②共 2 个水平层，厚约 5～18 厘米；4. 红色亚黏土层，包括 4①～4⑤共 5 个水平层，厚约 23～45 厘米；5. 基岩风化壳，不含石制品。

以 3②层为界该遗址可分为上、下两部分。上部的年代为距今 1.7 万年左右，下文化层的年代为距今 3.9～3.6 万年。上部出石制品 1 589 件，原料中燧石占 46.2%、脉石英占 23.7%、红色硅质泥岩占 14.6%、玛瑙占 8.4%、铁矿石占 3.2%，另外还包括少量砂岩、石英砂岩、铁矿石等原料。文化特征主要以细石叶技术为主，出土了细石核、细石叶、端刮器，以及少量的雕刻器、尖状器、石镞等典型的细石器制品，还有少量的石叶；细石核主要为船形石核，还有少量楔形石核和半锥形石核，属于细石器文化层（图 79）。

[①] 王向前、丁建平、陶富海：《山西蒲县薛关细石器》，《人类学学报》1983 年第 2 期。

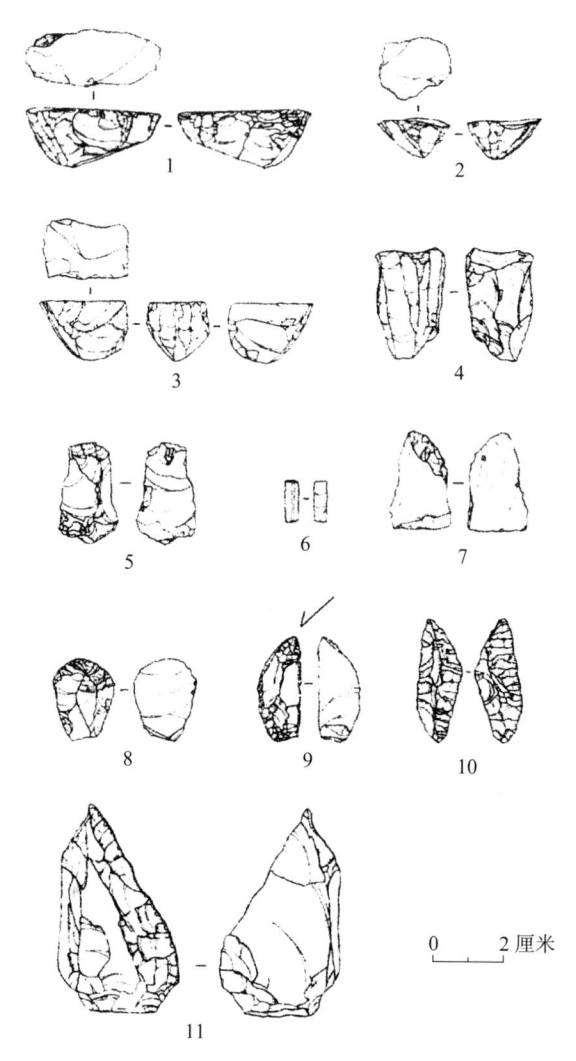

图 79 下川流水腰地点石制品[1]
1. 平底形船形细石核　2. 锥底形船形细石核　3. 线底形船形细石核　4. 半锥形细石核　5. 石片　6. 细石叶　7、11. 刮削器　8. 圆头刮削器　9. 雕刻器　10. 两面尖状器

---

[1] 申艳茹、王益人、杜水生：《下川遗址流水腰地点的细石叶工业》，《第四纪研究》2020 年第 1 期。

下部共出土石制品 612 件，原料中黑色燧石和脉石英比例相当，分别为 36.3% 和 36.9%，玛瑙占 8.5%、红色硅质泥岩占 10.5%、铁矿石占 4.1%，及少量的硅质灰岩、石英砂岩和砂岩。石制品类型包括普通的锤击石核、砸击石核、石片、刮削器等，以及有限的楔形析器、锯齿刃器、齿状器等，属于简单石核—石片文化系统。

总体上，与下川盆地其他地点相比，流水腰地点的石制品原料构成中脉石英和红色硅质泥岩含量较高，原因与这两种原料在遗址附近出露较多有关。以船形细石核为主的细石叶技术是该遗址的主要特征，两面器技术的出现是旧石器晚期晚段该地区细石器文化的新特征。[①]

第七节　石峡口第 1 地点

石峡口第 1 地点位于甘肃省张家川回族自治县川王乡石峡口村进村道路南侧，北距石峡口第 2 地点约 100 米，地理坐标：E106°10′31″, N35°07′58″，海拔约 1784 米。遗址埋藏于清水河右岸一级阶地的前缘，顶面距现今河床约 10 米。该地点发现于 2009 年，2015 年 9～10 月，中国科学院古脊椎动物与古人类研究所与甘肃省文物考古研究所合作对该地点进行了试掘，揭露面积约 2 平方米。

该遗址地层分为 7 层，其中第 5、6 层中包含丰富的文化遗物，分别命名为第 1、2 文化层。2015 年对该遗址的试掘共发现用火遗迹 2 处、石制品 406 件、动物化石 201 件、古人类牙齿化石 1 件、串珠装饰品 2 件，以及烧骨、大量的石质碎屑和碎骨等。遗址两个文化层的文化特征基本一致，是一处包含较多细石叶技术产品的遗址。石制品总体以微型、小型者居多；原料主要为石英、燧石；细石核类型丰富，除楔形、柱形、锥形外，古人类还直接选用形态不规则的块状毛坯剥离细石叶，显示了熟练的细石叶工艺；普通石片的生产方法主要为硬锤锤击法，偶见砸击法；石器类型包括边刮器、端刮器和两面尖状

[①] 杜水生：《连续与断裂：重新认识下川遗址在中国旧石器文化研究上的意义》，《第四纪研究》2021 年第 1 期。申艳茹、王益人、杜水生：《山西下川遗址流水腰地点的细石叶工业》，《第四纪研究》2020 年第 1 期。

器等。动物化石比较破碎，经初步鉴定有普氏羚羊、马科、鸵鸟等种类。遗址的年代为距今 18 500～17 200 年，处于末次冰期极盛期，文化时代属于旧石器时代晚期晚段。[1]

第八节 凤凰岭遗址

凤凰岭遗址位于山东省临沂市河东区凤凰岭街道王黑墩村村东的高岭上，该高岭为沂河与沭河之间的一处高出周围地面 10～20 米的土岭。该遗址首次发现于 1982 年，2017 年山东省文物考古研究院、中国科学院古脊椎动物与古人类研究所和临沂市文物局对该遗址进行了发掘，发掘面积近 300 平方米。共出土石制品 400 余件，包括石锤、普通石核、细石叶石核、普通石片、细石叶、工具、断块和残片等。原料主要为变质砂岩、燧石、石英和石英岩等。细石核均以燧石质的小砾石为原料，形状不固定，多为块状或片状，尺寸很小，宽度多小于 0.5 厘米。工具以刮削器为主，尺寸较大，一般在 5～8 厘米，加工精致。同时存在少量锛状器和两面器，这类工具多以变质砂岩的石片为毛坯制作而成，加工精致，形状规整，尺寸较大。此次发掘在多个探方进行了光释光样品采集，初步结果显示文化层的绝对年代为距今 19 000～13 000 年。[2]

---

[1] 任进成、周静、李锋等：《甘肃石峡口旧石器遗址第 1 地点发掘报告》，《人类学学报》2017 年第 1 期。

[2] 孙启锐、陈福友、张子晓等：《山东临沂凤凰岭发现距今 1.9～1.3 万年的细石器遗存》，中国文物信息网 2018 年 6 月 19 日。

第六章
华北地区细石叶组合融合期
（距今 12 900～11 500 年）

第一节　柿子滩 S9 地点

柿子滩 S9 地点位于山西省吉县柏山寺乡高楼河村南约 150 米，清水河下游右岸的二级阶地上。地理坐标：E110°32′40″，N36°02′11″，海拔 688±5 米。该地点于 2000 年调查时发现，经过 2001、2002 和 2005 年三次连续发掘，发掘厚度 4.55 米，发掘面积随地形变化逐渐扩大，由最初的 13 平方米扩展到 25 平方米。地层自上而下可分为 8 层：1. 灰褐色黑垆土层；2. 黄褐色砂质黏土层；3. 灰褐色黑垆土层；4. 黄褐色砂质黏土层（含粗砂岩块）；5. 黄褐色砂质黏土层（含球状黏土块）；6. 粉砂层；7. 砂砾层；8. 砾石层。发掘过程中发现用火遗迹 1 处。文化遗物主要出土于第 1、3、4、5 层中，包含筛选品在内共 7 285 件，其中石制品 2 046 件、动物骨骼 5 210 件、蚌制品 17 件、鸵鸟蛋壳 11 件、骨制品 1 件（骨管装饰品，断面有磨圆痕迹）。

柿子滩 S9 地点的文化遗物虽出自不同层位，但在文化面貌方面却难以区别开来。各层之间，除石制品的组合之间有所差别外，在石器技术与整体文化面貌方面基本一致，因此可视为同一人群的遗留。[①]石制品原料以燧石为主，石英岩为辅，除此之外还有少量的砂岩、泥岩、玛瑙及脉石英等。打片技术以锤击法为主，偶用砸击法。细石核共 8 件，主要出现在下部的第 4 和第 5 层中，包括锥状、柱状、楔形等类型，不见船形细石核。细石核都是以燧石为原料，台面多经过修理，剥片效率较高，有的核身上遗留有 11 条细石叶疤痕。楔形细石核多以石片为毛坯，核身基本都经过预制。细石叶中有长达 2.5 厘米

[①] 王幼平：《李家沟、大岗与柿子滩 9 地点的地层及相关问题》，《考古学研究（九）》，科学出版社，2012 年。

者，有的经过显微镜观察有明显的使用痕迹。工具共出土58件，以小型石片类工具为主，包括石锤、刮削器、端刮器、尖状器和小型砍砸器及石磨盘和石磨棒等类型。工具中以边削器和端刮器为大宗，占所有石器总数的88.9%。工具多以石片为毛坯，刃缘多为单向修理而成。尖状器都以石片为毛坯，采用单面技术加工而成，背部布满鱼鳞状石片疤（图80、81）。对S9地点出土的2件石磨盘和2件石磨棒进行了残留淀粉粒的提取和鉴定，结合使用实验和微痕分析，推测S9地点的石磨盘具备多种使用功能，它除主要用于野生谷类、块茎和坚果的加工外，还兼用于颜料的研磨和饰品的制作，由此可看出柿子滩遗址中的石磨盘和石磨棒已经表现出工具功能的复杂性。[①-②]而且该地点中还浮选出了野生谷类的种子，这在某种程度上也证明了上述研究结论的客观性。[③]

动物骨骼普遍破碎，其中烧骨有3 733件，占骨骼总量的72%。根据个别的牙齿和关节大致判断属哺乳类的有啮齿目（中华鼢鼠）、兔形目、食肉目和偶蹄目（羚羊属），属鸟类的有鸵鸟等。68件骨骼上有划痕，其性质有待进一步的分析研究。还发现1件鸟类肢骨的骨管装饰品，断面有磨圆痕迹。17件蚌制品中，有3件穿孔的饰品。11件鸵鸟蛋壳，均见于筛选遗物中，且只见于第4层，除1件经火烧破碎外，其余厚度均为0.21厘米，最大宽不超过0.6厘米。[④]

根据文化遗存的种类及分布状况来看，S9地点是一处原地埋藏遗址，其绝对年代在距今13 800～8 500年。[⑤]

[①] Liu Li, Wei Ge, Sheahan Bestel, Duncan Jones, Jinming Shi, Yanhua Song, Xingcan Chen. Plant exploitation of the last foragers at Shizitan in the Middle Yellow River Valley China: evidence from grinding stones. *Journal of Archaeological Science*, 2011, 38(12): 3524～3532.

[②] 宋艳花、石金鸣、刘莉：《从柿子滩遗址S9地点石磨盘的功能看华北粟作农业的起源》，《中国农史》2013年第3期。

[③] Sheahan Bestel, Gary W Crawford, Li Liu, Jinming Shi, Yanhua Song and Xingcan Chen. The evolution of millet domestication, Middle Yellow River Region, North China: Evidence from charred seeds at the late Upper Paleolithic Shizitan Locality 9 site. *The Holocene*, 2014, 24(3): 261～265.

[④] 柿子滩考古队：《山西吉县柿子滩遗址第九地点发掘简报》，《考古》2010年第10期。

[⑤] LiuLi, WeiGe, Sheahan Bestel, Duncan Jones, Jinming Shi, Yanhua Song, Xingcan Chen. Plant exploitation of the last foragers at Shizitan in the Middle Yellow River Valley China: evidence from grinding stones. *Journal of Archaeological Science*, 2011, 38(12): 3524～3532.

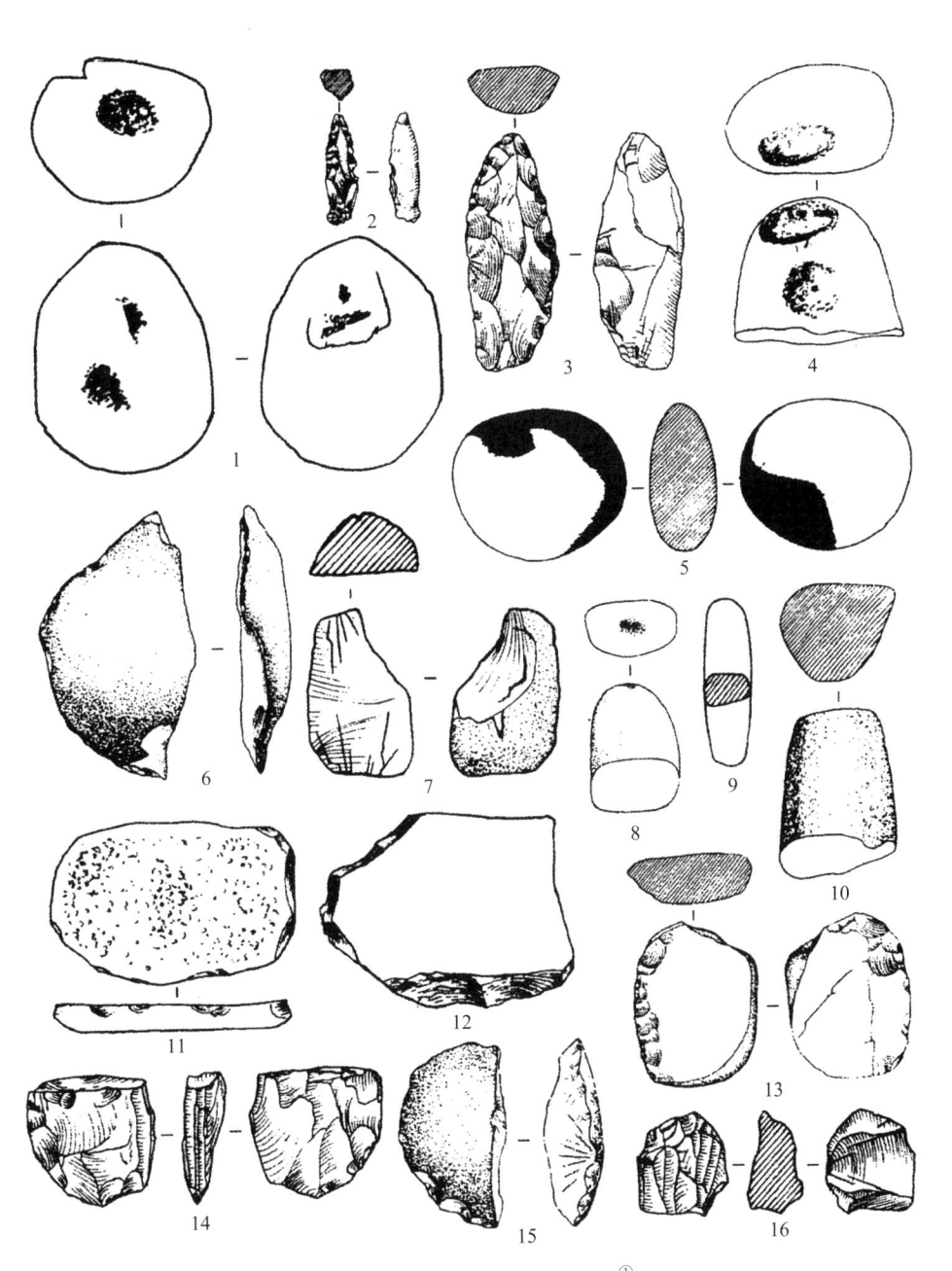

第六章 华北地区细石叶组合融合期（距今 12 900～11 500 年） 131

图 80 柿子滩 S9 地点出土遗物[1]

1、4、8. 石锤 2～3. 尖状器 5. 研磨石 6、15. 刮削器 7. 石片 9～10. 石磨棒 11～12. 石磨盘 13. 砍砸器 14、16. 细石核

[1] 柿子滩考古队：《山西吉县柿子滩遗址第九地点发掘简报》，《考古》2010 年第 10 期。

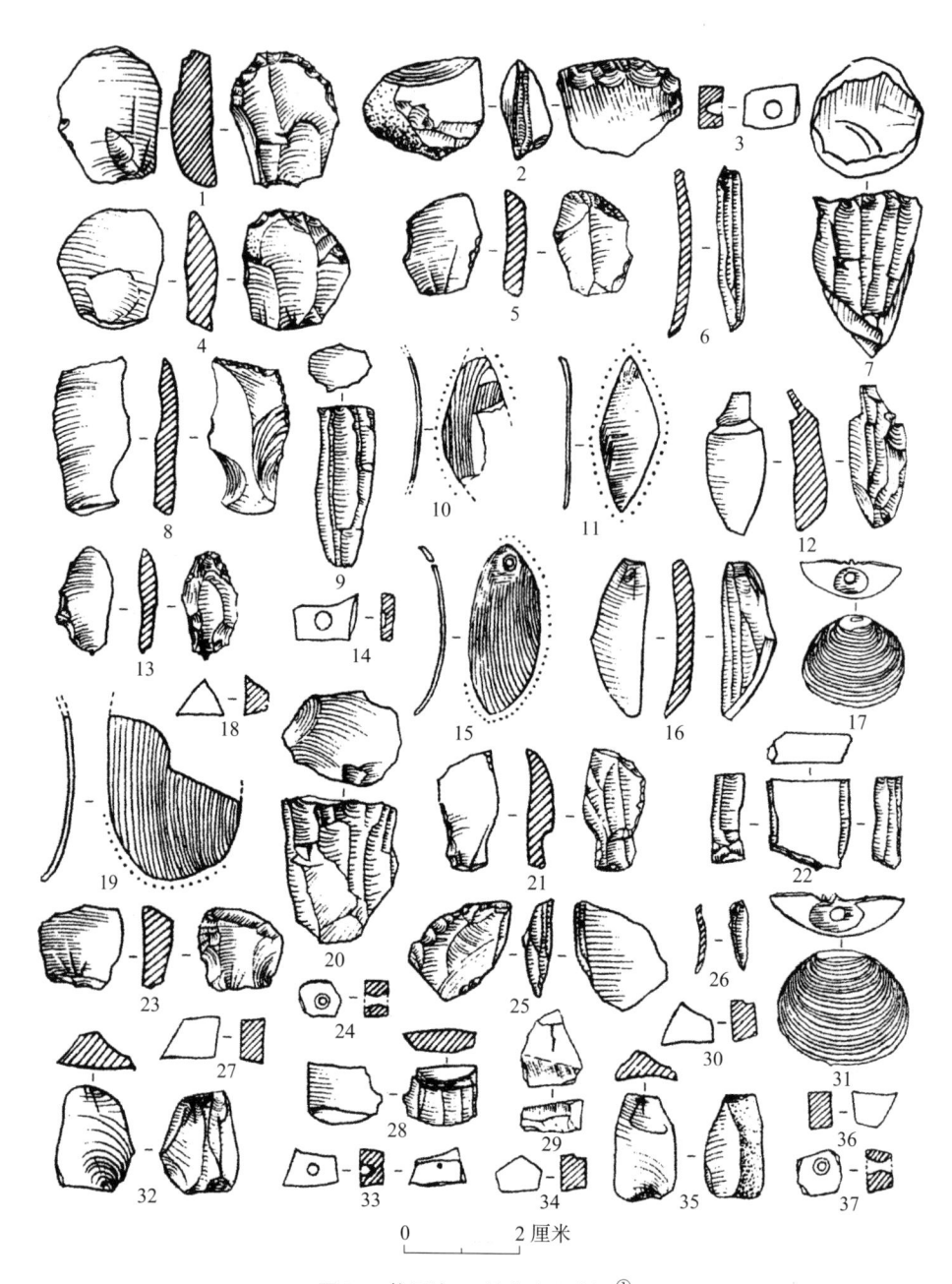

图 81　柿子滩 S9 地点出土遗物[1]

1、4. 端刮器　2、7、9、20、22、25. 细石核　3、14、18、24、30、33～34、36～37. 鸵鸟蛋壳　5、8、13、21、23、27. 刮削器　6、26. 细石叶　10～11、15、17、19、31. 蚌制品　12、16、28、32、35. 石片　29. 赭色颜料

[1] 柿子滩考古队:《山西吉县柿子滩遗址第九地点发掘简报》,《考古》2010 年第 10 期。

第二节　柿子滩 S12G 地点

柿子滩 S12G 地点位于山西省吉县高楼河沟与清水河交汇处，清水河右岸的二级阶地最上部，地理坐标：E110°33.101′，N36°02.472′，海拔 688 米。该地点属于 S12 地点群中海拔最高的一处，于 2005 年 5 月到 8 月发掘，发掘面积 6 平方米，发掘深度 1.9 米。[①]地层堆积从上而下依次为：1. 坡积土层；2. 灰褐色砂质黏土层（黑垆土层）；3. 粉砂、砂质黏土与砂砾层交互沉积层；4. 灰褐色砂质黏土层；5. 灰褐色黏土层；6. 砾石层；7. 基岩。出土文化遗物 1 772 件，包括石制品（1 130 件）、动物化石（640 件）、蚌壳片（1 件）和鸵鸟蛋壳装饰品（1 件）。石制品原料主要为燧石，石英岩次之，还有个别石英和玛瑙。石料种类丰富，颜色各异，表面多有砾石面。打片技术主要为锤击法，砸击石片只有零星发现。细石核共 8 件，均为楔形石核，细石叶剥落技术较为成熟，处于制作、剥片和废弃的不同阶段。工具以小型石片石器为主，类型包括边刮器、端刮器和尖状器等（图 82～84；表 30）。工具的加工和修整主

表 30　柿子滩 12G 地点石制品一览表

种 类		数 量		百分比（%）	
石核	普通石核	锤击石核	2	4	50	33.3	1.1
		砸击石核	2		50		
	楔形细石核 || 8	12	66.7		
石片	细石叶		48	478	10		42.3
	普通石片		430		90		
工具	刮削器		8	16	50		1.4
	端刮器		4		25		
	尖状器		2		12.5		
	石板		2		12.5		
断片（块）—碎屑			624		55.2	
合计			1 130		100	

[①] 赵静芳：《柿子滩遗址 S12 地点发现综述》，《考古学研究（七）》，科学出版社，2008 年。

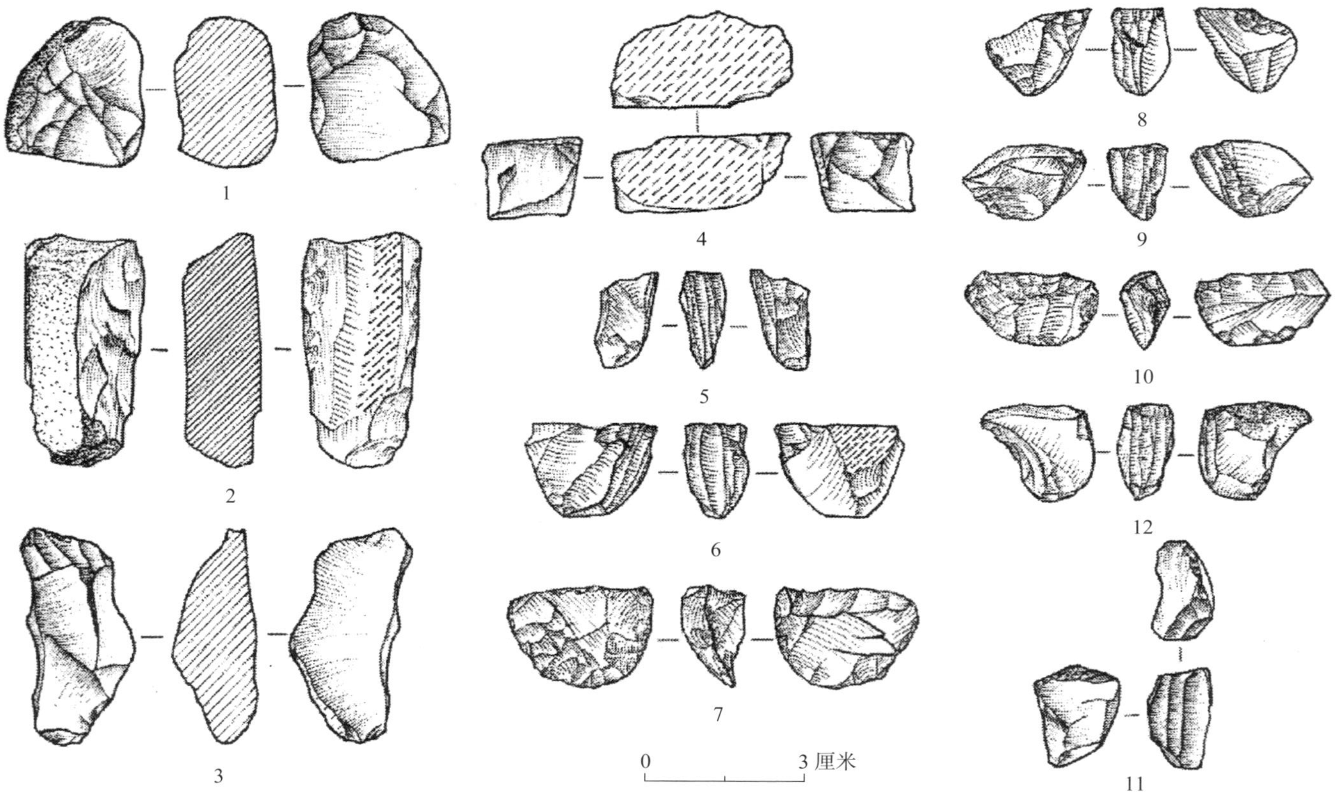

134　华北地区细石叶组合演变研究

图 82　柿子滩 S12G 地点石核和细石核①
1～4. 石核　5～12. 楔形细石核

① 柿子滩考古队：《山西吉县柿子滩遗址 S12G 地点发掘简报》,《考古与文物》2013 年第 3 期。

第六章 华北地区细石叶组合融合期（距今 12 900～11 500 年） 135

要使用压剥法，且以正向加工为主，偶见反向和错向加工者，加工程度浅，片疤短，有的呈断续分布。动物化石中有近三分之一者有明显的火烧痕迹，呈现灰白色或灰黑色。化石破碎，绝大多数呈细小骨片，可鉴定的只有 11 件臼齿，均属于牛科羊属。1 件蚌壳碎片，种属不可鉴定。1 件鸵鸟蛋壳制品，呈圆形，中心穿孔，表面光滑圆钝，钻孔和器身修整的痕迹漫灭不清，判断是 1 件装饰品。柿子滩 S12G 地点埋藏于上覆土状堆积中，其黑垆土层与柿子滩 S9 地点堆积相同，同属于柿子滩遗址较晚阶段的堆积。柿子滩 S9 地点的测年数据为距今 13 800～8 500 年，推测 S12G 地点的年代也应该在这个范围内。[①]

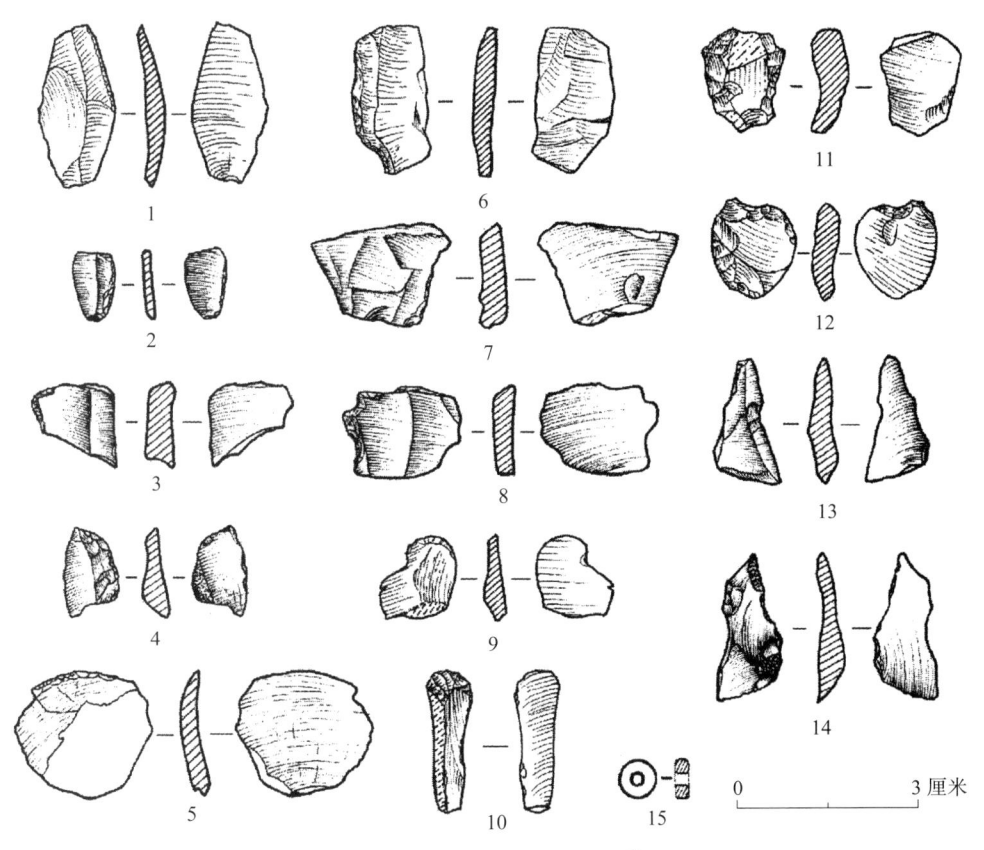

图 83　柿子滩 S12G 地点工具[②]
1～8. 刮削器　9～12. 端刮器　13～14. 尖状器　15. 鸵鸟蛋壳穿孔饰品

---

① 柿子滩考古队：《山西吉县柿子滩遗址 S12G 地点发掘简报》，《考古与文物》2013 年第 3 期。
② 柿子滩考古队：《山西吉县柿子滩遗址 S12G 地点发掘简报》，《考古与文物》2013 年第 3 期。

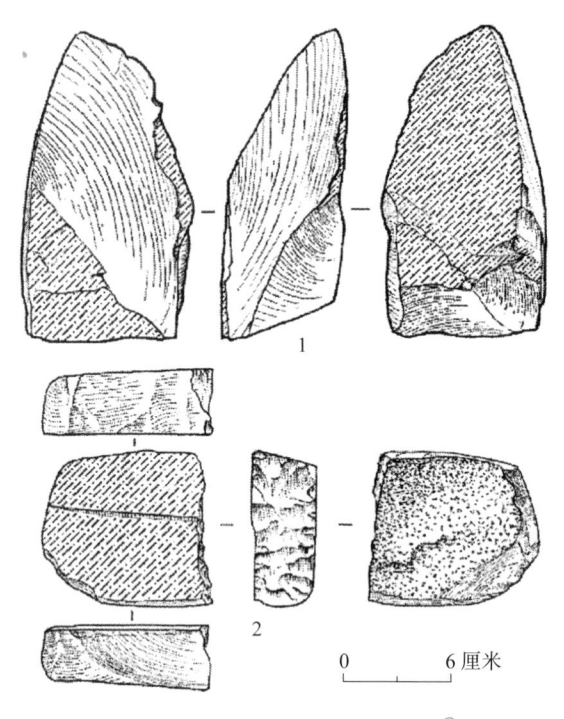

图 84　柿子滩 S12G 地点砂岩石板①

第三节　柿子滩 S1 地点

柿子滩 S1 地点位于山西省吉县城关西南 30 公里的清水河畔，前下岭村西南 2 公里，西距黄河 2 公里。该地点发现于 1980 年 3 月，试掘于 4 至 8 月，试掘面积 100 平方米，是柿子滩遗址最早发现、发掘的一处地点。柿子滩 S1 地点的地层自上而下为：1. 耕土层（0.04 米）；2. 黑垆土层（1 米）；3. 灰黄色土层（5.5 米）；4. 灰褐色粉砂土层（2.5 米）；5. 底砾层（1.3～3.5 米）。根据石器风格的不同，研究者将出自底砾层的文化遗存称为下层文化，将出自底砾层之上的第 2～5 层中的文化遗存称为上层文化。绝大多数文化遗物发现于上文化层之中，包括石制品、动物骨骼及 2 件蚌器，仅 12 件粗大石器和一块槽形砾石出自底砾层中（图 85）。此次发掘共获得石制品 1 807 件，包括石核、石

---

① 柿子滩考古队：《山西吉县柿子滩遗址 S12G 地点发掘简报》，《考古与文物》2013 年第 3 期。

第六章　华北地区细石叶组合融合期（距今12 900～11 500年）　　137

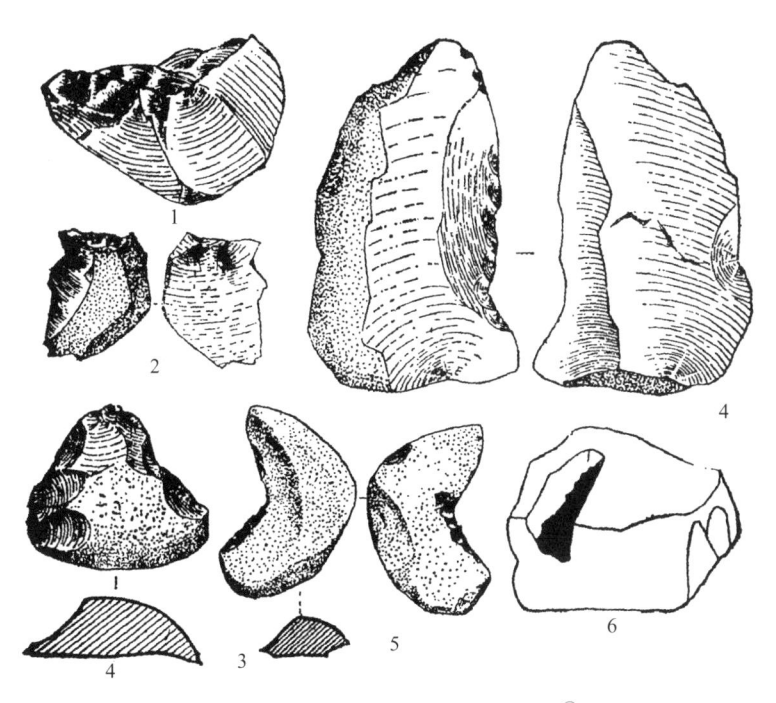

图85　柿子滩S1地点下文化层石制品[①]
1. 石核　2. 石片　3. 砍斫器　4. 尖状器　5. 刮削器　6. 槽形砾石

片、细石核、细石叶、工具等类型，主要集中于上文化层中，该层共出土石制品1 785件（表31）。锤击石核剥片效率比较高，有些可能是细石核的预制阶段；石片中长大于宽者占大多数，有些似可归入石叶类中。细石核不仅数量多，且类型丰富，包括楔形、船形、锥形、漏斗形等类型，从有些细石核自身的规范程度及细石叶的剥落状况来看，细石叶工艺水平已达到比较高的程度。值得注意的是，报告中有1件被归入石镞类中的标本，应该是属于利用单面器为毛坯制作而成的刃状台面楔形细石核（图90，3）。工具类型丰富，包括石锤、砍砸器、刮削器、端刮器、尖状器、雕刻器、石镞、石锯、锥钻、琢背刀、磨石、磨盘等类型。小型工具占绝大多数，刃部基本采用压制法精细修理，形制也比较规范。在这些小型工具中又以刮削器、端刮器占绝对多数，两者占工具总量的73.8%，其中端刮器数量最多，形制也最为规范，所划分的4种类型均各有其稳定的特征，特别是弧刃端刮器，数量最多，达125件，且加

[①] 山西省临汾行署文化局：《山西吉县柿子滩中石器文化遗址》，《考古学报》1989年第3期。

工精致、形制规整、器形稳定。尖状器、石镞等工具器型规整，对称性强，其中有多件采用单面器和两面器为毛坯者，从报告线图来看，似乎以单面器者居多。石锯、琢背刀等也都富有特色。某种程度上讲，这些器物都可当作确定时

表 31　柿子滩 S1 地点上文化层石制品一览表

种类			数量		百分比（%）	
石核	普通石核	锤击石核	7	13	54	5.9
		砸击石核	6		46	
	细石核	楔形	79	208	38	94.1
		船形	64		30.8	
		锥状	35		16.8	
		漏斗状	30		14.4	
				221		12.4
石片		细石叶	545	1 110	49	62.2
		普通石片	565		51	
工具		刮削器	95	454	20.9	25.4
		端刮器	240		52.9	
		尖状器	49		10.8	
		石镞	12		2.7	
		雕刻器	23		5.1	
		锥钻	2		0.4	
		石锯	2		0.4	
		琢背石片	8		1.8	
		砍砸器	6		1.3	
		石锤	11		2.4	
		磨盘	2		0.4	
		磨石	1		0.2	
		手斧	3		0.7	
合计			1 785			

第六章 华北地区细石叶组合融合期（距今12 900～11 500年） 139

代、地域特色的典型器物来看待（图86～91）。① 通过对文化层中动物骨骼样品的加速器质谱碳十四测定，S1地点的绝对年代在距今14 720～10 490年。② 出土遗物比较集中的黑垆土层碳十四年代为距今9 000多年。③

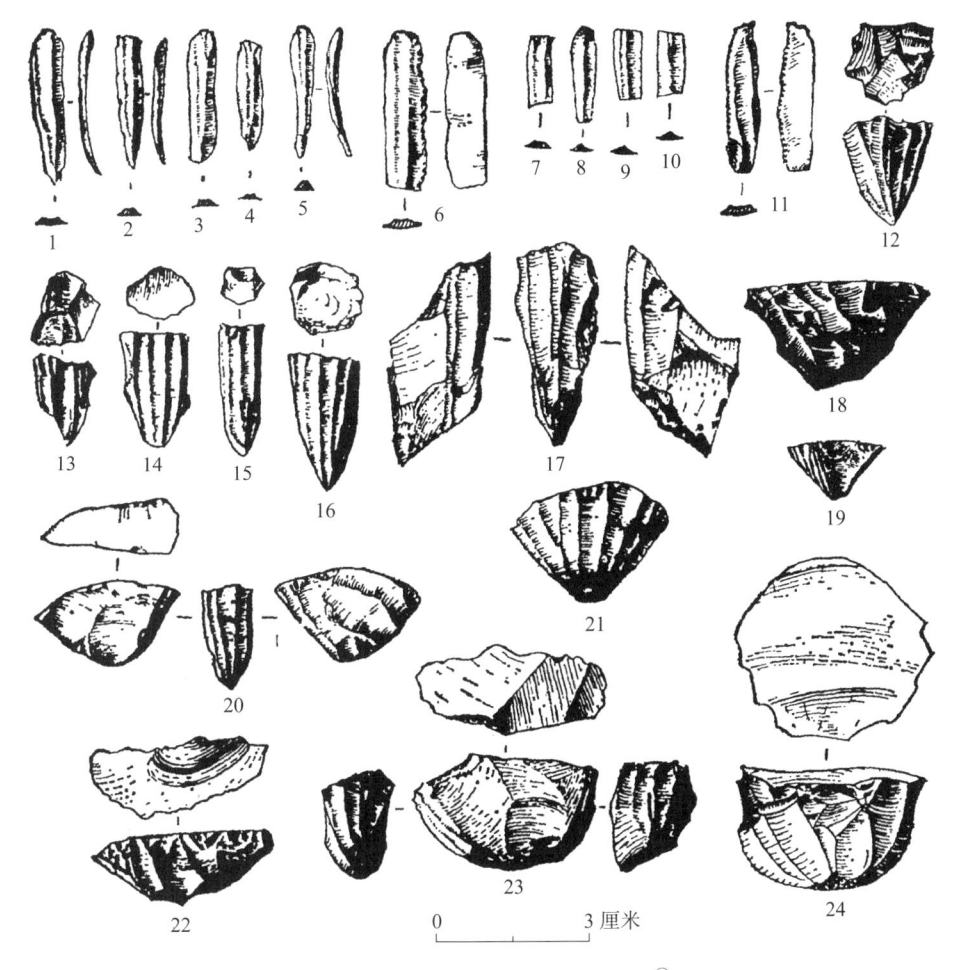

图86 柿子滩S1地点上文化层石制品[④]
1～5.石叶 6.边刮器 7～10.截断石叶 11.细石叶歪尖尖状器 12～16.锥形细石核 17、20.楔形细石核 18～19、21、24.漏斗状细石核 22～23.船底形细石核

---

① 山西省临汾行署文化局：《山西吉县柿子滩中石器文化遗址》，《考古学报》1989年第3期。
② 原思训、赵朝洪、朱晓东等：《山西吉县柿子滩遗址的年代与文化研究》，《考古》1998年第6期。
③ 王幼平：《李家沟、大岗与柿子滩9地点的地层及相关问题》，《考古学研究（九）》，科学出版社，2012年。
④ 山西省临汾行署文化局：《山西吉县柿子滩中石器文化遗址》，《考古学报》1989年第3期。

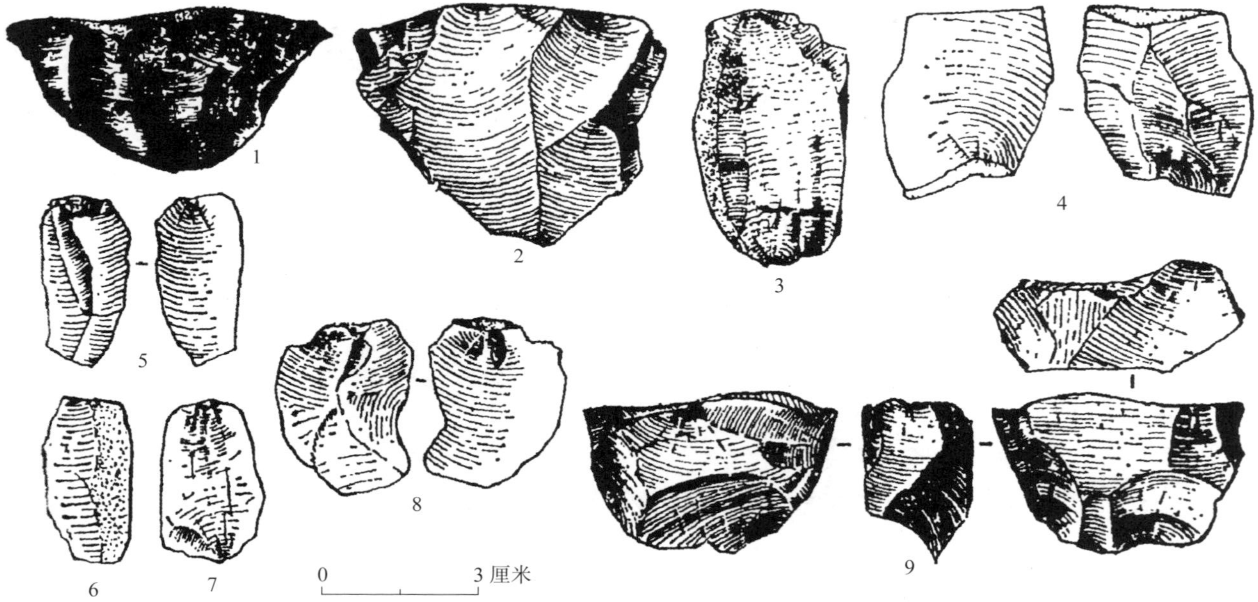

图 87　柿子滩 S1 地点上文化层石制品①

1~2.漏斗状石核　3.两极石核　4~6、8.长石片　7.两极石片　9.船底形石核

---

① 山西省临汾行署文化局：《山西吉县柿子滩中石器文化遗址》，《考古学报》1989 年第 3 期。

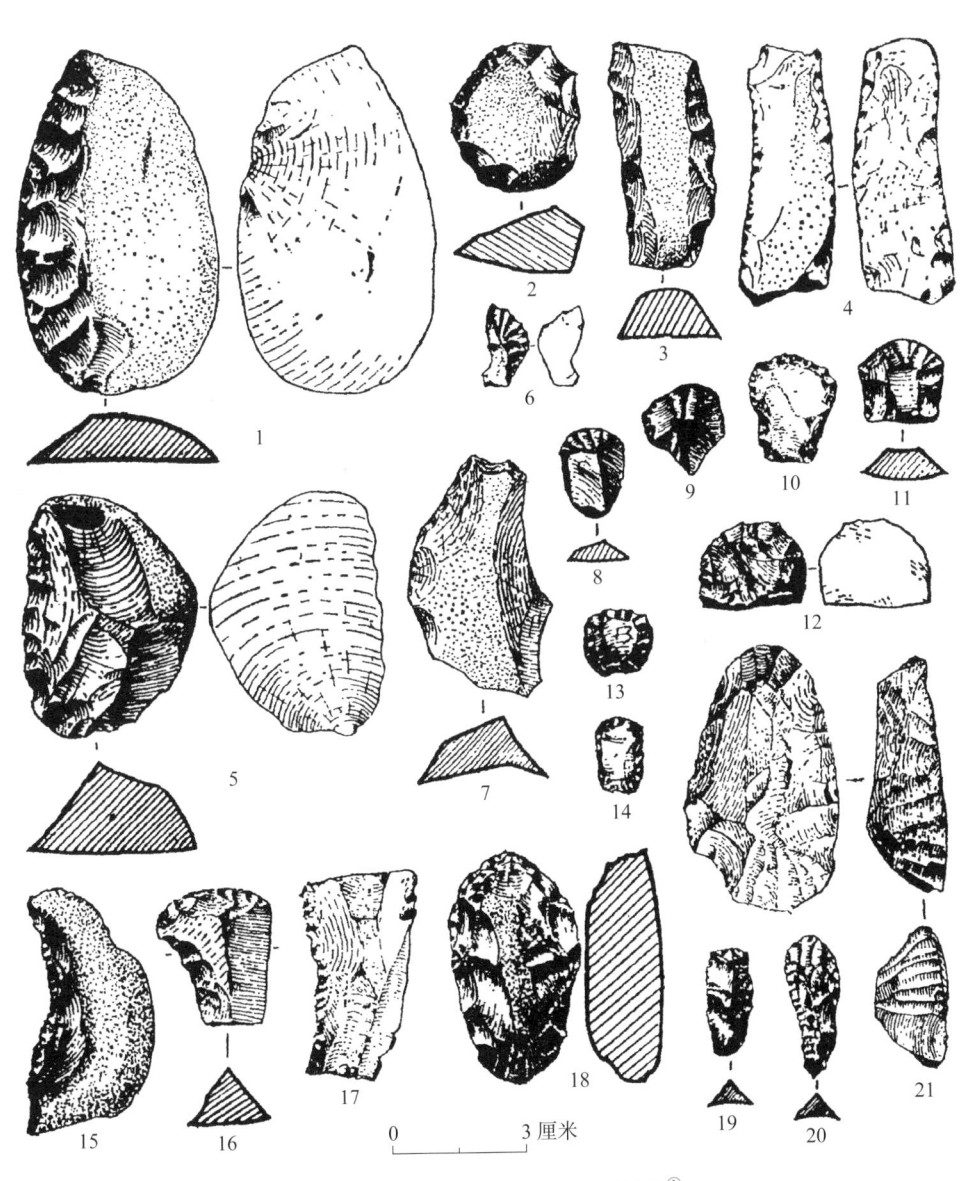

第六章 华北地区细石叶组合融合期（距今 12 900～11 500 年） 141

图 88 柿子滩 S1 地点上文化层刮削器[①]

---

① 山西省临汾行署文化局:《山西吉县柿子滩中石器文化遗址》,《考古学报》1989 年第 3 期。

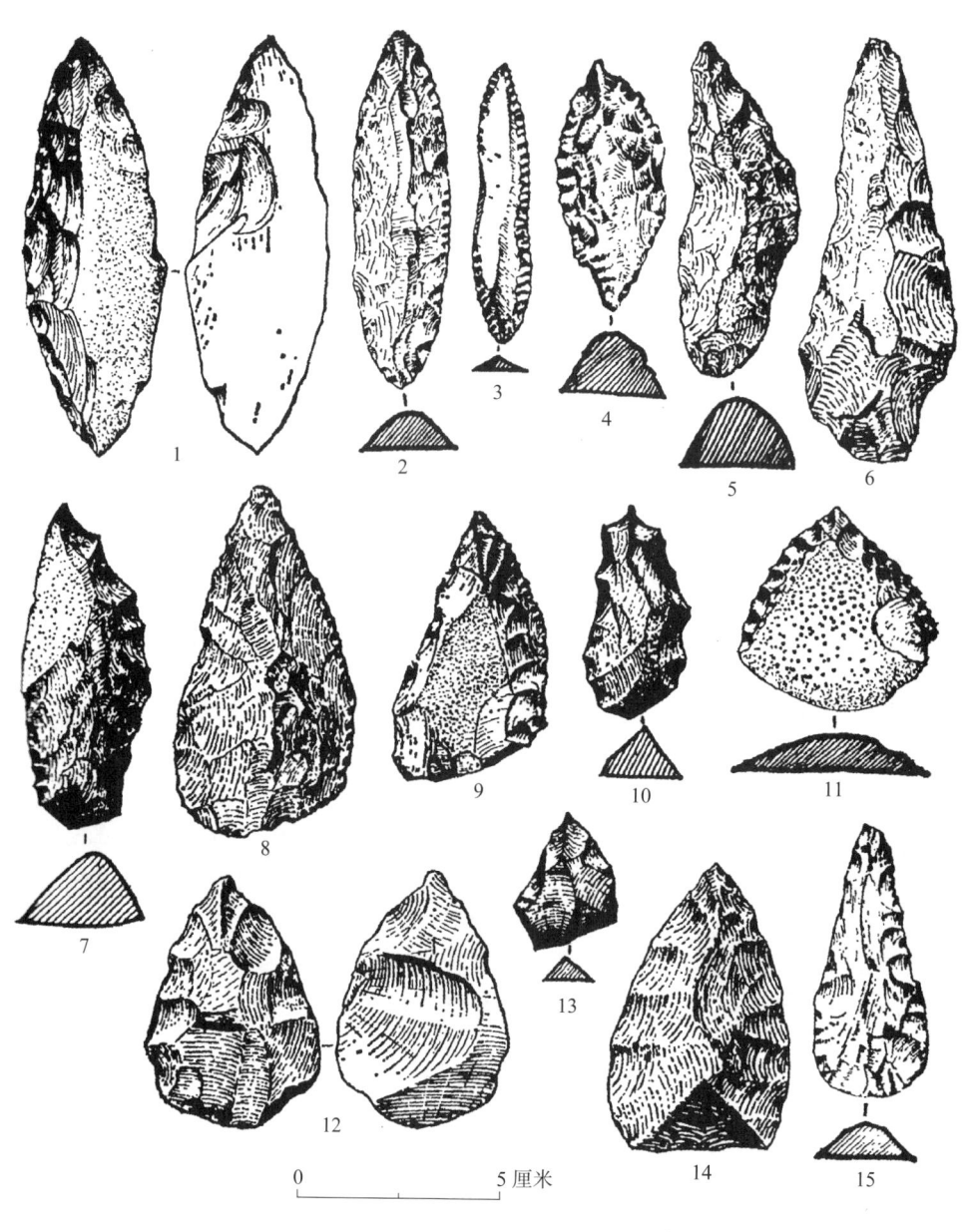

142　华北地区细石叶组合演变研究

图 89　柿子滩 S1 地点上文化层尖状器[①]

---

① 山西省临汾行署文化局：《山西吉县柿子滩中石器文化遗址》，《考古学报》1989 年第 3 期。

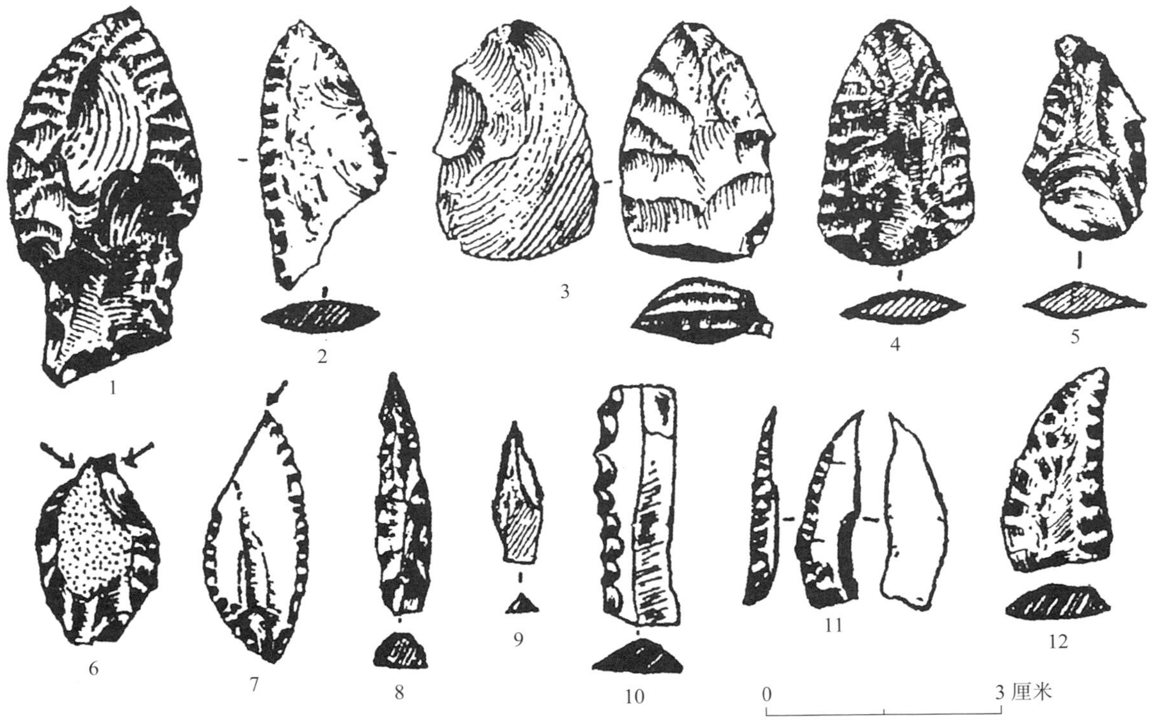

第六章　华北地区细石叶组合融合期（距今 12 900～11 500 年）　143

图 90　柿子滩 S1 地点上文化层工具①
1～5、12. 石镞　6～7. 雕刻器　8～9. 锥钻　10. 锯　11. 啄背石片

① 山西省临汾行署文化局：《山西吉县柿子滩中石器文化遗址》，《考古学报》1989 年第 3 期。

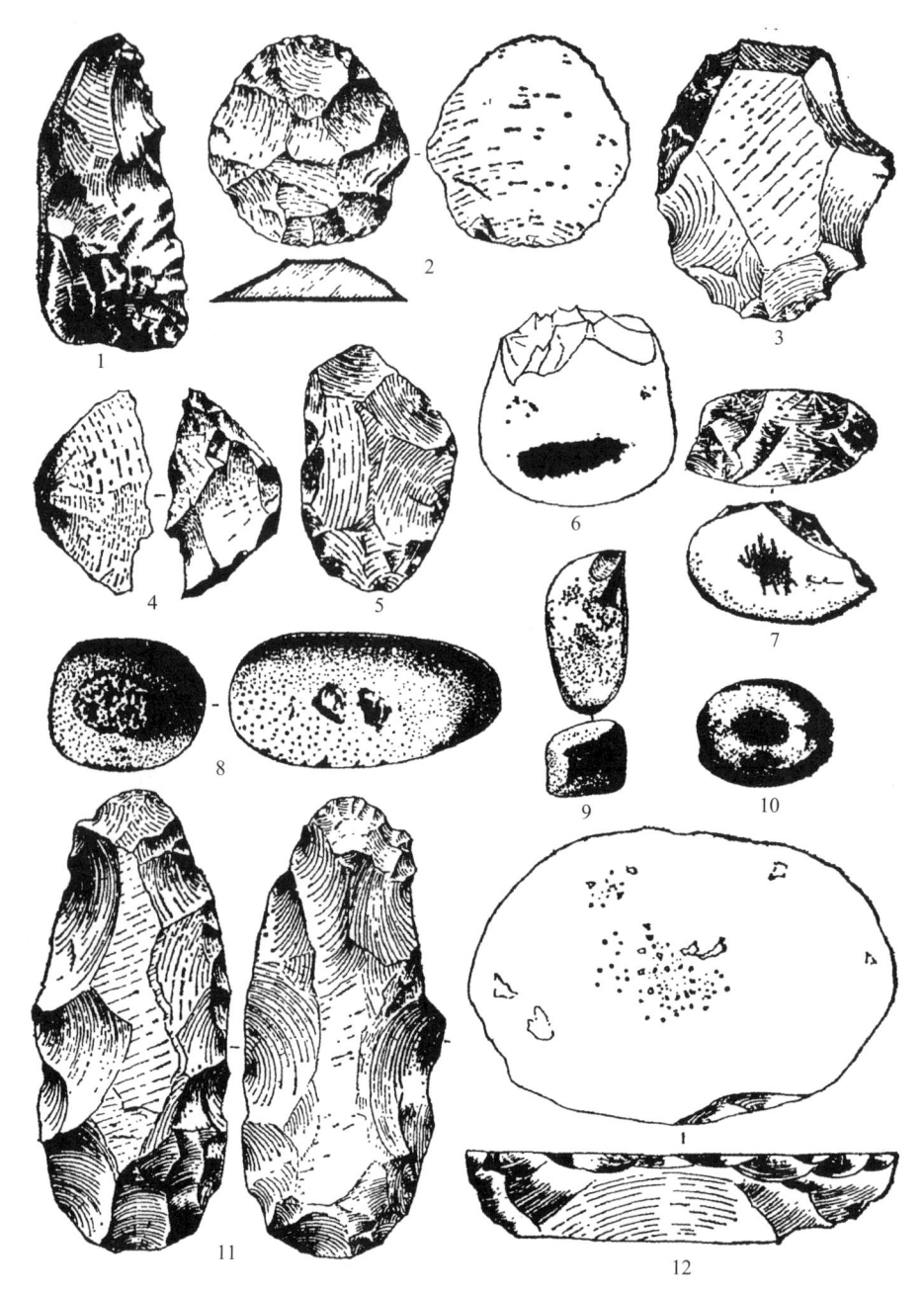

图91 柿子滩S1地点上文化层工具[1]
1～5.砍砸器 6.磨石 7～10.石锤 11.手斧 12.磨盘

[1] 山西省临汾行署文化局：《山西吉县柿子滩中石器文化遗址》，《考古学报》1989年第3期。

第四节 于家沟遗址

于家沟遗址是20世纪70年代报道的虎头梁遗址群中的65039地点，该遗址位于河北省阳原县东城镇西水地村东南约1 000米的于家沟西侧，地理坐标：E114°28′47″，N40°09′49″，海拔高度约865米。发掘自1995年至1997年，历时3年。发掘表明，这是一处地层连续、内涵丰富，展现了长时段细石器遗存发展演变状况的旧、新石器时代过渡时期的遗址。从测年结果来看，这个遗址剖面揭示了泥河湾盆地自晚更新世末至全新世之初文化演进的完整过程。[①]

（一）文化层

该遗址共包括7个文化层，文化遗存主要发现在第2、第3和第4文化层中，从上至下文化层情况为：

第1文化层为褐黄色黄土质粉砂层（表土层），垂直节理发育，属现代扰土层，出土晚期陶片、瓷片等，厚约0.55米。

第2文化层为灰黑色黏土质粉砂层，质地疏松，富含有机物与新石器时代打制和磨制石制品、骨器、陶片、装饰品、烧骨、石块和动物化石等遗物，厚约1.45米。

第3文化层为黄褐色黄土质粉砂层，质软疏松，堆积较厚，按土质土色和包含物的不同又分为a、b两亚层。

第3a文化层为深黄褐色土层，质软疏松，孔隙较多，夹杂小砾石。含大量细石器工业制品和动物化石，另外还包括少量磨制石器、骨器、陶片、烧骨、砾石、炭屑等遗物，厚约1.3米。

第3b文化层为浅黄褐色土层，质地较致密，土色较为纯净。含大量细石器工业制品、动物化石、烧骨和炭屑，另出土陶片、装饰品、砾石等，以及极少的局部磨制石器和骨制品，厚约1.1米。

第4文化层为褐灰色黄土质粉砂，质地致密，含大量白色斑点，顶部有铁锈，下部含棕黄色和黑色条带，夹杂一些小砾石。含大量细石器工业制品、动

[①] 梅惠杰：《泥河湾盆地旧、新石器时代的过渡——阳原于家沟遗址的发现与研究》，北京大学考古文博学院博士论文，2007年。

物化石、烧骨和炭屑，另出土少量陶片、装饰品和砾石等，厚约 0.65 米。

（二）绝对年代

在于家沟遗址揭露出了华北地区难得的旧、新石器时代过渡时期的地层剖面，厚约 7 米，为古人类文化的不同演进阶段提供了层位标尺。该遗址自发掘以来，不同学术单位曾采用热释光（TL）[①]、光释光（OSL）[②] 及加速器质谱碳 14（AMS^{14}C）[③] 等方法对其年代进行测定，综合这些测年结果可以确定该遗址的第 4~3b 文化层的年代为距今 16 023～13 400 年，第 3a 文化层的年代为距今 13 400～9 800 年，第 2 文化层的年代为距今 9 800～8 406 年。测年结果和文化内涵分析表明，该遗址地层沉积连续，文化脉络前后有着一定的承袭关系。

（三）文化内涵

于家沟遗址共出土文化遗物 31 798 件，其中包括打制类石制品 11 969 件，磨制类石制品 13 件，磨制骨、角制品 8 件，陶片 40 件，装饰品类 38 件，烧骨 1 271 件，动物化石 18 415 件。不同遗物在各层位中的分布有一定区别，第 7～5 文化层，打制类石制品数量逐渐增多，出现装饰品，不见磨制石制品及骨、角器，亦不见陶器。第 4 文化层中出土打制类石制品最多，磨制石器及陶片开始出现，装饰品数量开始增多。第 3 文化层打制类石制品风格与第 4 文化层基本相同，陶片数量开始增多。至第 2 文化层，磨制类石制品，骨、角制品及陶片数量急剧增多，所占比例大大超过之前几个阶段。

1. 第 2 文化层

于家沟遗址第 2 文化层共出土文化遗物 631 件，其中打制石器 389 件、磨制石器 11 件、骨器 7 件、陶片 27 件、装饰品 3 件、烧骨 8 件、石块 9 件和 177 件动物化石。石制品石质以燧石占大多数（53.1%），其次为玛瑙（15.6%）

[①] 夏正楷、陈福友、陈戈等：《我国北方泥河湾盆地新—旧石器文化过渡的环境背景》，《中国科学 D 辑：地球科学》2001 年第 5 期。

[②] Rui X, Guo YJ, Zhang JF, Hu Y, Mei HJ, Wang YP, Xie F, Li B. Luminescence chronology of the Palaeolithic-Neolithic transition in the Yujiagou site at the Nihewan Basin, northern China. *Journal of Guatenary Science,* 2019.34(2).

[③] Xiaomin Wang, Fei Xie, Huijie Mei, Xing Gao. Intensive exploitation of animal resources during Deglacial times in North China: a case study from the Yujiagou site. *Archaeological and Anthropological Sciences*, 2019, 11.

第六章　华北地区细石叶组合融合期（距今 12 900～11 500 年）　147

和石英岩（10.3%），石英岩 H 仅占 6.4%，石英砂岩和石英较少，均不到 5%，余者火成岩、角砾岩、硅质岩等极少，合占 5%。

该层出土的石制品包括打制石器和磨制石器两类，共 409 件（表 32，图 92～96）。打制石器中包含有 3 件细石核，其中 2 件为柱形，1 件为锥形；石质方面 2 件为燧石质、1 件为石英岩质。其中 1 件柱形细石核（YJG②：36）呈不规则状，台面不做修理，底端呈刃状（图 42，14）。另 1 件以石块为毛坯的锥形细石核，一面剥片，相对的一面则为节理面，也存在钝厚的底缘。石片类中细石叶的数量要远远大于石叶的数量。工具存在打制和磨制两类，打制石器中以刮削器类最多，占 50% 以上，基本利用石片为毛坯，刃缘正向修理而

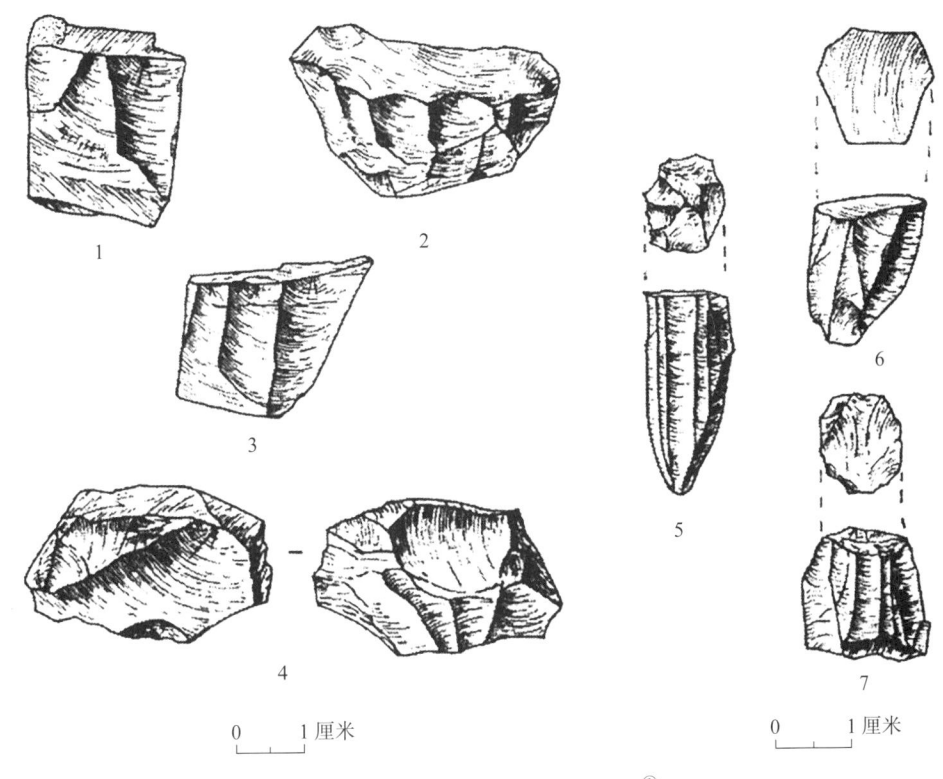

图 92　于家沟遗址第 2 文化层石核[①]
1～4. 锤击石核　5～7. 细石核

---

① 梅惠杰：《泥河湾盆地旧、新石器时代的过渡——阳原于家沟遗址的发现与研究》，北京大学考古文博学院博士论文，2007 年。

表 32 于家沟遗址第 2 文化层石制品一览表

种 类		数 量		百分比（%）	
石核	锤击石核	18	21	85.7	5.1
	细石核	3		14.3	
石片	锤击石片	201	228	88.3	55.7
	砸击石片	1		0.4	
	石叶	3		1.3	
	细石叶	23		10	
工具	打制	石锤	2	42	4.8	79.2	13
		砍砸器	1		2.4		
		刮削器	19		45.1		
		端刮器	4		9.5		
		尖状器	2		4.8		
		钻	1		2.4		
		镞	4		9.5		
		凹缺刮器	2		4.8		
		锯	1	53	2.4		
		多功能器	4		9.5		
		不明石器	2		4.8		
	磨制	石铲	1	11	9.1	20.8	
		磨石	1		9.1		
		磨棒	3		27.3		
		石斧	3		27.3		
		石镞	1		9.1		
		石器残块	2		18.1		
砾石—石块			9		2.2	
碎片—碎块			98		24	
合计			409		100	

第六章　华北地区细石叶组合融合期（距今 12 900～11 500 年）　149

成。石镞多为残器，基本都是利用石片为毛坯，两面加工而成。磨制石器包括石斧、石铲、石镞等类型，器形规整，绝大多数为通体磨光，显示磨制技术已非常发达。与石制品同时出土的还有 7 件磨制骨器，1 件为骨匕，余者为骨锥，均选用动物肢骨片加以磨制而成，刃缘部位磨制充分。该层中共发现陶片 27 件，包括夹砂黄褐陶、夹砂灰陶、泥质黄褐陶及泥质灰陶等，部位有口沿、残纺轮和器腹残片，纹饰包括绳纹、网格纹、戳印纹等，其中 1 件夹砂黄褐陶片外壁附有较厚烟炱。除此之外，该层还出土 3 件装饰品，材质包括蚌壳和骨片，加工技术为钻孔和磨制（图 97）。除文化遗物外，在该层的中下部还发现了小型窑址和墓葬等遗迹各一处。

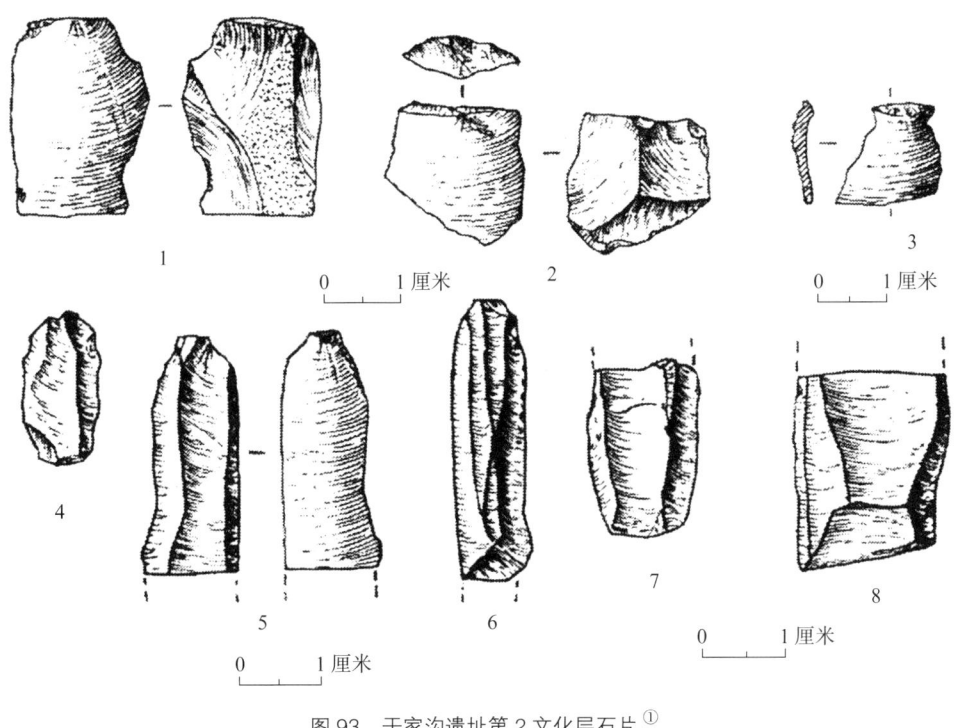

图 93　于家沟遗址第 2 文化层石片[①]
1～3. 锤击石片　4. 砸击石片　5～6. 细石叶　7～8. 石叶

[①] 梅惠杰：《泥河湾盆地旧、新石器时代的过渡——阳原于家沟遗址的发现与研究》，北京大学考古文博学院博士论文，2007 年。

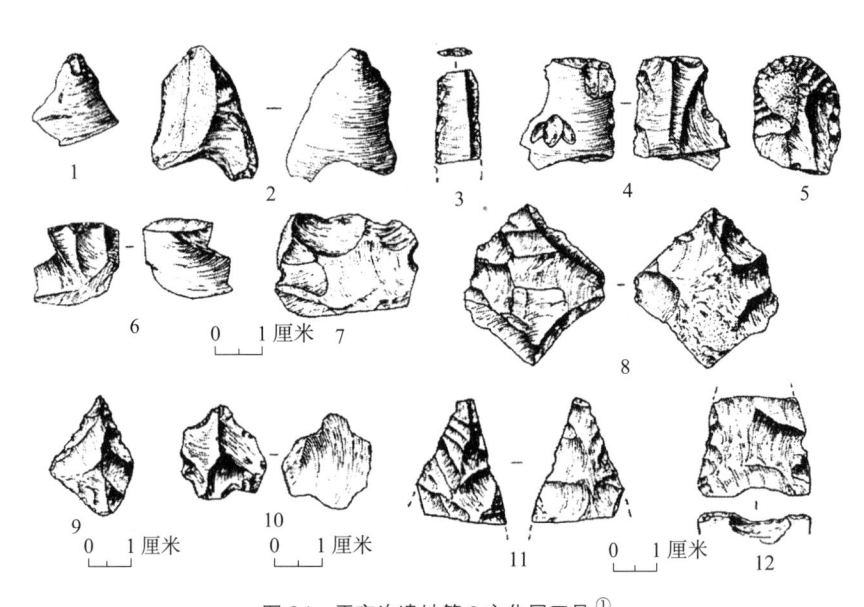

图 94　于家沟遗址第 2 文化层工具
1～4. 边刮器　5～6. 端刮器　7～8. 凹缺刮器　9～10. 多能石器　11～12. 石镞

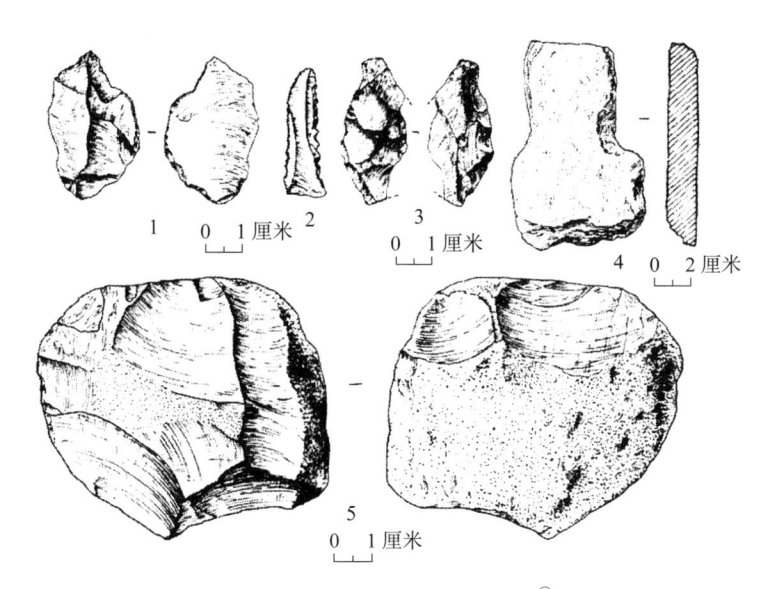

图 95　于家沟遗址第 2 文化层打制石器
1. 钻　2. 锯　3. 不明石器　4. 铲（采集）　5. 砍砸器

---

① 梅惠杰：《泥河湾盆地旧、新石器时代的过渡——阳原于家沟遗址的发现与研究》，北京大学考古文博学院博士论文，2007 年。
② 梅惠杰：《泥河湾盆地旧、新石器时代的过渡——阳原于家沟遗址的发现与研究》，北京大学考古文博学院博士论文，2007 年。

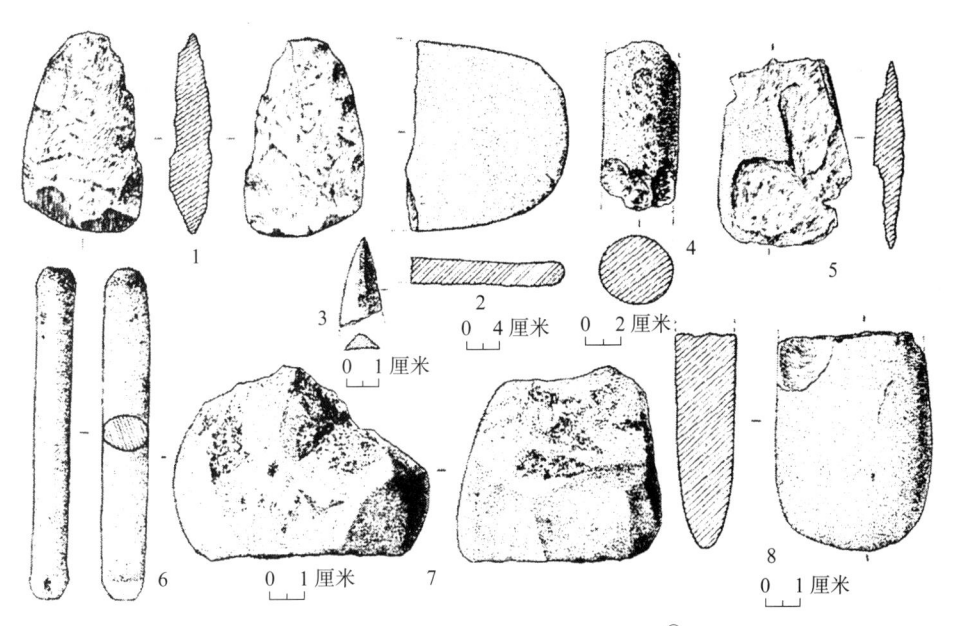

第六章　华北地区细石叶组合融合期（距今 12 900～11 500 年）　　151

图 96　于家沟遗址第 2 文化层磨制类石器[①]
1. 铲　2. 磨盘（采集）　3. 镞　4. 磨棒　5、8. 斧　7. 磨石

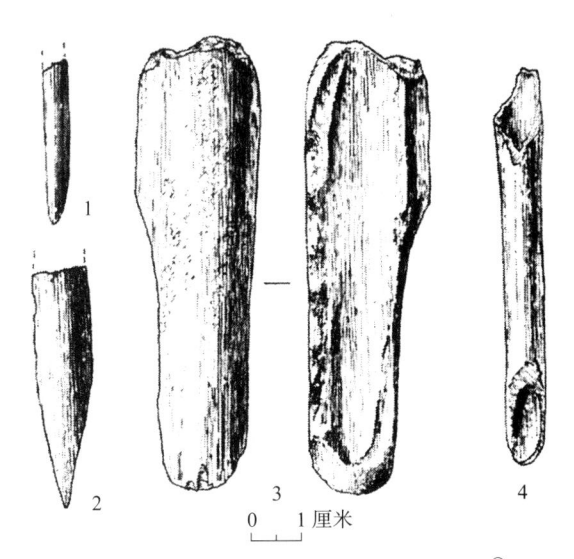

图 97　于家沟遗址第 2 文化层磨制骨器[②]
1～2. 骨锥　3. 骨匕

[①]　梅惠杰：《泥河湾盆地旧、新石器时代的过渡——阳原于家沟遗址的发现与研究》，北京大学考古文博学院博士论文，2007 年。
[②]　梅惠杰：《泥河湾盆地旧、新石器时代的过渡——阳原于家沟遗址的发现与研究》，北京大学考古文博学院博士论文，2007 年。

2. 第 3a 文化层

于家沟遗址第 3a 文化层中共出土编号遗物 318 件，包括打制石器 177 件、磨制石器 1 件、陶片 2 件、烧骨 2 件、砾石 4 件和动物化石 132 件。打制类石制品中石料以石英岩 H 居多，占 53.6%；其次为燧石，占 18.2%；其余石料依次为石英岩、角页岩、石英砂岩、玛瑙等，偶见硅质岩、硅质灰岩和火成岩。

该层出土的石制品包括打制石器和磨制石器两类，共 182 件（表 33，图 98～102）。该层共出土了 11 件细石核，包括 9 件楔形细石核和 2 件锥形细石

表 33 于家沟遗址第 3a 文化层石制品一览表

种 类			数 量		百分比（%）	
石核	锤击石核	2	14		14.3	7.7
	砸击石核	1			7.2	
	细石核	11			78.5	
石片	锤击石片	90	107		84.2	58.8
	整形和修缘石片	6			5.6	
	削片	4			3.7	
	细石叶	7			6.5	
工具	打制	刮削器	19	40	41	47.5	97.6	22.5
		端刮器	5			12.5		
		尖状器	3			7.5		
		矛头	1			2.5		
		钻	1			2.5		
		凹缺刮器	5			12.5		
		锛形器	1			2.5		
		多功能器	5			12.5		
	磨制	石斧	1	1		100	2.4
砾石—石块			4			2.2	
碎片—碎块			16			8.8	
合计			182			100	

核。石料以石英岩 H 为主，占比达 50% 以上，燧石的数量也较多，两者之和占整个石器原料的 70% 以上，优质石料在本阶段所占比重上升。楔形细石核包括平台面和刃状台面两种，核身多经过修理，有的核身采用了两面加工技术。锥形细石核剥片充分，细石叶疤遍布全身，台面均经过修理。其中 1 件石英质锥形细石核，底端为两面修成的短刃状缘，刃缘平齐，底端尚未形成尖部，整个核身呈长楔形。石片类中共发现细石叶 7 件，无石叶出土。工具存在打制和磨制两类，打制石器中以刮削器类最多，占 50% 以上，基本利用石片为毛坯，刃缘正向修理而成。石矛头器形规整美观，刃缘平齐，器身一面经通体压制而成。该层中出土了 1 件角页岩质的锛状器，整体呈梯形，腹面为自然面，主刃缘呈现多层修疤。磨制石器仅出土了 1 件通体磨光的石斧，加工精良匀称，器形与新石器时代同类标本无异。一面保留有琢制形成的若干坑疤，刃部有使用痕迹。除石制品外，该层还出土了 2 件陶片，均夹砂，1 件为黄褐陶，饰短线刻花纹；另一件为绳纹灰陶，表面有炭屑（图 103）。

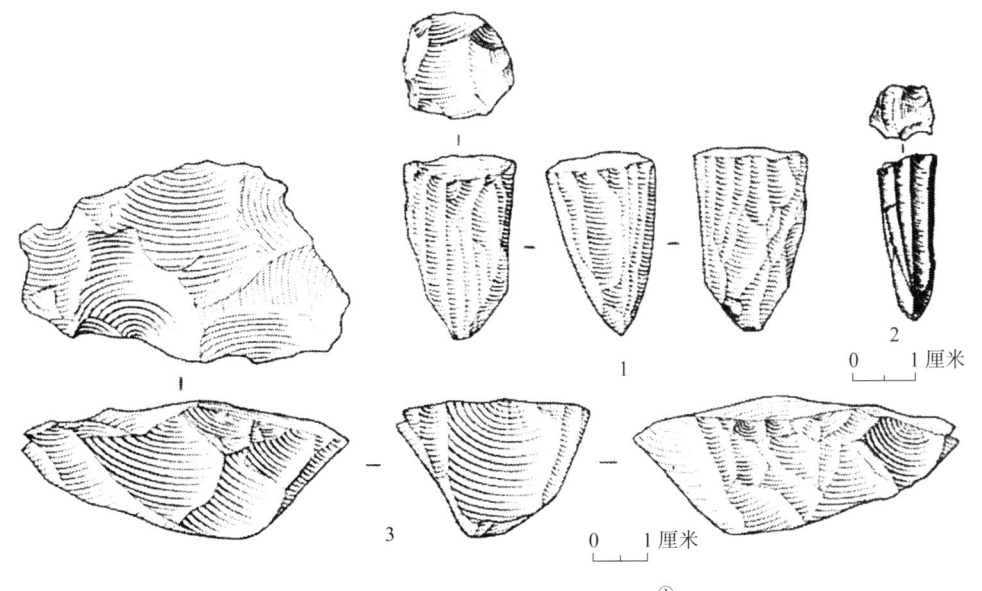

图 98 于家沟遗址第 3a 文化层石核[①]
1～2. 锥形细石核　3. 锤击石核

---

① 梅惠杰：《泥河湾盆地旧、新石器时代的过渡——阳原于家沟遗址的发现与研究》，北京大学考古文博学院博士论文，2007 年。

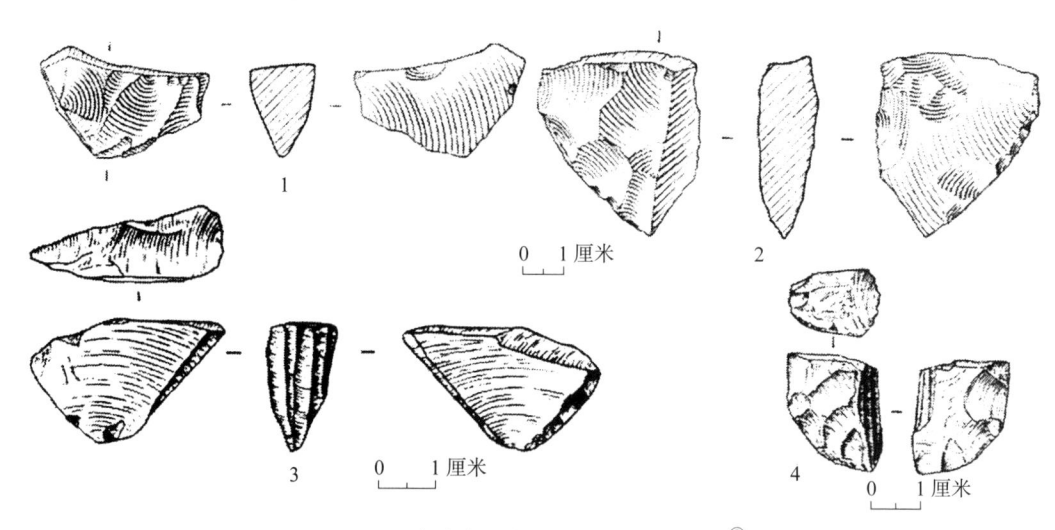

图 99　于家沟遗址第 3a 文化层楔形细石核[②]

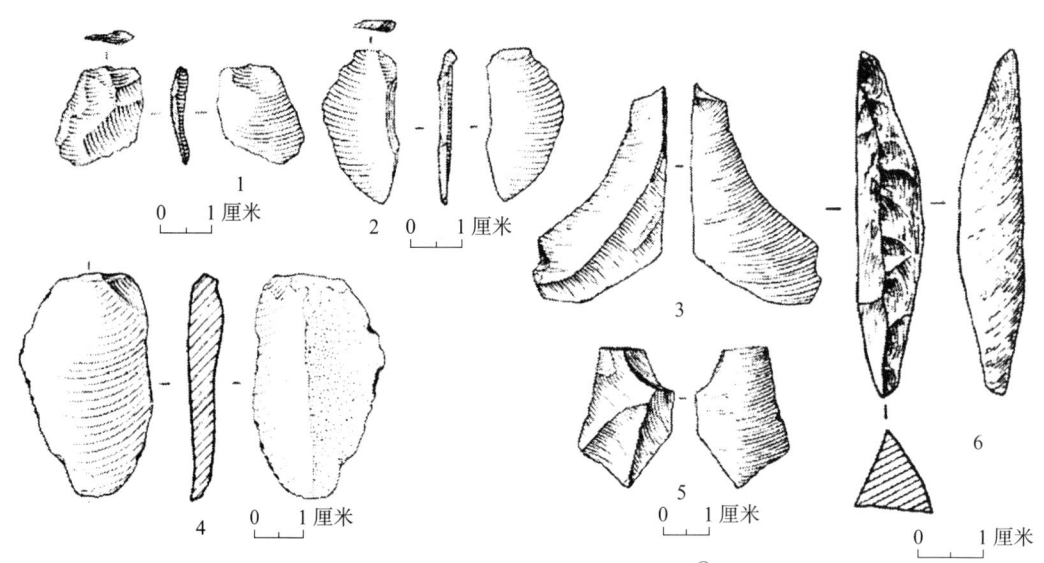

图 100　于家沟遗址第 3a 文化层石片[②]
1、3~5. 锤击石片　2. 修缘石片　6. 削片

---

①　梅惠杰:《泥河湾盆地旧、新石器时代的过渡——阳原于家沟遗址的发现与研究》，北京大学考古文博学院博士论文，2007 年。
②　梅惠杰:《泥河湾盆地旧、新石器时代的过渡——阳原于家沟遗址的发现与研究》，北京大学考古文博学院博士论文，2007 年。

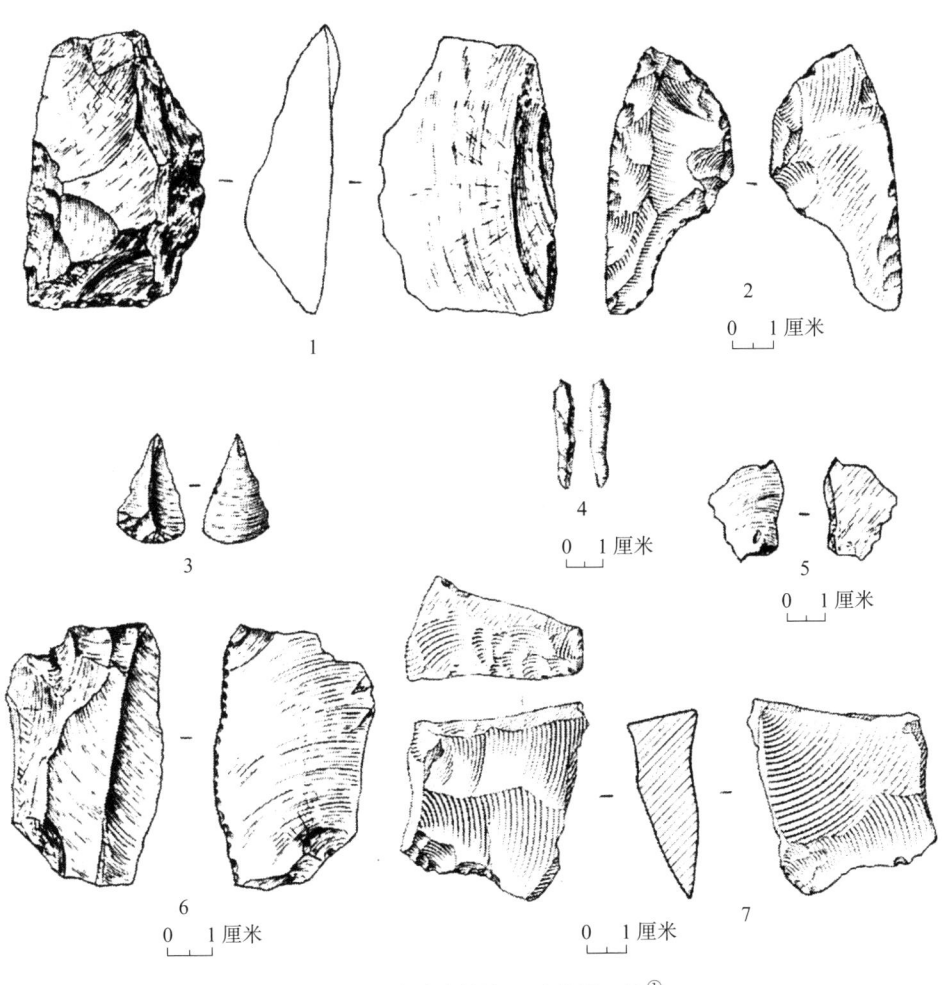

第六章　华北地区细石叶组合融合期（距今 12 900～11 500 年）　155

图 101　于家沟遗址第 3a 文化层工具[①]
1. 锛状器　2. 矛头　3、6. 多能石器　4. 端刮器　5. 钻　7. 尖状器

与第 2 文化层相比，明显的不同是锥形细石核与典型的楔形细石核并存，其中锥形者分布于该层顶部，下部楔形细石核居多。从两者发现的数量与比例来看，楔形石核技术显然是本阶段细石器技术的主导。

---

① 梅惠杰：《泥河湾盆地旧、新石器时代的过渡——阳原于家沟遗址的发现与研究》，北京大学考古文博学院博士论文，2007 年。

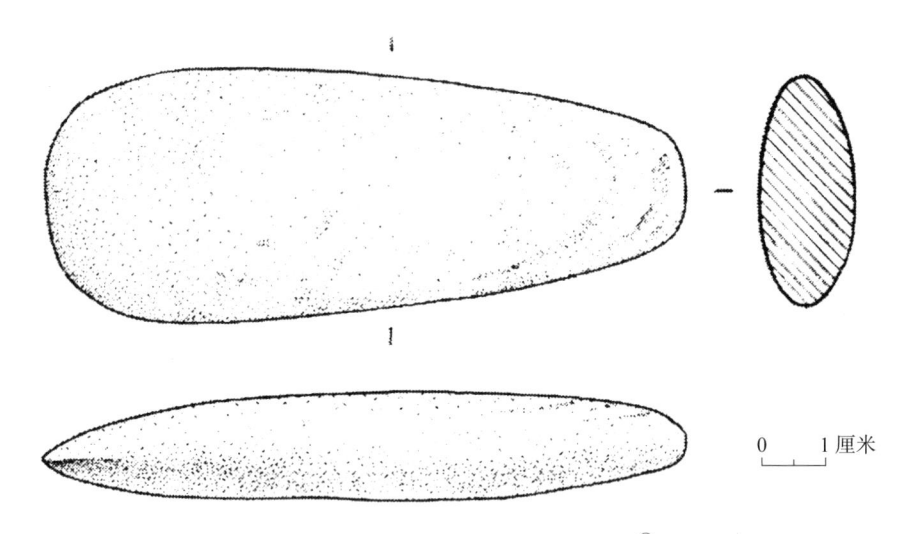

图 102　于家沟遗址第 3a 文化层磨光石斧[①]

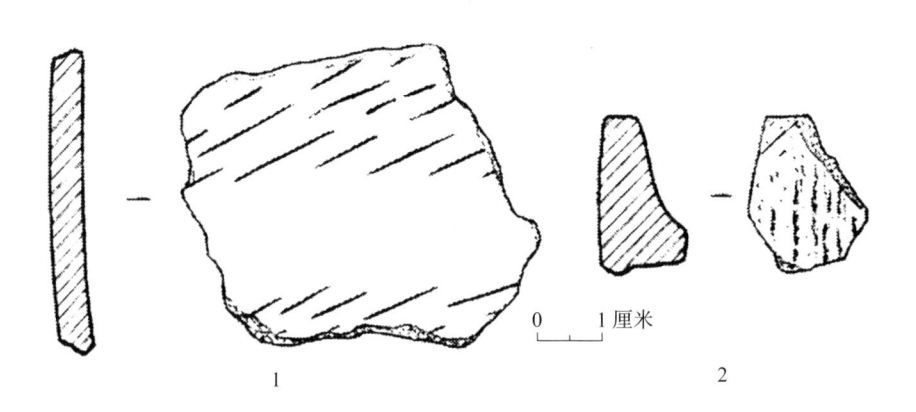

图 103　于家沟遗址第 3a 文化层陶片[②]

---

　　① 梅惠杰:《泥河湾盆地旧、新石器时代的过渡——阳原于家沟遗址的发现与研究》，北京大学考古文博学院博士论文，2007 年。
　　② 梅惠杰:《泥河湾盆地旧、新石器时代的过渡——阳原于家沟遗址的发现与研究》，北京大学考古文博学院博士论文，2007 年。

3. 第 3b 文化层

第 3b 文化层出土编号遗物 3 099 件，包括打制类石制品、磨制石器、磨制角器、陶片、装饰品、烧骨、砾石、动物化石等（表 34，图 104～112）。

表 34 于家沟遗址第 3b 文化层石制品一览表

种类			数量		百分比（%）	
石核		锤击石核	8		7.8	
		砸击石核	6	102	5.9	8.5
		细石核	88		86.3	
石片		锤击石片	573		77.7	
		整形和修缘石片	43		5.8	
		削片	22	737	3	61.2
		石叶	2		0.3	
		细石叶	97		13.2	
工具	打制	砍砸器	6		2.8	
		刮削器	86		40.7	
		端刮器	63		29.9	
		尖状器	8		3.8	
		矛头	2	211	0.9	
		锥钻	9		4.3	99.1	17.7
		镞	1	213	0.5	
		凹缺刮器	9		4.3	
		锯齿刃器	3		1.4	
		多功能器	24		11.4	
砾石—石块			28		2.3	
碎片—碎块			124		10.3	
合计			1 202		100	

石制品包括打制类和磨制类两种，打制石制品原料以高质量的石英岩 H 比例最高，达 60% 以上，其次为燧石，普通石英岩、石英砂岩以及玛瑙也有一定数量，除此之外还有角页岩、硅质岩、粉砂岩等多种原料。该层共出土细石核 88 件，其中 86 件为楔形细石核，占细石核总量的 97.7%。石料以石英岩 H 居多，共 65 件，占 76%；燧石 13 件，占 15%。楔形细石核包括平台面和刃状台面两大类，以前者居多，占楔形细石核总量的 68.1%。细石核核身多进行了修理，有的采用了两面修理技术。除楔形细石核外，还发现 1 件柱形细石核和 1 件似船形细石核。两者均为燧石质，柱形细石核台面呈圆角四边形，周身布满细石叶疤，其底端为两面修理平齐的刃状缘，整体来看，此柱状细石核似由两端剥片的楔形细石核演变而来。另一件似船形细石核也可看作楔形细石核的变体。综合来看，第 3b 文化层中出土的 88 件细石核似都可归入楔形细石核类中（图 104、105）。石片类中细石叶有 97 件，占石片类总量的 13.2%（图 106～108）。石叶仅有 2 件，占石片类总量的 0.3%。细石叶的数量及所占比

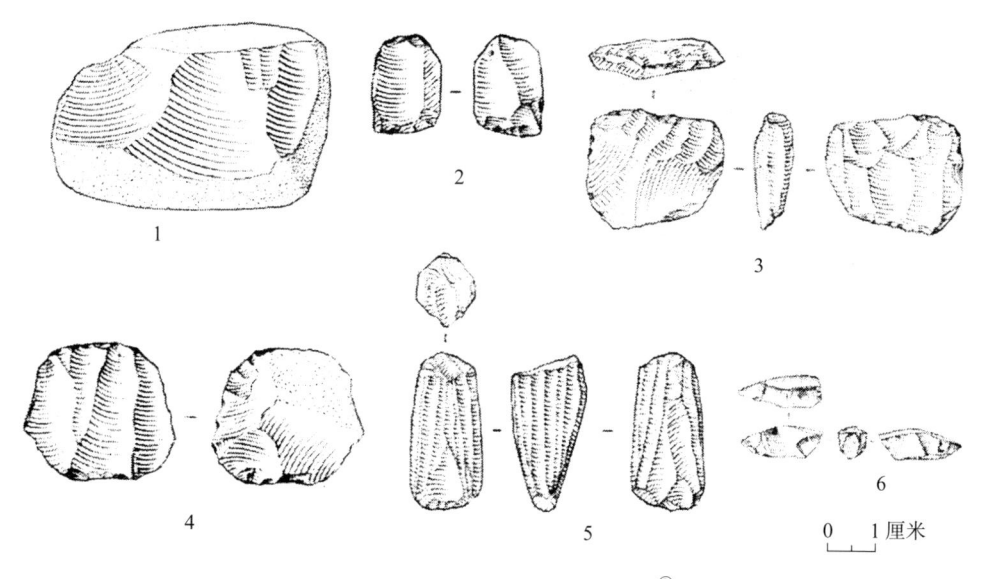

图 104　于家沟遗址第 3b 文化层石核[①]
1. 锤击石核　2～4. 砸击石核　5. 柱形石核　6. 似船形石核

---

① 梅惠杰：《泥河湾盆地旧、新石器时代的过渡——阳原于家沟遗址的发现与研究》，北京大学考古文博学院博士论文，2007 年。

例远远大于石叶。工具存在打制和磨制两类，打制石器中以刮削器类最多，占70%以上，基本利用石片为毛坯，刃缘正向修理而成，端刮器器形规整，形似拇指盖状。工具中多采用单面器或两面器为毛坯者，其中1件被归类为石矛头者，也称为桂叶形尖状器，器身修长，两面两边基本对称，周身布满修疤，特别精致（图109，10）。

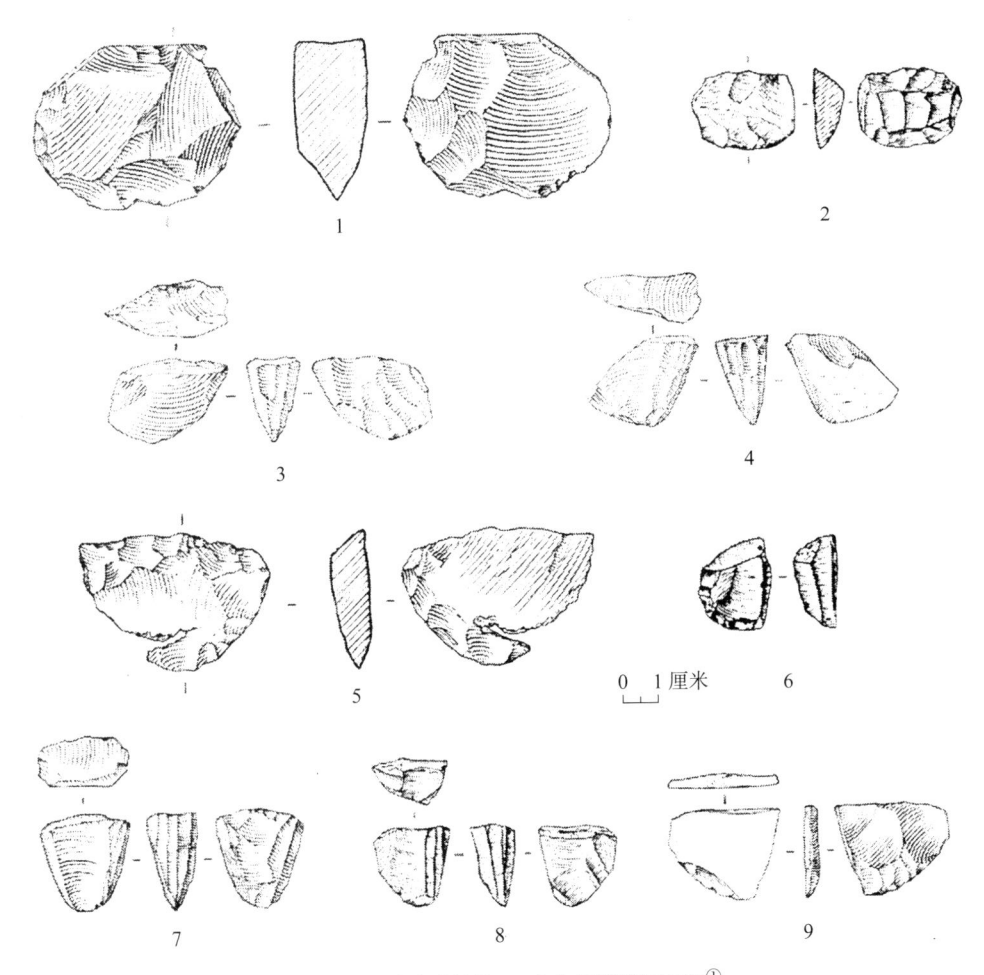

图 105 于家沟遗址第 3b 文化层楔形细石核[①]

---

① 梅惠杰：《泥河湾盆地旧、新石器时代的过渡——阳原于家沟遗址的发现与研究》，北京大学考古文博学院博士论文，2007 年。

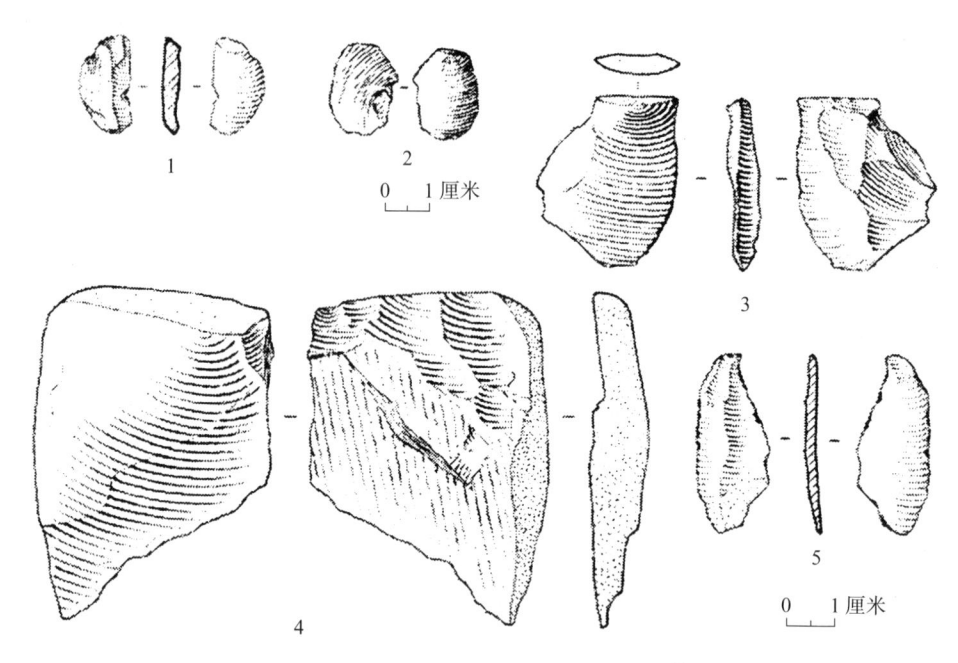

图 106　于家沟遗址第 3b 文化层锤击石片[1]

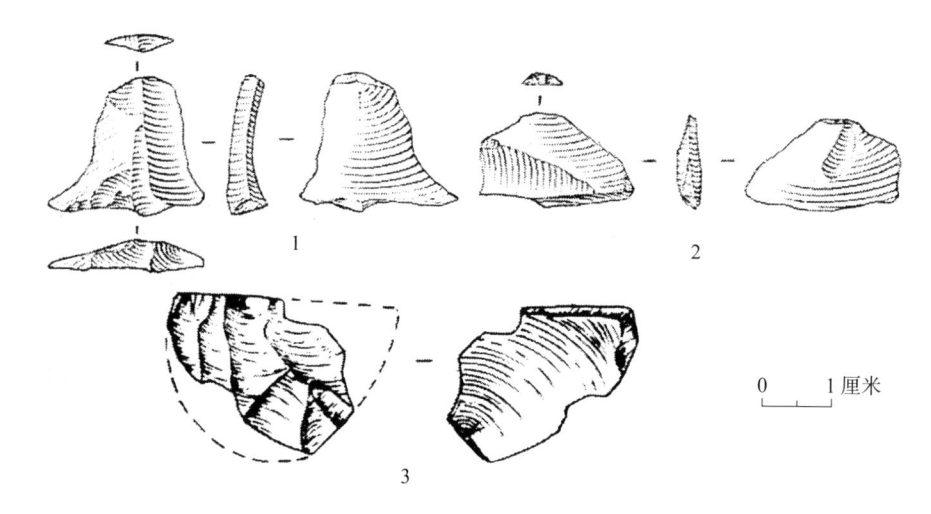

图 107　于家沟遗址第 3b 文化层石片
1. 整形石片　2～3. 修缘石片

---

[1] 梅惠杰：《泥河湾盆地旧、新石器时代的过渡——阳原于家沟遗址的发现与研究》，北京大学考古文博学院博士论文，2007 年。

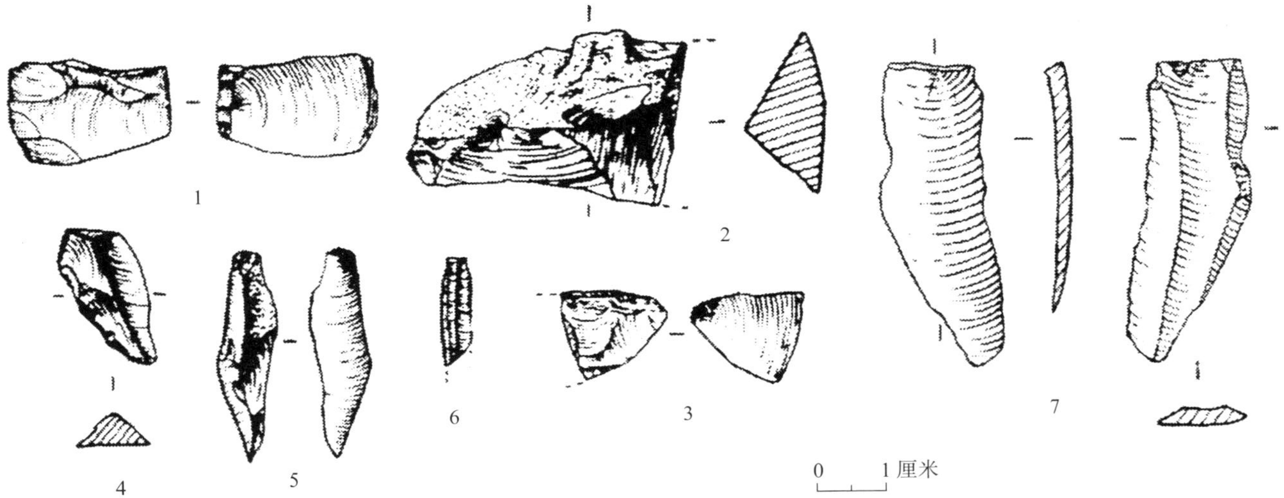

第六章　华北地区细石叶组合融合期（距今 12 900～11 500 年）　161

图 108　于家沟遗址第 3b 文化层石片
1～3. 削片　4～6. 细石叶　7. 石叶

---

① 梅惠杰:《泥河湾盆地旧、新石器时代的过渡——阳原于家沟遗址的发现与研究》，北京大学考古文博学院博士论文，2007 年。

图 109　于家沟遗址第 3b 文化层工具[①]
1～2. 砍砸器　3～4. 边刮器　5～6. 端刮器　7. 凹缺刮器　8. 半月形刮削器　9. 锯齿刃器　10. 矛头　11. 石镞　12. 石钻　13～14. 多能石器

[①] 梅惠杰:《泥河湾盆地旧、新石器时代的过渡——阳原于家沟遗址的发现与研究》,北京大学考古文博学院博士论文,2007 年。

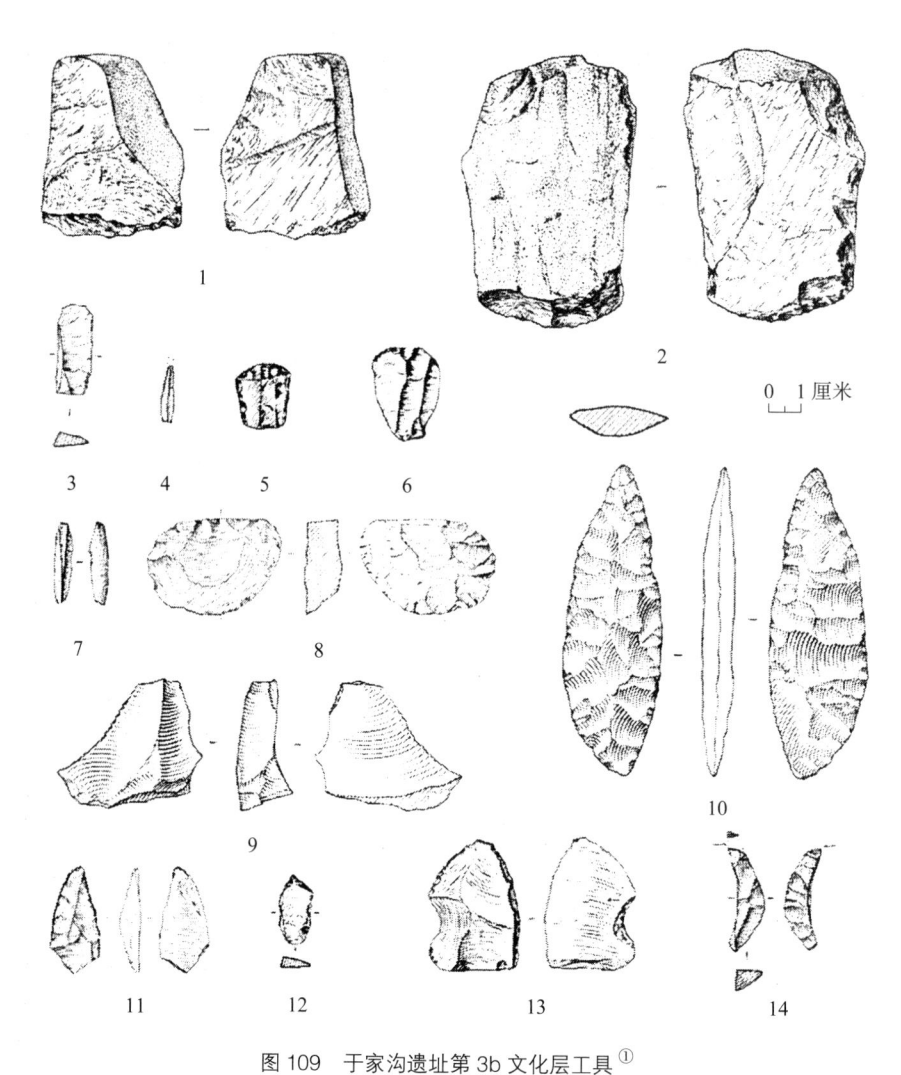

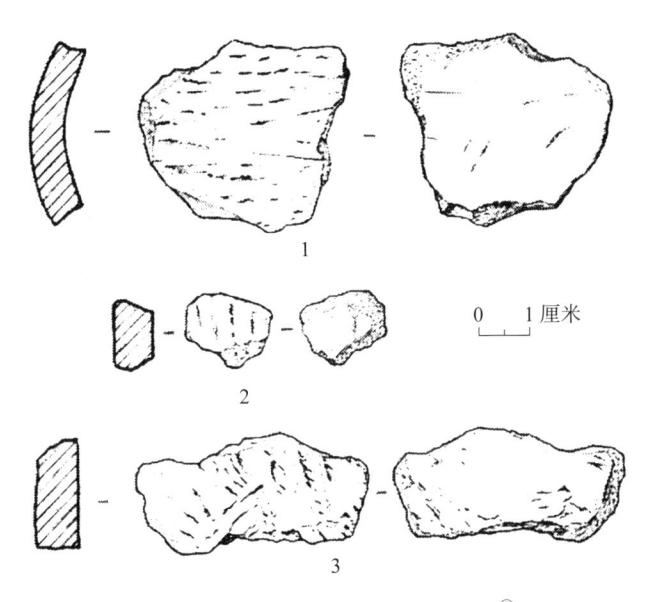

第六章　华北地区细石叶组合融合期（距今12 900～11 500年）　163

图110　于家沟遗址第3b文化层陶片[1]

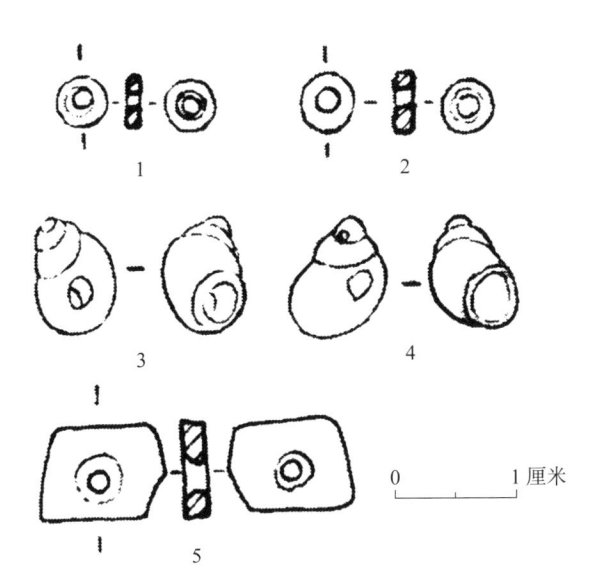

图111　于家沟遗址第3b文化层装饰品[2]

---

[1] 梅惠杰：《泥河湾盆地旧、新石器时代的过渡——阳原于家沟遗址的发现与研究》，北京大学考古文博学院博士论文，2007年。
[2] 梅惠杰：《泥河湾盆地旧、新石器时代的过渡——阳原于家沟遗址的发现与研究》，北京大学考古文博学院博士论文，2007年。

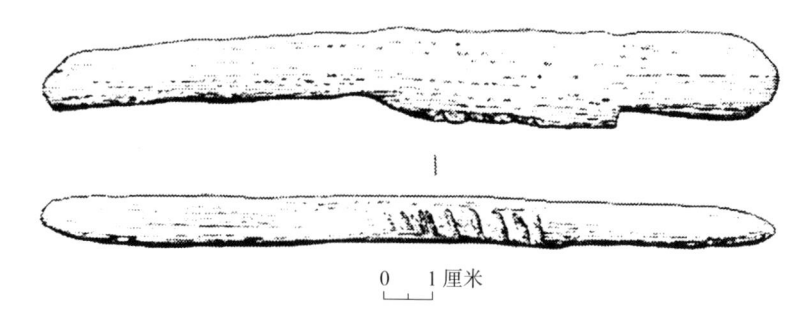

图 112　于家沟遗址第 3b 文化层磨制角器[1]

4. 第 4 文化层

第 4 文化层共出土编号遗物 1 343 件，包括石制品、陶片、装饰品、局部磨制石器和动物化石等，其中石制品 989 件、陶片 2 件、动物化石 349 件（图 113）。与第 3 文化层相比，本层动物化石比例退居次要地位，石制品相对丰富，此外还发现大量细小的屑片，显示遗存性质更侧重石器剥片和加工色彩。该层石制品加工技术和特征与第 3b 文化层相近，均属于楔形细石核工艺传统。

第 4 文化层以下的各层虽有石制品与动物化石发现，但数量均较少，文化特点与第 4 文化层情况相近。

磨制石器与陶器最早都出现在第 4 文化层的顶部或上部，据同层地层年代推测，陶器的时代可达距今 13 600 年，[2] 而据该层中 2 个鸵鸟蛋皮加速器质谱碳十四测年结果来看，该层的年代已达距今 15 000 年左右。[3] 尽管第 3b 和 3a 文化层中陶片与磨制石器只有零星发现，但作为新的文化因素的萌芽，它们显然是经历着缓慢的发展过程，为全新世以后的大发展准备了条件。换言之，泥河湾盆地新石器时代文化因素是孕育在以楔形细石核工艺为代表的细石器文化之中的。

于家沟遗址的地层连续堆积，多个文化层叠压。从测年结果来看，这个遗址剖面揭示了泥河湾盆地自晚更新世末至全新世之初文化演进的完整过程。从

---

[1] 梅惠杰：《泥河湾盆地旧、新石器时代的过渡——阳原于家沟遗址的发现与研究》，北京大学考古文博学院博士论文，2007 年。
[2] 林衫、敖红、程鹏等：《泥河湾盆地于家沟遗址 AMS-14C 年代学研究及其考古学意义》，《地球环境学报》2018 年第 2 期。
[3] 王晓敏、梅惠杰、谢飞等：《于家沟遗址鸵鸟蛋皮的人类利用特征》，《人类学学报》2019 年第 4 期。

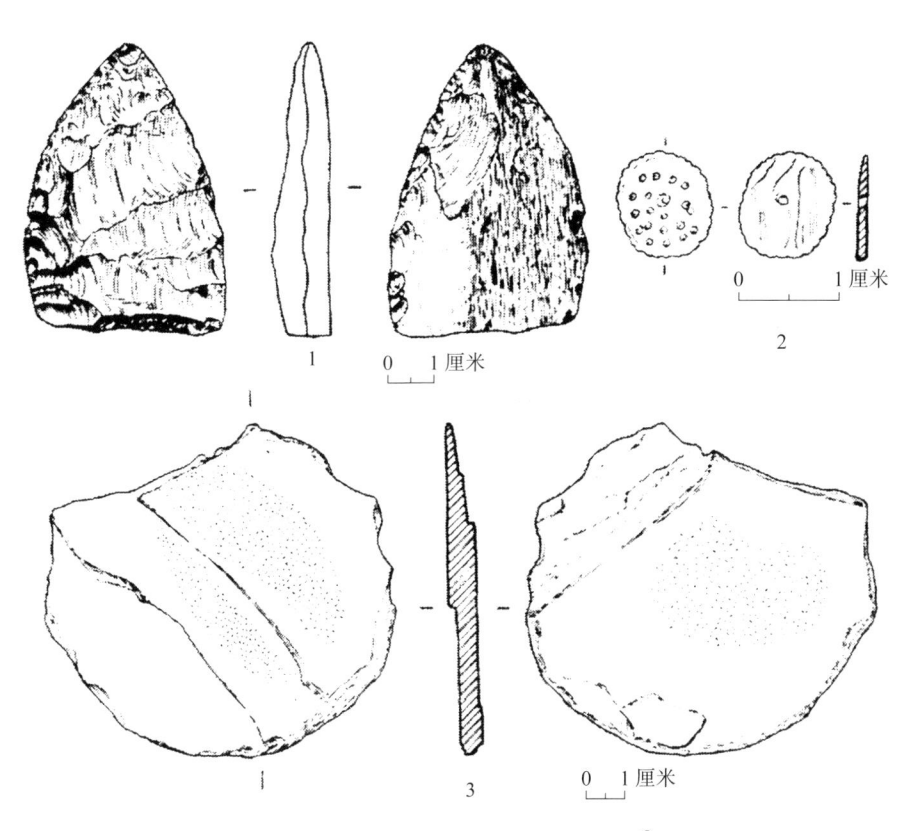

第六章　华北地区细石叶组合融合期（距今 12 900～11 500 年）　　165

图 113　于家沟遗址第 4 文化层出土遗物[①]
1. 局部磨制矛头　2. 蚌饰品　3. 磨制石器

文化遗存在各层位中的分布状况，能够看出于家沟遗址从早到晚文化的演变过程。在第 4 文化层以下，打制类石制品数量逐渐增多，以楔形细石核技术为特征的细石叶技术已经出现，并占据主导地位。此时期出现了一定数量的装饰品，但不见磨制石制品及骨、角器，亦不见陶器。从文化特征来看，这一时期应属于旧石器时代末期的较晚阶段，以装饰品为特征的文化因素的出现，说明此时期已经开始出现向新石器时代迈进的迹象。在距今 16 023～13 400 年期间（第 4 和 3b 文化层），打制类石制品迅速增多，其数量占据了整个遗址同类标本出土数量的 80% 以上，楔形细石核技术仍然占据主导地位，存在利用典型单面器或两面器为毛坯制作的细石核或工具，开始出现磨制石器、角器及

---

① 梅惠杰:《泥河湾盆地旧、新石器时代的过渡——阳原于家沟遗址的发现与研究》，北京大学考古文博学院博士论文，2007 年。

陶片，装饰品数量开始增多，由此可看出，此时于家沟遗址已开始迈进新石器时代。在距今 13 400～9 800 年期间（第 3a 文化层），打制类石制品中石料虽然以石英岩 H 占比最多，但优质燧石的比例开始升高。打制类石制品数量开始减少，其风格与上一阶段有所不同，具体表现为楔形细石核虽然在细石叶工业中占据主导地位，但数量已明显减少，并且在第 3a 文化层中已开始出现锥形细石核，虽然数量不多，但表明一种新的细石叶工艺技术开始崭露头角。细石核及工具中，利用单面器或两面器为毛坯者已非常少见，相较于上一阶段，打制类工具呈现衰落迹象。在距今 9 800～8 406 年期间（第 2 文化层），打制类石制品石料一改以往石英岩 H 占优势的局面，此时期以优质燧石为主要原料，占比为 53.1%，其次为玛瑙（15.6%）和石英岩（10.3%），石英岩 H 仅占 6.4%。细石器工业中，楔形细石核已完全被柱形和锥形细石核所取代，细石核数量也远远少于前几个阶段。柱形细石核与锥状细石核一般来讲都是以石块为毛坯，核身不需要向以往阶段楔形细石核那样进行精细的预制修理，只要具备剥片的基本条件即可，由此可以看出细石叶技术此时在人们生产、生活中的重要性已开始降低，其重视程度已远不及前几个阶段。与此不同的是，磨制类石制品，骨、角制品及陶片数量急剧增多，所占比例大大超过之前的几个阶段。磨制石制品不仅数量增多，种类也明显丰富起来，除磨盘、磨棒、石斧类之外，还出现了石铲、石镞等类型。磨制骨器开始出现，它们均选用动物肢骨为毛坯，对工作部分给予充分的磨制。除遗物之外，此时期还发现了窑址和墓葬遗迹。综合这些特征元素来看，此时期已进入复杂化相对较高的新石器时代阶段。

于家沟遗址的发掘，揭露了不同文化层之间所含文化因素的差异变化，非常清楚地反映了该地区旧、新石器过渡阶段的演进历程。于家沟遗址的发掘，让我们感受到在中国华北地区繁盛于旧石器时代晚期的细石器工业，直接参与了该地区旧、新石器时代的过渡，见证了陶器与农业的起源。

第五节　李家沟遗址

李家沟遗址位于河南省新密市岳村镇李家沟村西约 200 米，椿板河东岸，地理坐标：E113°31′25″，N34°33′55″，海拔 203 米。2009 年和 2010 年，北京大学考古文博学院与郑州市文物考古研究院两度联合对该遗址进行发掘，揭露面积 100 平方米。[①] 发掘区域分南、北两区，中间仅隔一条取土沟。两区发掘揭露的剖面均包括了从旧石器时代晚期至新石器时代早期的地层堆积。根据对出土陶片等新石器文化特征的分析，南区的第 2、3、4 文化层当属裴李岗文化阶段；南区的第 5 层与北区第 5、6 层的文化特点一致，系早于裴李岗文化的新石器时代早期文化——李家沟文化阶段；南区第 6 层是典型的细石器文化层；位于南北两区侵蚀面之下的第 7 层则是时代更早的旧石器文化层。加速器质谱碳十四测年结果显示，细石器文化层年代为距今 10 500～10 300 年；李家沟文化层年代为距今 10 000～9 000 年；裴李岗文化层为距今 8 600 年左右。各文化层中共发现石制品 2 000 多件，从构成比例及风格上来看，有一定的变化。

（一）裴李岗文化层

该层文化沉积物均受到较明显流水作用影响，并非原地埋藏，但从出土陶片特征来看，均属裴李岗文化阶段。石制品全部为打制石器，无磨制石器出现，共 26 件，包括锤击石核、砸击石核各 1 件，石片 4 件，断块 11 件及工具 3 件。工具全部为刮削器，包括 2 件边刮器和 1 件端刮器。

（二）李家沟文化层

该文化层包括南区的第 5 层，北区第 5、6 层。共出土石制品 729 件。结合陶片及其他遗物、遗迹现象看，北区应该是李家沟文化阶段人类活动的主要区域，因而留下更为丰富的遗物与遗迹。南区则可能是该阶段人类活动的边缘区。该阶段石制品包括石核、石片、细石叶、工具、不完整石片及断块碎屑等，其中数量最多的是大块的人工搬运石块与断块。共发现 7 件细石核，除 1 件锥形和船形细石核外，其他的形状均不太规整。工具以小型者为主，刮削器

[①] 郑州市文物考古研究院、北京大学中国考古研究中心：《河南新密李家沟遗址北区 2009 年发掘报告》，《古代文明（第 9 卷）》，文物出版社，2013 年。郑州市文物考古研究院、北京大学中国考古研究中心：《河南新密李家沟遗址南区 2009 年发掘报告》，《古代文明（第 9 卷）》，文物出版社，2013 年。郑州市文物考古研究院、北京大学考古文博学院：《河南新密李家沟遗址北区 2010 年发掘简报》，《中原文物》2018 年第 6 期。北京大学考古文博学院、郑州市文物考古研究院：《河南新密李家沟遗址南区 2010 年发掘简报》，《中原文物》2018 年第 6 期。

占优势（表35）。原料以石英岩为主占64.8%，燧石占17.3%，石英占12.9%，石灰岩占5%。人工搬运石块以及断块主要是产自遗址附近的石英砂岩，而工具则主要系外来燧石、石英等加工而成。该文化层中发现陶片270件，陶片特

表35　李家沟遗址李家沟文化层阶段文化遗存一览表

		种　类	数　量		百分比（%）	
石制品	石核	锤击石核	31	44	70.5	6
		砸击石核	6		13.6	
		细石核	7		15.9	
	石片	锤击石片	86	147	58.4	20.2
		砸击石片	7		4.8	
		断、裂片	42		28.6	
		细石叶	12		8.2	
	工具	打制	石锤	5	11.8	82.4	73
			石砧	2	4.8		
			砍砸器	3	7.2		
			边削器	25	42	59.4	
			端刮器	2	51	4.8	7
			尖状器（石镞）	2	4.8		
			凹缺刮器	3	7.2		
		磨制	磨盘	2	9	17.6	
			磨盘残块	7			
	搬运石块		126		17.3	
	断块		361		49.5	
	合计		729		100	
陶片			270		27	
合计			999		100	

征主要表现为压印纹粗夹砂陶，与裴李岗文化陶片不同。该层中发现的动物骨骼遗存超过400件，其中有100多件可以鉴定种类，主要包括鹿、马、牛、猪及鸟类。从数量上看，以鹿类的标本最多，其他种类动物比例均不高。与细石器文化阶段明显不同的是，马、牛等体型较大的动物数量剧减；在鹿类中，也以中、小型鹿类为主。骨骼的保存部位以肢骨碎片和牙齿最多；鸟类的标本则主要为蛋皮。[①]

（三）细石器文化层

该阶段的石制品仅分布在南区第6层，共发现石制品1 422件，是该遗址石制品发现最多的层位。发掘区西部是石制品与人工搬运石块等遗物的密集区，大致构成一椭圆形的石圈。东部则主要是动物骨骼遗存的密集区。两者均分布在同一平面上，应是当时的人类临时营地遗迹。[②] 石制品种类包括石核、石片、细石核、细石叶、工具以及数量众多的断块（图114～120）。断块中也包括了少量的人工搬运石块。石料中燧石占33.5%，石英占26.2%，石英砂岩占31.5%，石灰岩占8.7%。细石核共出土22件，除个别石英外，均为燧石原料。按照技术特点划分，主要有船形和锥形（包括锥柱形）两大类。由于所处剥片阶段不同，具体标本形态仍有较大区别。根据2009年和2010年的发掘报告来看，船形细石核的数量要多于锥形细石核。[③] 工具以刮削器类占优势，边刮器最多，占工具总量的79.4%，但多数加工较简单，形态不固定。端刮器5件，修理精致，形态典型。雕刻器类的加工较随意。尖状器均经过两面加工，形态对称，加工较为精致。磨制石器仅为1件刃缘经过磨制，两侧缘敲琢成两排对称分布凹口的石锛（表36）。该文化层中发现陶片2件。该层中总计发现动物骨骼400多件，可鉴定标本有100多件。种类有鹿、马、牛、猪及鸟类。大型鹿类居多，其次是马、牛、中型鹿，小型鹿、猪及鸟类较少。

[①] 王幼平：《新密李家沟遗址研究进展及相关问题》，《中原文物》2014年第1期。
[②] 北京大学考古文博学院、郑州市文物考古研究院：《河南新密市李家沟遗址发掘简报》，《考古》2011年第4期。
[③] 郑州市文物考古研究院、北京大学中国考古研究中心：《河南新密李家沟遗址南区2009年发掘报告》，《古代文明（第9卷）》，文物出版社，2013年。北京大学考古文博学院、郑州市文物考古研究院：《河南新密李家沟遗址南区2010年发掘简报》，《中原文物》2018年第6期。

表36 李家沟遗址细石器文化层阶段文化遗存一览表

种类			数量		百分比（%）	
石制品	石核	锤击石核	50	96	52.1	6.8
		砸击石核	24		25	
		细石核	22		22.9	
	石片	锤击石片	193	328	58.8	23
		砸击石片	15		4.6	
		断、裂片	80		24.4	
		石叶	2		0.6	
		细石叶	38		11.6	
	打制	砍砸器	1	87	1.1	6.2
		边削器	69		79.4	
		端刮器	5		5.7	
		尖状器（石镞）	4		4.6	
		锥钻	4		4.6	
		雕刻器	4		4.6	
	磨制	石锛	1	88	1.1	
	搬运石块		180		12.7	99.9
	断块		730		51.3	
	合计		1 422		100	
陶片			2		0.1	
合计			1 424		100	

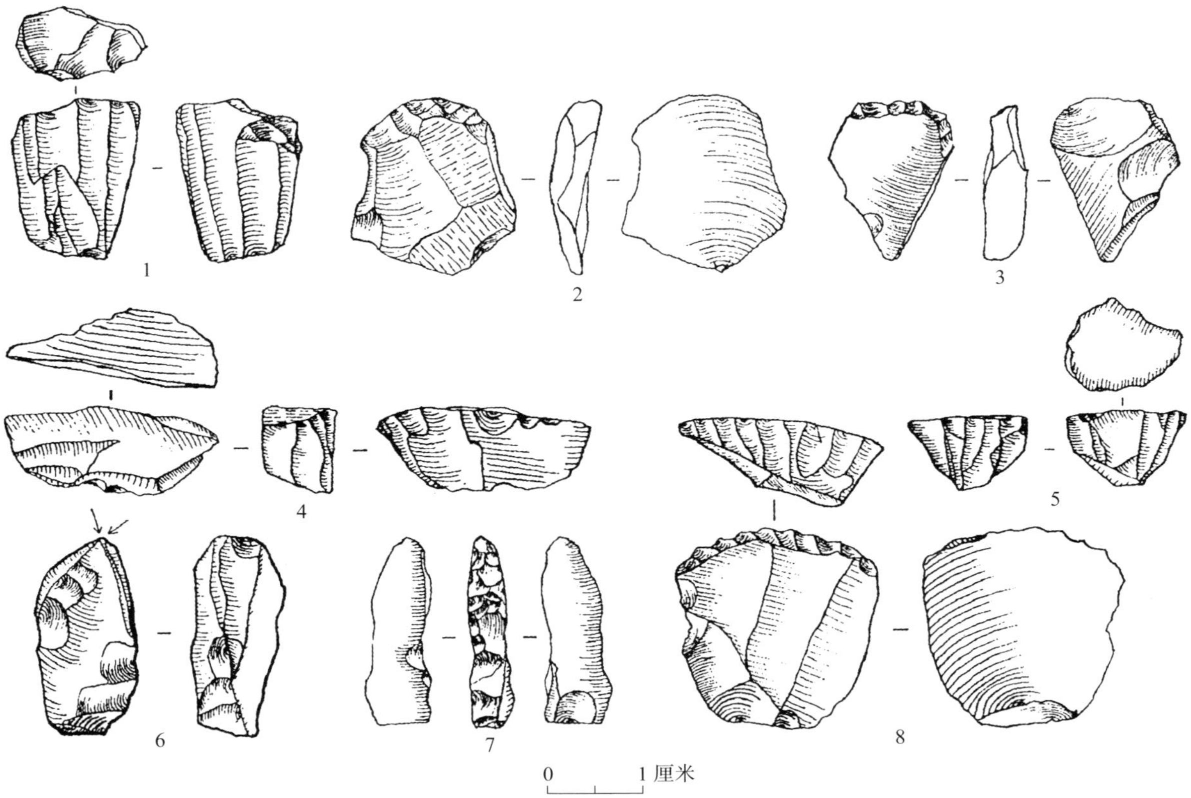

第六章　华北地区细石叶组合融合期（距今 12 900～11 500 年）　171

图 114　李家沟遗址细石器文化层石制品①
1、4～5. 细石核　2～3、8. 端刮器　6. 屋脊形雕刻器　7. 啄背刀

① 北京大学考古文博学院、郑州市文物考古研究院：《河南新密市李家沟遗址发掘简报》，《考古》2011 年第 4 期。

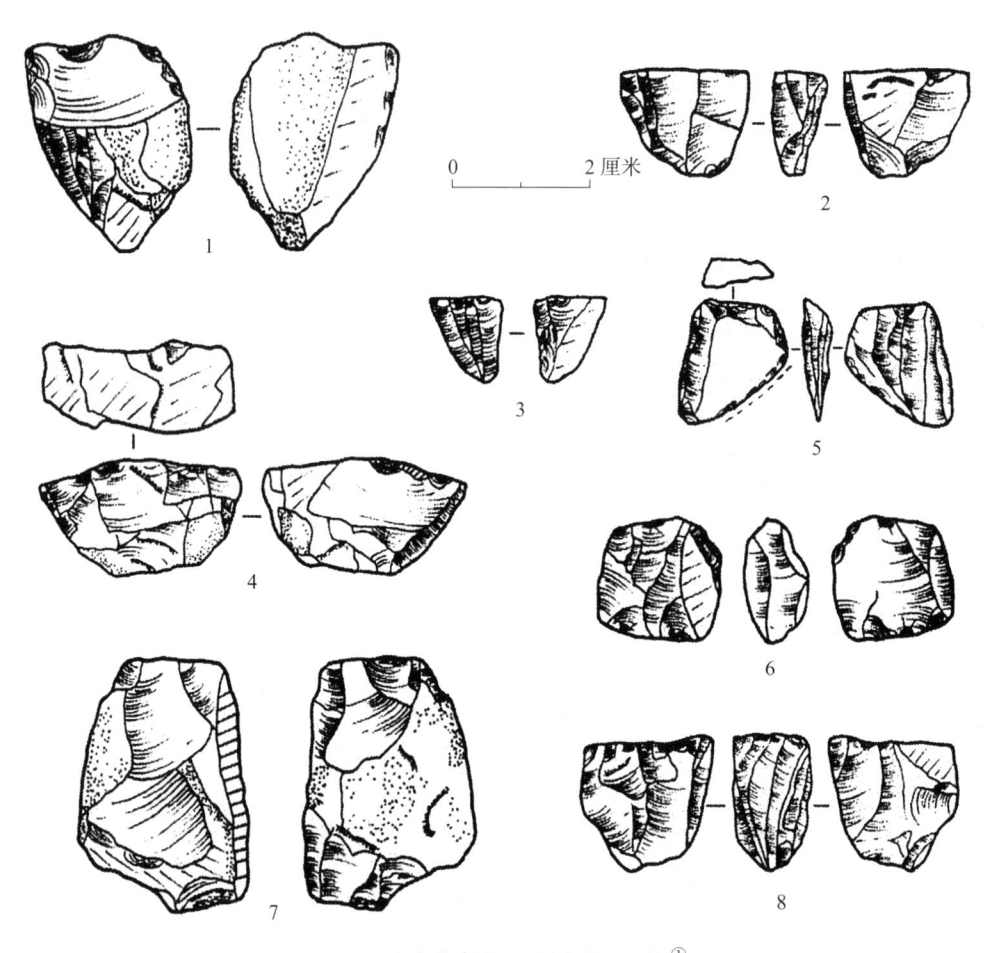

图 115　李家沟遗址细石器文化层石核[1]
1～5、8.细石核　6～7.砸击石核

---

[1] 北京大学考古文博学院、郑州市文物考古研究院:《河南新密李家沟遗址南区 2010 年发掘简报》,《中原文物》2018 年第 6 期。

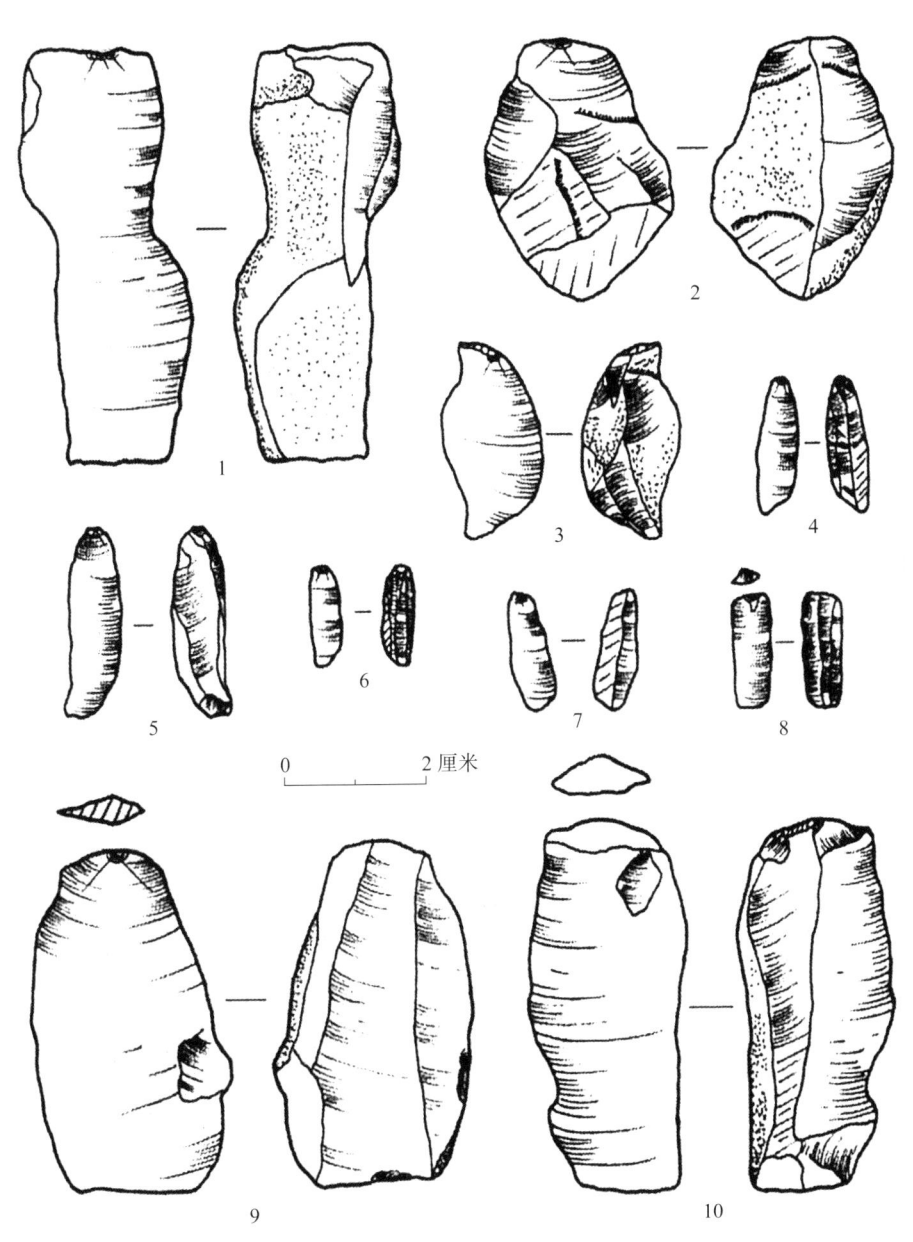

第六章 华北地区细石叶组合融合期（距今 12 900～11 500 年） 173

图 116 李家沟遗址细石器文化层石叶、细石叶、石片[1]

---

[1] 北京大学考古文博学院、郑州市文物考古研究院：《河南新密李家沟遗址南区 2010 年发掘简报》，《中原文物》2018 年第 6 期。

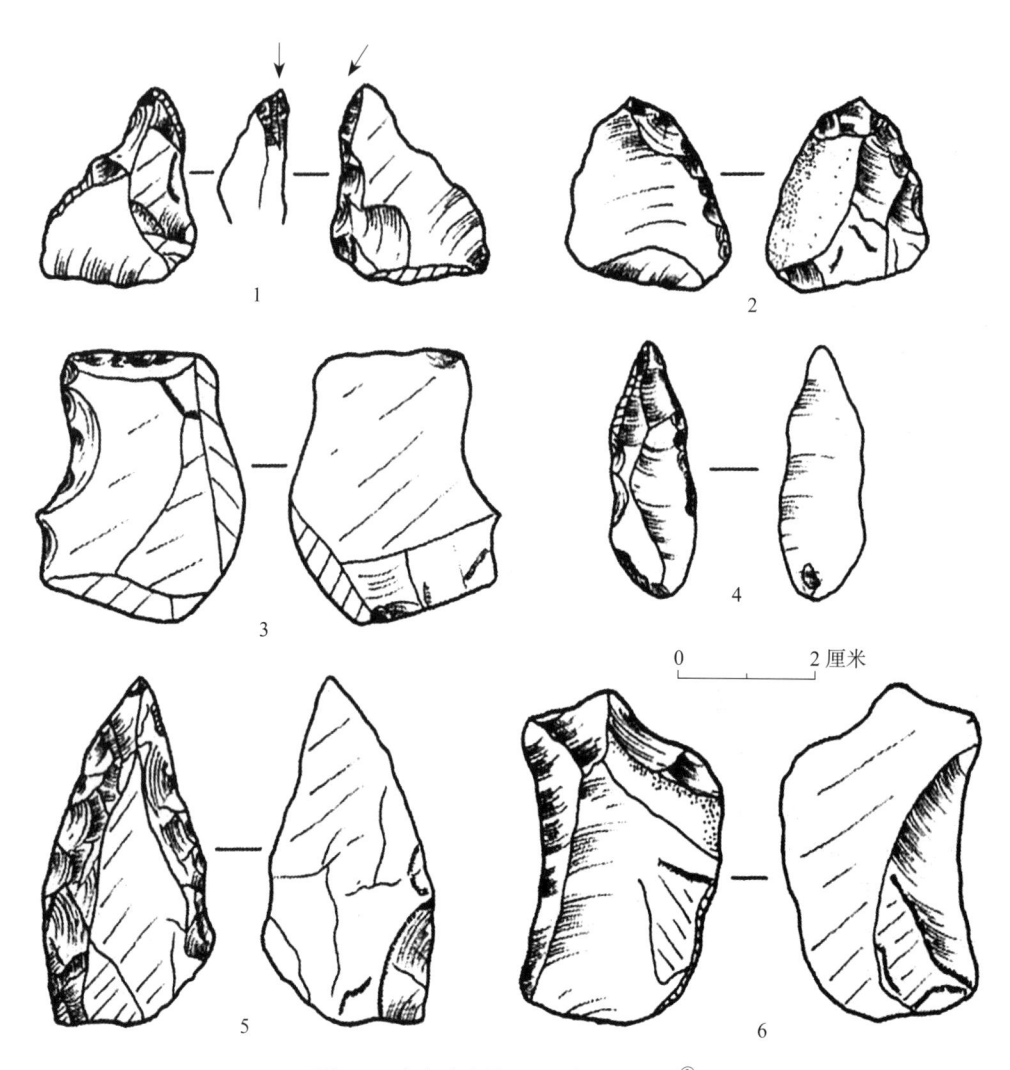

图 117　李家沟遗址细石器文化层工具①
1. 雕刻器　2、4～5. 尖状器　3. 凹缺刮器　6. 钻

---

① 北京大学考古文博学院、郑州市文物考古研究院：《河南新密李家沟遗址南区 2010 年发掘简报》，《中原文物》2018 年第 6 期。

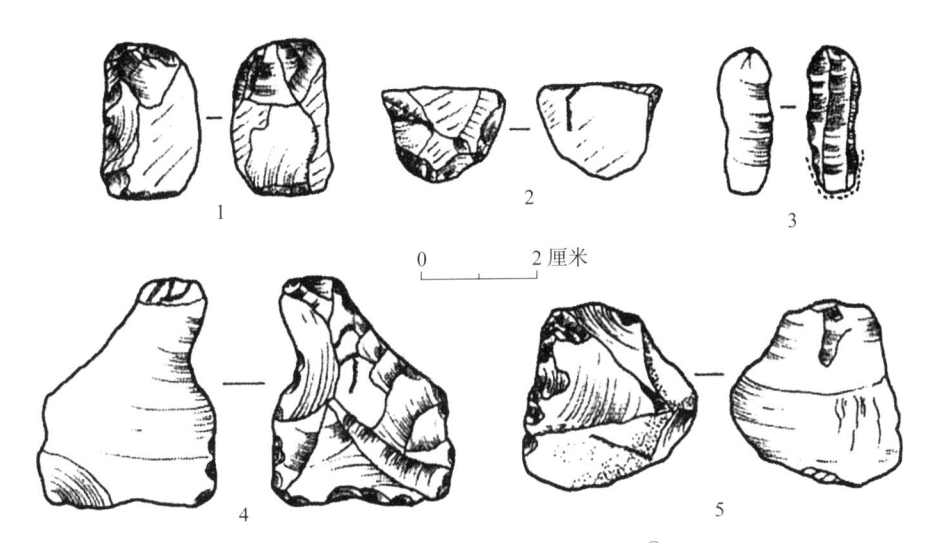

第六章　华北地区细石叶组合融合期（距今 12 900～11 500 年）　　175

图 118　李家沟遗址细石器文化层工具
1、3、5.边刮器　2.端刮器　4.复刃边刮器

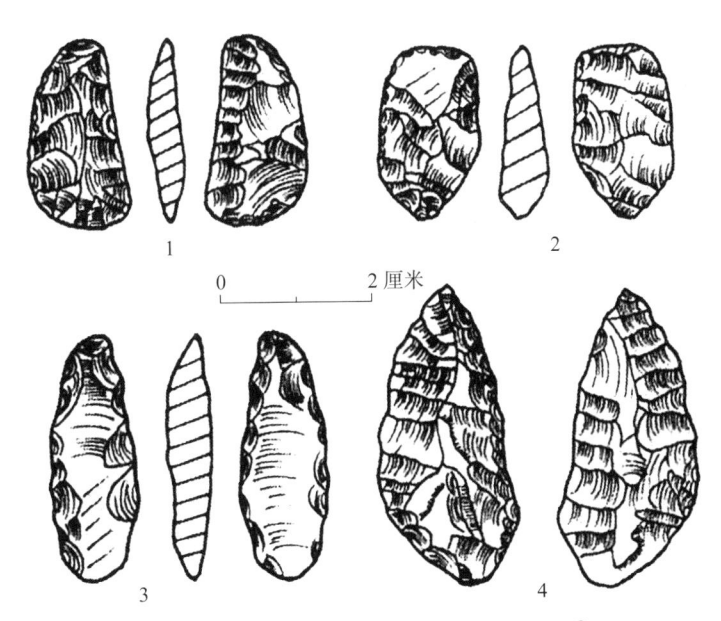

图 119　李家沟遗址细石器文化层小型两面器

---

①　北京大学考古文博学院、郑州市文物考古研究院：《河南新密李家沟遗址南区 2010 年发掘简报》，《中原文物》2018 年第 6 期。

②　北京大学考古文博学院、郑州市文物考古研究院：《河南新密李家沟遗址南区 2010 年发掘简报》，《中原文物》2018 年第 6 期。

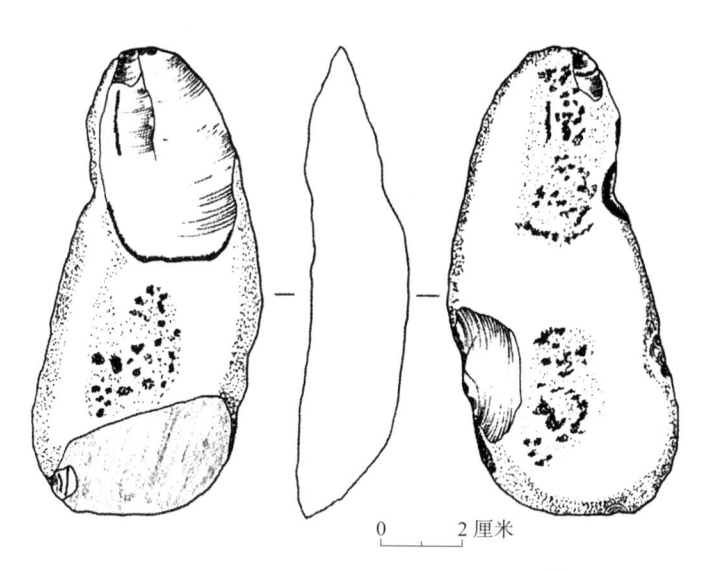

图 120　李家沟遗址细石器文化层磨制石锛[1]

（四）石片石器文化层

该文化层包括南、北两区第 7 层，仅见少量石片石器，共 17 件，其中石核 2 件，石片 7 件，断块 6 件，工具 2 件。以石英、石英砂岩原料居多，共 12 件；剩下 5 件为燧石石料。该层中无细石核、细石叶，亦无陶片出现。

李家沟遗址保存了从旧石器时代晚期到新石器时代早期的连续剖面，在此剖面上可以见到属于旧石器晚期到新石器早期几个不同时代与文化性质的遗存。透过石器工业的变化情况，可以更好地了解李家沟遗址以及中原地区旧石器时代晚期向新石器时代过渡的路径。[2]

李家沟遗址石片石器组合阶段，出土石制品数量不多，类型简单，属典型石核—石片技术产物。该阶段没有发现陶器、磨制石器，属旧石器时代晚期文化，相当于深海氧同位素第 3 阶段。[3] 进入细石器文化阶段，石制品数量明显增多，细石核体现出船形与锥形细石核技术特点。细石核与细石叶的尺寸普遍较小，但剥片规整，表现出成熟的细石叶技术。工具组合中端刮器、尖状器器型

---

[1]　北京大学考古文博学院、郑州市文物考古研究院：《河南新密李家沟遗址南区 2010 年发掘简报》，《中原文物》2018 年第 6 期。
[2]　王幼平、张松林、顾万发等：《李家沟遗址的石器工业》，《人类学学报》2013 年第 4 期。
[3]　王幼平：《李家沟、大岗与柿子滩 9 地点的地层及相干问题》，《考古学研究（九）》，科学出版社，2012 年。

规整，加工精致，特别是尖状器采用两面修理技术，属典型的两面器产品。该阶段的绝对年代为距今 10 500～10 300，细石器组合风格与同时期的大岗、柿子滩 S9 地点基本相同。重要的是，在该阶段出土了陶片及局部磨刃石锛，预示着此时已开始向新石器时代迈进。不过从动物骨骼和遗迹现象来看，此时古人类的流动性仍较强，更多依靠狩猎大型动物为生。李家沟文化阶段，打制石器虽然仍占主体，但从技术角度来看，已呈衰落趋势。细石核数量明显减少，且极不规范。工具组合较为简单，端刮器数量少，且不规范精致；尖状器也仅是符合两边夹一角的定义而已，两面修理、器型规整者已不复存在。与此相对应的是，磨制石器数量明显增多，且类型丰富，磨制较为充分。一定数量磨盘的出现，预示着此时古人类已更多地利用植物类资源。与上一阶段对比，陶片的数量急剧增多，说明此时古人类的流动性已明显下降，已趋向在固定处所生活。石构遗迹的出现，大量文化遗存分布其周围，某种程度上也印证了这一推测。[①] 裴李岗文化阶段，打制石器数量明显减少，细石核等细石叶技术产品不见，说明此时期，细石器技术已彻底退出历史舞台，古人类已进入一个告别细石器技术的时代。李家沟遗址文化风格的转变，应与相应的气候环境背景变化有一定关系。据古环境学研究，该遗址石片石器文化阶段，气候温暖，周边资源丰盛，简单的石核—石片技术足以满足古人类的日常需求。细石器文化层阶段属于温带半干旱气候条件下的草原环境，气候温暖干燥，植被稀疏，环境压力增加。此时比较发达的细石器组合正是应对环境压力的产物，两面加工的石镞应是适应狩猎经济的最好方式，遗址中残留的大中型食草动物残骸即是相应的证明。李家沟文化时期气候较早期要湿润一些，气候稳定，资源丰富，环境压力变小，古人类曾在此长期居住。与此相对应的是，陶片数量急剧增多，细石核数量明显变少，类型极其不稳定，说明此类与流动性相适应的技术，已不再是不可或缺的组成部分。裴李岗文化时期已进入全新世大暖期，古人类已定居下来，遗址中已彻底不见细石叶技术的踪影，因生活方式的转变，此类遗存已基本退出历史舞台。[②]

纵观整个发展历程，细石器在李家沟遗址从早到晚经历了由有到无，由强势到衰落的过程，这一过程伴随当地从旧石器时代晚期之末向新石器时代过渡的整个阶段，见证了古人类如何进入新石器时代的整个过程。

---

① 北京大学考古文博学院、郑州市文物考古研究院:《河南新密市李家沟遗址发掘简报》,《考古》2011 年第 4 期。

② 张俊娜、夏正楷、王幼平等:《河南新密李家沟遗址古环境分析》,《中原文物》2018 年第 6 期。

第六节 大岗遗址

大岗遗址位于河南省舞阳县侯集乡大岗村北 200 米处的一自然岗地上，地理坐标：E113°42′，N33°40′，海拔 78 米。该遗址于 1989 年和 1990 年经过 2 次发掘，发掘面积 290 平方米。发掘深度 1.2 米，共包括 5 层，在第 4 层的褐色亚黏土中出土 327 件石制品，其中含有一定数量的细石器遗存。第 5 层不含文化遗存，第 3 层为裴李岗文化层。[①]

大岗遗址第 4 层石制品的原料主要以燧石为主，占石制品总量的 61.5%。石制品中包括 28 件细石核，其中船形细石核[②]19 件，半锥状细石核 9 件。这些细石核以燧石和玛瑙为原料，毛坯多为石块，体积均较小，核身经少许修理，台面利用石块的节理面，多不做修理。细石叶 14 件，大小变异较大。工具共有 61 件，均为小型者，以石片为毛坯，类型包括刮削器、尖状器、琢背刀等，以刮削器占绝大多数。工具中不乏采用单面器或两面器为毛坯者，特别是有些尖状器形制规整、加工精致，甚为典型（表 37，图 121、122）。

大岗遗址没有进行过绝对测年，有学者判断它的年代应与李家沟遗址和灵井遗址接近，其绝对年代为距今 13 000～10 500 年。[③]

表 37　大岗遗址第 4 层石制品一览表

种类			数量		百分比（%）	
石核	普通石核	锤击石核	6	28	50	17.1
		砸击石核	22			
				56		
	细石核	船形	19	28	50	
		半锥状	9			
石片		细石叶	14	163	8.6	49.8
		普通石片	149		91.4	

[①] 张居中、李占扬：《河南舞阳大岗细石器地点发掘报告》，《人类学学报》1996 年第 2 期。
[②] 原报告称楔形细石核，根据特征判断应归入船形细石核类中。
[③] 王幼平：《华北细石器技术的出现与发展》，《人类学学报》2018 年第 4 期。

续 表

种　类		数　量		百分比（%）	
工具	刮削器	30	61	49.2	18.7
	端刮器	17		27.9	
	尖状器	10		16.4	
	琢背石片	3		4.9	
	磨刃石片	1		1.6	
碎片块		47		14.4	
合计		327		100	

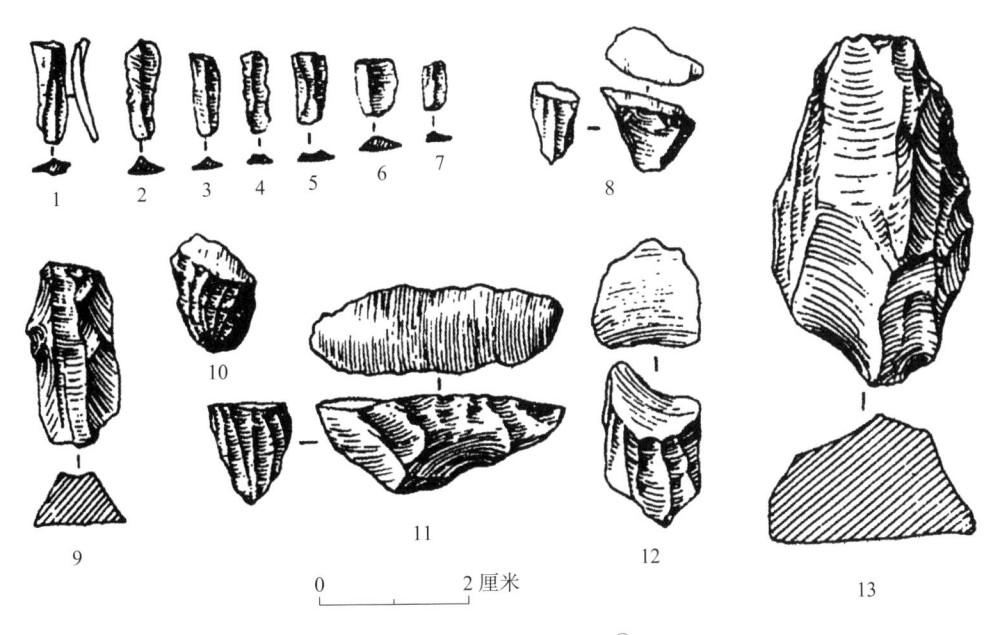

图 121　大岗遗址石制品[①]
1～7. 细石叶　8、10～12. 细石核　9、13. 砸击石核

---

① 张居中、李占扬：《河南舞阳大岗细石器地点发掘报告》，《人类学学报》1996 年第 2 期。

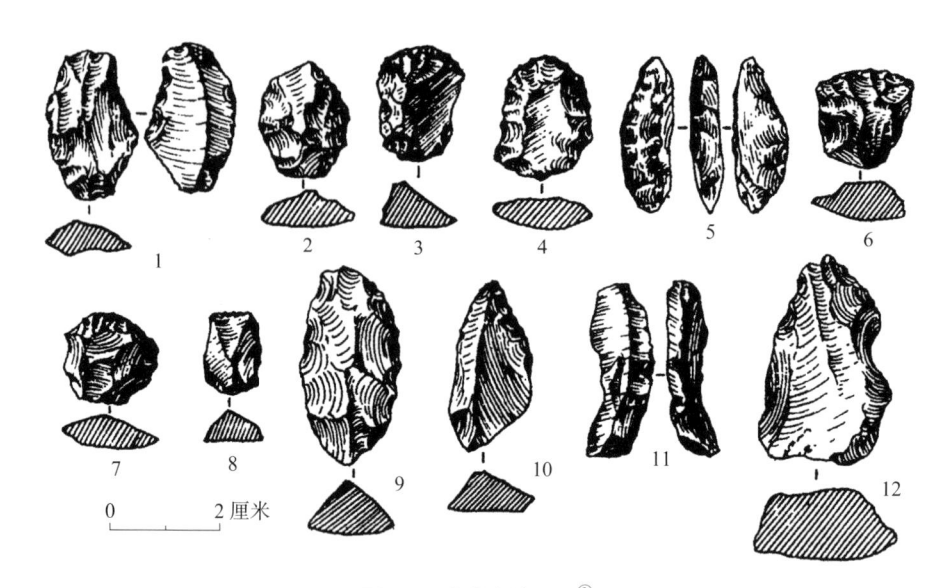

图 122　大岗遗址工具[①]

1、5、11. 凸弧刃刮削器　2、4. 复刃刮削器　3、6~7. 圆头刮削器　8. 直刃刮削器　9. 双刃刮削器　10. 单尖尖状器　12. 凹弧刃刮削器

第七节　灵井遗址

灵井遗址位于河南省许昌市西北约15公里的灵井镇西侧，地理坐标：E113°41′，N34°04′，海拔117米。该遗址发现于1965年，[②]2005年以来又经过多次发掘。[③]发掘表明，该遗址堆积厚度达9米，自上而下共分为11层，其中第5层为含细石器遗存的文化层，第7~11层为简单的石核—石片文化层，第6层为钙板层，厚度为20~40厘米，不含文化遗物。许昌人头骨化石发现于第11层，其时代距今10万年左右。

细石器遗存发现于第5层，该层为橘黄色粉细砂层，厚约0.55米，原生土层因基建被搬运至10米以外。该层中除发现含细石器遗存的石制品外，还发现有陶片、小鸟雕像、鸵鸟蛋壳、钻孔的鸵鸟蛋壳装饰品、赭石染料及动

---

① 张居中、李占扬：《河南舞阳大岗细石器地点发掘报告》，《人类学学报》1996年第2期。
② 周国兴：《河南许昌灵井的石器时代遗存》，《考古》1974年第2期。
③ 李占扬：《许昌灵井遗址2005年出土石制品的初步研究》，《人类学学报》2007年第2期。河南省文物考古研究所：《许昌灵井旧石器时代遗址2006年发掘报告》，《考古学报》2010年第1期。河南省文物考古研究院：《灵井许昌人遗址2014年发掘简报》，《华夏考古》2016年第1期。

物化石等。石制品共发现 4 000 多件，除 282 件细石叶工艺产品外，还包括端刮器、边刮器、凹缺刮器、琢背小刀、雕刻器、尖状器、楔形器、锯齿刃器、石锥和小型两面加工的尖状器（石镞）等各类工具 280 件（图 123～131）。[①] 细石核有 82 件，基本以质地优良的燧石为原料，除 1 件楔形细石核和 3 件船形细石核外，其余均为较小的锥、柱状细石核。细石核多采用较厚的石片、石块和砾石为毛坯。台面多经过预制修理，剥片较为充分。细石叶共发现 187 件，基本以燧石为原料，平均长宽为 1.37 厘米和 0.58 厘米，平均重量为 0.28 克。

根据对 20 个样品加速器质谱碳 14 测定，第 5 层的年代为距今 13 854～9 522 年。

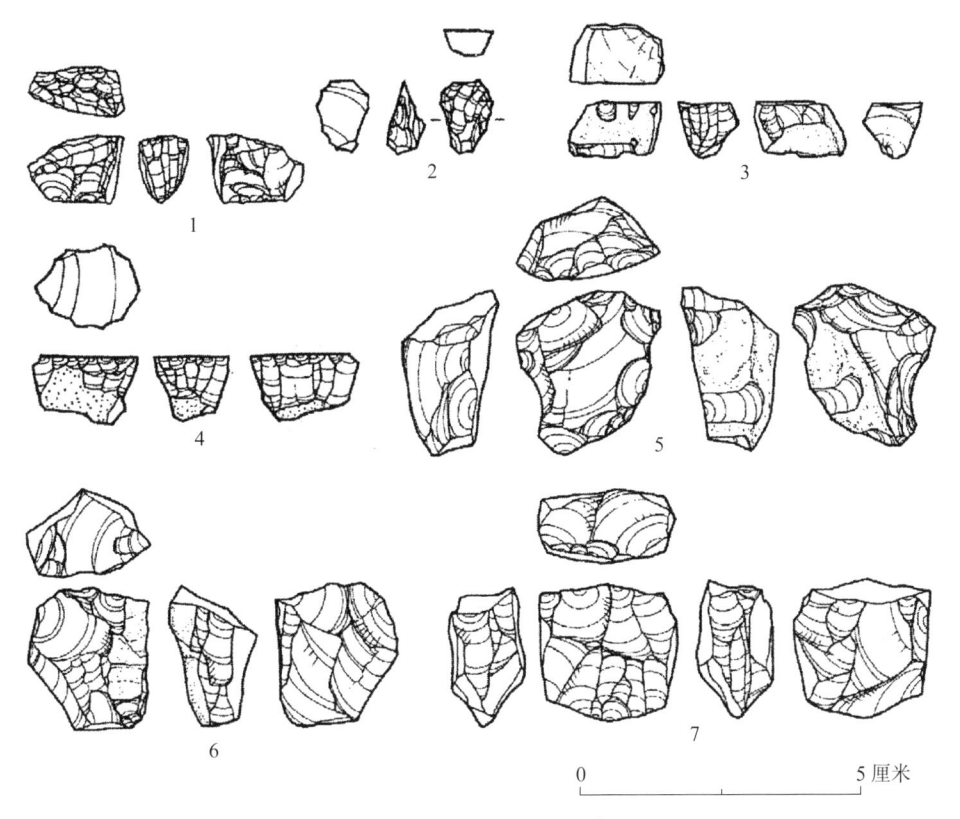

图 123　灵井遗址细石核[②]
1. 楔形细石核　2～4. 船形细石核　5～7. 角锥形细石核

[①] 李占扬、李雅楠、加藤真二：《灵井许昌人遗址第 5 层细石核工艺》，《人类学学报》2014 年第 3 期。
[②] 李占扬、李雅楠、加藤真二：《灵井许昌人遗址第 5 层细石核工艺》，《人类学学报》2014 年第 3 期。

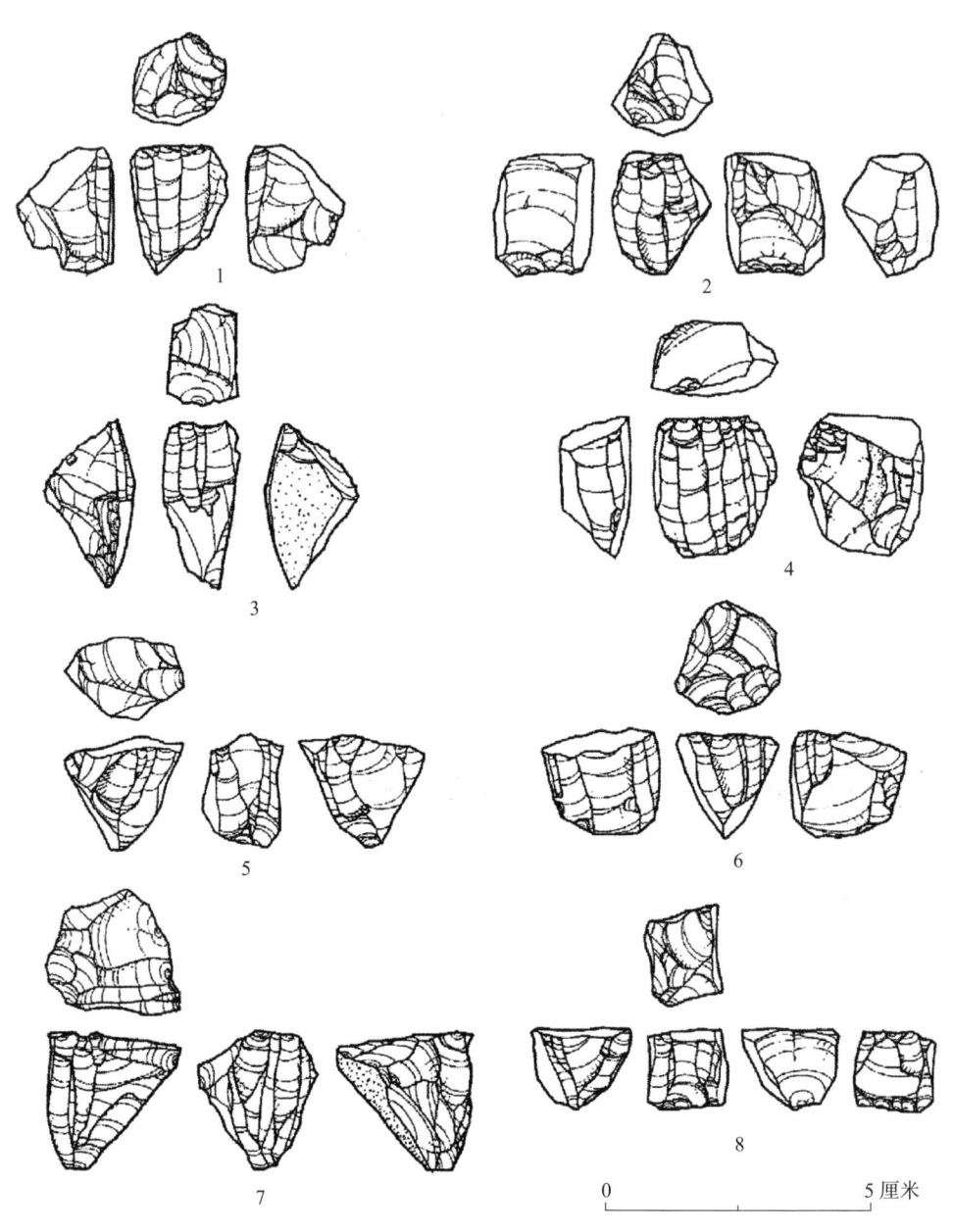

图 124　灵井遗址角锥形细石核[1]

---

① 李占扬、李雅楠、加藤真二:《灵井许昌人遗址第 5 层细石核工艺》,《人类学学报》2014 年第 3 期。

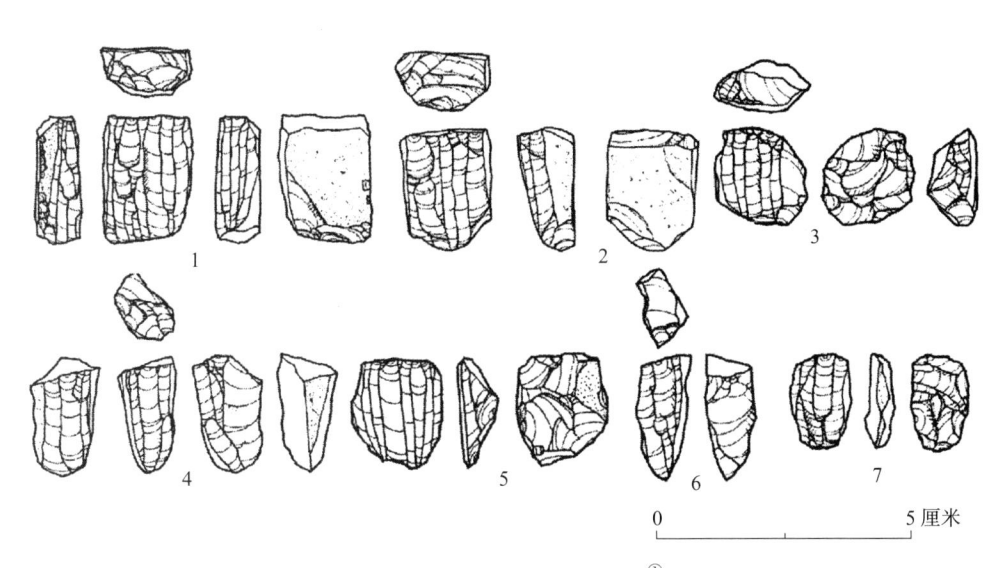

第六章 华北地区细石叶组合融合期（距今 12 900～11 500 年） 183

图 125 灵井遗址扁平形细石核[1]

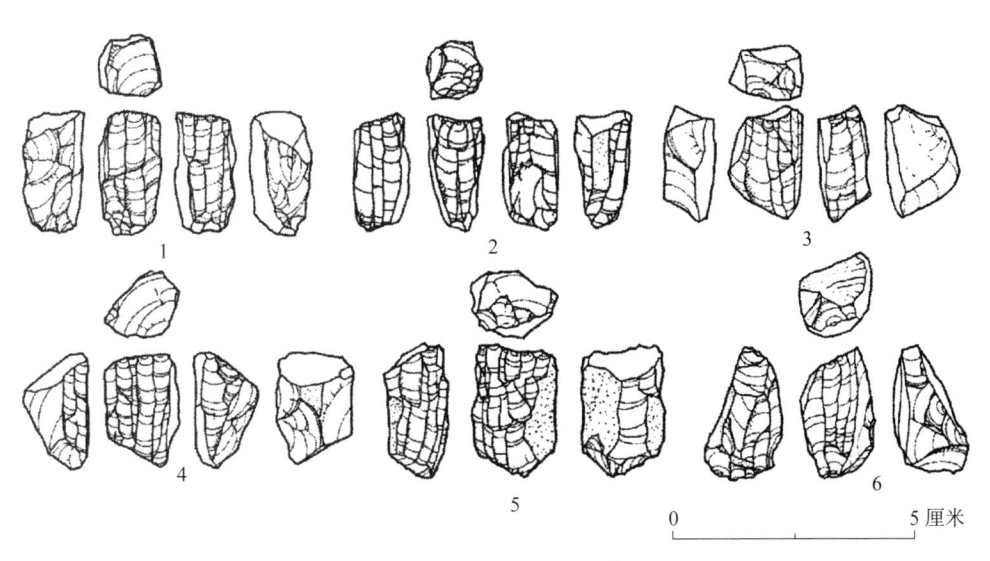

图 126 灵井遗址细石核[2]
1、2、5. 圆柱形细石核　3、4、6. 半圆柱形细石核

---

[1] 李占扬、李雅楠、加藤真二：《灵井许昌人遗址第 5 层细石核工艺》，《人类学学报》2014 年第 3 期。
[2] 李占扬、李雅楠、加藤真二：《灵井许昌人遗址第 5 层细石核工艺》，《人类学学报》2014 年第 3 期。

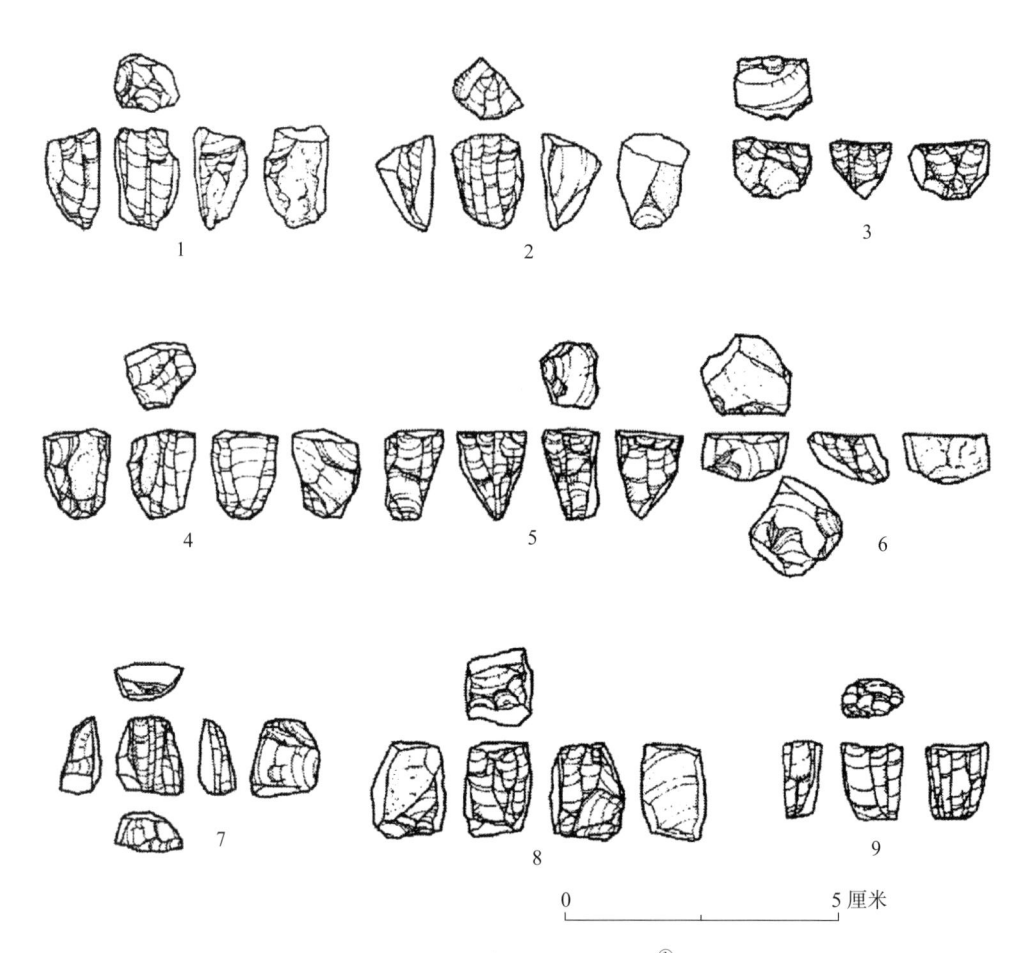

图 127　灵井遗址极小型细石核[1]
1～6. 角锥形细石核　7. 扁平形细石核　8. 圆柱形细石核　9. 半圆柱形细石核

---

[1] 李占扬、李雅楠、加藤真二：《灵井许昌人遗址第 5 层细石核工艺》，《人类学学报》2014 年第 3 期。

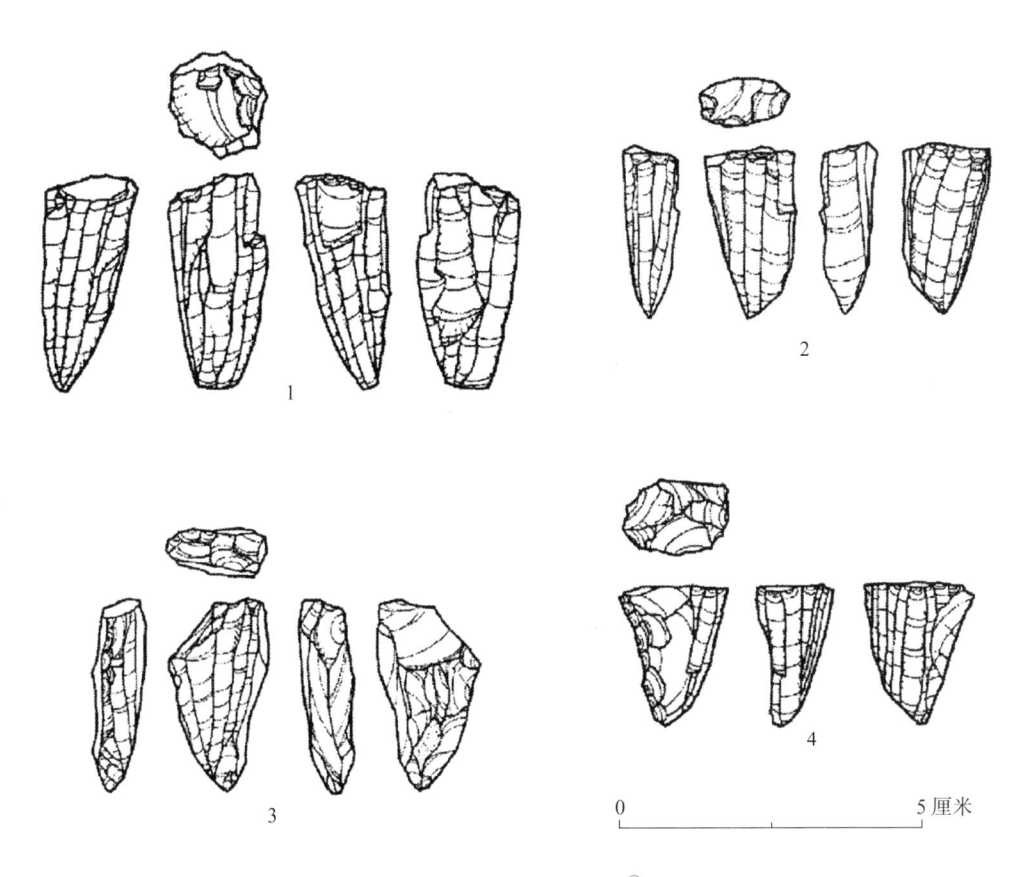

图 128　灵井遗址细石核[①]
1、2、4.圆锥形细石核　3.半圆锥形细石核

---

① 李占扬、李雅楠、加藤真二:《灵井许昌人遗址第 5 层细石核工艺》,《人类学学报》2014 年第 3 期。

186　华北地区细石叶组合演变研究

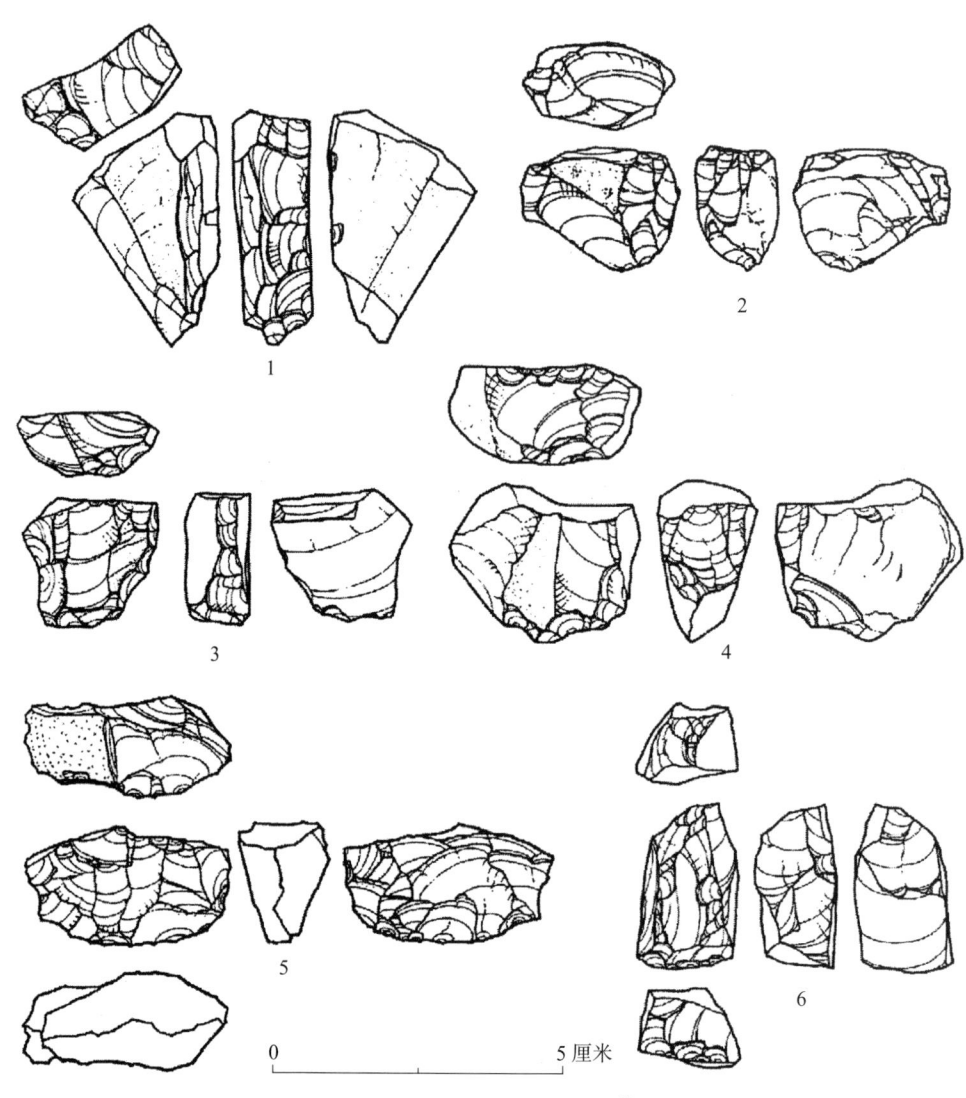

图 129　灵井遗址细石核毛坯[①]

---

① 李占扬、李雅楠、加藤真二：《灵井许昌人遗址第 5 层细石核工艺》，《人类学学报》2014 年第 3 期。

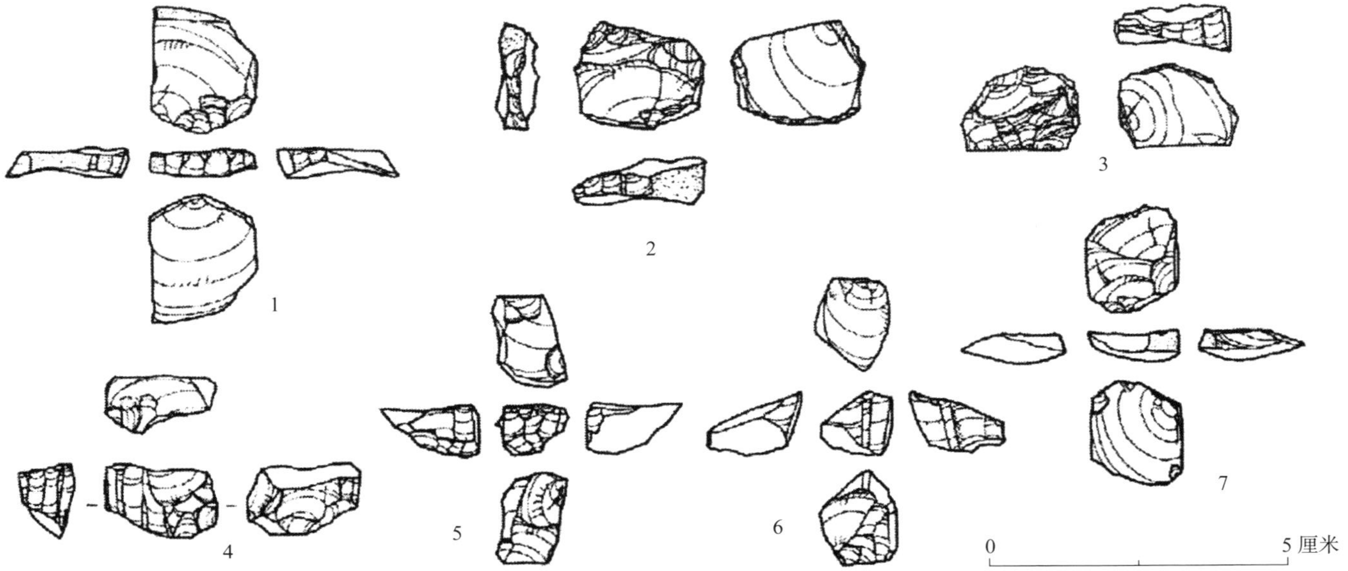

第六章 华北地区细石叶组合融合期（距今 12 900～11 500 年）

图 130 灵井遗址石片①
1～6. 合面更新石片 7. 合面修理石片

① 李占扬、李雅楠、加藤真二：《灵井许昌人遗址第 5 层细石核工艺》，《人类学学报》2014 年第 3 期。

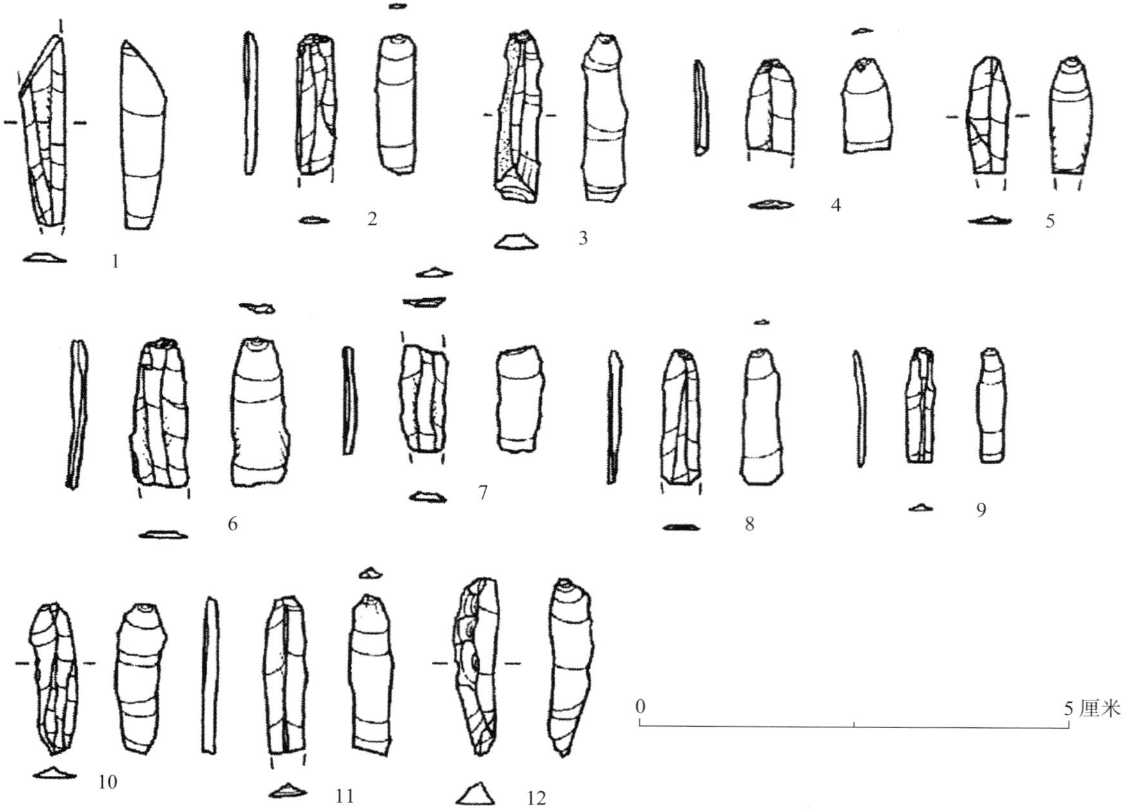

图 131 灵井遗址细石叶[①]

[①] 李占扬、李雅楠、加藤真二：《灵井许昌人遗址第 5 层细石核工艺》，《人类学学报》2014 年第 3 期。

第七章
华北地区细石叶组合分化期
（距今 11 500～10 000 年）

第一节 南庄头遗址

南庄头遗址位于河北省保定市徐水区高林村乡南庄头村东北 1.7 公里处，地理坐标：E115°39′44.1″、N39°07′35.4″，海拔 21.4 米。该遗址发现于 1986 年，曾于 1986 年和 1987 年连续两次进行发掘，出土了距今 10 000 年左右的早期陶片等文化遗存。[①] 该遗址的发现对探讨北方陶器起源，旧—新石器时代过渡等问题具有重要意义，材料一经公布即引起学术界的重视。1997 年，河北省文物考古研究所等单位对该遗址又进行发掘，发掘面积 112 平方米，在距今 1 万年左右的第 5 层及开口于该层下的 G3 中发现了陶片、石制品、骨角器等丰富的文化遗存，同时还发现有灶、灰坑及沟等遗迹。[②]

遗址中共出土了 1 200 余件文化遗物，其中包括陶片 44 件、磨制骨角器 22 件、石制品 17 件，有切割痕迹的骨、角、木器 10 件，有烧烤痕迹的骨、角、木器 10 件（图 132～137）。陶器包括夹砂灰陶和夹砂黄褐陶两类，可辨器形包括罐和钵等；表面多饰绳纹、颈部多有附加堆纹，个别口沿外侧有剔划纹；少量陶片有钻孔。骨角器均为磨制而成，有的局部磨光，有的通体磨光，包括骨（角）锥、骨镞、骨匕、骨针和骨笄等。石制品中包括磨盘（4 件）、磨棒（3 件）、石锤（3 件）、石核（1 件）和石片（6 件）。石核、石片均为简单石核—石片技术产品，没有出土细石叶技术产品。

[①] 保定地区文物管理所、徐水县文物管理所、北京大学考古系、河北大学历史系：《河北徐水县南庄头遗址试掘简报》，《考古》1992 年第 11 期。

[②] 河北省文物考古研究所、保定市文物管理所、徐水县文物管理所、山西大学历史文化学院：《1997 年河北徐水南庄头遗址发掘报告》，《考古学报》2010 年第 3 期。

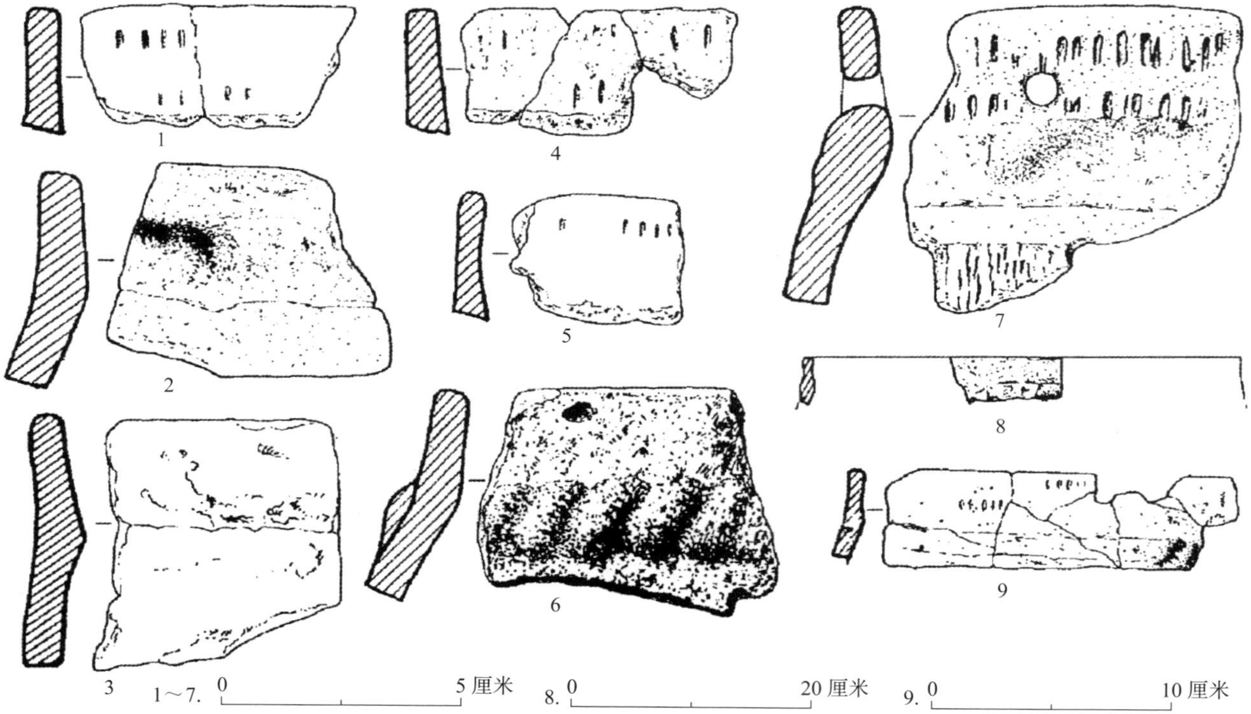

图 132　南庄头遗址陶罐口沿[1]

---

[1] 河北省文物考古研究所、保定市文物管理所、徐水县文物管理所、山西大学历史文化学院：《1997 年河北徐水南庄头遗址发掘报告》，《考古学报》2010 年第 3 期。

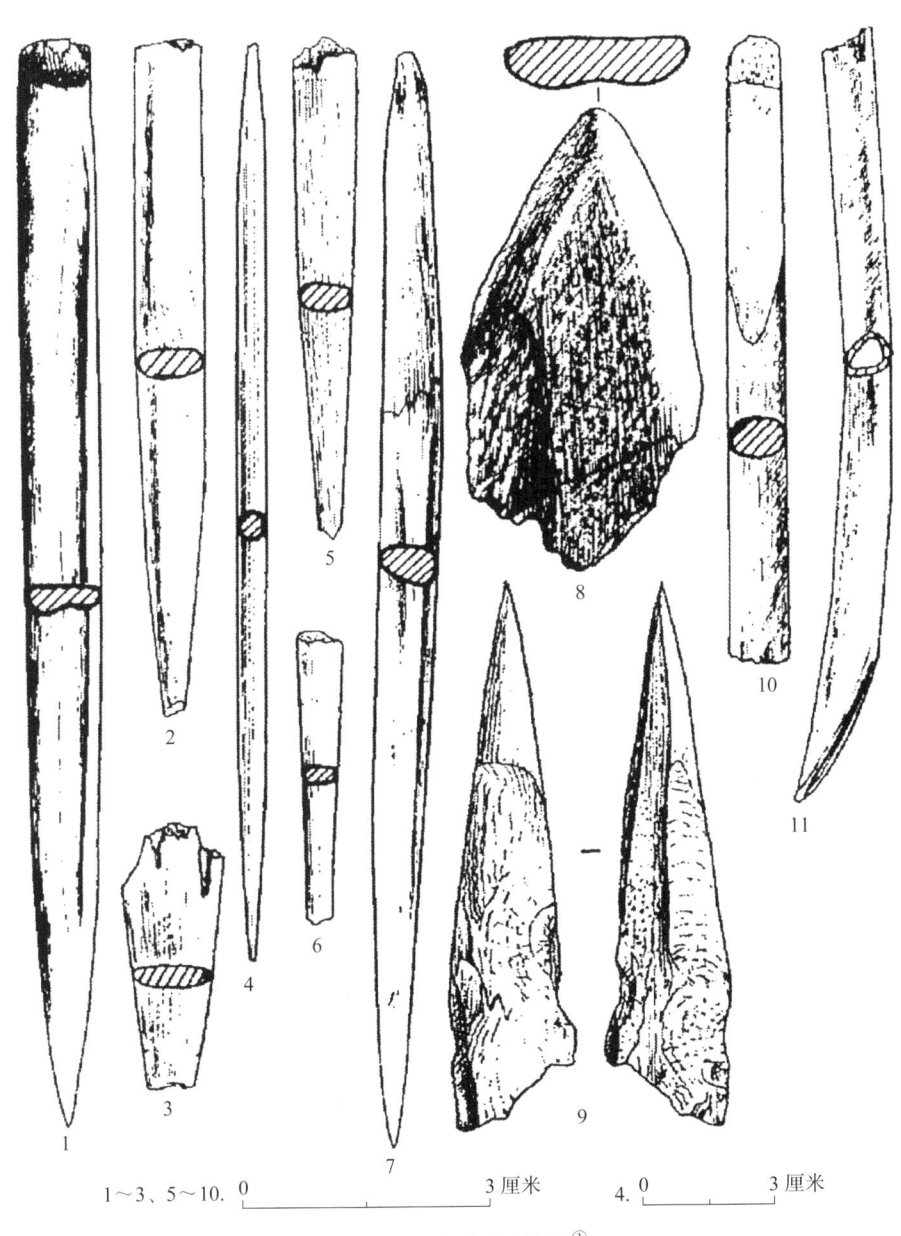

第七章　华北地区细石叶组合分化期（距今 11 500～10 000 年）

图 133　南庄头遗址骨器[1]
1～3. 骨锥　4～7. 骨笄　8～9. 骨镞　10～11. 骨匕

[1]　河北省文物考古研究所、保定市文物管理所、徐水县文物管理所、山西大学历史文化学院：《1997 年河北徐水南庄头遗址发掘报告》，《考古学报》2010 年第 3 期。

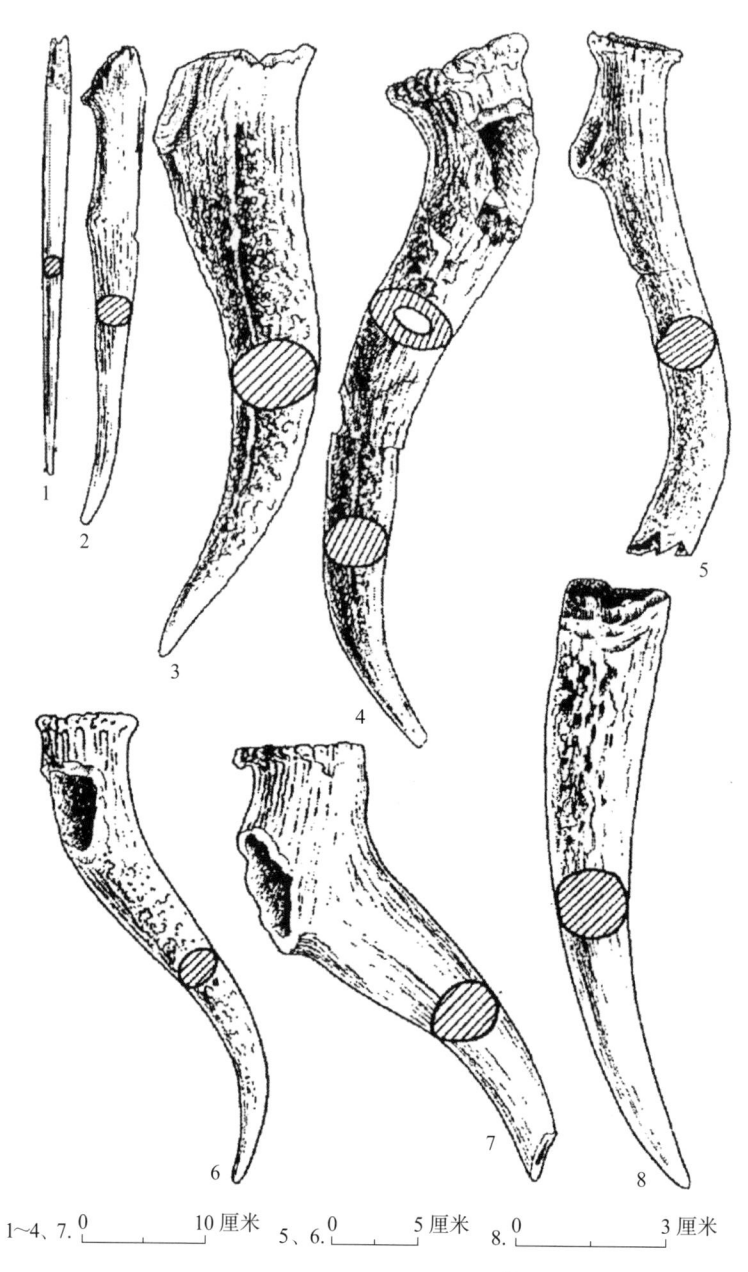

1~4、7. 0̱_____10厘米   5、6. 0̱___5厘米   8. 0̱_____3厘米

图 134　南庄头遗址骨、角器[①]
1. 骨针　2~8. 角锥

---

① 河北省文物考古研究所、保定市文物管理所、徐水县文物管理所、山西大学历史文化学院：《1997年河北徐水南庄头遗址发掘报告》，《考古学报》2010年第3期。

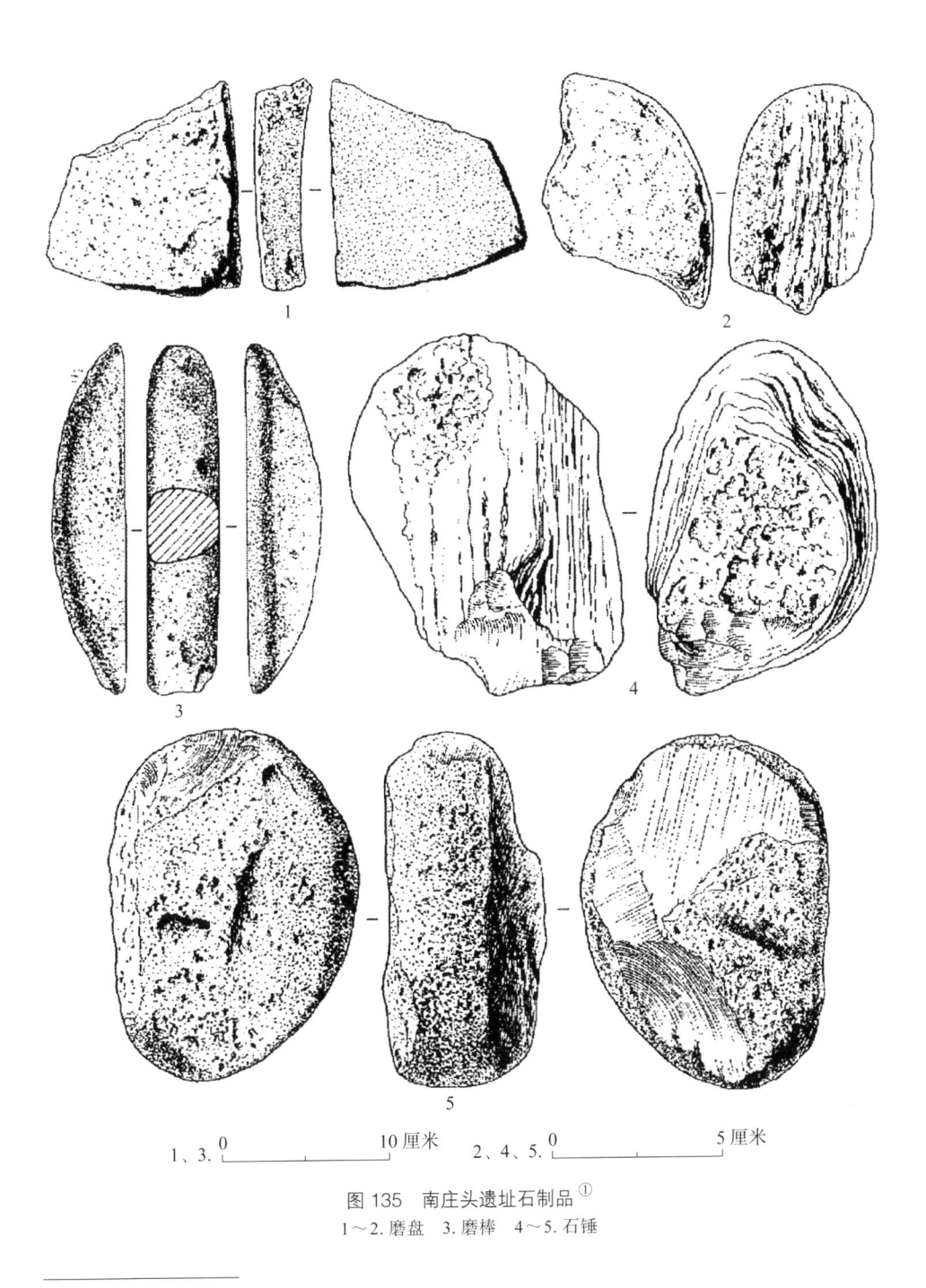

第七章　华北地区细石叶组合分化期（距今 11 500～10 000 年）　193

1、3. 0_____10 厘米　2、4、5. 0___5 厘米

图 135　南庄头遗址石制品[1]
1～2. 磨盘　3. 磨棒　4～5. 石锤

---

[1]　河北省文物考古研究所、保定市文物管理所、徐水县文物管理所、山西大学历史文化学院：《1997 年河北徐水南庄头遗址发掘报告》，《考古学报》2010 年第 3 期。

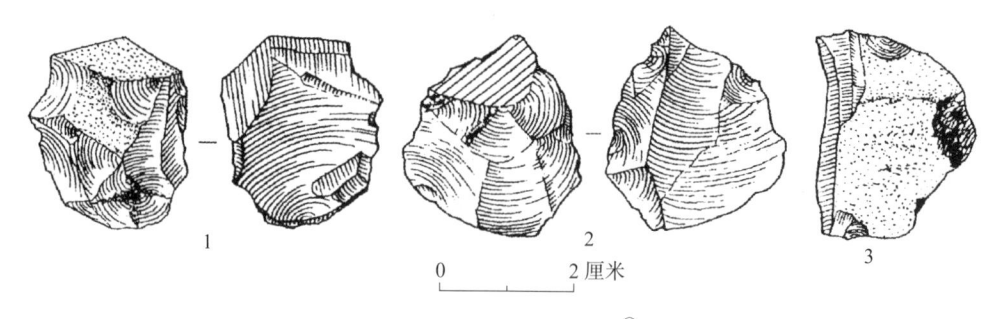

图 136　南庄头遗址石制品[①]
1. 石核　2~3. 石片

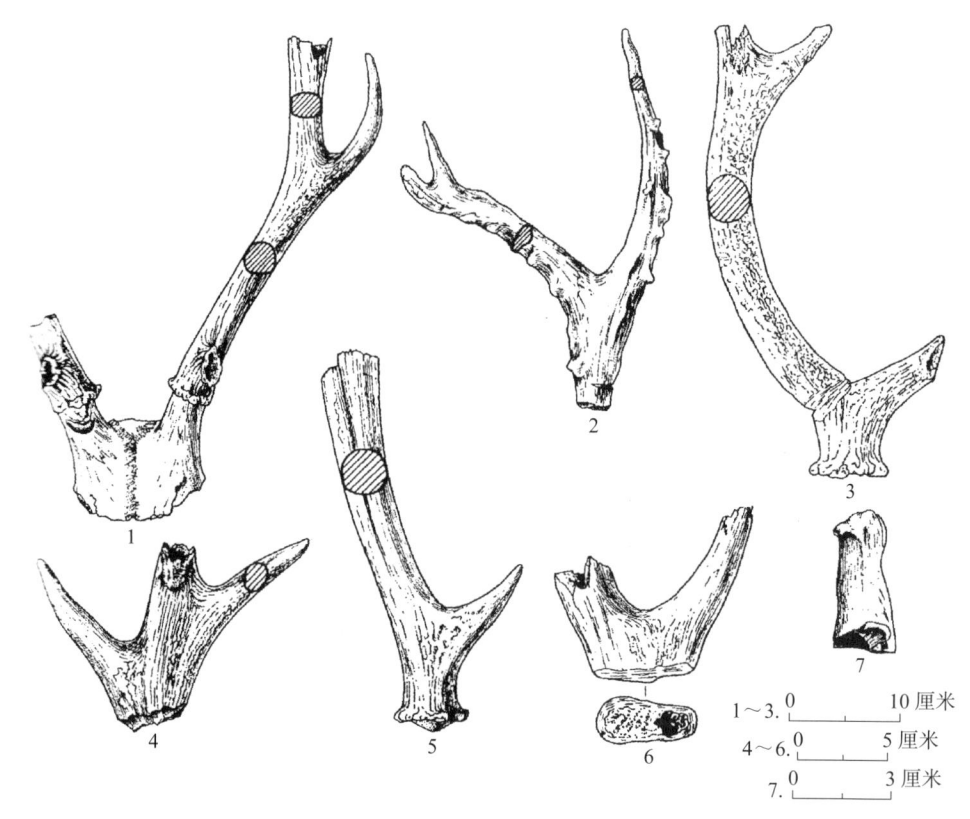

图 137　南庄头遗址出土遗物[②]
1~6. 鹿角　7. 骨器

[①] 河北省文物考古研究所、保定市文物管理所、徐水县文物管理所、山西大学历史文化学院：《1997 年河北徐水南庄头遗址发掘报告》，《考古学报》2010 年第 3 期。
[②] 河北省文物考古研究所、保定市文物管理所、徐水县文物管理所、山西大学历史文化学院：《1997 年河北徐水南庄头遗址发掘报告》，《考古学报》2010 年第 3 期。

南庄头遗址共出土动物骨骼 1 068 件，均出土于第 5 层及该层下的遗迹单位内，包括蚌、鱼、鳖、雉、鸟、鼠、兔、野猪、梅花鹿、小型鹿科动物、水牛等 12 种。从数量上来看，以哺乳动物最多，共 874 件，占 81.76%；其次为鸟，占 16.28%；鱼占 1.59%；爬行动物占 0.28%；贝占 0.09%。哺乳动物中以梅花鹿和小型鹿科动物最多，共 315 件，占 78.16%；狗占 7.69%；野猪占 6.95%；水牛占 6.45%；鼠占 0.50%；兔占 0.25%。

据北京大学考古系实验室对 1987 年提取的碳十四样品的测定，第 5 层的绝对年代为距今 $10\ 510 \pm 110 \sim 9\ 690 \pm 95$ 年（未校正）。据相关研究来看，这一时期正处于全新世暖期的初期，气候比较温暖湿润，水生草木较为茂盛，动物资源较为丰富。从动物考古学研究来看，此时期南庄头已出现明确的家犬证据，以鹿类等食草动物为主要狩猎对象。遗址中没有发现狩猎类石制工具，但发现了一定数量的骨镞、骨锥等狩猎工具，说明这一时期古人类的狩猎手段已发生了一些变化。[1]

第二节 东胡林遗址

东胡林遗址位于北京市门头沟区东胡林村西侧的清水河北岸三级阶地上，距北京城区约 78 公里，地理坐标：E115°43′36″、N39°58′48″，海拔高度为 390～400 米，高出现在河床 25 米以上。[2] 该遗址发现于 1966 年，2001～2006 年北京大学考古文博学院和北京市文物研究所组成联合考古队对该遗址进行了 3 次发掘，共揭露面积 270 平方米。共发现灰堆 14 座，灰坑 9 座，火塘 10 余处，疑似房址 2 座，石制品 15 000 余件，陶片 60 余片，动物骨骼 15 000 件左右。自上而下可将地层划分为 9 层，其中第 4、6、7 层为自然堆积；第 2、3、5、8、9 层为人类活动层位，均为新石器时代早期文化层，碳 14 年代测定结

---

[1] 李月从、王开发、张玉兰：《南庄头遗址的古植被和古环境演变与人类活动的关系》，《海洋地质与第四纪地质》2000 年第 3 期。

[2] 北京大学考古文博学院、北京大学考古学研究中心、北京市文物研究所：《北京市门头沟区东胡林史前遗址》，《考古》2006 年第 7 期。

果校正后为距今 11 000～9 000 年。[①]

石制品以打制类为多，细石叶技术产品所占比重不足 5%，磨制石器数量有 220 余件。磨制石器多为局部磨光的小型斧、锛状器。细石核以柱形和楔形为主（表 38）。发现的骨器包括骨锥、骨鱼镖、骨柄石刃刀等。

表 38　东胡林遗址石制品一览表

类别\组	砾石	断块碎屑	石核	石片	细石核	细石叶	工具	合计
5	339	3 717	27	310	40	182	164	4 779
4	346	4 021	44	497	75	332	227	5 542
3	186	952	23	180	5	101	107	1 554
2	481	2 224	7	44	2	5	26	2 789
1	128	475	1	16	0	9	30	659
合计	1 480	11 389	102	1 047	122	629	554	15 323

类别\组	磨刃工具	穿孔石器	石镞	磨盘	磨棒	耜形器	砺石	石臼	合计
5	13	2	0	21	13	0	13	0	62
4	20	0	1	33	23	1	6	1	85
3	0	0	0	13	12	0	12	0	37
2	0	0	0	12	3	0	9	0	24
1	2	0	0	2	6	0	3	0	13
合计	33	2	1	81	57	1	43	1	221

研究者将东胡林遗址中的石制品从下至上分为 5 组进行研究。研究结果表明，从早到晚该遗址中的石制品可分为前、后 2 期。前期石器生产体系中，细石叶工艺产品较少，磨制石器种类较少，石磨盘和石磨棒很少见到整体加工和

[①] 崔天兴：《东胡林遗址石制品研究——旧新石器时代过渡时期的石器工业和人类行为》，北京大学考古文博学院博士学位论文，2010 年。

设计，磨制端刃工具也无分化，大型边刃工具开始出现。后期细石叶工艺产品数量激增，整体加工和设计磨盘和磨棒持续存在，数量不断增加，磨制端刃工具器形不断分化。

从细石器遗存角度来看，遗址中共出土细石核 122 件，以柱状石核最多，共 71 件，占细石核总量的 58%；其次为楔形细石核，共 51 件，占细石核总量的 42%。楔形细石核没有利用单面器或两面器为毛坯者，基本利用石片或石块为毛坯，楔状缘仅作少许修理，或不作修理，直接利用毛坯的刃部为楔状缘。打制石器的工具组合中，存在端刮器等细石器组合中常见的器物，但缺少以单面器或两面器为毛坯的工具（图 138）。

整体来看，东胡林遗址中的细石叶工艺技术有简单实用化倾向，细石核毛坯获取随机性非常大，核身基本不做预制修理，只要能满足剥离细石叶的基本条件即可。与之相对应的是磨制石器技术日趋完善，类型逐渐丰富，专门化趋势明显。陶片、灰坑、墓葬、房址（似）等遗迹的出现，表明古人类定居生活状态日趋明显，流动性降低。

东胡林遗址共出土动物骨骼 15 000 件左右，能鉴定种属的约占 26%。动物的种类有原麝、马鹿、梅花鹿、狍、牛、羊、野猪、狼、狐、黑熊、狗獾、猪獾、水獭、野兔、鼢鼠、鳖、草鱼、鹰、鸭、雉、河蚌及螺等 23 种。以鹿类为主，牛等大型动物数量极少，还存在兔类动物。

第三节 转 年 遗 址

转年遗址位于北京市怀柔区宝山寺乡转年村西、白河西岸的第二级阶地上。该遗址发现于 1992 年，1995、1996 年进行发掘，发掘面积 5 000 平方米。遗址共分 4 层，文化遗物主要出自第 4 层的灰黑色黏砂土中。初步统计共出土石制品 18 000 余件，还有少量的陶器碎片和动物骨骼等遗物。石制品包括打制石器和磨制石器两类。打制石器以小型者为主，尤其以典型的细石器遗存最引人注目，不仅制作精细，数量也较多。细石核包括楔形和锥状两种类型，工具包括端刮器、尖状器、雕刻器等。磨制石器包括石磨盘、石磨棒及少量磨制的小石斧、锛状器和石容器残片。陶器种类简单，仅发现筒形罐、带乳凸盂的残片和附加堆纹口沿等 70 余片，均为平底器。陶质以夹砂褐陶为主，火候不

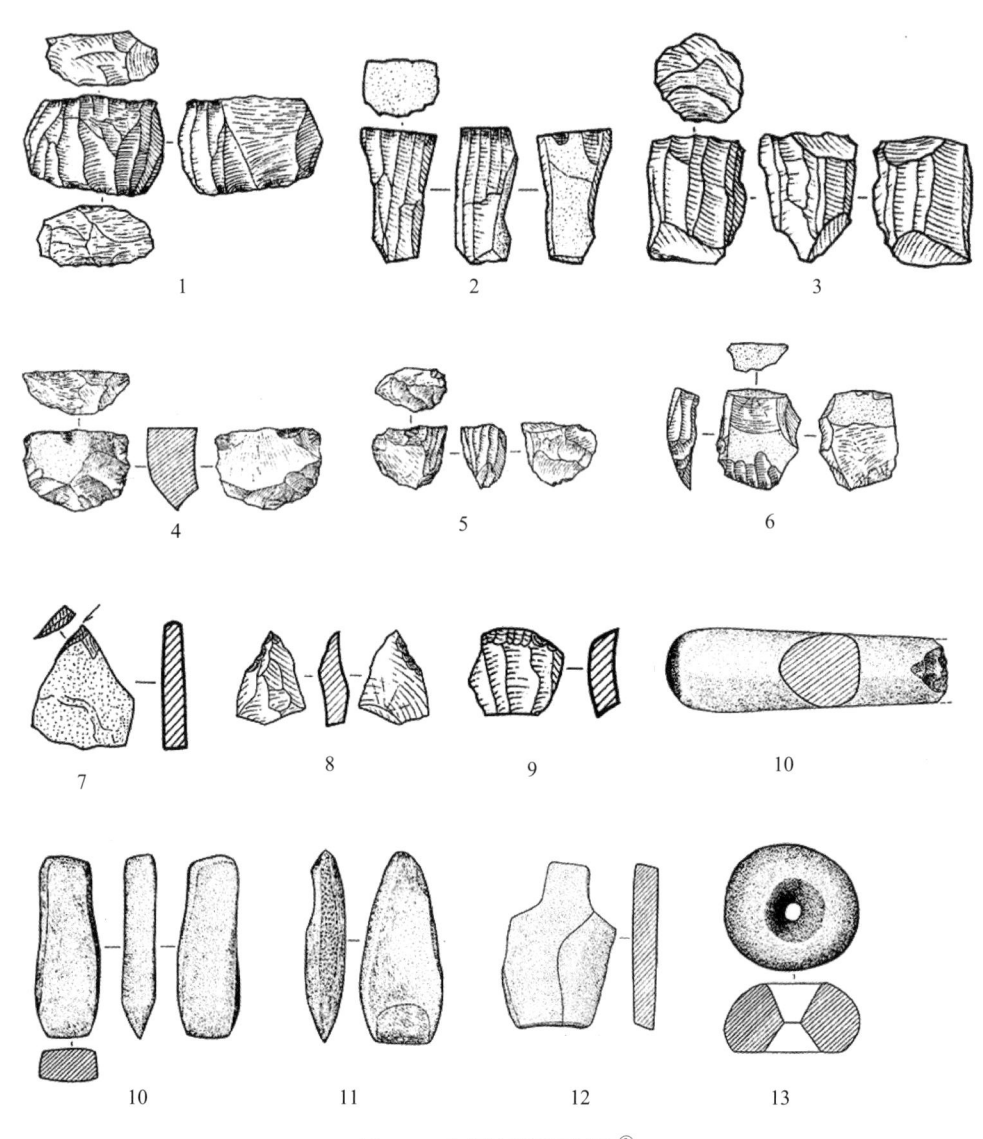

图 138　东胡林遗址石制品[①]
1～3. 柱状细石核　4～6. 楔状细石核　7. 雕刻器　8. 尖状器　9. 端刮器　10～13. 磨制石器

---

① 崔天兴:《东胡林遗址石制品研究——旧新石器时代过渡时期的石器工业和人类行为》, 北京大学考古文博学院博士学位论文, 2010 年。

均，质地疏松，硬度较低，陶土中夹有大量石英颗粒。除个别口沿外施附加堆纹或凸钮装饰外，均为素面陶。①

转年遗址中不见骨角器的报道，数量众多的打制石器、细石器、磨制石器和陶器共存，是该遗址突出的文化特征。筒形罐是北方文化区的代表器物，而直腹平底陶盂的出土，又说明它与磁山文化有某种联系。转年遗址没有发现明显的房址，结合石制品中碎屑类占多数以及一定数量陶片的出土等情况来看，这里应是一处古人类制造石器及日常生活的场所。已测得的两个碳十四年代数据分别为距今9 200和9 800年，校正后的年代应在距今10 000年左右。②

第四节 水洞沟第12地点

水洞沟第12地点位于水洞沟第1地点以北约4千米处，位于边沟河下游砖厂附近，是目前发现的水洞沟地区最北部的地点，地理坐标：E106°29′49″，N38°19′40″，顶部标高1 158米。该地点发现于2005年，2007年中国科学院古脊椎动物与古人类研究所和宁夏考古研究所对该地点进行发掘，发掘面积11.8平方米。③

根据岩性和沉积特征自上而下可分为4层：

① 灰黄色细—粉砂，质地松散，地表散落较多的细石器。厚0.1米。

② 浅棕色细—粉砂，致密块状，钙质胶结。在1.3～1.6米处含有少量炭屑，呈浅灰褐色。该层顶部光释光年代为距今12 100±1 000年，底部光释光年代为距今33 700±17 000年。厚2米。

③ 含细砂灰烬层，灰黑色，含有炭屑、动物碎骨和细石叶、细石核、碎石块等。石制品、砾石、动物碎骨混杂在灰烬层中。碎石块棱角分明，细石

---

① 郁金城、李建华、李超荣等：《北京转年新石器时代早期遗址的发现》，《北京文博》1998年第3期。

② 郁金城：《从北京转年遗址的发现看我国华北地区新石器时代早期文化的特征》，《北京文物考古（五）》，燕山出版社，2002年。

③ 王惠民、梅惠杰、宋艳花等：《水洞沟第12地点》，《水洞沟2003～2007年度考古发掘与研究报告》，科学出版社，2013年，第157～252页。

叶刃口锋利，未见有经流水长期搬运磨蚀的痕迹。本层南北延伸约50米，南北两端变薄直至消失，中间最厚达1.6米，呈透镜体状产出。其文化面貌为以细石叶技术为主体的旧石器时代末期文化。该层中部碳十四年代为距今11 270±110年。厚1.6米。

④ 灰黄色细砂，夹薄层黏土条带，含有斑状铁锈，具水平层理、斜层理、小型槽状层理。黏土层呈水平条带状，富含钙质，可以见到石膏晶体。该层顶部光释光年代为距今11 600±600年，该层底部光释光年代为距今47 200±2 400年。厚5.3米，未见底。

从地层中采集的样品所获得的4个光释光年代数据由上至下分别为距今12 100±1 000年、距今33 100±1 700年、距今11 600±600年和距今47 200±2 400年。4个年代数据吻合性较差，存在倒置现象。发掘时采集了许多炭屑、灰烬和烧骨等样品，研究者根据部分碳十四测年结果暂时认为水洞沟第12地点的时代为距今11 000年左右，处于更新世和全新世的过渡时期。

水洞沟第12地点2007年发掘共获得石制品7 384件，其中包括石核类标本204件，石片类标本3 916件，各类工具401件，装饰品1件，石制品储料23件，废、残品2 839件。其中细石叶技术产品1 589件，约占石制品总量的35.2%，其中包括各种细石核95件，细石叶及其断片1 331件，细石器工具163件。95件细石核中包括楔形31件、锥状27件、柱状12件，其余为不规则者。细石核毛坯不见以单面器或两面器为毛坯者，存在由毛坯到剥片再到废弃的完整链条。[①] 普通打制石制品有2 889件，约占石制品总量的64.1%，其中包括锤击石核44件（其中有石叶石核4件），石片及其断片2 178件，石叶及其断片301件，砸击石核65件，砸击石片及其断片106件，打制石器工具208件。另有磨棒、饼形器、琢球等其他石器工具30件和装饰品1件。除石制品外，还发现有骨针、骨锥、梭形器等骨制品。同时还发现有灰烬层的用火遗迹，在灰烬层中出土大量破碎石块，经研究存在热处理现象（图139～145）。[②]

[①] 仪明洁、高星、王惠民等：《水洞沟第12地点2007年出土石核研究》，《人类学学报》2015年第2期。

[②] 高星、王惠民、刘德成等：《水洞沟第12地点古人类用火研究》，《人类学学报》2009年第4期。

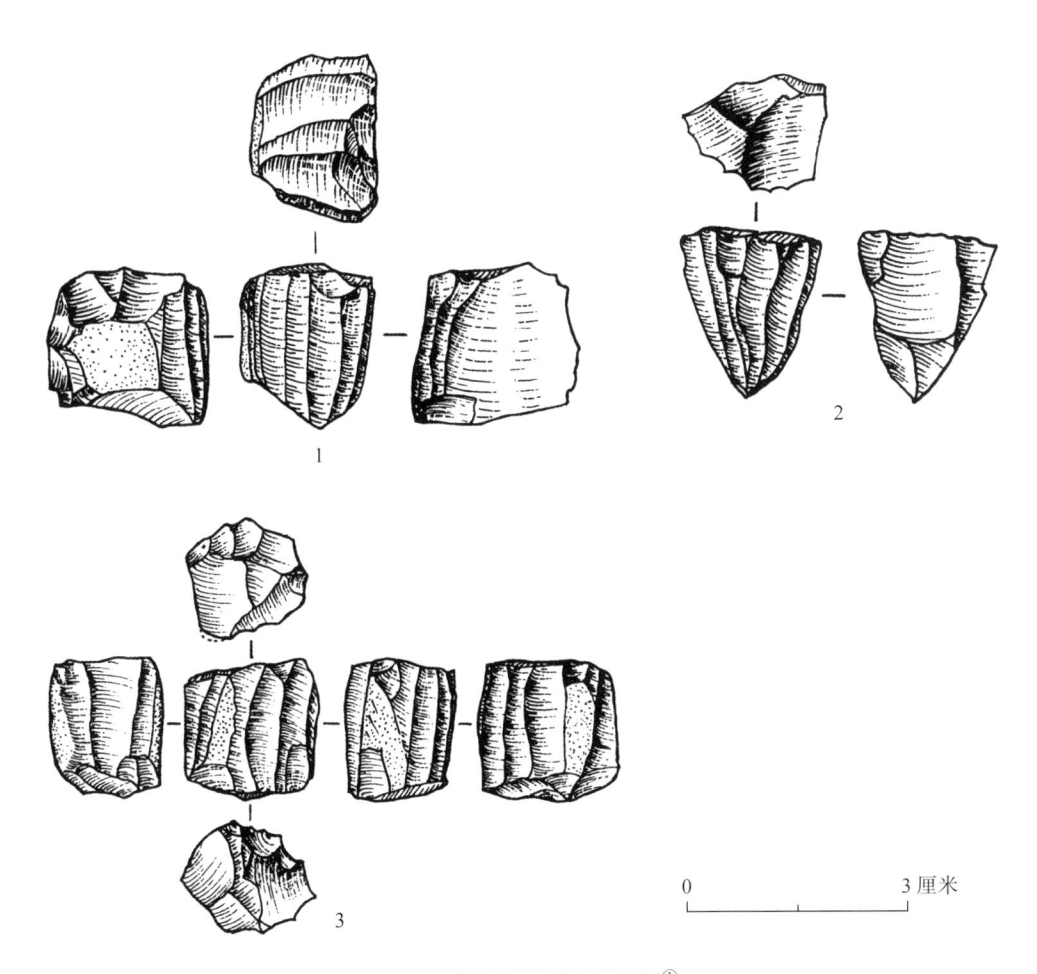

第七章　华北地区细石叶组合分化期（距今 11 500～10 000 年）　　201

图 139　水洞沟 12 地点细石核[①]

---

①　王惠民、梅惠杰、宋艳花等：《水洞沟第 12 地点》，《水洞沟 2003～2007 年度考古发掘与研究报告》，科学出版社，2013 年，第 157～252 页。

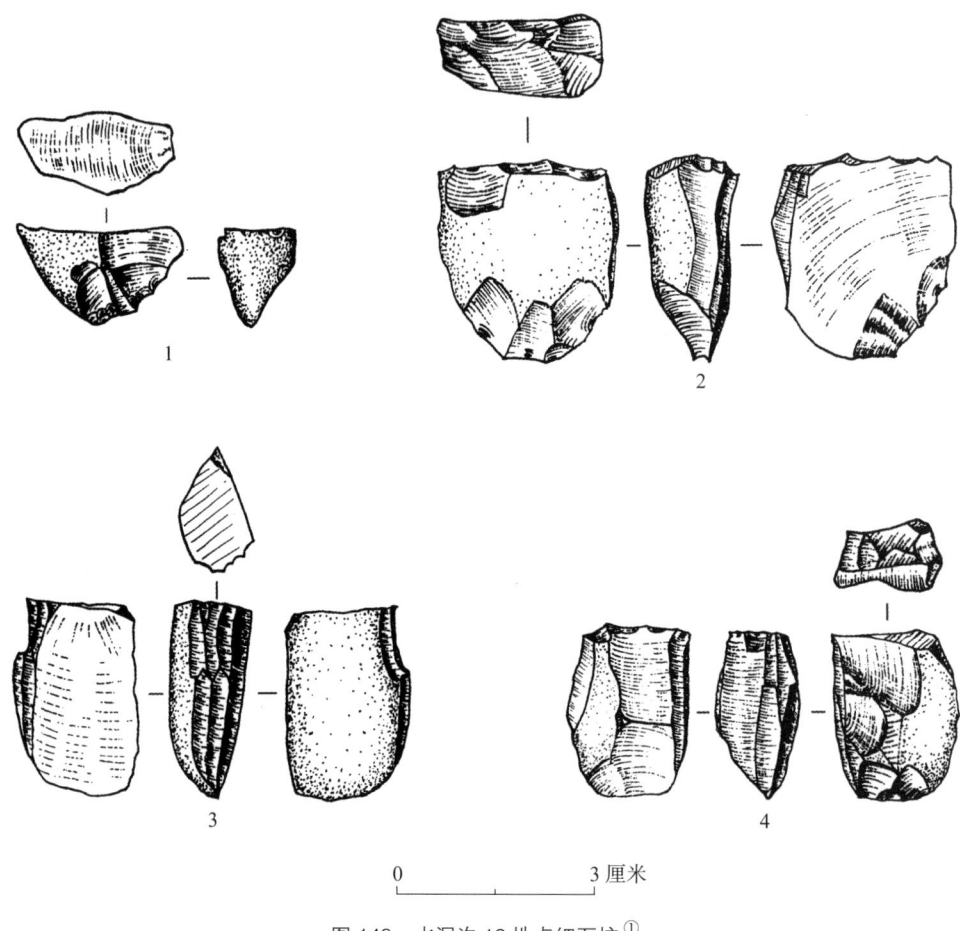

图 140　水洞沟 12 地点细石核[1]

---

① 王惠民、梅惠杰、宋艳花等：《水洞沟第 12 地点》，《水洞沟 2003～2007 年度考古发掘与研究报告》，科学出版社，2013 年，第 157～252 页。

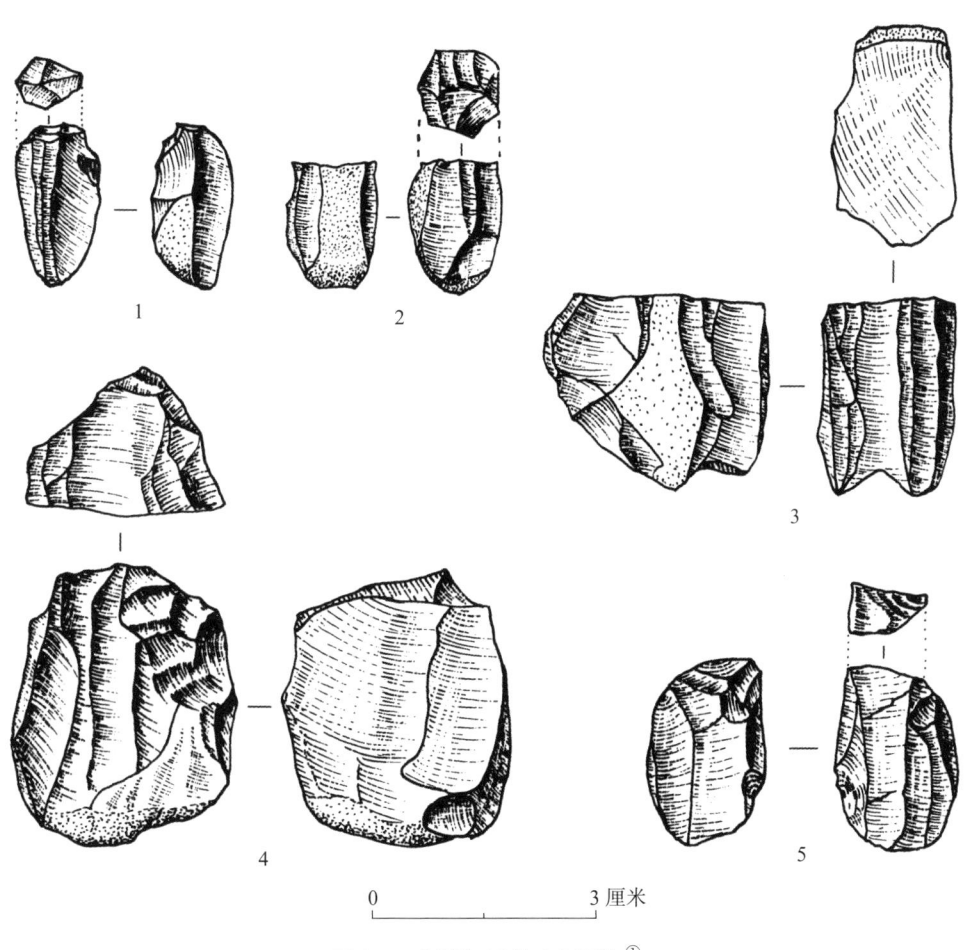

第七章　华北地区细石叶组合分化期（距今 11 500～10 000 年）

图 141　水洞沟 12 地点细石核[①]

---

① 王惠民、梅惠杰、宋艳花等:《水洞沟第 12 地点》,《水洞沟 2003～2007 年度考古发掘与研究报告》,科学出版社,2013 年,第 157～252 页。

0   3厘米

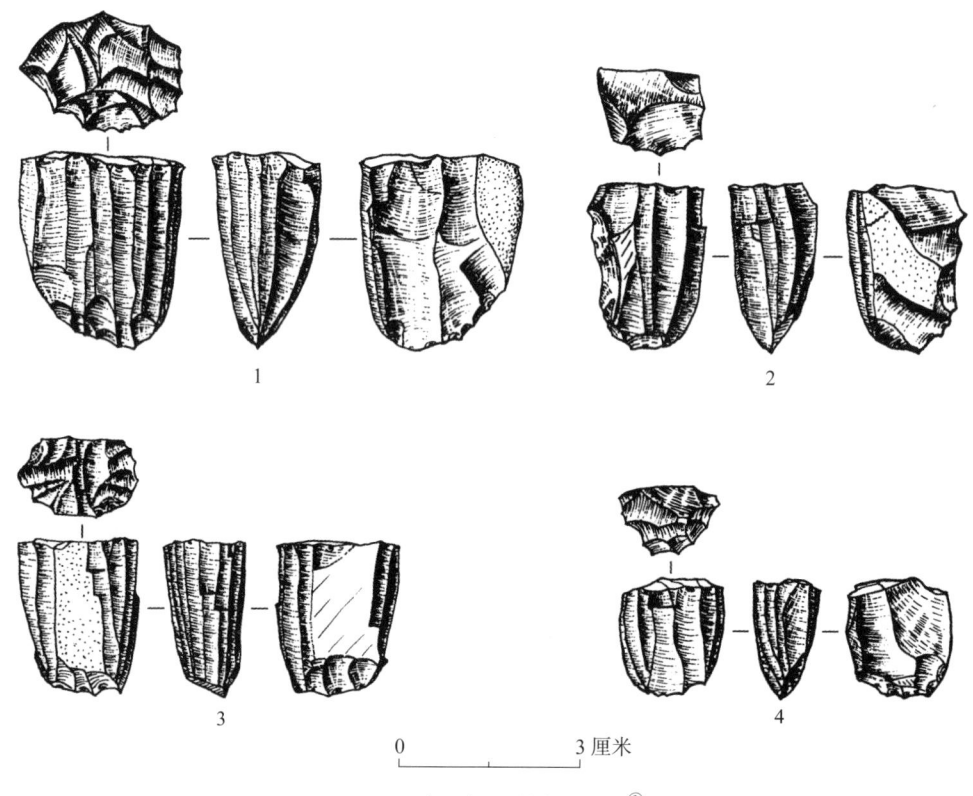

图 142 水洞沟 12 地点细石核[①]

---

① 王惠民、梅惠杰、宋艳花等：《水洞沟第 12 地点》，《水洞沟 2003～2007 年度考古发掘与研究报告》，科学出版社，2013 年，第 157～252 页。

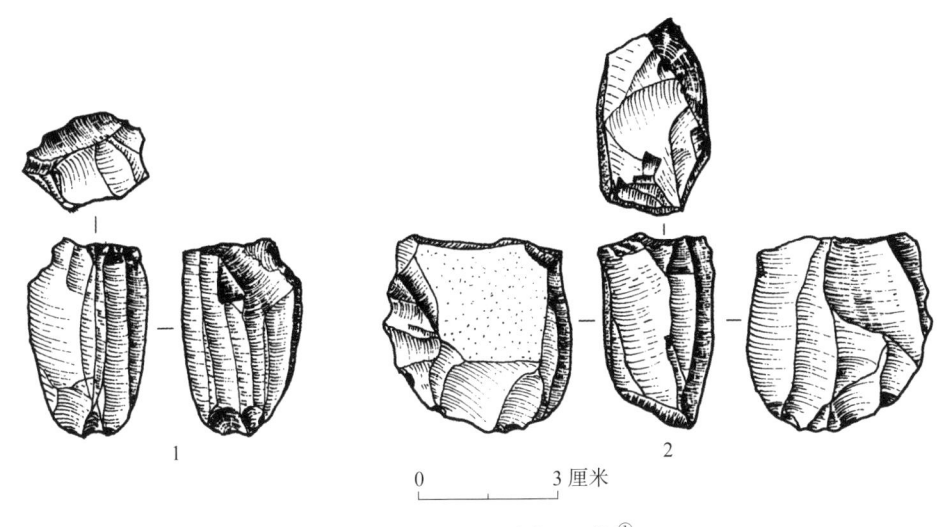

第七章 华北地区细石叶组合分化期（距今 11 500～10 000 年） 205

图 143 水洞沟 12 地点细石核[1]

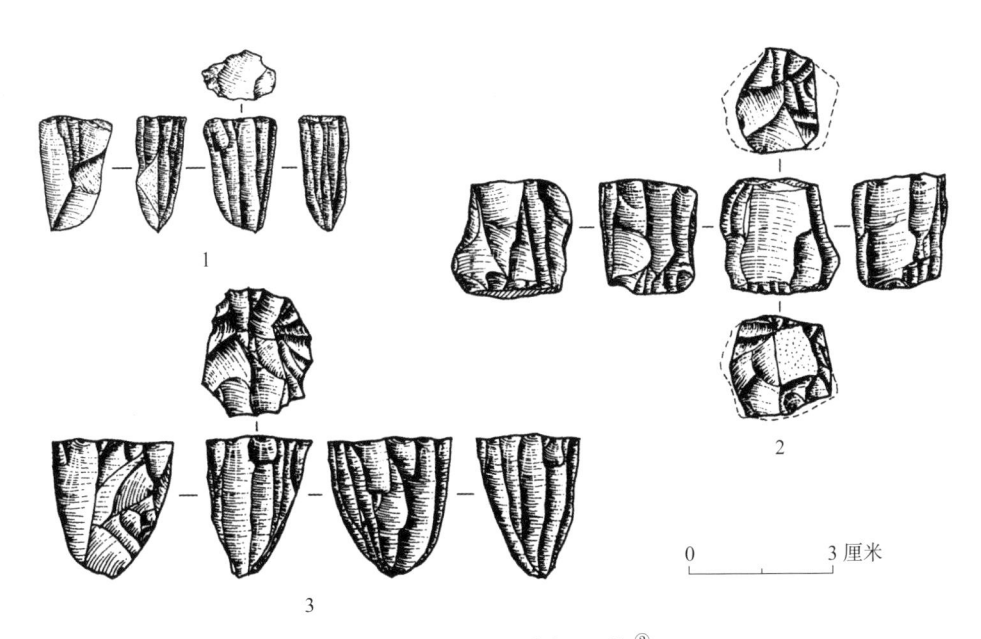

图 144 水洞沟 12 地点细石核[2]

---

[1] 王惠民、梅惠杰、宋艳花等：《水洞沟第 12 地点》，《水洞沟 2003～2007 年度考古发掘与研究报告》，科学出版社，2013 年，第 157～252 页。
[2] 王惠民、梅惠杰、宋艳花等：《水洞沟第 12 地点》，《水洞沟 2003～2007 年度考古发掘与研究报告》，科学出版社，2013 年，第 157～252 页。

图 145 水洞沟 12 地点工具[①]
1. 锯齿刃器 2. 凹缺器 3、5. 钻 4. 端刮器 6. 装饰品 7. 微型尖状器与边刮器复合工具

---

① 王惠民、梅惠杰、宋艳花等:《水洞沟第 12 地点》,《水洞沟 2003~2007 年度考古发掘与研究报告》,科学出版社,2013 年,第 157~252 页。

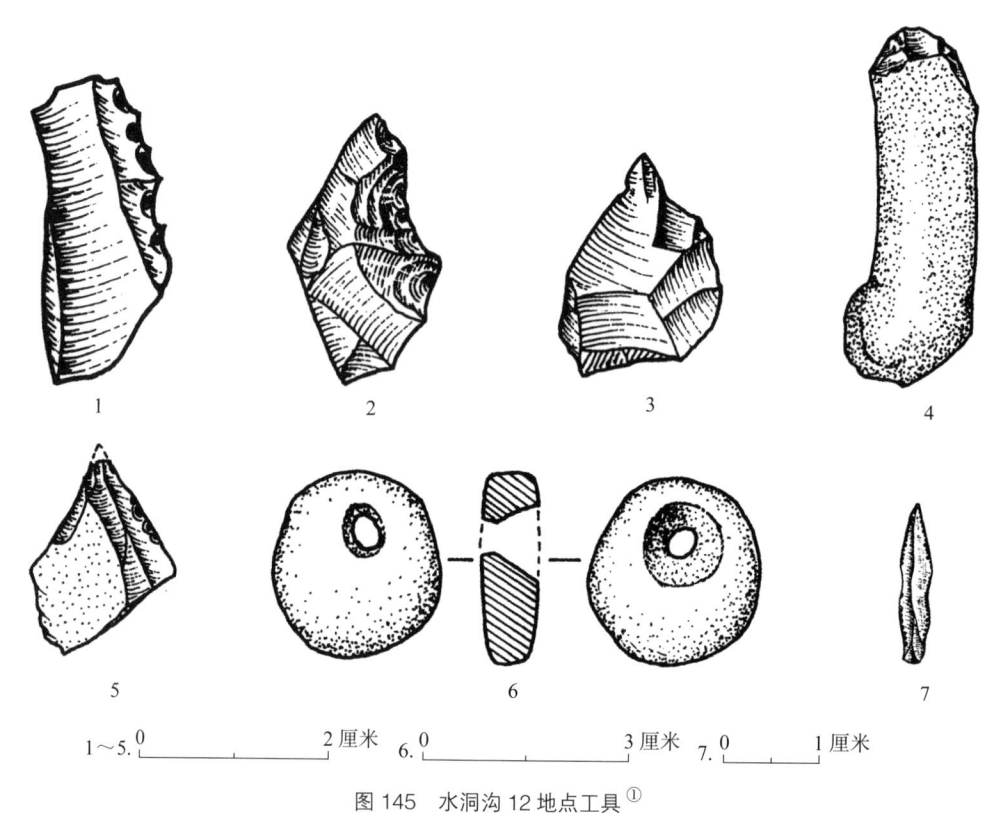

第八章
华北地区细石叶组合各阶段特点

华北地区细石器遗存目前处在一个材料积累与研究快速发展的时期，特别是最近这些年来一些重要遗址通过科学发掘，为学界提供了关键性材料。通过对它们的梳理可以搭建出细石器遗存在这一地区的时空分布框架，为我们考察细石器遗存的发展脉络，进而为探讨各阶段人群之间的交流提供了可能。通过前文对这些遗址的梳理，在本章中以时代为线，按照发展演变的角度，对不同时期华北地区细石叶组合的分布、特点等方面进行探讨。

第一节 出现期（距今 30 100～23 000 年）

中国华北地区发现了一些距今 29 000 至 23 000 年左右的深海氧同位素第 3 阶段末至第 2 阶段时期的细石器遗址（图 146）。这些遗址中的细石叶技术体现出了萌芽时期的特点，对它们逐一进行分析，能够看出细石叶技术在中国最早出现时期的发展轨迹。尽管这些遗址在测年数据方面有着一定的差距，但本书仅是以此为参照，主要还是根据文化遗存所体现出的特征来分析、判断它们的性质及早晚关系。

西施、东施遗址中出土的石叶、石叶石核的数量要远远大于细石叶、细石核的数量。遗址中出土的石叶石核均属棱柱状石核范畴，这里出土的锥、柱状细石核与石叶石核相比，仅是大小的区别（个别细石核的某些测量项目甚至超过了某些石叶石核），在形态上并没有特别的变化。细石核制作理念与石叶石核基本一致，即挑选合适的毛坯，利用毛坯自身的条件，随形就势进行石片剥离，石核本身并无很大程度上的预制修理；两者所用石料也基本相同。这些情况说明，从石叶石核剥取石叶开始，随着剥片的进展，石叶石核的体积会越来越小，很自然转变为同样形状的锥形或柱形细石核，随即剥下的产品也成为细

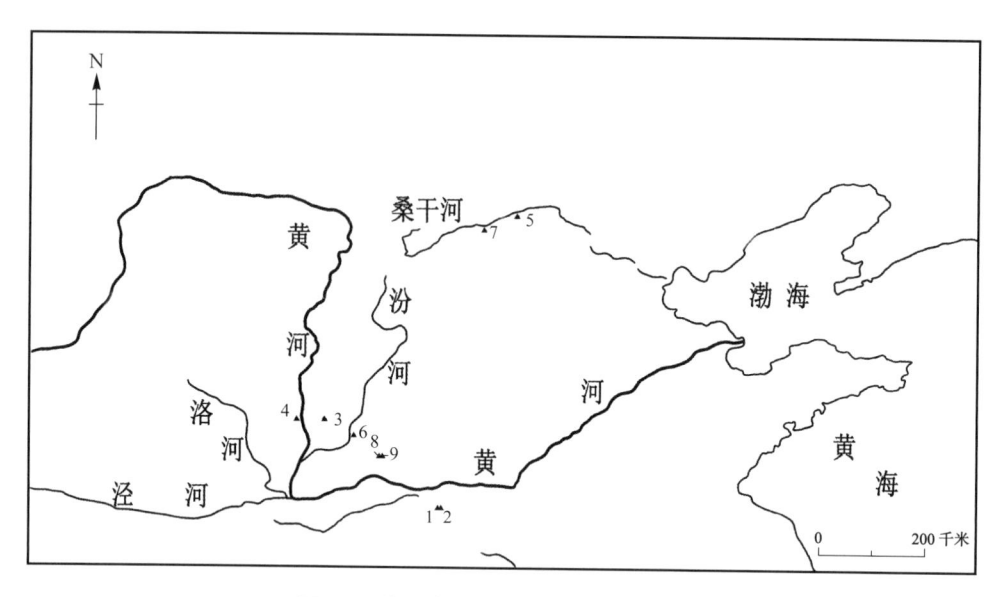

图 146　华北地区出现期细石器遗址分布图
1. 西施遗址　2. 东施遗址　3. 柿子滩 S29 地点　4. 龙王辿遗址　5. 油房遗址　6. 柴寺遗址　7. 西沙河遗址
8. 下川小白桦圪梁地点　9. 下川水井背地点

石叶。据此推断西施遗址中的细石核与石叶石核之间有技术上的继承关系，进一步说是由棱柱状石叶石核技术演变而来的。西施遗址中的工具类型较为单调，但已具备了端刮器这一类细石器遗址中常见的类型，且在工具总和中占有较高的比例，但工具总体的加工水平还是比较简单的。

柿子滩 S29 地点第 7 文化层中没有发现石叶石核，但出土了石叶，细石叶的数量远远大于石叶的数量，两者之比已超过 80 比 1。细石核出土 23 件，均属于锥、柱状石核范畴，形态不稳定，尺寸与第 1~6 文化层比较要大一些，接近于小石叶石核。工具类型简单，以刮削器为主，多以石片为毛坯，仅在刃缘部做简单修理。柿子滩 S29 地点第 7 文化层中还出有磨盘、磨石。与柿子滩遗址相近的龙王辿遗址，其文化风格与柿子滩 S29 地点第 7 文化层基本相同，虽然报道中没有提及石叶技术产品，但存在着一定数量的两极石片，估计其中会有石叶存在。同时龙王辿遗址中也出土有磨制石铲及石磨盘。值得注意的是，龙王辿遗址中的石制品所用石料以各色质地较差的燧石和石英岩为主，说明细石叶技术跨越黄河进入西部时并没有开发出优质的原料，这也可能造成了该地区细石叶技术不够发达。与柿子滩 S29 地点第 7 文化层相似风格的还有泥河湾盆地的西沙河遗址。该遗址中没有关于石叶技术产品的报道，但从公布的线图来看，有的细石叶长度已接近60毫米，宽度也有超过20毫米的，无疑可以将它们归入石叶中，但这样的标本极少。与前两者不同的是，该遗址中没有发现磨盘、磨棒等工具。

油房遗址中无疑存在典型的石叶技术产品，[①] 但数量不会很多。这里的细石核多采用石块为毛坯，包括柱、锥状石核和船形细石核，虽然与后期相比有些原始，但石核形态已出现规范化特征。船形细石核以石块为毛坯，利用石块的平坦面为台面，台面不做修理，在宽侧边缘进行剥片，已基本具备了后期船形细石核的基本特征。工具组合中端刮器比例上升，占比近50%，器型趋于规范化，修理较为精致，存在琢背小刀与石核刮器等专门性工具。

与油房遗址细石器遗存风格类似的是柴寺遗址，该遗址中也存在较低比例的石叶技术产品，细石核是锥、柱状类型与船形细石核并存，船形细石核核身已出现预制修理。所不同的是，该遗址文化层处于河蚌砾石层中，工具组合中存在除琢背小刀、石核刮器之外的，以小两面器为毛坯加工而成的石镞（图147，12、13）。总体来看，柴寺遗址中的细石器遗存体现出细石叶技术的原始性与工具加工精致性的混合风格。

综合以上分析来看，从技术传承的角度出发，华北地区最早的细石叶技术应该是出现在河南西施、东施遗址，因为在这里我们能够看到技术演化的序列。在这些遗址中细石叶技术产品与石叶技术产品共存，且石叶技术产品的数量要远远超过细石叶产品的数量。石叶技术与细石叶技术之间存在某些共性，即基本以石块为毛坯，核身不做过多修理，形态基本属于棱柱状或锥、柱状范畴，细石核剥离细石叶的思路与石叶石核剥离石叶的思路基本相同。两种技术之间唯一的差别是细石叶技术采用了压制法剥离细石叶，而石叶技术绝大多数情况下采用的是锤击法剥离石叶。在东施遗址还存在一定数量处于石叶石核与细石核、石叶与细石叶中间状态的小石叶石核（bladelet core）和小石叶（bladelet）。这些都是细石叶技术源于石叶技术的有力证据。从古生态的角度来看，进入末次冰期极盛期时期，即距今26 500年左右，气候带南移，深海氧同位素第3阶段在高纬地区尚能生存的动植物向低纬度地区移动，此时华北地区正处于森林草原交错地带，具备细石叶技术起源的生态条件。[②] 至于细石叶技术是源于本地还是外来的石叶技术，则是另外一个问题，在此不作讨论。细石叶技术在西施、

---

① 王幼平：《华北旧石器晚期环境变化与人类迁徙扩散》，《人类学学报》2018年第3期。
② 陈胜前：《细石叶工艺的起源——一个理论与生态的视角》，《考古学研究（七）》，科学出版社，2008年。

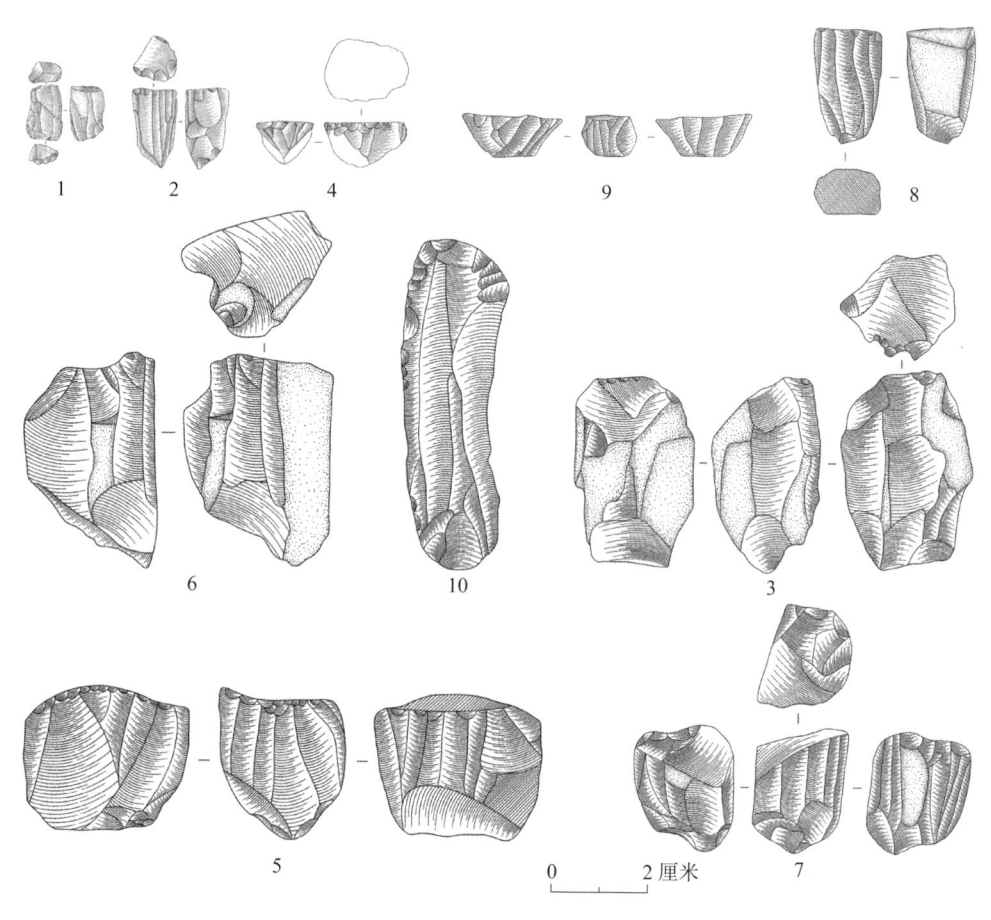

图 147 华北地区出现期细石叶组合
1、2、4、5、7～9.细石核 3、6.石叶石核 10.长身圆头刮削器
（1、3.东施遗址 2、4.龙王辿遗址 5～7.西施遗址 8、9.下川小白桦圪梁地点 10.油房遗址）

东施遗址出现以后迅速向东、西两翼扩散，向东扩展至泥河湾盆地，向西则越过黄河进入龙王辿遗址。由于没有发现优质原料产地的原因，其扩散地主要还是在华北地区的黄河东部地区。伴随着扩散，我们看到的是遗址中的石叶技术产品所占比例逐渐缩小，而细石叶技术产品所占比例急剧上升，直至全面取代石叶技术。在这个过程中，细石核的形态逐渐规范，并已零星出现较为规范的船形细石核，这似乎预示着华北地区细石叶技术即将进入一个全新的阶段。

华北地区细石叶技术的出现及至全面取代石叶技术是在一个相对较短的时间内完成的，似乎应该在千年尺度内。个中原因应该非常复杂，由于这一时期发现的遗址还非常有限，缺乏翔实有效的信息，我们无法给出满意的答案。但有学者指出细石叶技术能够将石叶技术的某些优势发挥到极致，是其取代石叶技术的主要原因。如相对石叶技术而言，细石叶技术的轻便性特征更为突出；细石叶产品更加规整，标准化程度更高。批量化生产的具有更高标准化程度的细石叶，方便了对复合工具刃口的替换、维修，有利于维持复合工具的效率与使用寿命。细石叶技术达到了对优质石料最大化程度的利用，能够利用有限的石材生产出尽可能多的刃口等。还有石叶技术需要依托体积较大的优质石料来实现技术目标，但这一地区恰恰是大型优质石料欠缺的区域。①

第二节　发展期（距今 23 000～17 100 年）

属于这一时期的遗址（文化层）有山西吉县的柿子滩 S29 地点第 2～6 文化层、柿子滩 S5 地点第 2～4 文化层、柿子滩 S14 地点第 2～4 文化层及河北境内的二道梁遗址、孟家泉遗址、淳泗涧遗址和东灰山遗址（图 148）。

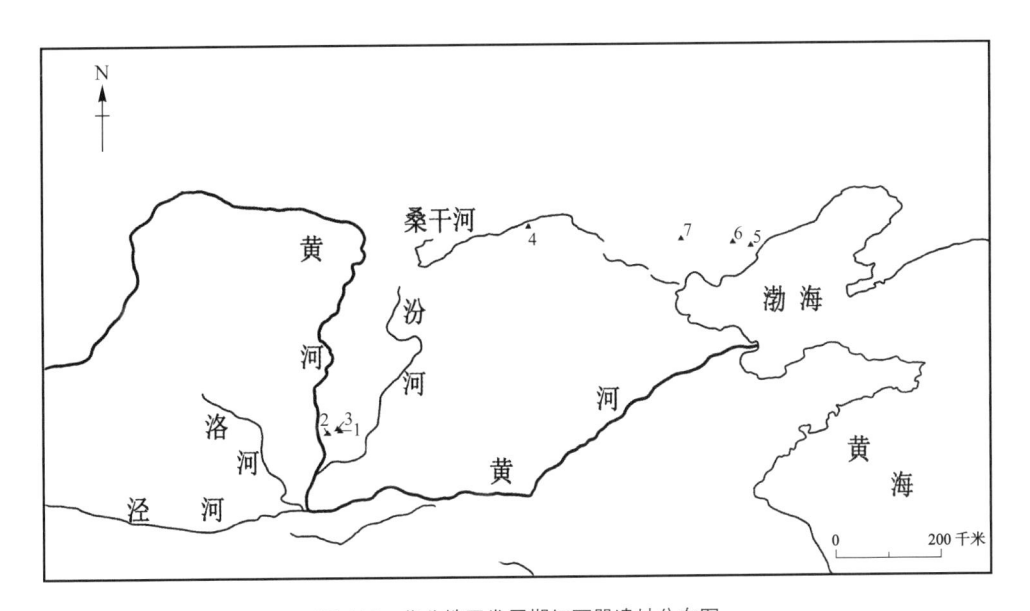

图 148　华北地区发展期细石器遗址分布图
1. 柿子滩 S29 地点　2. 柿子滩 S14 地点　3. 柿子滩 S5 地点　4. 二道梁遗址　5. 淳泗涧遗址　6. 东灰山遗址
7. 孟家泉遗址

---

① 赵潮：《登封东施遗址石制品研究》，北京大学考古文博学院硕士学位论文，2015 年。

与出现期相比，此时期文化内涵的最大变化是，石叶技术产品比例很低，细石叶技术产品数量占优势；细石叶技术基本为船形细石核技术，除柿子滩 S29 地点第 6 文化层中出现的 14 件半锥状细石核外，其他遗址（文化层）中出现的都是船形细石核。工具组合更加丰富，类型更趋精致化、标准化（图 149）。相比较而言，西部山西境内遗址中多出有磨盘类石器，东部河北境内的遗址中则鲜有此类工具，但有更趋标准化的雕刻器、锛状器及磨制骨器，某种程度上可能预示着彼此之间生业方式的差异。此时期有一个值得注意的现象是，该阶段晚段在柿子滩 S29 地点第 3 文化层中开始出现两面器技术。

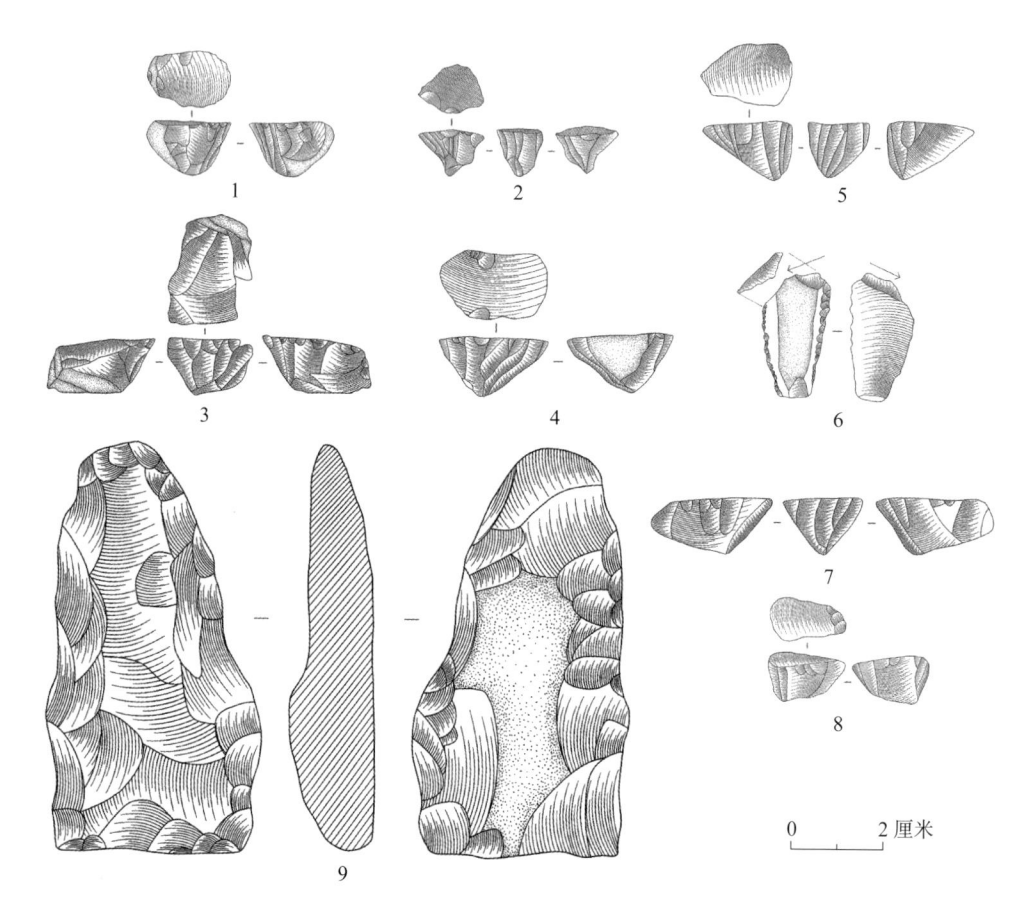

图 149　华北地区发展期细石叶组合
1～5、7、8. 船形细石核　6. 雕刻器　9. 锛状器
（1. 柿子滩 S5 地点　2. 柿子滩 S14 地点　3. 柿子滩 S29 地点　4、9. 孟家泉遗址　5、6. 二道梁遗址　7. 东灰山遗址　8. 淳泗涧遗址）

此时期最大的变化是，华北地区出现期的锥、柱状细石核技术被船形细石核技术所取代。船形细石核一般以石片、砾片、小砾石为毛坯，以石片的剥片面或石块的节理面为台面，以毛坯较宽的一面为剥片面进行剥片，剥片涉及整个台面边缘，而并不局限于某一部位。核身的预制修理多从台面向底部方向进行，剥片疤呈汇聚状态。[1]核身断面整体呈倒三角形（据此有学者认为船形细石核是简化的楔形细石核），[2]后期状态往往呈角锥状或扁平状。与锥、柱形细石核技术相比，船形细石核体型更小，剥取的细石叶也更窄短、细小。与以往的锥、柱状细石核相比，船形细石核对原料大小的要求不高，这与本地区缺乏较大优质石料的情况相适应。另外从剥片效率的角度来看，锥、柱状细石核源于棱柱状石叶石核技术，此类细石核因核身基本不做预制修理，形态很不规范，因此无法保证细石叶的有序剥离（此类石核有经常转换台面的现象，应是剥片不畅所致），细石叶的生产数量、规范程度不能得到有效的控制。反观船形细石核，形态规范、核身多进行预制修理、工作面固定（多从毛坯较宽的一面开始，按顺序依次进行剥片），剥离的细石叶也更加规范，最重要的是船形细石核的剥片预期较高，细石叶数量、质量的可控性要远远高于锥、柱状细石核。

船形细石核技术是如何发展而来的，多数学者认为是由本地的小石器工业演化而来。如王幼平先生认为，船形细石核技术并不特别需要专门预制石核毛坯的技术程序，仅在本地区较早阶段已存在的单台面平行剥片技术的基础上，也可以加工成船形细石核，继而连续剥取细石叶。船形石核技术是由来自北方的石叶—细石叶技术刺激之下，在本地原有单台面平行剥片技术基础上形成的。[3]有学者进一步指出，船形细石核是以融合在华北小石器工业的石器制作技术当中的形式来存在的。可能的情况是，跟北方系细石器工艺接触的华北旧石器人群，在接受北方系细石叶技术时，以原有的石器制作技术作为基础，模仿及简化楔形细石核来形成小型船形细石核，或者是北方系细石器工业拥有的细石叶技术本身就是来使用船形细石核的。[4]

---

[1] 陈宥成、曲彤丽：《旧大陆东西方比较视野下的细石器起源再讨论》，《华夏考古》2018年第5期。
[2] 加藤真二：《试论华北细石器工业的出现》，《华夏考古》2015年第2期。
[3] 王幼平：《华北细石器技术的出现与发展》，《人类学学报》2018年第4期。
[4] 加藤真二：《试论华北细石器工业的出现》，《华夏考古》2015年第2期。

第三节　碰撞期（距今 17 100～12 900 年）

属于该阶段的遗址包括虎头梁遗址群、籍箕滩遗址、马鞍山遗址、尉家小堡遗址、于家沟遗址第 3b 文化层、薛关遗址、凤凰岭遗址、石峡口第 1 地点和下川流水腰地点。此时期从细石叶组合风格来看，华北地区可分为南、北两区。南区包括薛关遗址、凤凰岭遗址、石峡口第 1 地点和下川流水腰地点，北区则包括集中于泥河湾盆地桑干河流域的虎头梁遗址群、籍箕滩遗址、马鞍山遗址、尉家小堡遗址、于家沟遗址第 3b 文化层等（图 150）。

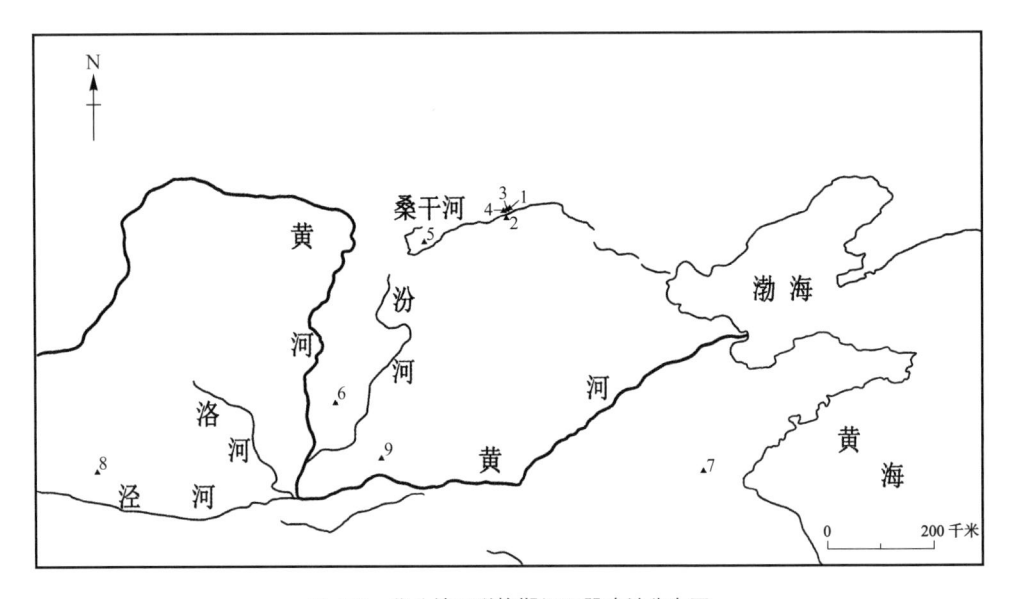

图 150　华北地区碰撞期细石器遗址分布图
1. 虎头梁遗址　2. 籍箕滩遗址　3. 于家沟遗址　4. 马鞍山遗址　5. 尉家小堡遗址　6. 薛关遗址　7. 凤凰岭遗址　8. 石峡口第 1 地点　9. 下川流水腰地点

与上一时期相比，该阶段最大的特点是华北北部楔形细石核技术的出现，此类技术完全有别于上一阶段在本地区流行的船形细石核技术（图 151）。这种新出现的楔形细石核技术学界通常以在日本北海道流行的"涌别技法"来概括它的特点[1]-[2]。但仔细考察发现，此时期在泥河湾盆地流行的楔形细石核技术

---

[1] 王幼平：《华北细石器技术的出现与发展》，《人类学学报》2018 年第 4 期。
[2] Yue Feng. Microblades in MIS2 Central China: Cultural Change and Adaptive Strategies. *PaleoAmerica*, 2020.6(2).

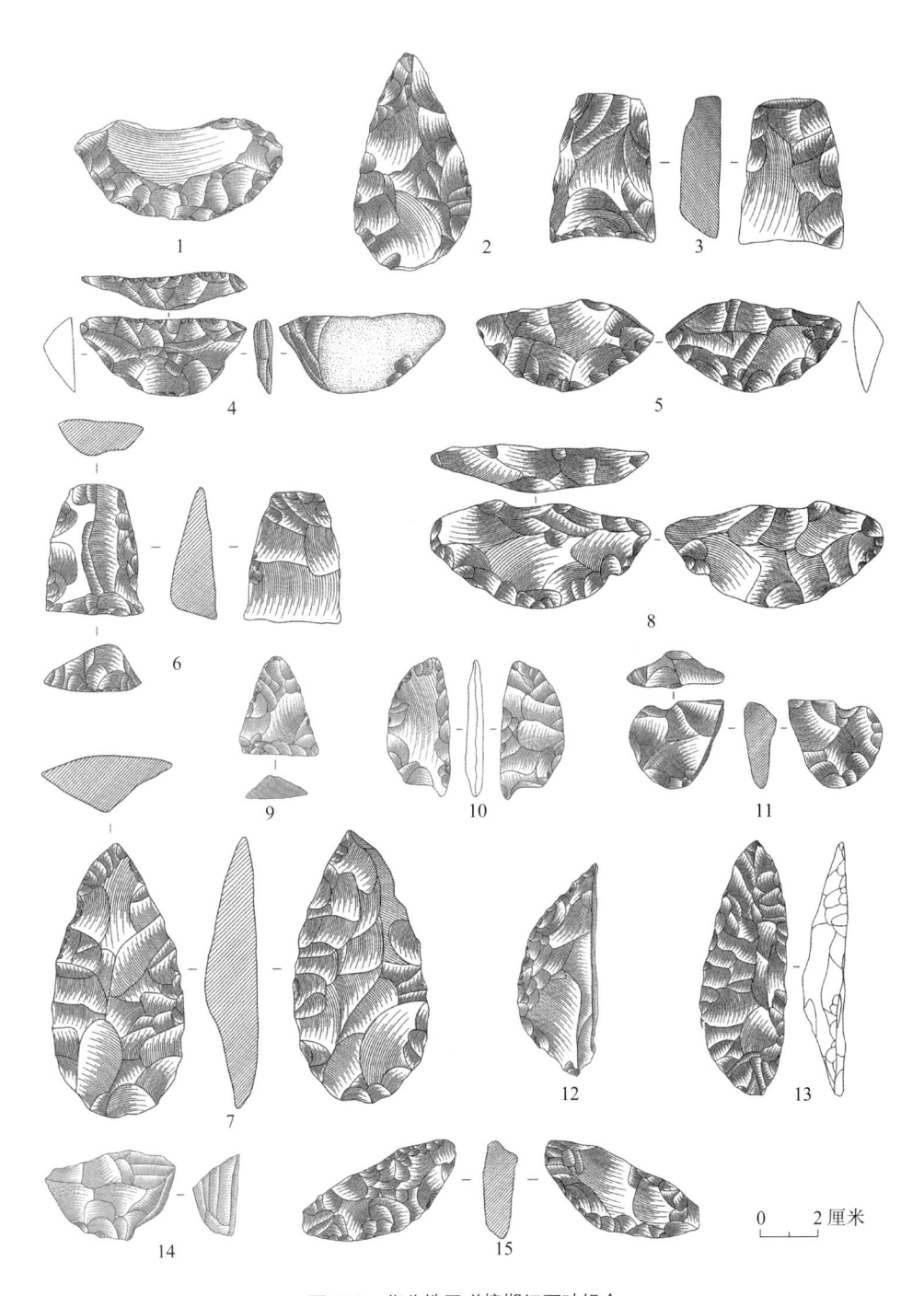

图 151 华北地区碰撞期细石叶组合
1、12. 半月形刮削器 2、7、10、13. 尖状器 4、5、8、11、14、15. 楔形细石核 3、6、9. 锛状器
(1~5. 虎头梁遗址群 6~8. 籍箕滩遗址 9~11. 马鞍山遗址 12~14. 薛关遗址 15. 蔚家小堡遗址)

是一个复杂的系统，从技法的角度来讲，它归属于涌别技法系统，但其中还包括除涌别技法外的其他一些技法，如忍路子技法、福井技法，相对应的是中国学者命名的河套技术、桑干技术、虎头梁技术和阳原技术（图 152）。[①-②]

从细石核毛坯的角度，简要归纳起来，此时期在华北北部流行起来的楔形细石核技术应该由两部分构成。一部分是充分利用单面器或两面器为毛坯，即将单面器和两面器技术融入细石叶技术之中，充分利用单面器和两面器来加工细石核。采用此类毛坯的细石核包含了涌别技法和忍路子技法等，由此创造出的细石核不仅有剥离细石叶的石核功能，在某种程度上石核本身也可能兼具切、割等工具功能[③]。此类细石核在设计上具有一定的优势，首先它将石核与工具两种功能结合于一体，这在一定程度上最大限度地解决了华北地区缺乏优质石料的问题，[④]是对石料高度利用的结果。另外这种复合体的石核也大大降低了石核与工具的制作时间和成本；将石核与工具两类功能集合于一身，则是提高流动性的有效策略。它的缺点是需要比较大的原初毛坯，对石料体积状态的要求比较高，这也限制了此类细石核技术在华北地区的持续推广。另一部分则是不利用单面器和两面器为毛坯，而是采用石片或片状断块为毛坯，但从制作理念上来看它也有别于早期本地区流行的船形细石核。因为船形细石核主要是利用毛坯较宽的一面为台面，重在开发毛坯的厚度；而楔形细石核则主要是利用毛坯较窄的一面，重在开发毛坯的宽度或长度。[⑤]也正因为如此，才有学者将以船形细石核为代表的细石叶技术称为宽台面细石器技术，将楔形细石核为代表的细石叶技术称为窄台面细石器技术。[⑥]北区流行的这种细石器技术，与前一阶段华北地区流行的船形细石核技术有着显著的区别。也正因为如此，有学者将华北的细石叶技术分为南、北两系，[⑦]或者分成下川型和虎头梁型两种类

---

① 盖培：《阳原石核的动态类型学研究及其工艺思想分析》，《人类学学报》1984 年第 3 期。
② Tang C, Gai P. Upper Paleolithic cultural tradition in North China. *Advances in World Archaeology*, 1986(5): 339～364.
③ Kelly RL. The three sides of a biface. *American Antiquity*, 1988(53): 717～734.
④ 高星、裴树文：《中国古人类石器技术与生存模式的考古学阐释》，《第四纪研究》2006 年第 4 期。
⑤ 靳英帅、张晓凌、仪明洁：《楔形石核概念内涵与细石核分类初探》，《人类学学报》2019 年第 4 期。
⑥ 王幼平：《华北细石器技术的出现与发展》，《人类学学报》2018 年第 4 期。
⑦ Gai Pei. Miroblade Tradition Around the Northern Pacific Rim: a Chinese perspective,《参加第十三届国际第四纪大会论文选》，北京科学技术出版社，1991 年，第 21～31 页。

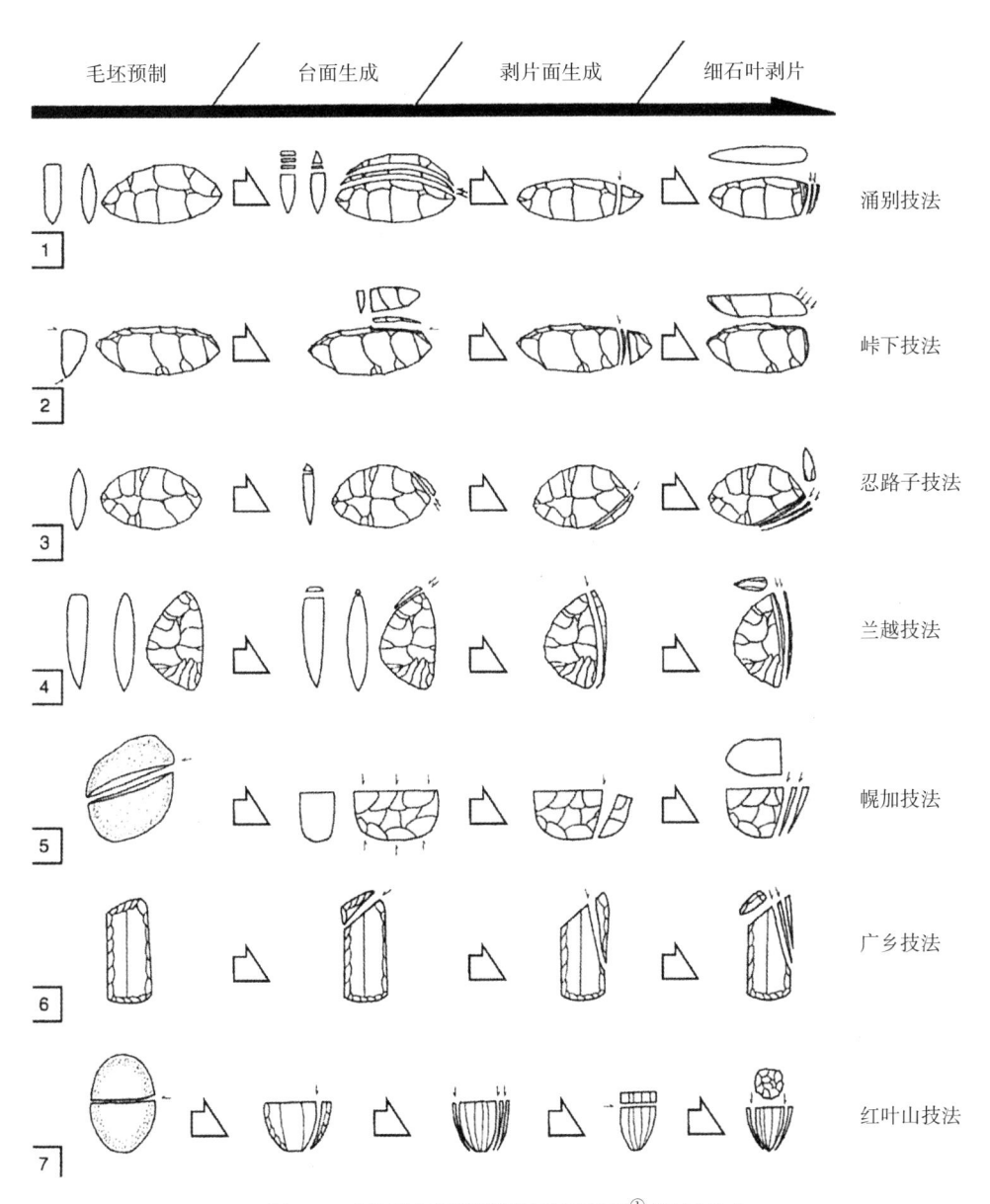

第八章 华北地区细石叶组合各阶段特点　217

毛坯预制　　台面生成　　剥片面生成　　细石叶剥片

1　涌别技法

2　峠下技法

3　忍路子技法

4　兰越技法

5　幌加技法

6　广乡技法

7　红叶山技法

图 152　北海道细石叶剥坯技法示意图[1]（有改动）

---

① 岳建平、王晗、加藤真二：《日本北海道地区细石叶技术研究概述》，《人类学学报》2020 年第 3 期。

型，并认为它们有着不同的源头。① 单面器技术和两面器技术除被融入创造细石核之中，还充分体现在工具的创造之中，如矛头、尖状器、石镞等多是采用了单面器或两面器技术加工而成，甚至该区域内流行的锛状器也多采用了单面器技术加工而成。在该阶段的后期，在华北北部的于家沟遗址第 3b 文化层中出土了少量的陶片，这应该预示着该地区人群生活方式的转变，一个新的时代即新石器时代正悄然来临。

这一时期华北南部则表现出有别于北部的细石器风格。从薛关遗址石制品构成及风格来看，这里在很大程度上继承了上一阶段的特点，即船形细石核在细石核总量中仍占据很高的比例，说明传统的细石叶技术仍然占据主导地位。但是在该遗址中出现了一定数量的利用非单面器或两面器为毛坯的楔形细石核，在工具中存在较低比例的采用单面器或两面器技术加工而成的刮削器、尖状器。这说明南部的细石器人群对北部细石器人群中的个别技术进行了有限度的吸收、利用。具有同样风格的石制品组合在甘肃天水石峡口第 1 地点、凤凰岭遗址及下川流水腰地点中也能看到。在这些遗址中细石核基本为宽台面船—楔形细石核，楔形细石核均为利用石片或石块为毛坯，不见单面器和两面器为毛坯者，但在工具中存在与虎头梁遗址中同样风格的利用两面器为毛坯的尖状器。

从目前学界的研究来看，北部细石器遗存表现出的是一种外来文化的侵入，南部细石器遗存表现出的是对本地文化的坚守与改造。至于成因，可能是代表两种不同细石器遗存的人群在生计方式上的不同所致。华北南部从出现阶段到发展阶段的遗址中都发现有石磨盘等工具，表明这里存在对植物的强化利用的传统。北部地区在出现阶段和发展阶段始终没有发现这类工具，表明缺乏对植物强化利用的传统，而倾向于狩猎经济。所以当与北方人群接触时很容易达成一种默契，接受这种外来的文化。也可以说华北北部地区有着与北方人群生计方式相契合的资源条件，故这一区域受北方人群的青睐。

关于该阶段北部细石器遗存的来源问题一直备受学界关注。这类曾被命名为虎头梁类型的细石器遗存，② 从目前诸多学者的研究来看，其来源是受蒙古—西伯利亚细石叶工艺影响所致，故有学者将其称为北方系细石器，与之相对应的华北南部以船形细石核技术为代表的细石器遗存，被称为华北系细石器。③

---

① 杜水生：《楔型石核的类型划分与细石器起源》，《人类学学报》2004 年（增刊）。
② 杜水生：《楔型石核的类型划分与细石器起源》，《人类学学报》，2004 年（增刊）。
③ 赵潮：《登封东施遗址石制品研究》，北京大学考古文博学院硕士学位论文，2015 年。

北方系细石器传统，按照已发现遗址的年代，有一个由北向南逐渐发展的过程。在蒙古—西伯利亚地区此细石器传统可分为两大类型，一类是以久克台文化为代表，该文化中以两面器为毛坯的楔形石核占有重要地位，两面修理技术在工具制造中起着至关重要的作用。另一类则是以阿夫托瓦—科科列瓦文化为代表，细石核多以石块或石片为毛坯，底部经过一面或两面简单的修理形成楔状缘的楔形石核，两面器技术不甚发达。两类文化类型的分布大致以安加拉河—贝加尔湖为界，久克台文化主要分布于西伯利亚东北部、远东黑龙江流域、外贝加尔地区等，而阿夫托瓦—科科列瓦文化则多分布于鄂毕河、叶尼塞河流域。[①] 在俄罗斯远东地区到日本北海道等东北地区，北方系细石器传统的时代最早可达距今 25 000 年。[②] 在我国东北吉林地区的和龙大洞遗址，可早到距今 21 000 年；[③] 在华北北部泥河湾盆地则出现于距今 17 000～14 000 年。由此可推测，流行于华北北部的北方系细石器传统应属于蒙古—西伯利亚地区细石器传统中的久克台文化类型，泥河湾盆地是此文化类型南迁的边界地带。至于这个迁移的过程也是目前学界所关注、亟待解决的问题。[④]

第四节　融合期（距今 12 900～11 500 年）

属于该阶段的遗址包括柿子滩 S29 地点第 1 文化层、柿子滩 S9 地点、柿子滩 S12G 地点、柿子滩 S1 地点、灵井遗址、于家沟遗址第 3a 文化层、李家沟遗址南区第 6 层和大岗遗址第 4 层（图 153）。

与上一阶段相比，细石器遗存的整体面貌呈现趋同现象。此时期分布于华北各处的细石叶组合风格表现出以下一些特点（图 154）：

1. 均不见以两面器和单面器为毛坯的楔形细石核，楔形细石核都是以石块或石片为毛坯。从细石核构成比例来看，此阶段以楔形细石核、船形细石核为主，锥、柱状细石核为辅（表 39）。比较特殊的是灵井遗址中的细石核，原研

---

① Derevianko, A. P, Shimkin, D. B, Power, W. R (eds). *The Paleolithic of Siberia: New Discoveries and Interpretations*. Chicago: University of IIlinois Press. 1998.
② Otsuka Y. the Background of transitions in microblade industries in Hokkaido, Northern Japan. *Quaternary International*, 2017(442): 33～42.
③ 万晨晨、陈全家、方启等:《吉林和龙大洞遗址的调查与研究》,《考古学报》2017 年第 1 期。
④ 加藤真二:《试论华北细石器工业的出现》,《华夏考古》2015 年第 2 期。

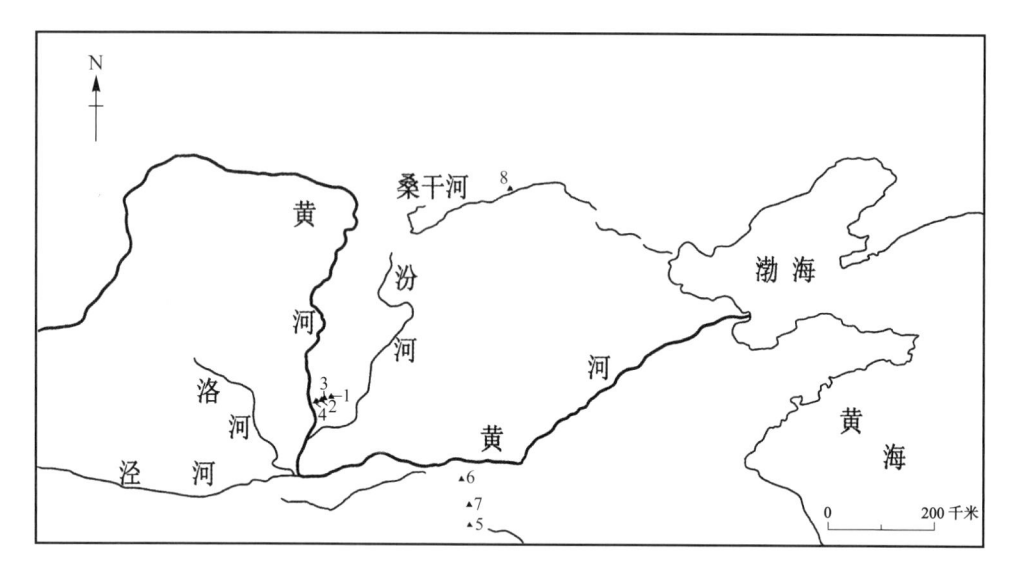

图 153　华北地区融合期细石器遗址分布图

1. 柿子滩 S29 地点　2. 柿子滩 S9 地点　3. 柿子滩 12G 地点　4. 柿子滩 S1 地点　5. 大岗遗址　6. 李家沟遗址
7. 灵井遗址　8. 于家沟遗址

表 39　融合期各遗址中不同类型细石核分布状况

遗址（文化层）	年代（距今）	船形	楔形	锥、柱状	总计
柿子滩 S29 地点第 1 层	13 106～13 332 13 332～12 852	7	0	0	7
柿子滩 S9 地点	13 800～8 500	0	3	5	8
柿子滩 S12G 地点	13 800～8 500	0	8	0	8
柿子滩 S1 地点	14 720～10 490	64	79	65	208
于家沟遗址第 3a 层	13 400～9 800	0	9	2	11
李家沟遗址南区第 6 层	10 500～10 300	≥7	0	≥3	22
大岗遗址第 4 层	13 000～10 500	19	0	9	28
灵井遗址第 5 层	13 854～9 522	3	1	78	82

究者将其分为楔形、船形、角锥形、半锥形、圆锥形、圆柱形、半圆柱形等多种类型。这里的角锥形、半锥形、圆锥形等细石核可看作宽台面船、楔形细石核剥片的后期阶段状态，总体来讲灵井遗址中的细石核仍然是以宽台面船—楔形细石核为主导的细石核组合类型。[①]

---

① 王幼平：《华北细石器技术的出现与发展》，《人类学学报》2018 年第 4 期。

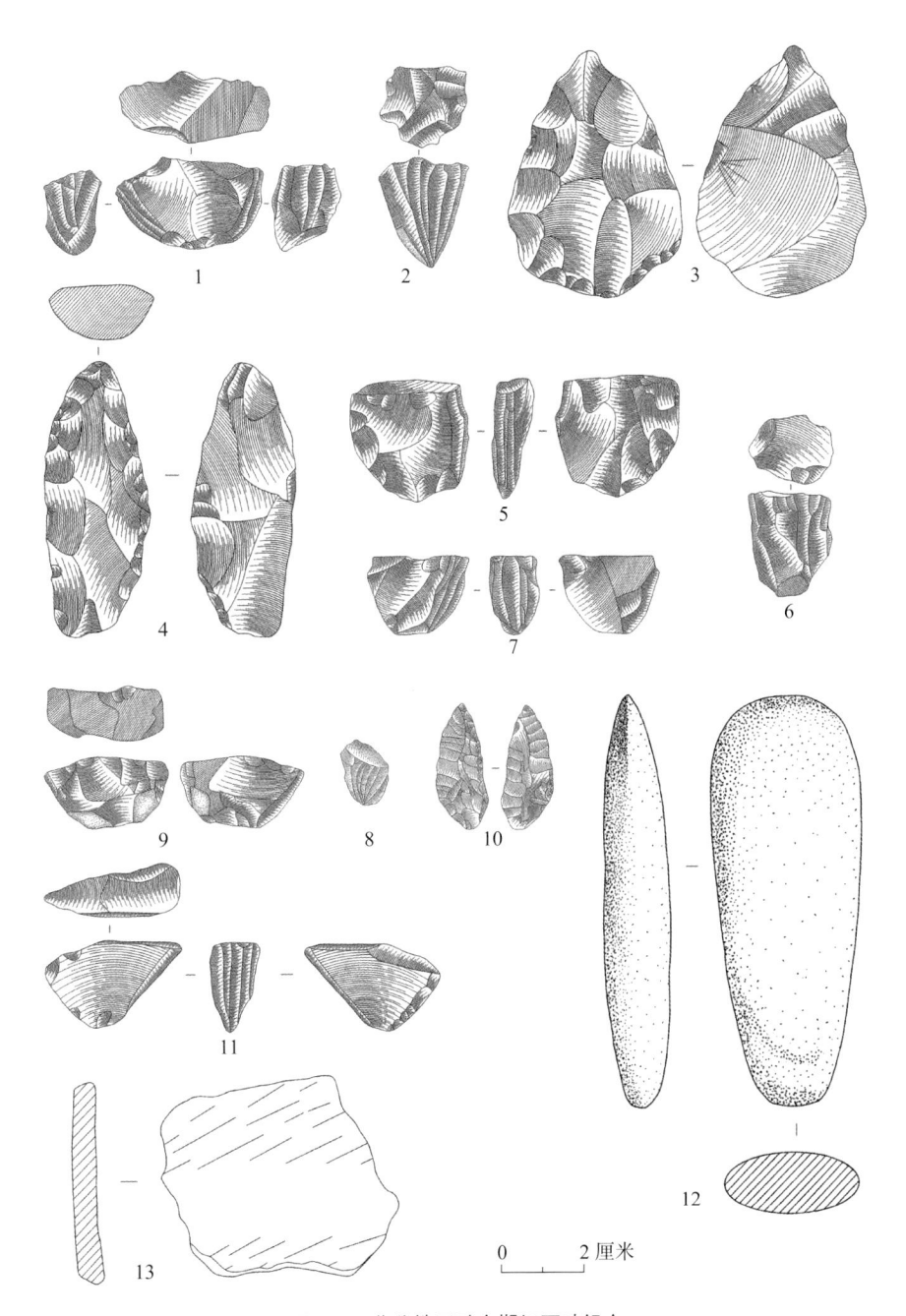

图 154　华北地区融合期细石叶组合

1、9、11. 船形细石核　2、8. 锥状细石核　3、4、10. 尖状器　5、7. 楔形细石核　6. 柱状细石核　12. 磨制石斧　13. 陶片
(1～3. 柿子滩 S1 地点　5～6. 柿子滩 S9 地点　4、7. 柿子滩 S12G 地点　8. 大岗遗址　9、10. 李家沟遗址　11～13. 于家沟遗址)

2. 存在两面器和单面器技术加工而成的工具，但这些工具普遍形体都比较小，与虎头梁遗址中同类器物风格有别，且数量有限。

3. 个别遗址中出现陶片，但数量不是很多，如李家沟遗址南区第 6 层中出土 2 片，于家沟遗址第 3a 文化层也出土了 2 片。

4. 磨制石器开始出现，如李家沟遗址南区第 6 层中出土 1 件刃缘经过磨制的石锛，于家沟遗址第 3a 文化层中出土了 1 件通体磨光的石斧。

第五节　分化期（距今 11 500～10 000 年）

属于该阶段的遗址包括柿子滩 S5 地点第 1 文化层、李家沟遗址李家沟文化层（南区第 5 层、北区第 5～6 层）、于家沟遗址第 2 文化层、南庄头遗址、东胡林遗址、转年遗址和水洞沟第 12 地点（图 155）。

该阶段总体的特点是在存在细石器遗存的遗址中，细石核以锥柱状为主，船、楔形为辅（图 156）。细石叶技术产品的数量在石制品中所占比例很低。如柿子滩 S5 地点第 1 文化层仅出土 1 件漏斗状细石核，占石制品总量

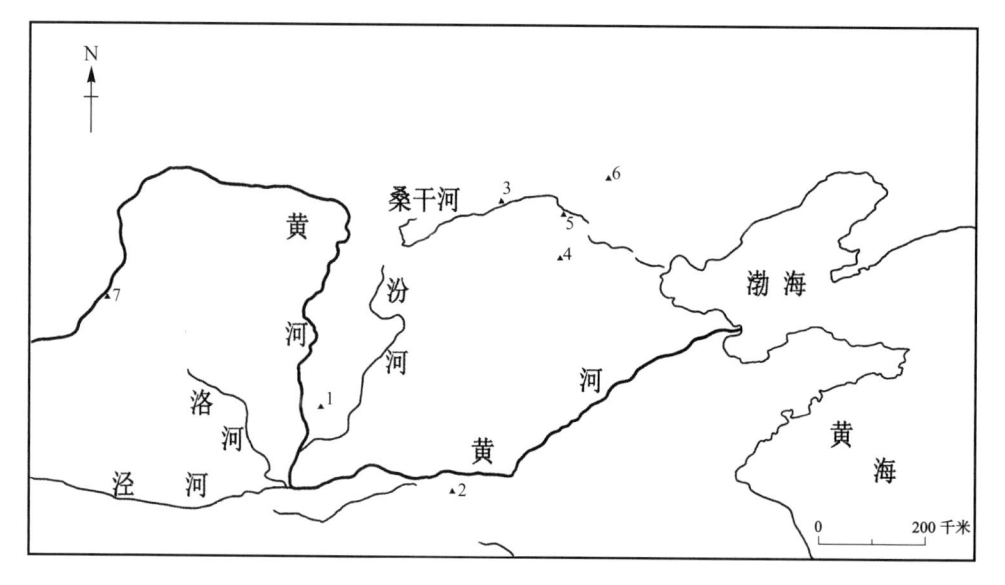

图 155　华北地区分化期细石器遗址分布图

1. 柿子滩 S5 地点　2. 李家沟遗址　3. 于家沟遗址　4. 南庄头遗址　5. 东胡林遗址　6. 转年遗址　7. 水洞沟第 12 地点

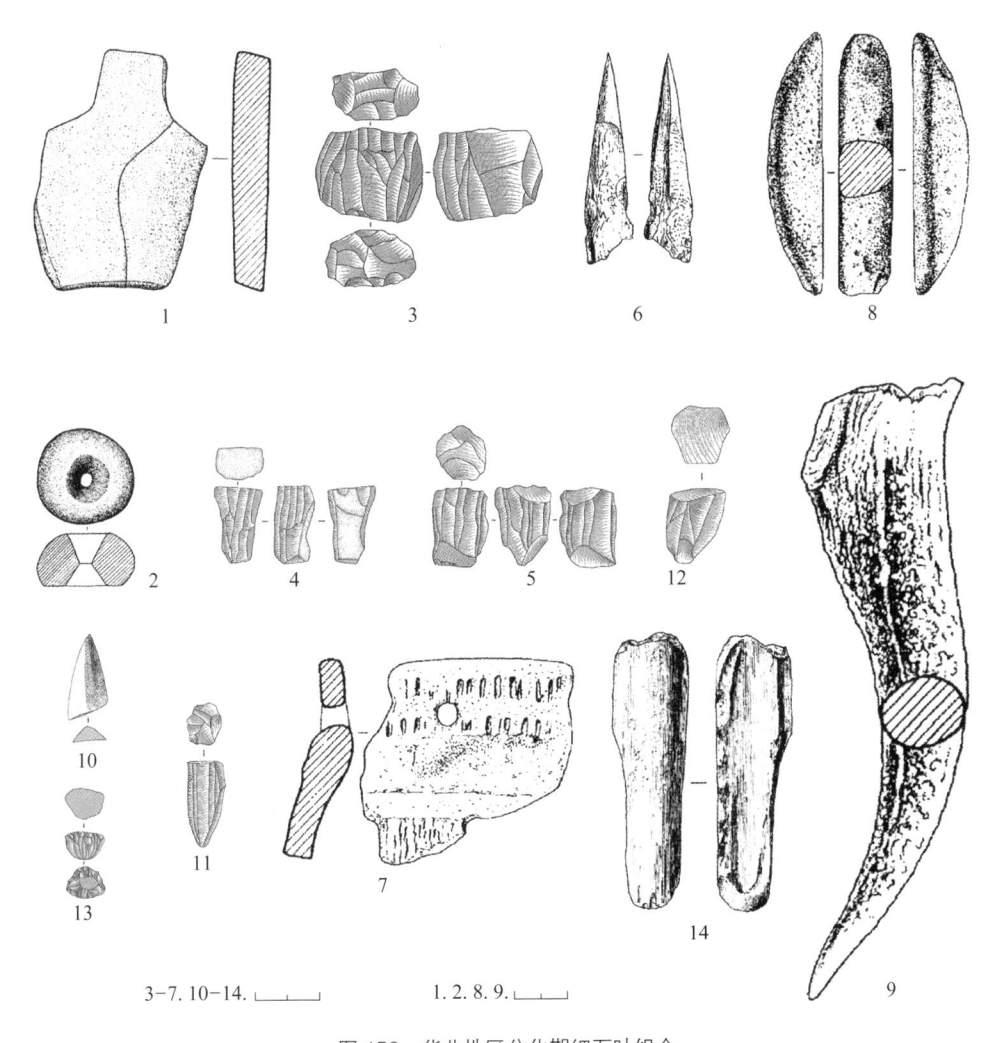

图 156 华北地区分化期细石叶组合

1. 磨制石耜 2. 钻孔磨制石器 3. 楔形细石核 4、5. 柱状细石核 6. 骨镞 7. 陶片 8. 磨棒 9. 角锥
10. 磨制石镞 11—12. 锥形细石核 13. 漏斗状细石器 14. 磨制骨匕
(1~5. 东胡林遗址 6~9. 南庄头遗址 10~12、14. 于家沟遗址 13. 柿子滩 S5 地点)

的 0.5%；于家沟遗址第 2 文化层中仅出土 3 件细石核（2 件为柱形，1 件为锥形），占石制品总量的 0.7%；李家沟遗址李家沟文化层仅出土 7 件细石核（1 件锥形，1 件船形，其余 5 件为不规则形），占石制品总量的 0.9%；东胡林遗址出土细石核比较多，共 122 件，但在 15 323 件石制品中也仅占 0.8% 的比例；南庄头遗址中则不见细石叶技术产品。总体来讲，这一时期的细石叶技术在古人类生产生活中呈现退出或相对弱化的趋势。工具组合中少见单面器和两

面器技术产品为毛坯的尖状器或石镞（仅于家沟遗址中有 2 件残品），取而代之的是磨制的石镞或骨镞。与细石叶技术和单面器—两面器技术产品弱化或退出形成鲜明对比的是磨制石器工具数量迅速提高，形制更加规范，在有些遗址中出现了新石器时代一些磨制石器的雏形，如东胡林遗址中的耙形器。该阶段华北地区各遗址中均有一定数量磨盘、磨棒的出现，特别是北部的东胡林遗址中出土了 138 件之多，预示着此时古人类已更多地利用植物类资源。北部在借鉴南部经验的基础上，让此类技术得以迅速应用和发展。磨制骨角类工具也得到更加广泛的使用。另外与上期相比陶片数量急剧增多，墓葬、火灶及类似居址性质的石构遗迹开始出现。综合来看，与前一阶段相比，古人类的流动性已大大降低，定居生活的迹象更加明显，与之相适应的是古人类的生计方式正在悄然发生变化。与生计活动变化相适应的是居民的栖居方式，乃至社会组织方面的变化。[1]这些变化也构成了旧、新石器时代过渡历史进程的重要组成部分。

文化遗存组成成分的变化，预示着古人生计策略的改变，这在动物考古研究上也得到验证。如李家沟遗址该阶段动物群种类与上一阶段虽然基本一致，但在上一阶段，却是以型体较大的马、牛以及大型鹿类占主导地位。而在李家沟文化阶段，马和牛的数量剧减，鹿类动物中也以型体较小者为主。型体较大动物的减少，小型动物比例的增加，说明人类狩猎对象的变化。同时也意味着在这一时期可以提供给人类的食用动物类资源总量在减少。为了增加肉类资源，小型动物，甚至型体较小的兔类也进入人类利用范围。肉类资源减少所带来的另一项变化，应该是植物资源开发利用的增加（表 40）。[2]类似的情况在南庄头遗址和东胡林遗址的动物骨骼研究中也同样存在，基本都是以鹿类为主，牛等大型动物数量极少，也存在兔类动物。变化比较明显的是于家沟遗址。于家沟遗址按动物的最小个体数统计，除第 2 文化层外，羚羊在其他各层中都是最多的一种动物，其出现频率最高值出现于第 3 文化层。此外，马、马鹿、牛类和鼢鼠等也占有一定比例，这些基本都是草原生境的动物种类。与前期相比，第 2 文化层中各类动物分布较平均，羚羊明显已不占主要地位，猪的骨骼略多，似乎暗示古人的生计策略正在发生变化（表 41）。

---

[1] 仪明洁：《中国北方的细石叶技术与社会组织复杂化早期进程》，《考古》2019 年第 9 期。
[2] 王幼平：《新密李家沟遗址研究进展及相关问题》，《中原文物》2014 年第 1 期。

表 40　李家沟遗址可鉴定动物骨骼统计①

种　类	细石器文化层 数　量	细石器文化层 百分比	李家沟文化层 数　量	李家沟文化层 百分比
鹿类	54	47	85	62.5
马	17	14.8	3	2.2
牛	13	11.3	7	5.1
猪	3	2.6	5	3.7
兔	0	0	1	0.7
食肉类	11	9.6	15	11
啮齿类	5	4.3	4	2.9
鸟类	11	9.6	14	10.3
贝类	1	0.9	2	1.5
合计	115	100	136	100

表 41　于家沟遗址哺乳动物最小个体数（MNI）统计表②

种属＼层位	2	3	4	5	6	7	合计
马	1	3	1		1	1	7
马鹿	1	2		1	1	1	6
牛	1		1	1	1	1	5
中型鹿		1					1
小型鹿	1						2
羚羊	1	27	5	3	2	8	46
猪	2	1				1	4
仓鼠		1					1
鼢鼠		5					5
狐						1	1
合计	7	41	8	5	5	12	78

---

① 王幼平:《新密李家沟遗址研究进展及相关问题》,《中原文物》2014 年第 1 期。
② 梅惠杰:《泥河湾盆地旧、新石器时代的过渡—阳原于家沟遗址的发现与研究》,北京大学博士学位论文,2007 年。

但从该阶段本区域内各遗址石制品在文化遗存中的构成比例来看，仍有一些区别。如在于家沟遗址、李家沟遗址中打制石器虽然仍占主体，但与前一阶段相比，无论从数量还是技术的角度来看，都已呈衰落趋势。细石核数量明显减少，且极不规范。工具组合较为简单，且不精致。至南庄头遗址时石制品在文化遗存中的优势已不复存在，出土的仅是几件简单的石核—石片技术产品，细石叶技术产品根本不见，但磨制石器及骨角器的数量已远远超过打制石制品，且更加规范化，明显取代了打制石器的角色。与之不同的是，在东胡林遗址、转年遗址中却是另外一番景象。这里虽然也出现了规范的磨制石器、骨器，但打制石制品在数量上依然占有绝对优势，细石核比例虽然较低，但绝对数量仍然可观，细石叶技术产品并没有退出的迹象。这说明在这些遗址中细石叶技术仍然承担着不可或缺的角色。这种差异，很有可能是不同的小区域环境促使古人类作出了不同的生计选择（表42）。

表42　分化期各遗址中各类文化遗存的数量

遗址（文化层）	打制石器	磨制石器	骨器	陶片	装饰品	烧骨	动物化石	合计
柿子滩S5地点第1文化层	194	0	0	0	0	0	√	>194
李家沟遗址李家沟文化层	720	9	0	270	0	0	136	1 135
于家沟遗址第2文化层	409	11	7	27	3	8	177	642
南庄头遗址	10	7	22	44	0	8	1 060	1 151
东胡林遗址	15 323	221	√	60	0	0	3 900	>19 504
转年遗址	18 000	√	0	70	0	0	√	>18 000

表 43　华北地区各阶段典型遗址年代及文化特征

分期	典型遗址（文化层）	时代（距今·年）	文 化 特 征	
出现期	早	东施遗址 西施遗址	28 510～27 154 26 490～26 045	石叶技术产品远远超过细石叶技术产品； 石叶石核中存在一定数量处于中间状态的小石叶石核； 细石核属锥、柱状范畴，形态不稳定； 工具类型、加工技术简单	石叶技术与细石叶技术共存； 石叶技术产品比例逐渐变低； 细石核属锥、柱状范畴，类型不稳定； 细石叶形状多不规则，型体尺寸较大。 工具类型、加工技术简单
	中	柿子滩 S29 地点第 7 文化层 西沙河遗址第 3a 文化层	26 000～23 000 27 505～26 669	细石叶技术产品远远超过石叶技术产品； 细石核属锥、柱状范畴，形态不稳定，尺寸较大，类似于小石叶石核； 工具类型、加工技术简单。 西部遗址中出现磨石、磨盘	
	晚	龙王辿遗址 下川小白桦圪梁地点第 2 文化层 下川水井背地点上文化层 柴寺遗址 油房遗址	26 000～21 000 27 000～25 000 26 000～25 000 26 400（未校正） 29 000～26 000	细石叶技术产品占优势，存在比例较低的石叶技术产品。 锥、柱状与船形细石核共存，石核形态趋于稳定。 出现石核刮器、琢背小刀、石镞等精致工具。 西部遗址中出现磨制石器（似磨盘、磨制石铲）	
发展期		柿子滩 S29 地点第 2～6 文化层 柿子滩 S5 地点第 2～4 文化层 柿子滩 S14 地点第 2～4 文化层 二道梁遗址 孟家泉遗址 淳泗涧遗址 东灰山遗址	25 066～17 623 21 651～19 262 23 021～17 901 22 419～21 963 21 865～20 575 同上 同上	石叶技术产品比例很低，细石叶技术产品数量占优势。 细石叶技术基本为船形细石核技术。 工具组合更加丰富，雕刻器、锛状器等类型更趋精致化、标准化。 西部山西境内遗址中多出有磨盘类石器，东部河北境内的遗址中则鲜有此类工具，但有磨制骨器出现	

续 表

分期	典型遗址（文化层）	时代（距今·年）	文 化 特 征
碰撞期	虎头梁遗址 籍箕滩遗址 马鞍山遗址 尉家小堡遗址 于家沟遗址第4～3b文化层	17 000～16 000 16 000 16 000～14 000 同籍箕滩遗址 16 023～13 400	细石叶技术以楔形细石核技术为主体，包括以两面器和单面器为毛坯，与以石块或石片为毛坯者两种类型。 两面器和单面器技术发达，工具中多采用此类技术加工而成者，器型规整，加工精致，如矛头、石镞等。 晚期阶段出现陶片，数量少
	凤凰岭遗址 石峡口第1点 下川流水腰地点上文化层 薛关遗址	19 000～13 000 18 500～17 200 17 495～16 414 16 223～15 320	细石器技术仍以船形细石核技术为主，存在以石块或石片为毛坯的楔形细石器技术。 出现两面器和单面器技术加工而成的工具，但数量有限
融合期	柿子滩S29地点第1文化层 柿子滩S9地点 柿子滩S12G地点 柿子滩S1地点 于家沟遗址第3a文化层 李家沟遗址细石器文化层（南区第6层） 大岗遗址第4文化层 灵井遗址第5文化层	13 332～12 852 13 800～8 500 13 800～8 500 14 720～10 490（未校正） 13 400～9 800 10 500～10 300 13 000～10 500 13 854～9 522	以两面器和单面器为毛坯的楔形细石核消失，细石核以石块或石片为毛坯的楔、船形细石核为主，锥、柱形细石核为辅。 存在两面器和单面器技术加工而成的工具，但数量有限。 出现陶片，但数量非常有限
分化期	柿子滩S5地点第1层 李家沟遗址李家沟文化层（南区第5层） 于家沟遗址第2文化层 南庄头遗址 东胡林遗址 转年遗址第4文化层 水洞沟第12地点	10 514～10 248 10 000～9 000 9 800～8 406 10 000 11 000～9 000 10 000 11 000	细石核以锥、柱形为主，船、楔形为辅。 细石叶技术产品数量在石制品中所占比例很低。 单面器和两面器技术产品不见。 陶片数量急剧增多。 磨制工具数量迅速提高，形制更加规范，出现新石器时代一些磨制石器的雏形，如耜形器

第八章　华北地区细石叶组合各阶段特点　229

表44　华北地区各遗址中典型文化遗物出土情况（"√"表示存在但数量不明）

分期	遗址（文化层）	石叶石核	石叶	细石核-锥柱状	细石核-船形	细石核-楔形	细石叶	端刮器	石核刮器	尖状器	石镞石矛头	雕刻器	钻	琢背刀	锛状器	磨盘磨棒	磨制石器	磨制骨角器	陶片
出现期	西施西区遗址	62	227	3	0	0	82	14	0	1	0	2	0	0	0	0	0	0	0
	东施遗址	21	215	11	0	0	34	4	0	0	0	0	0	0	0	0	0	0	0
	柿子滩S29地点第7文化层	0	31	23	0	0	2489	71	0	0	0	0	2	2	0	5	0	0	0
	西沙河遗址第3a文化层	√	√	18	0	0	107	12	0	2	0	4	2	0	0	0	0	0	0
	龙王辿遗址	√	√	√	√	0	√	√	0	√	0	1	√	0	0	1	1	0	0
	下川小白桦圪梁地点第2文化层	2	65	7	14	0	85	36	0	1	0	5	0	0	0	1	0	0	0
	下川水井背地点上文化层	1	6	4	5	0	3	6	15	0	0	0	0	0	0	0	0	0	0
	柴寺遗址	2	33	1	3	0	53	22	11	4	2	7	2	11	0	0	0	2	0
	油房遗址	√	√	3	2	8	92	8	2	9	0	3	1	2	0	0	0	0	0
发展期	柿子滩S29地点第2~6文化层	0	1	14	342	0	2786	170	0	43	0	8	4	0	0	2	0	0	0
	柿子滩S5地点第2~4文化层	0	0	0	9	0	41	6	0	0	0	1	0	0	0	0	0	0	0
	柿子滩S14地点第2~4文化层	0	0	0	27	0	111	8	0	7	0	0	0	3	0	4	0	0	0

续 表

分期	遗址（文化层）	石叶石核	石叶	细石核-锥柱状	细石核-船形	细石核-楔形	细石叶	端刮器	石核刮器	尖状器	石镞石牙头	雕刻器	钻	琢背刀	锛状器	磨盘磨棒	磨制石器	磨制骨角器	陶片
发展期	二道梁遗址	0	0	0	15	0	125	0	0	0	0	7	0	1	0	0	0	1	0
	孟家泉遗址	0	0	0	1	0	√	√	0	√	0	0	√	√	√	0	0	0	0
	淳涧洞遗址	0	0	0	11	0	75	0	0	1	0	2	0	2	0	0	0	0	0
	虎头梁遗址	0	0	0	0	444	350	221	0	42	0	37	0	0	25	0	0	0	0
	籍箕滩遗址	0	√	0	0	117	452	14	0	11	1	7	2	0	21	0	0	0	0
	马鞍山遗址	0	0	0	0	338	√	40	0	26	0	18	4	0	10	0	0	1	0
	尉家小堡遗址	0	0	0	0	13	17	12	0	0	0	0	0	0	0	0	0	0	0
碰撞期	于家沟遗址第3b文化层	0	2	0	0	88	97	86	0	8	1	0	9	0	0	0	0	1	8
	凤凰岭遗址	0	0	?	0	√	√	?	0	√	?	?	?	?	√	0	0	0	0
	石峡口第1地点	0	0	9	0	5	48	7	0	7	0	0	0	0	0	0	0	0	0
	下川流水腰地点上文化层	0	11	3	19	0	32	16	0	2	0	0	0	0	0	0	0	0	0
	薛关遗址	0	0	19	53	19	110	143	0	29	0	4	0	2	0	0	0	0	0
融合期	柿子滩S29地点第1文化层	0	0	0	7	0	109	5	0	11	0	0	0	0	0	0	0	0	0
	柿子滩S9地点	0	0	5	0	3	144	24	0	2	0	0	0	0	0	4	0	0	0
	柿子滩S12G地点	0	0	0	0	8	48	8	0	2	0	0	0	0	0	0	0	0	0

续 表

分期	遗址（文化层）	石叶石核	石叶	细石核-锥柱状	细石核-舡形	细石核-楔形	细石叶	端刮器	石核刮器	尖状器	石镞石矛头	雕刻器	钻	琢背刀	饼状器	磨盘磨棒	磨制石器	磨制骨角器	陶片
融合期	柿子滩 S1 地点	0	0	65	64	79	545	240	0	49	12	23	2	8	0	2	0	0	0
	干家沟遗址第 3a 文化层	0	0	2	0	9	7	5	0	3	1	0	1	0	1	0	1	0	2
	李家沟遗址细石器文化层	0	2	≤22	≤22	0	38	5	0	0	4	4	4	0	0	0	0	0	2
	大岗遗址第 4 文化层	0	14	9	19	0	14	17	0	10	0	0	0	3	0	0	0	0	0
	灵井遗址第 5 文化层	0	0	78	3	1	187	∨	0	∨	0	∨	∨	∨	0	0	0	0	∨
	柿子滩 S5 地点第 1 文化层	0	0	1	0	0	1	1	0	0	0	0	0	0	0	0	0	0	0
分化期	干家沟遗址第 2 文化层	0	3	3	0	0	23	4	0	2	4	0	1	0	0	3	8	7	27
	李家沟遗址李家沟文化层	0	0	1	1	0	12	2	0	0	2	0	0	0	0	9	0	0	270
	南庄头遗址	0	0	0	0	0	0	0	0	0	0	0	0	0	0	7	0	22	44
	东胡林遗址	0	0	71	0	51	629	130	0	45	2	17	9	0	0	138	35	0	60
	水洞沟第 12 地点	1	301	45	0	31	1 331	26	0	2	0	10	27	0	0	2	6	13	0
	转年遗址第 4 文化层	0	0	∨	0	∨	∨	∨	0	∨	0	∨	0	0	∨	∨	∨	0	70

第九章
华北地区细石叶组合演变的环境动因

第一节　晚更新世后期中国北方的环境特点

中国大陆地处北纬 18°15′～53°30′ 之间，大约横跨了 35 个纬度。现代气候带由南向北亚热带—温带—亚寒带依次分布，海拔高度由西南至东北依次降低，植物分布由南向北依次为常绿阔叶林带—阔叶落叶林带—落叶针叶林带—针叶林带。我国的气候主要受 3 个季风环流系统影响，一个是由中、北亚高压形成的冬季风，受它的影响冷空气沿着西藏高原东部的边缘地带可到达中国南部，甚至影响澳大利亚；另一个是来自西南印度洋的印度季风，它主要对我国的喜马拉雅山脉和青藏高原有一定的影响。再一个就是来自太平洋的夏季风，受它的影响，内陆高压减弱，降雨量增多。[1]

末次冰期极盛期（LGM）前期，相当于深海氧同位素第 3 阶段（MIS3）晚期，距今 30 000 年左右，北大西洋出现倒数第三次冰漂碎屑事件（Heinrich 3 event），[2] 气候急剧变冷，夏季日照率（summer insolation）降低。这次气候变冷现象在中国华北的相关研究中也得到验证，如在对陕西洛川和榆林黄土粒度及磁化率分析研究中可看出，距今 27 000～26 500 年时黄土地层中粗颗粒成分含量增多，指示了当时出现了冬季风加强事件。[3] 距今 24 100 年即将进入末次冰期极盛期（LGM）时，北大西洋出现倒数第二次冰漂碎屑事件（Heinrich

---

[1] Robert G. Elston, Dong Guanghui, Zhang Dongju. Late Pleistocene intensification technologies in North China. *Quaternary International*, 2011(242): 401～441.

[2] Heinrich 事件以北大西洋发生大规模的冰川漂移事件为标志，代表大规模冰山涌进的气候效应而导致气候快速变冷事件。在整个末次冰期的气候背景下，北大西洋共发生了 6 次大的 Heinrich 事件，其时代依次为距今 60 000 年、距今 50 000 年、距今 35 900 年、距今 30 100 年、距今 24 100 年和距今 16 800 年。见江波、李铁刚、孙荣涛等：《末次冰期 Heinrich 事件研究进展》，《海洋科学》2007 年第 11 期。

[3] 鹿化煜、李力、黄湘萍等：《末次冰期黄土高原冬季风变迁及其与北大西洋 Heinrich 事件对比》，《自然科学进展》1997 年第 1 期。

2 event），气候再次急速变冷。来自湖北省神农架天鹅洞石笋高分辨率的氧同位素分析显示，在距今 24 300 年左右出现了一次显著的弱夏季风事件，与 Heinrich 2 同步发生，可视为东亚季风气候对北大西洋倒数第二次冰漂碎屑事件（H2）的响应。[①] 在对萨拉乌苏动物群组合中距今 24 000 年左右的城川动物群研究中也可看出，该动物群以野驴和披毛犀为主，代表着较干冷的气候环境。[②] 在渭南花粉曲线图上可看出，在距今 24 000 年前后草本花粉占统治地位，仅有个别阔叶树花粉，指示了干冷的气候。[③] 从植被分布来看，中国北方在距今 36 000～32 000 年，植被为干草原；距今 32 000～23 000 年期间，植被演变为针阔叶混交林或疏林草原景观，体现了末次冰期极盛期（LGM）前期气候逐渐转变为干冷的过程。[④]

末次冰期极盛期（LGM）（距今 23 000～19100 年）是指末次冰期中相当于深海氧同位素第 2 阶段早期（MIS2）气候最冷、冰川规模最大的时段。[⑤] 此时中亚高压系统处于强势地位，冬季风流行，夏季风影响减弱，夏季日照率（summer insolation）降至最低。中国大部分地区的气候呈现既干又冷且不稳定的特征，海岸线向东延伸 600～1 000 公里，大陆面积扩大。华北及其北部年降水量低于 400～600 毫米，湖面下降，中部、东部年均气温比现在至少低 10～12℃。在沙漠—草原交界处经常出现自燃现象。沙漠地带向东、向南扩张。在强烈的冬季风作用下，黄土沉积延伸至长江及四川盆地西部。永冻层已覆盖北京、大同、鄂尔多斯中部以至河西走廊一带；高原永冻层也下移至兰州、六盘山乃至西安南部的秦岭一带。植物分布带普遍南移，在中国北部普遍存在的是苔原—草原地貌，西部高原地带以往分布的森林、森林—草原、草原植物带被草原、干旱草原、沙漠所取代，东部平原以草原植被为主，沿海地区则布满针叶林。中国北部动物群以大型喜冷性动物为主，如猛犸象、披

[①] 陈仕涛、汪永进、吴江滢等：《东亚季风气候对 Heinrich2 事件的响应：来自石笋的高分辨率记录》，《地球化学》2006 年第 6 期。

[②] 张云翔、李永项：《萨拉乌苏动物组合对 Heinrich 事件的反映》，《地球环境学报》2013 年第 6 期。

[③] 安芷生、吴锡浩、卢演俦等：《最近两万年中国古环境变迁的初步研究》，《黄土、第四纪地质、全球变化（第二集）》，科学出版社，1991 年，第 1～26 页。

[④] 孙建中、柯曼红等：《黄土高原晚更新世的植被与气候环境》，《地质力学学报》1998 年第 4 期。

[⑤] 施雅风、郑本兴、姚檀栋：《青藏高原末次冰期最盛时的冰川与环境》，《冰川冻土》1997 年第 2 期。

毛犀等，还包括狼、鬣狗、马、驴、野牛、羚羊、鹿等；中部黄河中下游地区动物群则包括鬣狗、水牛、原始牛、马、驴、羚羊等大、中型动物。陕西关中地区动物群包括古菱齿象、披毛犀、野驴、梅花鹿、杨氏水牛、原始牛等。[1] 多项证据表明，末次冰期极盛期（LGM）时期，中国大部分地区，特别是北方地区环境是比较恶劣的，西部的沙漠、西藏高原不具备人类居住的条件。

末次冰期极盛期后期（Post-LGM），距今 19 100～11 500 年，气候总体上较末次冰期极盛期（LGM）时期温暖、湿润，但非常不稳定。在该阶段的初期（距今 19 900～17 100 年）夏季风开始增强，气候转暖，中国北方沙漠区湖面开始上升至中、高水平，大面积草原又重新恢复。南京葫芦洞石笋高分辨率 $\delta^{18}O$ 记录表明，在这一时期存在显著的东亚夏季风增强事件，其平均夏季风强度相当于 Bølling 暖期的 1/2，夏季风最强时甚至接近博令暖期（Bølling），这一季风增强事件在北半球海洋和陆地记录中均有不同程度的体现（图 157）。[2] 距今 17 100～14 600 年，夏季风又开始减弱，气候开始变得非常干冷，此特征与北大西洋倒数第一次冰漂碎屑事件（Heinrich1）一致。葫芦洞石笋高分辨率 $\delta^{18}O$ 记录该时期持续长达 2 500 年。距今 14 800～12 800 年之间，出现博令—阿勒罗得（Bølling-Allerod）气候转暖事件，简称 BA 事件。此时期冬季风减弱，气候迅速转暖，黄河西部的湖面水位迅速上升，宁夏六盘山东部出现茂密森林。根据对东部沿海陆架中花粉的分析，距今 14 800 年气温和降水开始增加，长江三角洲一带又重新恢复森林地貌。这一转暖事件在于家沟遗址第 8～6 层的氧同位素分析中也得以体现。[3] 这一时期气候波动频繁，博令（Bølling）暖期（距今 14 700～14 100 年）气温快速升高，老仙女木（Older Dryas）事件（距今 14 100～14 000 年）又出现短期下降，阿勒罗得（Allerod）暖期（距今 14 000～12 900 年）气温又开始回升，但没有达到博令（Bølling）暖期时的水平。在此之后，约距今 12 900～11 500 年出现

---

[1] 薛祥煦、周卫健、周杰：《末次冰期极盛期陕西关中地区古气候古环境演变的生物记录》，《科学通报》1999 年第 22 期。

[2] 吴江滢、汪永进、程海等：《葫芦洞石笋记录的 19.9～17.1 kaBP 东亚夏季风增强事件》，《中国科学 D 辑：地球科学》2009 年第 1 期。

[3] 夏正楷、陈福友、陈戈等：《我国北方泥河湾盆地新—旧石器文化过渡的环境背景》，《中国科学 D 辑：地球科学》2001 年第 5 期。

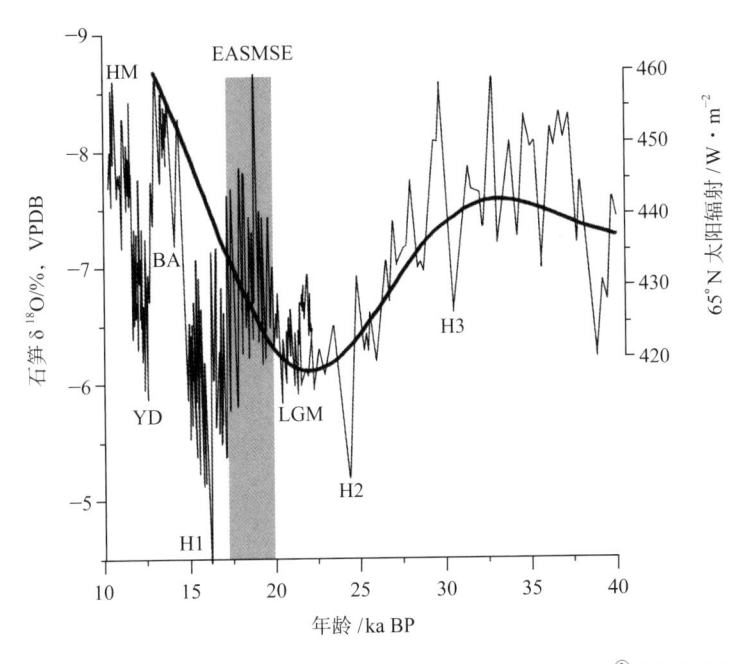

图 157　葫芦洞石笋的 $\delta^{18}O$ 记录与太阳辐射能量曲线的对比[①]（有改动）

新仙女木（Younger Dryas，简称 YD）事件，气候又迅速转冷，在距今 12 200 年时到达峰值。[②] 该时期相较于博令—阿勒罗得气候转暖（BA）事件时期，气候寒冷干燥且多风，在我国的西部、北部分布的都是针叶森林。青藏高原古里雅冰芯记录了距今 12 200～10 500 年的降温情况，降温过程可划分出 3 个相对较大、明显的阶段，即距今 12 200～11 800 年气温降幅最高达 5℃；距今 11 800～11 400 年，气温降幅最高达 6℃；距今 11 400～10 500 年，气温降幅超过 2℃。在此 1 300 年间古里雅冰芯记录的降温幅度达 13℃，气温低到接近末次冰期极盛期（LGM）平均水平。[③] 该时期内气候波动异常激烈，在中国北方气候经历了依次冷暖交替的波动，具体表现为距今 12 900～12 400 年，气候迅速变得干、冷；距今 12 400～11 900 年开始转暖；距今 11 900～11 500 年

[①] 吴江滢、汪永进、程海等：《葫芦洞石笋记录的 19.9～17.1 kaBP 东亚夏季风增强事件》，《中国科学 D 辑：地球科学》2009 年第 1 期。

[②] 王有清、姚檀栋：《冰芯记录中末间冰期—冰期旋回气候突变事件的研究进展》，《冰川冻土》2002 年第 5 期。

[③] 孙鸿烈、郑度：《青藏高原形成演化与发展》，广东科技出版社，1998 年，第 105～129 页。

表 45　晚更新世后期气候事件、特征及与华北地区细石叶组合发展阶段的对应

深海氧同位素阶段	气　候　事　件	气候特征	华北细石叶组合分期
第 2 阶段 （距今 25 000～ 10 000 年）	全新世大暖期 （距今 11 500～10 000 年）	暖	分化期
	新仙女木事件 （距今 12 900～11 500 年）	冷	融合期
	博令—阿勒罗得气候转暖事件 （距今 14 800～12 900）	暖	碰撞期
	北大西洋倒数第二次冰漂碎屑事件 （距今 16 800 年）	冷	
	东亚夏季风增强事件 （距今 19 900～17 100 年）	暖	发展期
	末次冰期极盛期 （距今 23 000～19 100 年）	冷	
	北大西洋倒数第二次冰漂碎屑事件 （距今 24 100 年）	冷	
第 3 阶段晚期 （距今 35 000～ 25 000 年）	北大西洋倒数第三次冰漂碎屑事件 （距今 31 000）	冷	出现期

又变得非常干、冷。[①]新仙女木（YD）事件之后，在距今 11 500 年左右迎来了全新世大暖期，格陵兰冰芯显示气温上升了 9℃ 左右，古里雅冰芯显示在距今 10 900～10 800 年短短百年内温度上升幅度高达 12℃。[②]根据孢粉、氧同位素、碳酸钙含量等分析，属于该阶段的于家沟遗址第 2 文化层，正处于一个温暖湿润的森林草原环境。[③]

[①]　Zhou W, Donahue D J, Porter S C, Jull T A, Li X, Stuiver M, An Z, Matsumoto E, Dong G, Variability of monsoon climate in east Asia at the end of the last glaciation. *Quaternary Research*, 1996(46): 219～229.
[②]　王有清、姚檀栋：《冰芯记录中末次间冰期—冰期旋回气候突变事件的研究进展》，《冰川冻土》2002 年第 5 期。
[③]　夏正楷、陈福友、陈戈等：《我国北方泥河湾盆地新—旧石器文化过渡的环境背景》，《中国科学 D 辑：地球科学》2001 年第 5 期。

第二节　华北地区细石叶组合的环境适应

华北地区细石器遗存出现于深海氧同位素第 3 阶段（MIS3）晚期。从目前在华北地区南部西施、东施等遗址的发现情况来看，华北地区似乎存在过一个石叶技术流行的时期。[①] 不过从水洞沟遗址石叶技术存续于距今 38 000～34 000 年之间[②]，之后又被小石片文化体系所取代的情况来看[③]，这个时期存在的时间应该不会很长。从水洞沟遗址石叶技术存续的时代来看，石叶技术在中国应出现、流行于深海氧同位素第 3 阶段（MIS3）的晚期。深海氧同位素第 3 阶段（MIS3）晚期气候开始逐渐变冷，一般认为石叶技术就是在此种气候背景下，由北方传入，至南已到达水洞沟遗址。随着气候的日益恶化，特别是北大西洋倒数第 3 次冰漂碎屑事件（H3）的发生，水洞沟遗址一带很快就被常年冻土带所占领，恶劣的环境势必迫使石叶技术人群继续向东、向南迁徙。在迁徙的过程中，为了应对环境压力，他们在石叶技术的基础之上创造出了细石叶技术。

已有多位学者指出华北地区的细石叶技术与石叶技术之间有亲缘关系[④]，这一时期的细石核基本为锥、柱状，个体较大，完全就是棱柱状石叶石核的缩小版[⑤]。石叶技术相对于简单的石核—石片技术而言具有一定的优势。它通过石核的预制能够生产出趋于标准化的石叶，能够提供足够多的刃缘，实现石料利用效率的最大化。但这种技术对原料的要求要远远高于简单石核—石片技术，对石料本身的硬度、脆性、韧性、同质性等方面都有较高的要求。石叶通常具有一定的长度，这也要求生产出它的石叶石核必须具有一定的体积，这也导致了它对大块石料的依赖性。通过以上分析不难看出，体积大、质量高的石料是维持石叶技术的基础。而华北地区恰恰是一个高质量石料来源匮乏的地区，因此古人类在向南迁移的过程中，为了应对日益恶劣的环境压力，不得不改变行为

[①] 赵潮：《登封东施遗址石制品研究》，北京大学考古文博学院硕士学位论文，2015 年。
[②] Feng Li, Steven L Kuhn, Xing Gao, et al. Re-examination of the dates of large blade technology in China: A comparison of Shuidonggou Locality 1 and Locality 2. *Journal of Human Evolution*, 2013(64): 161～168.
[③] 高星、王惠民、关莹：《水洞沟旧石器考古研究的新进展与新认识》，《人类学学报》2013 年第 2 期。
[④] 杜水生：《楔形石核的类型划分与细石器起源》，《人类学学报》2004 年增刊。仪明洁：《中国北方的细石叶技术与社会组织复杂化早期进程》，《考古》2019 年第 9 期。
[⑤] 王幼平：《华北细石器技术的出现与发展》，《人类学学报》2018 年第 4 期。

策略，让石叶逐步缩小化，已适应当地高质量石料来源不足的情况，这可能应该是石叶逐渐缩小化，转变成细石叶的主要原因。西施、东施遗址中以高比例的石叶技术产品为主，细石叶技术产品作为补充的情况，应该是石叶技术人群为适应当地情况，做出的变通与尝试。随着细石叶技术相对于石叶技术在原料利用、运输成本、利于流动等方面的优势逐步显现出来，[1]古人类转而将精力集中于对细石叶技术的开发。因此在西施、东施遗址之后，出现期其他诸遗址中石叶技术产品的数量逐渐降低，细石叶技术产品比例逐渐升高，直至达到绝对优势。

另外从技术与生态互动的角度来讲，细石叶技术相对于石叶技术体积更小，对石料的开发利用率更高，开发获得刃缘的长度也会成倍增加。因此它更适合流动性高、任务不确定的环境，而这样的环境多位于生态交错地带。在末次冰期极盛期前后，随着气候变冷，西伯利亚已经不适合人类居住，甚至中国东北地区也变成部分为苔原，部分为苔原—草原环境，初级生产力非常低，森林草原主要分布在中国华北地区。因此从生态适应的角度来讲，有学者认为这里也存在产生新技术的条件。[2]

出现期细石器遗址主要分布于华北地区的东北部和西南部，以西部、南部地区较为集中。细石器遗存构成中除原始的锥、柱状细石核技术产品外，其他工具类细石器遗存构成情况也基本相同。总体来讲，工具中除端刮器规范、精致一些外，其他类工具都比较简单、随意。值得注意的是，在西南部的柿子滩S29地点、龙王辿遗址、下川小白桦圪梁地点都出土了磨盘、磨棒等植物利用类的工具，而东北部的西沙河遗址、油房遗址中则没有发现此类工具。这种差别暗示着，在生产、生活的某些方面两地区存在一定的差异。

华北地区细石器遗存发展期正值末次冰期极盛期及其之后夏季风增强时期，这一时期气候经历了一个冷暖交替的过程。末次冰期极盛期前夜，北大西洋又发生倒数第二次冰漂碎屑事件（H2），气候急剧变冷，从葫芦洞的$\delta^{18}O$记录来看，这次降温事件要甚于北大西洋倒数第一次冰漂碎屑事件（H1），环境进一步恶化，迫使古人类在技术策略上做出必要的调整以应对环境的突变。进

---

[1] Nakazawa Y, Akai F. Late-Glacial bifacial microblade core technologies in Hokkaido: An implication of human adaptation along the northern Pacific Rim. *Quaternary International*, 2017(442): 43～54.

[2] 陈胜前：《细石叶工艺的起源——一个理论与生态的视角》，《考古学研究（七）》，科学出版社，2008年。

入到末次冰期极盛期之后，华北地区普遍流行的是船形细石核技术，以往较为原始的锥、柱状细石核技术退出历史舞台。船形细石核技术相对于原始的锥、柱状细石核技术具有一定的优势。首先从体积大小上来讲，船形细石核利用小、厚石片或石块为毛坯，对原料的要求没有锥、柱状石核高，不需要大块石料即可达到获取细石叶的目的，这一特点与本地区原料短缺的情况相适应；另外船形细石核体积虽然小，但形态规范，剖面呈倒三角形，充分利用石片或石块自身的棱脊引导生成细石叶，利于细石叶有序生成；还有船形细石核是利用石片的劈裂面或石块较宽的平面为台面，定向有序剥离细石叶，生产细石叶的过程中基本不转换台面，因此在石核体积恒定的情况下，细石叶剥片的总量能够得到有效控制，古人类在狩猎过程中能够有明确的预期。反观原始锥、柱状细石核在剥片的过程中，为了有效剥离细石叶会经常出现转换台面的现象，这在某种程度上也造成了原料的浪费。伴随细石叶技术的更新，该阶段各遗址中工具类细石器遗存分布状况基本一致，只是与上一阶段相比更加精致化、规范化。值得注意的是，华北西南部继承了上一阶段的传统，在该阶段的柿子滩S29地点、柿子滩S14地点继续出土有磨盘、磨棒（milling stone）等植物强化利用的工具，而东北部的二道梁遗址、孟家泉遗址、淳泗涧遗址中仍没有出现此类工具，相反在二道梁遗址中则出土了磨制充分的骨锥这类具有动物强化利用倾向的工具。这暗示着，在船形细石核技术大背景之下，华北地区西南部和东北部在自然资源获取方式或经济构成等方面存在一定的差别。这种差别可能是由不同的小区域环境造成的。

华北地区细石器遗存碰撞期处于末次冰期极盛期之后（Post LGM）至博令—阿勒罗得暖期事件（BA）中后期，在这一时期，出现了北大西洋倒数第一次冰漂碎屑事件（H1），气候急剧变冷。从葫芦洞的 $\delta^{18}O$ 记录来看，此次降温程度超过以往任何一次，寒冷程度达到峰值。北大西洋倒数第一次冰漂碎屑事件之后又进入博令—阿勒罗得暖期。该时期与上一阶段最大的不同是，华北南部仍然流行以往的船形细石核技术，但也注入了新的文化因素即两面器技术。华北北部的泥河湾区域则出现了一类全新的细石叶技术即楔形细石核技术。此类细石核技术最大的特色是将两面器技术融入细石叶技术之中，利用两面器或单面器为毛坯，利用削片技术产生台面进行剥片。这类细石核将剥离细石叶的石核功能与矛头的功能结合为一体，是将石质工具与复合工具的优势融为一体，既利于移动又有利于发挥石质工具的致死性优势，具有便于携带、利于流动、运输等方面的优势。

从目前的研究来看，该时期出现于华北东北部的楔形细石核技术是北方人群输入的结果，与猛犸象动物群南迁事件有关。北方晚更新世晚期大约在东经116°东西两侧的哺乳动物群间存在差异，主要表现在大约在东经116°以东的动物群中长鼻类主要是猛犸象，以西则是古菱齿象，这种差异主要由气候引起，并已得到孢粉分析结果的印证。猛犸象是冻土苔原地带的动物，晚更新世的披毛犀常与猛犸象共生，被认为也是一种寒冷气候环境的动物。[1] 据研究，猛犸象在我国北方晚更新世晚期曾有过两次比较集中的活动高潮，而且每次都伴随有明显的向南迁徙。它的第一次南迁大致发生在距今34 000~26 000年（或可能略早），第二次南迁大致发生在距今23 000~12 000年。第一次南迁，该动物群主要活动于我国的东北地区；第二次南迁，则越过东北，向南延伸10个纬度，到达山东半岛。[2] 华北北部该时期出现的楔形细石核技术以及与其伴生的两面器技术的流行，应与活跃于北方西伯利亚等地区猎获猛犸象—披毛犀动物群的人群有关。[3] 伴随猛犸象—披毛犀动物群的第二次南迁，这批人群将这组特殊的技术带至华北北部的泥河湾地区。从目前的考古发掘、发现来看，泥河湾地区应是此类楔形细石核技术辐射的最南缘，随着末次冰期极盛期（LGM）的结束，博令—阿勒罗得气候转暖事件（BA）的来临，该技术随着猛犸象—披毛犀动物群又回迁至北部地区。但与之相伴生的两面器技术却在华北地区留下了深远的影响，同期可南至薛关、柿子滩一些遗址，西至甘肃天水石峡口第1地点，东至山东临沂的凤凰岭遗址都能看到它的身影。后期的李家沟遗址，甚至远至新疆吐鲁番的阿斯塔纳遗址[4] 中都能够看到，只是那时在形态、大小上已有一些变化，但两面器技术的本质是一致的。该时期还有一个值得注意的现象，即在于家沟遗址第3b文化层中出土了陶片。陶器的出现，往往与定居生活、农业的出现有一定关系，往往被看作新石器时

---

[1] Kahlke, R D. Die Entstehungs, Entwicklungs and Verbreitungsgo schichte des Oberpleistozanen Mammuthus-Coelodota Faunenkomploxes in Eurasien. Frankfurt Am Main: Verlag Waldemar Kramer, 1999.25~35.

[2] 金昌柱、徐钦琦、郑家坚：《中国晚更新世猛犸象（Mammuthus）扩散事件的探讨》，《古脊椎动物学报》1998年第1期。

[3] Goebel, T. The "Microblade Adaptation" and Recolonization of Siberia during the Late Upper Pleistocene, in: Thingking Small: Global Perspectives on Microlithization. Archeological paper of the American Anthropological Association, Arlington, 2002.133~177.

[4] 吴震：《新疆东部的几处新石器时代遗址》，《考古》1964年第7期。

代开始的标志。但也有学者指出，这一时期出现的陶器并非植物强化（plant-oriented intensification）利用的结果，而是具有动物强化（animal-oriented intensification）利用指向的产品，它很可能与脱离油脂有一定关系。[1]

华北地区南部正位于东经116°以西，这里是古菱齿象的分布区域。我国北方晚更新世的古菱齿象几乎都是诺氏种，从古菱齿象的身体结构特点、地理分布及其在欧洲同期相近种都是间冰期生活在树林环境的动物等来看，诺氏古菱齿象应是生活在比较暖湿多树林环境的动物。咸阳动物群中还有喜居暖湿森林或林缘草地的梅花鹿和杨氏水牛，所有这些化石反映了其生存时该地区当时的环境是温凉湿润，多水体和树林，相当于冰期中相对暖湿或凉湿的环境。[2]相对来讲，这里的气候环境受北大西洋倒数第一次冰漂碎屑事件（H1）影响较小，存在船形细石核技术存续、发展的区域小环境。但与以往相比，环境相对还是要恶劣。在薛关遗址中除船形细石核技术之外，与之伴随的还有北部存在的利用石片为毛坯的楔形细石核技术以及利用发达的两面器技术加工而成的半月形刮削器和尖状器，说明此时期该地区的古人类也吸取了北方人群的部分新技术以应对环境的恶化。

华北地区细石叶组合融合期处于博令—阿勒罗得暖期事件（BA）中后期至新鲜女木事件（YD）结束。这一时期末次冰期极盛期结束，随着博令—阿勒罗得暖期气候逐渐升温，猛犸象—披毛犀动物群逐渐退回至北方。与之对应的是，在上一阶段（碰撞期）盛行的利用单面器或两面器为毛坯的楔形细石核技术也随之退出华北地区。这一时期，从南至北，华北地区流行的是传统的船形细石核技术和以石片为毛坯的楔形细石核技术，在细石器工具组合中存在利用单面器或两面器加工的工具，但数量较少，尺寸上也要小于上一阶段。陶器仍有出土，但数量不多，与上一阶段相比变化不大。种种迹象表明，随着博令—阿勒罗得暖期事件（BA）的发生，气候逐渐变暖，伴随猛犸象—披毛犀动物群的北移，华北南部船形细石器技术人群，逐渐扩散至整个华北地区，它们在上一阶段吸收了北部人群的部分技术因素，在气候转暖的情况下，也逐渐适应了北部的环境。这一时期也不排除上一阶段的楔形细石核技术人群中的一

---

[1] Robert G. Elston, Dong Guanghui, Zhang Dongju. Late Pleistocene intensification technologies in Northern China. *Quaternary International*, 2011(242): 401～415.
[2] 薛祥煦、周卫健、周杰：《末次冰期极盛期陕西关中地区古气候古环境演变的生物记录》，《科学通报》1999年第22期。

部分，放弃了固有的传统（利用单面器或两面器为毛坯的楔形细石核技术），与南部人群融为一体。因为陶器最早是北方人群的创造，它首先出现在上一阶段的于家沟遗址第 3b 文化层中，至这一阶段的于家沟遗址第 3a 文化层中仍有发现，可以看作是北方人群传统的传承。这一时期，通体磨光的石斧（于家沟遗址第 3a 文化层）、磨制石锛（李家沟遗址）的出现，可看作是古人类开拓居住方式的尝试[①]，特别是新仙女木时期气候变冷，资源再次呈现斑块化，以转变居住地的方式实现资源利用的最大化就是这种尝试的具体化。

新仙女木事件之后，迎来全新世大暖期，此时华北地区的细石叶组合呈现出分化的特征。在锥、柱状细石核技术流行，陶器、磨制石器骨器数量急剧增多的大背景下，华北地区的核心区域，无论是山西西南部、河南中部还是河北北部的细石器遗址中，打制石器的数量都急剧减少，至南庄头遗址已少于磨制骨器的数量。与此同时，细石叶技术产品的数量也急剧减少。而在华北东北部的东胡林遗址、转年遗址中打制石器的数量仍然占据绝对优势，细石叶技术仍然发挥着重要角色。导致这种结果的原因，很有可能是由区域环境的差异造成的。定居下来的华北地区核心地带的人群，逐渐放弃了利用细石叶技术进行狩猎的传统，转而侧重骨器的开发。在食物资源方面也逐渐向植物类资源拓展。而同样定居下来的东胡林、转年遗址中的古人类则坚守了以往利用细石叶技术狩猎的传统，而没有大力开发骨器。这可能是根据不同的生产对象，采取了不同生存策略使然。东胡林遗址中灰坑、房址（疑似）的出现，说明这里存在定居程度更高的组织形式，此时古人类看重的应该不是细石叶技术的流动性优势，而更在乎的是它在狩猎时的致死性与可维护性。此种情况在随后的河北省康保县兴隆遗址[②]、尚义县四台遗址[③] 及内蒙古自治区化德县裕民遗址[④] 和四麻沟遗址[⑤] 中亦有体现。总体而言，进入全新世时期，华北地区细石器遗存的分化现象为新石器时代区域文化的出现奠定了基

[①] 钱耀鹏：《略论磨制石器的起源及其基本类型》，《考古》2004 年第 12 期。

[②] 中国国家博物馆、河北省文物考古研究院、张家口市文物考古研究所、康保县文物局、暨南大学历史学系：《河北康保县兴隆遗址 2018～2019 年发掘简报》，《考古》2021 年第 1 期。

[③] 河北省文物考古研究院、张家口市文物考古研究所、尚义县文化广电和旅游局：《河北尚义县四台新石器时代遗址》，《考古》2023 年第 7 期。

[④] 内蒙古自治区文物考古研究所、乌兰察布市博物馆、化德县文物管理所：《内蒙古化德县裕民遗址发掘简报》，《考古》2021 年第 1 期。

[⑤] 内蒙古自治区文物考古研究所、故宫博物院、乌兰察布市博物馆、化德县文物管理所：《内蒙古化德县四麻沟遗址发掘简报》，《考古》2021 年第 1 期。

础，开启了社会组织复杂化的早期进程，一个新的时代即新石器时代已悄然来临。①

华北地区以细石叶技术为核心标志的细石叶组合在距今29 000—25 000年开始出现，存续至全新世初期。它经历了出现、发展、碰撞、融合、分化等几个阶段。结合古气候环境的研究成果能够看出，华北地区细石叶组合各阶段的变化无不与当时所处的大的全球性气候事件有关，充分显示了更新世末期至全新世初期，环境变化是影响人类文化演变的主要因素。但在大的环境背景之下，华北地区内人群的适应方式也存在一定差别，南部地区除碰撞期受北大西洋倒数第一次冰漂碎屑事件（H1）影响外始终保持着植物强化利用（磨盘、磨棒的出现）的传统，北部则是在融合期之前一直保持着狩猎经济的特点。这应是不同区域间面对环境变化所做的不同应对。细石叶技术的出现、发展演变过程中伴随陶器、磨制石器、磨制骨器、房址、墓葬等的出现与发展，在华北地区旧、新石器时代过渡中扮演了重要角色，参与了旧、新石器时代过渡的整个（或绝大多数）过程。这背后起主要推动作用的是自然环境的变化。

---

① 仪明洁：《中国北方的细石叶技术与社会组织复杂化早期进程》，《考古》2019年第9期。

后 记

自20世纪60~70年代河北阳原泥河湾盆地虎头梁村附近发现细石器遗存以来，截至目前，华北地区已成为我国细石器遗址发掘数量最多、细石器遗存材料积累最为丰富的区域。特别是近些年来，诸多典型遗址的发现、发掘，为学界通过考察细石器遗存发展演变，探索该地区旧、新石器时代过渡问题提供了可能。

本书通过对华北地区细石器资料的梳理，在借鉴相关学者研究成果的基础之上，将华北地区距今30 000~10 000年间细石叶组合的发展演变划分为出现期、发展期、碰撞期、融合期和分化期，并结合古气候、古环境变化特征，对这一演变过程作出了尝试性解释。华北地区细石器资料丰富，研究者众多，其中不乏有真知灼见之士。本书作为一种尝试性研究肯定有诸多不成熟之处，但相信随着资料的不断积累，这一研究会逐步得到完善和校正。

本书的完成离不开我的爱人姜昕博士的支持，我的每一点进步都离不开她的帮助和付出。我们的宝贝康康同学阳光、开朗、活泼、自信，让枯燥的研究不再那么痛苦无聊。家是港湾，家人给予我的不仅仅是陪伴，更是活着的意义。

西北大学文化遗产学院较为宽松、平和、友好的治学环境是本书完成的保障。很难想象如我这般佛系者，在其他单位是否还能保持平静的心态进行自己感兴趣的研究。在此特别感谢学院各位领导、同仁的理解与支持，感谢学院出版经费的资助。

自己的学术之路，一直时断时续、磕磕绊绊，既有自身愚钝之因，又有因缘不足之故。所幸一路走来，得众多师友的帮助，每到山穷水尽之时，总能择柳暗花明之路，感谢你们，祝你们开心、幸福。